历史 未必然

李浩 著

四川文艺出版社

图书在版编目（CIP）数据

历史，未必然/李浩著.—成都：四川文艺出版社，2019.1（2021.11重印）
ISBN 978-7-5411-4977-1

Ⅰ.①历… Ⅱ.①李… Ⅲ.①历史人物—生平事迹—中国—通俗读物 Ⅳ.①K820-49

中国版本图书馆CIP数据核字（2018）第285002号

LISHI WEIBIRAN

历史，未必然

李 浩 著

出 品 人	张庆宁
责任编辑	周 轶
封面设计	叶 茂
内文设计	史小燕
责任校对	蓝 海
责任印制	崔 娜

出版发行	四川文艺出版社（成都市槐树街2号）
网　　址	www.scwys.com
电　　话	028-86259287（发行部） 028-86259303（编辑部）
传　　真	028-86259306
邮购地址	成都市槐树街2号四川文艺出版社邮购部 610031
排　　版	四川胜翔数码印务设计有限公司
印　　刷	四川机投印务有限公司
成品尺寸	148mm×210mm　开　本　32开
印　　张	14.5　字　数　380千
版　　次	2019年1月第一版　印　次　2021年11月第五次印刷
书　　号	ISBN 978-7-5411-4977-1
定　　价	49.80元

版权所有·侵权必究。如有质量问题，请与出版社联系更换。028-86259301

历史后花园的隐秘小径

目 录

长空剑歌唱大风 / 001

　　韩信若非生于秦末,他的故事不可能发生。也许有人不信,反正,我是坚信不疑。
　　他先天条件非常好,身长貌雄,体格健强,而且精通武艺。但是他有两个致命缺点:一是文盲,大字不识一个;二是政治上不可靠。
　　韩信原本是"渣",既无寸功又未行贿,最终官至王侯,今天来看这段历史,如读天书,让人匪夷所思。

怒放在晦暗天空的一朵血花 / 022

　　岳飞少年俊才,文武双全。在孱弱的宋王朝,算得上一个另类。
　　这个阳刚另类,与同类格格不入。自从降生的那天起,就注定了他的命运,失败而悲惨。
　　那么,坊间的民众为什么又会如此地喜欢爱戴他呢?

映在晚明宫墙上的佝偻背影 / 054

　　张居正生前,"公忠体国",为"万历新政"呕心沥血,政绩卓著。时人和世人,颂声不绝。
　　张居正死后,遭朱翊钧无情清算,绝大多数正直朝臣,皆愤愤不平。
　　张居正既称贤相,生前身后事,为何如天壤之别?

千古事，休说灰飞烟灭 / 118

原本因个性使然，如邻里间婆姨撒泼，你骂我偷人，我骂你养汉，入不得村史族谱之事，无形中倒演绎为"国殇"，主人翁也成了"国贼"。

奸贼，叛贼，逆贼。这贼那贼，倒也遗臭万年，落得个青史留名了。

关于肃顺这个人，慈禧垂帘时，慑于那拉氏之淫威，除了国家定的叛逆罪外，谁敢说半个不字？

倚天照海花无数 / 141

中国封建社会最后一尊神，就这么诞生了。从而成就了他集治身、治学、治家、治世、治政、治军于一身之功，也造就了他为师、为将、为相的"完人"形象。

观其一生，前人说得甚是明了："文能应试，武能杀人。"

文人与屠夫，二者天壤之别。然而，这两种格格不入的性情，竟能在曾国藩身上，有机地合二为一。

这是怎样复杂而奇怪的人性？

天地间独艳的一顶凤冠 / 200

作为一个女人，在那个男尊女卑的时代，事业已登峰造极。但她还年轻，精力旺盛，才智过人，天性又不甘寂寞。

那么接下来，她又会干啥呢？

武则天心比天高，又不安分。睁着一双凤眼，睨视天下。

这一睨视不打紧，居然就干了件大事。

苦风凄雨中的一朵瘦菊 / 231

她像一缕带着苦味的风，越过历史的时空，朝我们款款走来。

既高贵又落泊，既孤傲又苦寂。

千年的时光，纵然永恒，留给世人的记忆，却很少很少。

唯有她的身影，长久地留在人们视线中，让人牵肠挂肚。

杯中月影照乡还 / 245

蜀中青莲的月,是李白一生的魂。

诗人用皎洁月光,酿成诗歌的美酒。醉了美仑美奂的大唐,醉了九万里灿烂河山,醉了先生刻骨铭心的乡愁,还有生前身后,无数敬仰的眼睛。

我时常在想,凡尘人世间,怎会有如此脱俗之人!

大江东去千古风流 / 278

他多才多艺,才华横溢,深厚广博;

他思想敏锐,感悟透彻,而又亲切厚道,情趣盎然;

他清高孤傲,飘逸不群,而又谦虚谨慎,郑重庄严;

他热爱生命,率真自然……"上可陪玉帝,下可伴乞儿。"

他本是天仙,却甘愿来到人世。

骋容与兮跐万里 / 303

他"罢黜百家,独尊儒术",用以统一思想,使君民上下一心,举国精诚团结。

他开疆拓土,威伏四夷。北至大漠,南及交趾,使大汉疆土空前广阔。

他广开国门,包容天下,商通欧亚,邦交万国,使大汉之名威震四方。

刘彻举一人之力,将大汉帝国推向了极盛,成就千秋伟业。

功名盖世知谁是 / 332

皇帝不喜欢他,因为皇帝是他手里的傀儡。

官僚们不喜欢他,谁都害怕摊上这么个上司或下级。

史家们不喜欢他,怪他乱了规矩,杀了很多文化人。

老百姓不喜欢他,说他坑害了许多无辜,涂炭生灵。

曹操冤枉啊。

阳光普照在大唐温暖的土地上 / 347

纵观五千年中华文明史,人们有太多的理由,喜欢李唐王朝,喜欢这个强大帝国最杰出的统治者。

李世民和他领导的帝国,为后世树立了一个光辉榜样:富甲天下又胸怀四海!

大漠草枯鹰眼疾 / 377

"日头出处,是我的。日头没处,也是我的。"

蒙古之主,几近于神。

他是蒙古战神,攻无不克?还是恐怖的暴君,让世界充满血腥?

凤阳花鼓,戏文中的平民调儿 / 408

为了大明江山,他需要这么做。

凡触犯死刑条律者,不论贵贱亲疏,坚持王子犯法与庶民同罪,一律毫不留情,统统杀掉。

正因为如此,时人并不觉得,朱元璋有多么残暴,反而颂扬"圣明有作为"。

记忆中,明黄色的龙旗迎风飘扬 / 436

康熙幼年不幸,身世尤为复杂。有着不同的血统、不同的文化、不同的品格。

康熙大帝身上,独具许多优良秉性,正是这种"杂交"的结果。

自身的优良秉性,良好的家庭熏陶,后天的刻苦好学,成就了玄烨,成就了康熙王朝!

长空剑歌唱大风

一

十月的汉中，秋雨绵绵。

远远地看，那座灰黑色的拜将坛，有些阴冷。一种说不清道不明的感受，如麻一般胡乱缠在心头。

当初萧何追回韩信，苦口婆心说服刘邦，在此筑下拜将坛，授予大将军印。那么多人反对，那么多人不解，韩信出身卑微，且寸功未立，竟然被汉王拜为大将军！

事实是从那以后，刘邦得韩信辅佐，以迅雷不及掩耳之势，进军三秦，开始长达数年的楚汉之争，并最终打败西楚霸王，问鼎中原，一统天下。

昔日的纷争，早已远去。拜将坛在暮色中，丝毫没有了肃杀之气。

汉中友人调侃说，得韩信而得天下，时人不会相信，后人更难理解。两个活宝，愣是倒腾出一个汉天下哒！

闻言沉默，终不知如何回答好。

因韩信这个人，实在让人别扭，又妒又爱又恨。

自从书上识得以来，就有不少话想说。但却时常如鲠于喉，每每提起笔来，又呼吸不畅，想说又说不出个子曰来。

英雄豪杰，谁不受人尊敬？

话得说回来，韩信既然成了英雄，就不该去管他生于何处，是否名门。

可是，有人说他看不惯。英雄？为何从小不是地痞，就是无赖！查一查中国历史，这话也不无道理。

想想看，一大群混混们，演绎了怎样一部中国"英雄"史？这是个尖锐的社会问题，当真值得中国人去深刻反思！

自古至今，中国实行"羊教"。从小教育孩子，要恭谦礼让，长大后，像一个模子倒出的"迂夫子"，个个含蓄而内敛，走路都生怕踩死蚂蚁，没有丁点个性和阳刚之气。

西方则实行"狼教"，从小培养孩子，独立自主自信。长大后，人人个性张扬，个个喜斗好勇。

世界发展到今天，依然适者生存。怎样的教育方式，才适应人呢？

没有一位中国人，去认真研究过。

中国奴隶社会，乃至封建社会初期，尚有侠行其道。在那样的乱世里，产生了一大批英雄豪杰，让后人景仰膜拜。

人们总爱说乱世出英雄，不知道是不是这个理？

以此推断，韩信倘若生活在今天，又当如何？很可能被当成人渣，埋没掉了。

英雄最大的悲哀，莫过于未生于乱世。

说这话的人，心里多少有些酸楚。他们自认为有几刷子，偏偏又得不到社会承认，于是便酒后胡言乱语，老百姓说是酒后吐真言。

诳语也好，真言也罢，不过想想也是，什么时候思良将？还不是乱世国难之时！

和平时代里，要那些英雄干吗？

好端端太平盛世，未必真要像川剧中隋炀帝唱的那样，"打起仗来才好看"？

于是乎，狡兔死后，风光无限的狗们（如韩信之辈），免不了弄成红烧狗肉被人吃掉，或者被主子打成落水狗，活活淹死才算了事。

韩信最大的幸运，难道不是因为生于秦汉多事之秋么？

当然，韩信最大的不幸，也因为生于那个只有皇权没有人权的时代。

韩信何许人也？

他出身农民家庭，苦大仇不深。从小刁顽，性格放纵而不拘礼节，素为邻里乡党所恶。

秦末汉初，虽为乱世，入仕政府官员，制度依然十分严格。要想当官，唯一途径，举荐！

韩信这种德行，自然没人举荐他。

加上他游手好闲惯了，又无一技之长，十几岁的大小伙子了，还到处蒙人混饭吃。屡屡遭人白眼，弄得灰头灰脑，谁看他是个有出息的人？

连屠猪宰狗的杀匠，也看不起他。

"若虽长大，好带刀剑，中情怯耳。"（《史记·淮阴侯列传》）

拿现在的话说，韩信就是个绣花枕头。

那个时候的人，真是有文化。连屠夫骂人，都说得文诌诌的。

韩信在屠夫眼里，典型一个懦夫，空有一副高大威猛外表！

旁人见他身佩刀剑，自然不信杀猪匠的话。屠夫就当着众人的面，拦住他说道："信能死，刺我，不能死，出我胯下。"（《史记·淮阴侯列传》）

韩信闻言，居然没有犹豫，就穿胯而过，连脸都没红一下，行若无事地走了。

"胯下之辱"的故事，被史家夸赞了上千年。而这个毫无廉耻的家伙，也被渲染成忍辱负重的楷模，世代受人尊重。

以至于有人说，一千多年后，八国联军侵略中国时，辱中华儿郎为东亚病夫，就是那个时候埋下的根。

不知今日中国男足，屡屡败于韩国，是不是也与韩信这个人有关？

许多德操高尚者，自诩名节清流，鄙视看不起韩信。但始终无法否定，在中国历史上，为什么只有他这样的人，才会最终成为英雄？

韩信们能成为英雄，天生有一种潜质，对啥事都无所谓。

正是这种无所谓，每每在关键时刻，使他们变得无所畏惧！

人类社会初期，跟动物界一样，总是弱肉强食。相互之间，充满残酷竞争（赌博），和血腥厮杀。

纵观古今历史，唯有两种人，敢于疯狂赌博和厮杀。

一种人拥有万贯家产，乃豪强雄主（伟人），有赌博和厮杀的本钱，输赢都无所谓。这种无所谓，使之拥有巨大心理优势，赌起来得心应手。

另一种人一无所有，是地痞流氓（小人），正因为身无分文，自然毫无顾忌。赌博和厮杀，成了他们生活中唯一嗜好。赢了，是意外之财，输了，要钱没有要命有一条，大不了二十年后，又是一条好汉。

一无所有的烂崽赌徒，比之腰缠万贯的赌徒，更有心理优势。输赢都是别人买单，他还有什么好害怕的呢？

唯有社会中间层，有几分薄田，怕摔坏了坛坛罐罐，做什么事情，都免不了畏首畏尾。

政治斗争，何尝不是一种赌博？

只是这种赌博，更加惨烈，也更加残酷罢了。

这么说来，就有些可笑了，社会上一无所有的流氓阿飞们，成天打打杀杀，不知不觉中，就具备了当"英雄"的气质——忍、狠、黑！

当然，他们要想最终成为英雄，还必须拼命跟当权者博弈（赌博），直赌得天昏地暗。有的失败了，如陈胜吴广之辈；有的成功了，如刘邦朱元璋之流。

整个一部中国历史，其实就是这两种人的赌博史。

流氓加无赖的韩信，从小就具备了当一个"英雄"的潜质。一旦时机成熟，他注定就会成为一个英雄。

二

以韩信的社会地位和人品，要成为一个受人尊敬的英雄，谈何容易？

首先，他得具备两个条件，一是有伯乐发现他的潜质；二是有一位与他臭味相投，甚至比他还无赖的主子赏识他。

伯乐当然有，就是大名鼎鼎的萧何。

"月下追韩信"的故事，大家都知道。

萧何在刘邦面前，为韩信说了不少好话，未必有人知道。

"诸将易得耳，至如信者，国士无双。王必欲长王汉中，无所事信；必欲争天下，非信无所计事者。顾王策安所决耳。"

"王计必欲东，能用信，信即留；不能用，信终亡耳。"

……

我的天，萧何具有怎样的慧眼？让天下都视为鱼目的人，还原变成了珍珠。

既然是珍珠，肯定有人赏识。

泼皮刘邦，就是这个赏识的主。

说刘邦是泼皮，一点也不为过。这人表面大大咧咧，好像什么都不在乎。其实心细如发，典型的实用主义者。他的性格古精日怪，与韩信颇多相似之处。二人臭味相投，自然搞到了一堆。

刘邦泼皮无赖行径，比之韩信，有过之无不及。

小的时候，连个名字都没得。史书上说他："小字季，即位易名邦。"所谓伯仲叔季者，排行顺序是也。

刘邦小字季，没有名字，人称四娃子，当是不假。

这么个无名小卒，从小也是个游手好闲的主，吃喝嫖赌偷，五毒俱全样样精通。当朝太史公司马迁，为他立传时，都说他"好酒及色"，"不事家生产作业"。且经常偷家里的钱，拿去日嫖夜赌。

说来说去，刘邦不外乎好色贪杯，流氓泼皮。邻人避之唯恐不及，肯定没人看好他的前程。

英雄出于"二杆子"，或者"天棒槌"，还有人不相信。

看看刘邦小时候，不论干啥，哪管过别人脸色？

泼皮也好，流氓也成，反正无所谓。该吃的吃，该喝的喝，成天逍遥快活。

也不知使了啥手段，泼皮刘四娃子，竟谋到了"泗水亭长"一职。

"泗水亭长"，算个啥货色？

秦制，十里为亭，十亭为乡。

亭长这个"官"，估摸着比乡长小，又比村长大一点点。

这种级别的"官"，不妨说是芝麻小吏，无权无势没得一点好处，反而会有许多麻烦。

一般体面人家子弟，肯定不屑去当这个差。老实巴交的庄稼汉，又干不了这活。最适合干这种差事的人，唯刘邦这种痞儿混混了。

如此看来，秦朝的干部管理制度，是很有些板眼的了。

刘邦是流氓，可千万别以为，流氓什么都没有。

他们有的是胆量。

正因为什么都没有，所以他们无所谓。无所谓的他们，就胆大妄为，无法无天！

刘邦生性狡诈圆滑，胆量藏在骨子里，从不外露。阴狠也藏在骨子里，不争一城一池之得失，少有匹夫之勇的狠。

从这一点来说，刘邦是真正的大英雄。

项羽则不行。

别看他气宇轩昂，力拔山兮气盖世，那是典型的匹夫之勇，没有丁点政治家的韬略，甚至连混混使诈的伎俩都没有。

他最终败在刘邦手下，也是情理之中的事。

刘邦和项羽，被时人并称为双雄。如果仅从英雄气概看，有些抬高刘邦。

当年秦始皇游会稽山时，项羽脱口而出："彼可取而代之！"

英雄气概,惊世骇俗。

刘邦又如何?

见到秦始皇的排场,暗自里感叹:"嗟乎,大丈夫当如此也。"态度唯唯诺诺,有的只是对大富大贵的垂涎。流氓无赖嘴脸,暴露无余。有能耐就过这种日子,没能耐就算了。

然而正是这种"实在",让刘邦从小到大,从弱变强,一步一个脚印,最后登上了皇帝的宝座。

难怪有人说,项羽是本质英雄,刘邦是流氓英雄。

项羽表面残忍,其实温柔;表面勇猛,其实脆弱。

刘邦表面随和,其实狠毒;表面窝囊,其实坚强。

项羽易暴易怒,稍不如意,便火冒三丈,几碗迷魂汤一灌,又啥事都没有了。

刘邦呢?整天嬉皮笑脸,大大咧咧,一时半会儿的气忍得下。但是,谁要是惹恼了他,当面脸上笑得稀烂,秋后肯定是要算账的。韩信荣辱的政治生涯,很好地说明了这一点。

韩信去投奔刘邦,难道找错了人吗?

两个胸怀大志的小人,走到一起后,中国那段历史,只能按他们的运行轨迹向前推进,任谁也改变不了。

三

韩信这个人,特别地奇怪,很难让人理解。差不多一半是刘邦,一半是项羽。

他的骨子里头,是一个铮铮铁骨伟丈夫,偏又特别能忍。当年,南昌亭长戏弄他,他忍了。河边洗丝的老妇人数落他,他忍了。市井无赖羞辱他,他也忍了。当他从别人胯下穿过,不知他想了些什么。

说实在的,能忍如此之辱,并不容易。就连韩信自己,也差一点没有忍住,盯着那个屠夫看了很久。其间的思想斗争,不能说不激烈，最终他也忍住了。

因他的骨子里，有一种大气魄，蔑视一切的大气魄。

他可以和任何人赌命，唯独不会也不能和一个屠夫赌气。

在他的世界观里，忍并不等于怕，只有肝胆俱裂而屈服，才是可笑可耻的懦夫。大丈夫能伸能曲，暂时微曲双膝，是为了跳跃得更远更高。

韩信能忍，因为他"其志不小"。

以当时的情形论，只有两种选择，要么穿裆，要么杀人。

杀人注定要偿命，命都没有了，还谈什么远大抱负？

所以他忍了。

这一点，特别像刘邦。

刘邦这厮也能忍，在项羽威胁活煮刘父时，还笑着说要讨一勺羹喝。

韩信与刘邦，生逢其时，又互为君臣，真是天下少有的绝配！

韩信胸怀大志，当然想做大事。

陈胜吴广起事后，项梁渡河北上，他看到机会仿佛在招手了，便跑去投奔项梁，但却一直没有得到重用。

项梁死后，他又归顺了项羽，也只做了一个小小的郎中，虽然多次献计献策，但项羽就是不予采纳。

韩信感到实在没有出头之日，偏偏又不知道问题出在哪里？

所谓当局者迷，旁观者清哈。

不是他没才干，也并非其情商低。实乃出身卑微之故，处处被人瞧不起。

项梁和项羽，皆豪门之后，是受人尊重的贵族。满身痞气的韩信，出身贫寒，人家压根儿没放在眼里。

既然这样，韩信只有另投明主了。

然而，当韩信来到刘邦阵营时，还是没有受到重视，只做了个仓库保管员，地位还不如项羽给的郎中。

唉，这下子，韩信算是真正绝望了。

儿时的痞气，便充分暴露出来。既便是工作的时候，也经常三天打鱼，两天晒网，有时恐怕连网都懒得晒了。

这样的工作态度，免不了要出差错，果然就犯了杀头的大罪。

同案犯中，其他十三个人，都已经人头落地。

韩信抱着最后一丝希望，对监斩官滕公夏侯婴高声喊道："上不欲就天下乎，何谓斩壮士？"

夏侯婴骁勇善战，是刘邦手下数一数二的战将。他觉得很奇怪，一个临刑囚徒，居然敢说这样的大话。认定韩信是个人才，就起了爱惜之心。不仅当场免了他的死罪，还跑到刘邦面前，说了一大堆好话。顺带为他捞顶官帽，督办并管理部队粮饷。

死罪不予追究，反而升官晋级，这样的好事情，居然就让韩信给遇上了。

嘿嘿，硬是运气来了，棒棒都敲不脱哈。

说句眼红的话，如果不是秦末那样的乱世，谁也休想遇到这种"馅饼"。

韩信素有大志，胸藏百万雄兵。别看他想当官都快想疯了，可他并不稀罕这块"馅饼"，更不在乎一个小不拉叽的后勤官。

工作中照旧开小差，没一点正经模样。

上下左右之人，怕跟着韩信惹麻烦，都远远地躲着他。

司马光在《资治通鉴》里说，韩信这么做的结果，间接有了"木秀于林"的感觉。

因为这样的感觉，最终扯住了萧何的眼球。

萧何在暗中观察韩信，已经很久了，随时注意着他的一举一动。

"信数与萧何语，何奇之。至南郑，诸将行道亡者数十人，信度何等已数言上，上不我用，即亡。"

韩信既被萧何"奇之"，为什么还会偷偷地溜走呢？

在韩信心里头，始终有一块大石，压得他喘不过气来。

"忧郁不得志"。

太史公著史也讲策略，为韩信逃跑找了个理由。"信度何等已数言上，上不我用，即亡。"

韩信一定不是猜测，而是确信萧何已向刘邦推荐过他了。刘邦既然不用自己，与其在这儿憋死，还不如到别的地方碰碰运气。

世上总有识珠之人。

萧何岂止识珠？他已多次将珠捧到刘邦面前，并大加赞赏。

因他长时间观察，发现韩信这个大个子，平时沉默寡言，每当开口说话时，却常常语出惊人，思辩能力极强。故"奇之"。

韩信溜号开了小差，萧何心里既惋惜又好笑，立即拨转马头，连夜追赶他的"珍珠"去了。

我们实在不知道，韩信逃跑是不是作秀，但萧何识人的本事，真的让人很佩服。一个寸功未立的人，却认定他能安邦定国，并坚持举荐启用他，这份胆与识，不是谁都能够具备。难怪后世之人，要将他奉为"衙神"了！

现今很多地方，还有"衙神祠"或"衙神庙"，就是专为纪念萧何所建。

笔者在家乡遂宁"衙神庙"，读到过明人李培峘这样的碑记：

"衙神者何？汉相萧曹者是也。汉相亦多矣，独称萧曹者何？……尝考高祖为人，豁达大度，初入关时，举大将军信而兴汉室……"

尊萧何为衙神，可谓实至名归。

然更让人钦佩者，还是刘邦。作为三军主帅，他能听进萧何之言，并筑高坛拜韩信为大将，真的很了不起。

有史家言，韩信生逢乱世，刘邦急于用人，赌一把用了韩信，造就了这一对冤家君臣，实在是一场儿戏，没什么了不起。

就算这种观点成立，以刘邦当时手中的人才，无论如何挑捡，也轮不到韩信来当大将军吧？

可他偏偏就当上了，后来的事实不仅证明了萧何的眼力，也证明了刘邦的英明。

一句话，敢用流氓无赖为国之栋梁者，绝对了不起！古往今来，唯刘邦一人而矣。

公正地说，韩信确实有大将之才。如果真是个草包混球蛋，就算刘邦要提拔重用他，还不是敷不上墙的烂泥！

古今中外，这样的例子，多如牛毛。

当然，不是说韩信得到了萧何的赏识，或得到了刘邦的重用，就把他们捧上了天。

刘邦也好，萧何也罢，只是做了他们本该做的事。

韩信还是那个韩信。

当了大将军乃至齐王，他的骨子里面，依旧有自身无法克服的人性弱点。虽然他不会像项羽一样逞匹夫之勇，却有着与项羽一样的妇人之仁。

因之故，韩信和项羽，最终都是失败者。

韩信被萧何追回来后，汉王刘邦不再犹豫，即筑高台拜他为大将军。

为感激知遇之恩，韩信尽其所能，助刘邦在"楚汉"争斗中，由绝对的弱势，逐渐取得了绝对优势。他自己的势力，也在不知不觉中，得到了空前发展，强大到了足以问鼎天下。

楚汉争斗最紧要关头，韩信不再是当年那位落泊少年，而是拥兵百万的大将军了。

项羽要拉拢他，派武涉当说客。

"当今二王之事，权在足下。足下右投则汉王胜，左投则项王胜。"

齐国辩士蒯通，说得更加直接了当。

"二主之命悬于足下，当坐山观虎斗，以待天时。"

仅就当时而言，韩信确已成为楚汉之外第三大力量。倘若采纳蒯通建议，谁也不帮，与刘邦、项羽二人分庭抗礼，三分天下鼎足而立。

历史又将如何？

《三国演义》这出大戏，恐怕就轮不到曹操、刘备、孙权他们来演了。

可惜那个时候，《厚黑学》还没问世。

韩信对于黑厚学，也只懂得皮毛。他狠辣不如项羽（项羽曾一次坑杀过二十万降军），黑厚不如刘邦。

故韩信对武涉说，当初我事奉项王时，官不过郎中，位不过保镖，言不听，计不从，我知道项王骨子里看不起我，所以我离开了他。汉王呢？他授我大将军印，交给我数万大军，脱下自己的衣服给我穿，省下饭菜给我吃，我韩信能够有今天，全是汉王给我的啊。你说我该咋办呢？

武涉由此判定，韩信绝不会背叛刘邦，只好摇着头悻悻地离去。

韩信是泼皮无懒不假，但他骨子里头，却是真正的君子。他始终觉得汉王予之有恩，从未想过要背叛刘邦。就是后来被吕雉陷害入狱时，也没有起过反叛之心。

在这一点上，韩信与项羽特别相似，都有一颗"仁慈之心"。

政治斗争是什么？就是两面三刀的权谋诡计。

韩信不懂。

你死我活的残酷无情，不需要妇人之仁。鸿门宴放走刘邦，让项羽自刎乌江；韩信的愚忠，也让他最终死于吕后之手。

四

韩信之死，祸起吕雉。仅从史籍文字看，确实一点不假。

韩信何许人也？

曾是齐王又为楚王，在建立大汉王朝的历史进程中，功盖天下！

这么一位响当当的人物，吕后要杀他？

谅她也没有这个胆子！

与其说韩信是被吕雉所杀，还不如说韩信自己杀死了自己。

原因很简单，韩信谋反这件事，彻头彻尾就是一个政治阴谋。

刘邦脱不了"谋主"之责，他一直都想除掉韩信。

不仅仅因为"功高震主"，而是他太了解韩信这个人了。既是伟人中的小人，也是小人中的伟人。

而刘邦本人呢，更是伟人和小人的合成体，典型的混球流氓皇帝！

小人可以利用，利用好了，可以有效打击敌人。

但小人不可重用，过分依懒小人去做事关江山社稷的大事，到头来必将给自己添麻烦。

刘邦天下既定，手握重兵的韩信，就算玩完了。

既然这样，直接说韩信死于刘邦之手，不就得了，为何又说他自己杀死自己呢？

很多年前，四川一位学者闲谈时说，刘邦从未真正喜欢过韩信，有的只是利用。

当时听了他的高见，很不以为然。

近年来，反复看了各种文史资料后，发现韩信这个人，确有不少性格上的缺点，很不讨人喜欢。

如果说他为布衣时，"人多厌之者"，是因为他游手好闲的话，那么当有人举报他谋反时，诸将异口同声扬言，"活埋了那小子！"

是不是说明他骨子里，真有让人讨厌的东西呢？

韩信性格乖张，史书上多有记载。这种性格上的弱点，使之在平时的工作中，很难合群，也很难与同僚们共事。

事实上，他跟谁去合群？

王公贵族看不起他，流氓地痞他又看不上眼。韩信这个人，出身虽然卑微，内心却十分高贵。

缘于此，他不可能有真正的朋友，和谁都搞不到一块儿去。

项羽看不起他的身世，刘邦看不惯他身上的高贵气，同僚们讨厌他的痞气。

怎么办呢？

他只好一个人玩了。

韩信没有人缘，也不全怪出身不好，确实因为他太有头脑，偏偏又自视甚高的缘故。

这个怪物天生爱琢磨，什么事儿，都要弄出个一二三来，免不了经常一个人独自沉思。

史载：韩信性情高傲，不喜欢与低俗之人为伍。并非说他像今天的"政客"，表面上假装清高，不愿和"劳力者"聚在一起，喝酒聊天谈女人。暗地里男盗女娼，什么坏事都敢干。

韩信的清高，是他内心孤独，见识深邃找不到知音的一种苦恼。这种无形的苦恼，反而养成了他对时势敏锐的洞察力，以及他与众不同的独到见解。

韩信刚到项梁那里时，为得到重用，曾就如何争霸天下，多次献计献策，可惜没有得到采纳。

后来他到了汉营，经萧何举荐，与刘邦进行过一席长谈。韩信把天下大势，分析得头头是道，让萧何、刘邦十分惊讶。

韩信从来没读过书，他的这些谋略和思想，是从哪里冒出来的？

可以肯定地说，绝非他现编现说的！

那么只有一种可能，韩信的这些想法，是他长期思考琢磨的结果。

一个整天爱琢磨的人，总会显得呆里呆气，落落寡欢。性格孤僻，甚至有些古怪。这样一个人，自然不会讨人喜欢。

刘邦喜欢不？肯定也不喜欢。

当年为争夺天下，不惜屈尊礼遇他，破格提拔他当了大将军，还说过什么"相见恨晚"的客套话。

其实从那一刻起，刘邦心里，就老大不痛快了。

为什么呢？

韩信这个人，太不知趣了，仗着有几分才干，就伸手要官做，而且要做大将军。

刘邦为与项羽争雄，答应了他的请求，心里难免不舒服。

以至于后来，在很多重大问题的决策上，韩信坚持己见，一点不顾及刘邦情面，虽然他是正确的，但是这种不留余地的顶撞，越发增加了刘邦的心病。

任何一位领导，哪怕这个领导是个"二百五"，他也绝不会容忍一个桀骜不驯的下属，对自己指手画脚。

冒犯了上司，必定没有好果子吃。

韩信傻啊，冒犯的是天颜！

可以这么说，当韩信要求当齐王时，刘邦心中一定动了除去他的念头，这不是"兔死狐悲"的逻辑。

对刘邦来说，除了江山，他什么都可以舍去，何况区区一个韩信呢？

蒯通曾对韩信说过："勇略震主者身危，而功盖天下者不赏。"

韩信当然不相信，他自信得很，天下谁也没有我功劳大，刘邦凭什么不事事让着我？就是把他的江山分一半给我，他也无话可说。

可惜他错了！

整个天下都姓了刘，谁还会听你叽叽歪歪？

蒯通是正确的，韩信的勇略"国士无双"，功勋已大到赏无可赏的地步。下一步要赏的，就只剩下皇帝这把交椅了。

任何一个有头脑的君王，都断然不能接受。

刘邦的才智，比韩信差吗？当然不是。

既然这样，韩信就相当危险了。

就在韩信迁徙为楚王的第二年，刘邦带着大队人马，装成巡狩的样子，浩浩荡荡出游云梦。在陈丘诸侯郊迎的道旁，刘邦突然下令逮捕了韩信，理由是有人告他谋反。

这当然不是事实。

既非事实，刘邦会听韩信辩解么？有这种想法的人，天真得无疑痴人说梦。

客观分析一下，如果韩信真要反叛，最好时机是当齐王的时候。那个时候没反，说明韩信心里头，就从未想过要反。

韩信当然很冤枉，满肚子的委屈，又不知道该去找谁申诉。

既然有人诬告（刘邦指使？）韩信造反，刘邦岂肯放过这难得的机会。可是到了洛阳，刘邦又大赦天下，乘机放了韩信，只是将他降为淮阴侯，留在朝廷中，不再到地方为王了。

刘邦脑子有病吗？

一会儿捉，又一会儿放，让人搞不懂，他葫芦里究竟卖的什么药！

刘邦的脑子，怎么可能有病呢？

他比谁都清醒，如果此时杀掉韩信，理由并不充分，恐大将（臣）们不服，引起动荡得不偿失。

刘邦何等聪明。

他深知政治斗争，讲究的是谋略和权术，就是鬼谷子所谓的"帝王术"。这种玩人之术，关键需要把握时机和"度"。眼前杀韩信虽然万事俱备，但他还在等"有理、有利、有节"的"东风"。

这股迟来的"东风"，并没有让他等多久。

汉高祖十年（公元前197年），陈豨在钜鹿举兵反汉，韩信牵涉其间，被吕后用萧何之计谋杀。

悲哉韩信，"成也萧何，败也萧何"。

韩信谋反一说，并没有真凭实据。司马迁在《史记》里，也多以揣度的心理在叙说。

首先，韩信无意也没有必要反汉。在秦亡汉兴历史大变革中，韩信居功至伟，且多次救刘邦于军事危难之时。

他会反吗？

蒯通曾劝他自立为王，他是这么说的："汉王遇我甚厚……吾岂可以乡利倍义乎？"

被贬为淮阴侯，闲居京师后，已丧失了兵权，韩信反而心生异志，岂不有悖常理？

其次，汉高祖十年，陈豨举兵反汉。刘邦亲率大军征讨，十一年剿灭。尔后才发生韩信欲与陈豨里应外合的谋反事件，此时陈豨已死，何来的里应外合？

再者，韩信谋反事件的告密者，是他属下一个舍人的弟弟。那个舍人曾得罪韩信，遭到韩信囚禁欲加诛杀。舍人之弟告韩信与陈豨合谋反汉，是否有挟私报复之嫌？

关于这件事，司马迁在《史记》里，是这样记叙的：

> 陈豨拜为钜鹿守，辞于淮阴侯。淮阴侯挈其手，辟左右与之步于庭，仰天叹曰："子可与言乎？欲与子有言也。"豨曰："唯将军令之。"淮阴侯曰："公之所居，天下精兵处也；而公，陛下之信幸臣也。人言公之畔，陛下必不信；再至，陛下乃疑矣；三至，必怒而自将。吾为公从中起，天下可图也。"陈豨素知其能也，信之，曰："谨奉教！"汉十年，陈豨果反。上自将而往，信病不从。阴使人至豨所，曰："弟举兵，吾从此助公。"信乃谋与家臣夜诈诏赦诸官徒奴，欲发以袭吕后、太子。部署已定，待豨报。其舍人得罪于信，信囚，欲杀之。舍人弟上变，告信欲反状于吕后。吕后欲召，恐其党不就，乃与萧相国谋，诈令人从上所来，言豨已得死，列侯群臣皆贺。相国绐信曰："虽疾，强入贺。"信入，吕后使武士缚信，斩之长乐锺室。信方斩，曰："吾悔不用蒯通之计，乃为儿女子所诈，岂非天哉！"遂夷信三族。

历来的汉史学者和史官们，虽然认同了官方的说法，韩信可能参与了陈豨的反汉事件，但记载这件事情的时候，显然颇费了一番心思和周折。

韩信之死，乃吕后用萧何之计谋杀。

这个"谋"字用得好，说明整个反汉事件，存在某种说不清道不明的东西掺杂其间，并不那么让人信服。

如果韩信真的反汉,他犯的就是死罪,既然是叛国死罪,帝国可以光明正大地予以处死,哪里用得着谋杀?

如果害怕韩信勇冠三军,非要设计擒杀,为什么所有的帝国大员们不参与其间,而让一个跟韩信八竿子扯不上边的女流之辈主事,说得过去吗?

扯上一个萧何,目的是为堵天下人的嘴。照常理推论,韩信因萧何而显,又因萧何而亡,可以从另外一个方面,映衬韩信反汉的真实性。

殊不知"聪明反被聪明误"。

这种欲盖弥彰的做法,反而露了马脚。一个"谋"字,用得很暧昧很传神,让人对事实的真相,产生了诸多怀疑。

刘邦从战场上归来,听说韩信死了后,"且喜且怜"。

好一个"且喜且怜"!

惟妙惟肖地刻画出刘邦的内心世界,和阴谋家的嘴脸。

他嫉恨讨厌韩信,又欣赏怜爱韩信,既想除之而后快,又怕天下人耻笑他过河拆桥。

他玩尽了花招,终假他人之手,将韩信诛杀,能不"且喜且怜"么?

喜是事实,怜恐怕是作秀了。

五

萧何月下追韩信,刘邦汉中拜将军,历来被文人墨客浓笔重彩,渲染成千古佳话。

既是千古佳话,肯定只会发生一次,岂能一而再再而三地出现?

有多少做着白日梦的落魄秀才、无聊文人和失意官吏们,总想着历史重演,抑或自己时来运转,真的就遇上了刘邦式的"圣明君主"。

历史就是历史，既已过去，绝不可能重演，更不可能复制。

韩信若非生于秦末，他的故事不可能发生。也许有人不信，反正，我是坚信不疑。

韩信当年参军从戎，带有很大的偶然性。

他先天条件非常好，身长貌雄，体格健强，而且精通武艺。但是他有两个致命缺点：一是文盲，大字不识一个；二是政治上不可靠。

《史记》及各类书籍里，没有提到韩信上过学的事，他可能连小学文凭都没有。

史料又载，在当地百姓心目中，韩信的形象特别差，成天打打杀杀到处混饭吃，是典型的地痞无赖。

这种人要想参军，政审一定过不了关。

韩信混进了军队，没有丝毫功劳，竟得到了提拔重用，很有代表性的说法，得益于萧何的大力举荐。

这话一点不假。不过仔细想一想，又不完全尽然。

韩信初入汉军，当了一个仓库保管员，大小也是个官。

这个官是怎么来的？

史籍里没有任何文字记载，但总少不了一大摞的考察程序吧？

现在就时兴这一套，叫作公开招聘或者考试，十分公平也十分合理，很是让人信服。

我们不妨再设想一下，如果刘邦真把"保管员"这个岗位，拿出来公开竞争。给韩信一百个胆子，他都不敢去应聘。

以他心中那点墨水，他懂什么叫作行政能力倾向？什么叫作学习型组织？除非考试前，某高层领导给了他暗示。

由此看来，韩信要想通过正规渠道，混碗"干部"饭吃，他没那能耐，政策也绝不允许。

一句话，他不符合条件。

不具备条件的韩信，一无人举荐，二未经过公开竞聘，愣是上了"保管员"这个岗。正因为有了这个岗，才会有后来的许多故事。

这说明了什么？

一个有能力的人，要想出人头地，他人举荐并非关键，识字与否也不重要，小节更无关痛痒。主要归结于所处的时代，是怎么的社会制度和用人机制。

这么说韩信会不服气，以自己的能力还怕找不到明主吗？

设想一下，在一个用人机制健全的国度，你韩信连进入"门槛"的条件都不具备，其他的一切都是空了吹！

别以为自己能力强，哪一个当官的不比你强！

听到这样的话，韩信是不是要暴跳如雷？

请千万别生气，当官的人，当然比没当官的强。

要不为何反复强调，口口声声官兵平等？！

肯定是不平等，才要提倡平等噻。

这个不平等里，就包含了许多强弱之分，任何人不服都不行。

在那个时代，韩信当官了，而且后来还是很大的官，好在那个时候，没有人去翻他的老底。

打个比方说，一只山野泼猴，经过很长一段时间的艰苦磨练后，终于变成了人，而且做人比许多人做得都称职和优秀。可是被人一查老底，立马查出了当初韩信居然是红屁股猴子，人事部门有你的档案，想翻案也翻不了。

韩信除了自己悄悄滚蛋外，怕是没有什么办法可以保全他的面子了。

韩信不但没有滚蛋，而且活得很好很滋润，让无数"草莽"人士羡慕不已。

时至今日，总还有或多或少的愤青，借他成名一事说东道西。

不过话说回来，不论韩信多么能干，他能当上"官"，确实颇让人玩味。

他没给夏侯婴送过礼，却因他而被免除死刑。他也没给萧何行过贿，又因其大力举荐，而拜为大将军。

韩信原本是"渣"，既无寸功又未行贿，最终官至王侯，今天来看这段历史，如读天书，让人匪夷所思。

站在秋雨中的拜将台前，想了一些莫名其妙的问题，与当今太平盛世景象格格不入。

不过笔者并无借题发挥之意，我们的国度既然是太平盛世，就应该有太平盛世的气象和气度，不拘一格选拔任用人才，让每一个中华民族子孙，都来为国家富强民族振兴尽绵薄之力。

仅以此论，韩信是幸运的。但他又十分不幸，最终被烹成了"红烧狗肉"，让人悲悯。

今世之人多慕韩信，认为自己生于太平盛世，根本没机会为国出力，自然成不了"英雄"。

惜哉，"乱世出英雄"，出的也是"乱世"英雄啊！

太平盛世一样可以造就英雄，只要你是真正的人才，和平年代的社会环境，为每个人的成功，提供了远比乱世要多得多也好得多的条件。

太平盛世不重视人才，甚至作贱人才，才是有志者的最大悲哀！

福祸相依。

没有人才的盛世，是不长久的盛世。哪个时候不重视人才了，必是那个时代走向衰败的开始。

韩信，真的让后人羡慕，但愿这种羡慕，不要永远流传才好！

怒放在晦暗天空的一朵血花

一

上有天堂，下有苏杭。

苏杭二州，自古风流繁华。

因林升《题临安邸》一诗，杭州名动天下，成为美而诱惑的代名词。

戊子暮春，余独自游历杭州，悠闲地逛了三日。

说句心里话，虽然很用心玩味，且有当地朋友相伴指点。结果仍像从前莅杭一样，没有真正体味出杭州的好来。

倒是岳王庙前，那副著名的楹联，让我愤然，有了些许冲动。

青山有幸埋忠骨，白铁无辜铸佞臣！

坐在西子湖畔，面对十分旎丽的景物，竟有一种落寞的伤感，莫名地翻涌胸间，时时生出烦恼来。

楼外楼西湖醋鱼，淡而无味。龙井春芽，嫩而无骨……一股悲愤之情，终于破腔而出。

岳飞，无坚不摧的岳飞，战无不胜的岳飞，怎可能居于临安，柔弱而颓废的临安！

打记事起，岳家军的威名，便充盈于耳，烂熟于心。

北方豪悍之地，没有弱风细柳，没有莺歌燕舞。杀伐千里，铁马金戈。

唉，怎么会是临安？

北宋南宋，虽同为赵家天下。在老百姓心里，却有天壤之别：

一个雄踞中原，北宋大王朝。一个是偏安一隅，南宋小朝廷。

陪同的友人，不知在下所思。依旧热情有加，数说着"天堂"的美妙。软糯的杭州话，在晚风的灯影桨声里，已一声哀似一声，直到最后完全消失。

乘着三分酒醉，执意辞了友人，独自沿湖岸，了无情趣地回到住处。

已是灯火阑珊。

胡乱洗完澡，躺在松软的大床上，脑子里始终浮想联翩，久久不能入睡。

随手打开床头壁灯，披衣起身至桌前。在手提电脑上，敲出"北宋南宋"字样，立即显出一大串赞话，"经济繁荣文化昌盛"。唯独没有抗金，也没有抗蒙，更没有岳飞。

心里越发懊恼。

读书人爱说事，传柳永一阕《望海潮》，"有三秋桂子，十里荷花"一语，让完颜亮心驰神往。决意去扬州看看，那里到底有多繁华。

完颜亮乃金主，一国之君。

他要去扬州游玩，要么扬州是他王土，要么让扬州变成他的王土！

《望海潮》之于金人，一点也不重要。重要的是金兵，一定会南下。

南朝的歌榭舞台，纤弱细柳的楚腰，金碧辉煌的宫殿，谁都会眼红。西夏人如此，辽国人如此，金人岂肯甘居人后？

身居北方苦寒之地，金人对于南朝，早已垂涎欲滴了。

由于金兵南下，长达百年的宋金战争，不可避免地发生了。

遥望一千年前，中华大地烽烟四起。

一个叫"宋"的国家，和一个叫"金"的国家，相互大打出手，最终两败俱伤。让另一个更加遥远的"蒙古国"（元），"渔翁得利"。

岳飞恰逢其时，来到了这个世界。悄悄登上历史舞台，演绎他短暂而又轰轰烈烈的一生。

岳飞是英雄，在中国家喻户晓，具有不可替代的历史位置。

千百年来，饭后茶余，岳飞枪挑小梁王、大破朱仙镇的故事，被渲染得精彩纷呈，甚至神乎其神。

说书人摆龙门阵，说得唾沫四溅。听书人听得津津有味，痴迷忘返。

然而事实真相，让人心寒。

岳飞像许多历史人物一样，在他生活的那个年代，不可避免地成了悲剧人物。不仅未能完成收拾旧山河的宏伟大业，还白白丢了自己一条小命。

那么，坊间的民众为什么又会如此地喜欢爱戴他呢？

理由很简单。

老百姓爱憎分明，见不得冤情。谁受了冤枉，都会为之呐喊，打抱不平！心中只有忠勇仁义之士，尤其喜欢"精忠报国"者。对汉奸卖国贼，除了痛恨谩骂，少不了送上一口唾沫！

话又得说回来，岳飞人见人爱，是了不起的民族大英雄。在中国这个多民族国度里，要把握好"民族英雄"这个度，确实非常困难。

君不见，近世一帮无聊"学者"，不知出于什么动机，到处拼命鼓噪：蒙古人是外族，占领中原，建立起大元王朝；金人（满族）是外族，入关建立了大清王朝。岳飞文天祥辈，抗击的是谁啊？抗击的哪是外敌，那是我们的同胞啊！

更有甚者，胡咧咧瞎说八道，当年日本人若占领了中国，那又当如何呢？

此论一出，举国哗然！

诚然，历史更替，国家兴亡，皆有定数。

但历史就是历史，绝对没有假设，也绝不允许假设！

表面上看，"伪学者"们说得头头是道，骨子里头，却始终泛滥着"汉奸情结"。他们的言论，岂止在否定民族英雄？他们所要否定的是，中华民族几千年来的伦理道德观和价值观！

任何国家，任何民族，都有自己的道德标准和行为准则。如果不是这样，世界早就大一统了，哪还存在亚非拉美？

但凡有良知的史学者，不可能也决不会以今天的眼光，去看待历史上某一特定时期的特定事件。

岳飞是民族英雄，这是历史的定论，更是一种精神象征。

岂容他人否定！

二

公元1103年，岁在癸未。

农历二月十五日夜。

相州汤阴县永和乡悌里，农人岳和家的茅屋里，一个婴儿呱呱坠地。

他就是后来的民族英雄岳飞。

传岳飞出生时，有大禽若鹄，飞鸣室上。

识者谓之"大鹏金翅鸟"。

民间盛传，岳飞非凡人，乃大鹏金翅鸟转世。

根据相士指点，岳和给孩子取的名和字，都与大鹏金翅鸟有关。

史载：岳飞天资聪颖，从小勤奋好学。

笔者生性愚钝，每每读史，总感费解。

千年前的北宋朝，教育远没有今日普遍。岳飞生活在乡下农家，相对贫困落后，加之父亲早逝，应该不具备从小上学的条件（今日中国乡下，尚有成千上万适龄儿童无法上学）。何来从小好学一说？

史籍这么记载，有"涂脂抹粉"之嫌。

然，千百年教化之功，少年岳飞"文武双全"的形象，早已深入人心，成为中国家教的楷模。

故不论此说真实与否，后人都不应该怀疑，更没理由去破坏这一"美丽谎言"。

岳飞虽为农家子，但"少负气节，沉厚寡言，家贫力学，尤好《左氏春秋》、孙吴兵法"（《宋史·岳飞列传》）。

他师从周同（说书人改为侗），十二三岁时，就练得一身好武艺，在同乡少年中，尤显得出类拔萃。

史官这般记载，可谓煞费苦心。

虽然也说他"家贫力学"，落脚点却在赞扬"好兵法"，是一块当武将的料。为岳飞日后征战疆场，埋下了伏笔。

世说岳飞师傅周同，与武松师傅为同一人。

此为说书人胡言，当不得真。

武松乃小说人物，说书人只顾说得口滑，将一个虚无缥缈的人，拉来和岳飞搅和一气，纯属为了"玄龙门阵"好听。既不犯法，也不妨碍他人，爱怎么说怎么说。设若摆上桌面，让胡诌进入教科书，就不能儿戏了，以防讹传，从而误了子孙。

史说岳飞，文武全才，盖世无双。文可治国，武能安邦。这些说辞虽然夸张，大抵与事实相吻合，和胡诌的"龙门阵"，有着本质上的区别。

百姓喜欢这样的岳飞，学者也认同这种说法，于是"文武双全"，就成了定论。

岳飞生活于两宋，那是中国封建社会里，经济文化相对繁荣的时代。

惜太祖赵匡胤，害怕"×匡胤"们也学"陈桥兵变"。立国之初，即制定了"偃武修文"国策，致使帝国"文昌武弱"，屡遭外族侮辱。

岳飞少年俊才，文武双全。在孱弱的宋王朝，算得上一个另类。

这个阳刚另类，与同类格格不入。自从降生的那天起，就注定了他的命运，失败而悲惨。

旧时有志青年，都抱有光宗耀祖思想。一般底层贫民子弟，要达到这个目的,大致有两条路可走。

一条路是十年寒窗,饱读经史,"学而优则仕"。

另一条路是从军,最后能否"一将功成",还要看"万骨枯"后托起的是不是自己。

两条路皆艰辛,荆棘丛丛。

一般贫寒农家子,读书根本不可能。要想出人头地,唯有投军从戎,到前线去杀敌立功。

岳飞青少年时代,正值国家多事之秋。

时,宋王朝最大敌国,为北方的辽国。

宋辽争战多年,谁也奈何不了谁。这样的时代背景,为岳飞最终成为英雄,提供了可能。

史载:徽宗宣和四年(1122)春,十九岁的岳飞,怀着一腔报国热情,毅然参军从戎。

"自愿参军说",见诸各类官方正史,没有任何歧义。

然不少稗官野史,也说得信誓旦旦,岳飞并非自愿投军,而是被国家强行"抓丁",送到了抗辽前线。

二者说法,虽不一致,但结论却惊人一致:岳飞在对敌作战时,表现非常勇敢,深得统兵将官赏识。

岳飞初踏征途,似一帆风顺。谁知宋军取辽燕京(今北京)时,因情报失误,加之指挥不当,最终惨败而归。

班师回宋途中,岳飞接到噩耗,父亲岳和突然病逝。

生性至孝的他,只好按照当时风俗,放弃军中大好前程,退伍还乡守孝三年。

公元1126年,宋王朝北方又一劲敌"金",在灭掉辽国之后,马不停蹄地举兵南侵。

金以为轻松灭掉了辽,与辽相持多年且不相上下的宋,应该不堪一击,也会很快被自己征服。

事实远非如此,完全出乎金人预料。当他们和宋一接战,才发现宋与辽大不一样。

辽与宋争战多年，国力早已消耗殆尽。金与之交战时，辽自然毫无还手之力。

宋王朝却不同，坐拥江南富庶之地，经济实力十分强大。与辽相峙者，国策保守而矣。一旦面临灭国之危时，宋所爆发出的反抗力，岂是辽所能比拟？

宋金战争全面爆发后，守孝期满的岳飞，再一次投军从戎。

这一年，他仅仅二十三岁。

岳飞生活的家庭，乃真正的贫农。

史载，岳飞四个哥哥，皆因生活所累，不幸先后夭折。父亲岳和，长年体弱多病，基本丧失劳动力。一家人的生活重担，全压在母亲姚氏身上。

岳飞从小很懂事，除习文练武外，总是抢着干体力活，为母亲减轻生活压力。

姚氏看在眼里，喜在心头。

十六岁那年，便给岳飞说了一门亲事，希望他早点成为"家长"。

妻子刘氏，虽然目不识丁，却也淳朴善良。

夫妻俩在汤阴乡下，共同生活了八年。（因岳飞长年征战，两人真正在一起，不足五年时间。）育有长子岳云，和次子岳雷。

岳飞这段婚姻不长，历代文献少有涉猎，大都一笔带过，并只字未提刘氏。

原因有二：

一是"男尊女卑"作祟。同朝大词家李清照，都未能入史，何况农妇刘氏乎？

二是"婚变"所致。岳飞二次从军后，夫妻俩长期天各一方，聚少离多。加之生活窘困，上有婆婆要侍候，下有幼子要抚育。在这种情况下，得不到丈夫疼爱的刘氏，被迫抛下老母幼子，改嫁他人！

两宋理学盛行，尤重节孝。

虽为生活所迫，刘氏所作所为，既不守孝道，也不守妇道，实冒天下之大不韪。

千百年来，只有丈夫休妻之说，哪有妇人改嫁之理？

岳飞身为现役军人，又是帝国军队高级将领。遇到这样的"家丑"，必引为奇耻大辱。

史书不载，自然为尊者忌，实乃情理之事。

岳飞遭此变故，内心十分郁闷，但并未影响誓死抗金保国的决心。

时值前方战事吃紧，岳飞抽不开身，只得派人回到汤阴，安顿老母幼子生活。自己依然留在前方，专注于军事部署，做着抵御金人的各种准备。

僚属十分同情岳飞，年纪轻轻成了"弃夫"。私下百般张罗，为他介绍对象。

就在这个时候，一个叫李娃的女人，走进了岳飞的生活。

李娃比岳飞大三岁，典型的贤妻良母。上孝顺年迈的婆婆姚氏，下慈爱刘氏所生的岳云、岳雷，为岳飞一门心思抗金，减除了后顾之忧。

李娃育有三个儿子，即岳霖、岳震、岳霭（后改名岳霆）。使原本人丁并不兴旺的家庭，变得兴旺起来。

从某种意义上讲，岳飞后来抗金屡建功勋，与李娃默默奉献决然分不开。

岳飞遭秦桧陷害，以"莫须有"罪名下狱，身上始终带着一块玉佩。这块普通的玉佩，是他的护身符。三十六岁生日家宴上，李娃含情脉脉送给他的。临刑前，岳飞死死抓住玉佩，怎么也不肯松手。

这哪是一块玉佩啊？

是爱妻的忠贞不渝，和丈夫的一往情深！

岳飞二次从军，已抱定赴国难之信念。

据传，临行前的晚上，老母姚氏在他背上，刺下"精忠报国"四个大字。一千多年过去了，"岳母刺字"的故事，仍在中国广为流传。可谓家喻户晓，深入人心。

然遍查官方正史，关于"岳母刺字"一说，却找不到只言片语。宋人笔记和野史里，也没有记载。

更让人疑者，岳飞曾孙岳珂，著《金陀粹编》一书时，亦未提及此事。

"岳母刺字"的故事，最早见于史籍者，乃元·脱脱所编著的《宋史本传》。

"初命何铸鞫之，飞裂裳，以背示铸，有'尽忠报国'四大字，深入肤理。"

这种现象很奇怪，后人百思不得其解。

"岳母刺字"，之于岳飞及家人，是何等大事！

岳珂作为岳飞曾孙，为何不收入《金陀粹编》？

元人脱脱编著《宋史本传》，又为何记载了这件事呢？

要解开这个谜团，不妨从《宋史本传》入手，或可有所得。

诚然，《宋史本传》一书，为元人编撰。但元人对亡国的宋人，并无恶意，甚至多有同情。关于这一点，大量元人文史资料，可以佐证。

《宋史本传》非元官方正史，类似于戏说的笔记体小说，尤像后来的元杂剧。

这些小说和杂剧，含有大量民间演义成分，无史可考的故事繁多。

大元统治时期，汉人普遍受歧视。南方汉人尤为悲惨，被划为最劣等的四等人，过着牛马般的生活。怀着对胡人（北方游牧民族）的仇恨，他们渴望精神寄托，总希望有更多的大英雄，像岳飞一样抗击外族。这种仇恨思潮，一直贯穿元朝始终。

《宋史本传》的作者，广泛吸收民间养分，或对现实生活不满，或为艺术加工，杜撰出"岳母刺字"的故事，也是合情合理的事。

由此推断,真正的"岳母刺字",或许并不存在。

"精忠报国",乃百姓心声。是历史在自觉不自觉间,形成的一种道德规范,已真实地存在于中国人心目中。

有鉴于此,不论是"岳母刺字",还是"精忠报国",任何人没有任何理由,要去怀疑它的真实性。

更没有任何缘由,非要论证出它的真伪来。

三

今夜,暮春的杭州,淅淅沥沥下着春雨。

客栈的花园里,遍地落红。

伫立西子湖畔,任夜雨淋湿长发。我又回到了八百年前,回到了颓废的临安城。

诚如林升所叹,临安的歌舞升平,让人顿生"杭州是汴州"的感慨。

北宋亡国才数年,南渡的赵构们,已在偏安的西子湖畔,翩翩起舞,唱起了《后庭花》。

"山外青山楼外楼,西湖歌舞几时休?暖风熏得游人醉,直把杭州作汴州。"

宫墙柳丝依依,荡满无限春意。

歌舞声中,暖风熏醉的人,哪里只是几个游客?

整个南宋小朝廷,人人莺歌燕舞,处处肉林酒池,简直"臭"气熏天!

灯影朦胧,雨经夜未歇。

远望湖面,烟雨迷蒙。

岳飞,正缓缓向我们走来。

……

靖康元年十二月初一。

宋康王赵构,聘为河北兵马大元帅,陈亨为元帅,汪伯彦、宗泽为副元帅。

宋军按照编制，分为前、后、中、左、右五路大军，沿黄河南岸层层布防，全力抵御金人南下。

岳飞隶属前军，在统制刘浩麾下，当了一支侦察小分队头头。当天夜里，奉命率三百骑兵，潜往大名府魏县李固渡，侦察敌情。因行踪暴露，被金兵发现。岳飞临危不乱，指挥三百骑奋力拼杀。他们且战且退，顺利逃回宋营。

虽然首次带兵不利，然杀死金兵一名将领，因功升为"寄理保义郎"。

"寄理保义郎"，正九品军衔，相当于正连级军官。

同月十六日，岳飞再领一百轻骑，深入敌占区，到滑州侦察金兵布防情况。

这次行动十分顺利，小分队一路潜行，居然摸到了开封府地界。黄河北岸敌军布防，虚实尽知。

谁料返回途中，再次遭遇金兵。敌军人多势众。岳飞率众沉着应战，充分发挥骑兵优势，时而聚在一起，围歼敌人散勇，时而四下分散，避敌锋芒。

金人不知底细，丈二和尚摸不着头。

宋军小分队，个个以一当十，不仅击破了敌人包围，还以少敌多，顽强击退金人多次追击。岳飞表现十分勇敢，亲手劈杀一名金将，又因功升为"从八品秉义郎"，成了副营级军官。

岳飞两次率队深入敌穴，出色完成侦察任务。他的果敢与胆识，得到宋军副元帅宗泽赏识。"智勇才艺，古良将不能过。"

靖康元年十二月下旬。

宋军名帅宗泽，奉命救援开封。

岳飞曾因渡河北侦，熟知敌军布防，首次成为宗泽部将。

说来让人心寒，救援开封府一役，乃帝国头等大事，何等重要？赵构身为宋军统帅，却打着小算盘，害怕别人抢了风头，只给了区区一万人马！

一万宋军,面对十万金军,无疑以卵击石。

然宗泽不愧为名帅,根据岳飞侦察情报,详细制定作战方案,灵活机动打击敌人。救援战历时二十余日,与金人连战十三场,场场皆捷。

一时间,宋军声威大振。

岳飞新投明主,战斗中表现格外抢眼,先后射杀两名金军执旗手。

射杀两名执旗手,有啥了不起,这也值得一提?

看官莫急。

那时两军交战,双方多列队对峙。士兵进退,皆视本方执旗手指挥。一旦没了执旗手,皆成为聋子瞎子,进而惊慌失措,溃败如山崩塌!

岳飞得宗泽提携,因功再升"正八品修武郎",虽仍为正营级,但进入了"国军"序列。

惜宋军虽有名帅宗泽,但大元帅却是"军事白痴"赵构。在坐失一个又一个战机后,大宋京师最终未能保住。

靖康二年二月。

金兵攻破开封,俘获南朝(金对宋的称谓)徽、钦二帝,北宋灭亡。

史称"靖康之变"。

同月,名帅宗泽病逝。

高阳关路安抚使黄潜善,接任宗泽之职。

《宋史·奸佞传》载:黄潜善与秦桧一丘之貉,典型的庸俗小人,心胸狭窄又无真才实学。

唉,以黄潜善之奸佞,而手握宋军帅印,帝国前途可想而知!

时,宋虽丢了京师,依然拥有江南半壁,军队也尚有十万之众。完全有能力和金人一搏,甚至夺回失地,恢复旧制。

实际情况则不妙,甚至让人啼笑皆非。

偌大一个帝国,生死存亡之际,居然百日无主,成了乱哄哄一锅浆糊糊!

加之帝国军队指挥权,又落入黄潜善之流手中,致使散落江南各道(路)的军队,群龙无首。各自拥兵观望,互不相援。

且不说主动出击,收复失地,连像样的抵御,也组织不起来。

靖康二年五月初一,康王赵构在南京(今河南商丘)登基即位,是为宋高宗。

继而迁都临安(今杭州),建立南宋政权,继续抗击金军。

岳飞成了北宋亡民,面对山河破碎,虽有满腔悲愤和怒火,却只能憋屈在黄潜善部,成天忍气吞声。

作为职业军人,不能为国打仗,那种痛苦有谁能够知晓?

赵构登基立国,犹如黑夜一粒萤火,让岳飞看到了一丝光明,急不可待地上书朝廷,请求出兵,收复帝国失地。

岳飞一心报效国家,可他哪里知道,帝国军机大事,岂容他小小"修武郎"非议?!

黄潜善、汪伯彦之流,不仅截下了奏折,还斥为"小臣越职,非所宜言"。

这么大的罪名,哪会有好果子吃!

岳飞被革官职,削除军籍,遣散为民。

满怀悲愤和无奈,岳飞含恨离开军营。

但他并未消沉,始终不改"精忠报国"之志。得友人推荐,改投河北招讨使张所。

张所很赏识岳飞,加之其英勇善战,很快升为"从七品武经郎",任统制,成为副团职干部。

岳飞感念知遇之恩,死心塌地跟随张所,转战太行山一带。以激击战的方式,顽强抗击金军,屡建奇功。

这一时期,岳飞心情大好。不管"国军",还是"地方军",只要能打"鬼子",他都高兴。

然世事莫测,张所又因从前弹劾过黄潜善,而遭到"黄党"诽谤,被贬职另作他用。

河北西路招抚司番号，也被莫名其妙撤销了。

岳飞再次成为游勇。

幼时看连环画，读到这一章节时，每每鼻子发酸，眼里噙满同情泪水。

岳飞空怀满腔热情，在帝国生死存亡之际，居然报国无门，让人心寒心酸心痛！

举目四望，无家可归。

岳飞先投"八字军"，不受王彦待见。待了不到两个月，便改投东京留守杜充，配合协防开封一线。

建炎三年（1129年）春，金兀术再次举兵南侵。

金兀术乃敌酋名帅，骁勇喜战。破宋京，虏二帝，坑杀百姓……宋人视为首恶！

岳飞闻金兀术南下，认为雪耻机会来了。便跃跃欲试，准备大干一场。

谁知杜充一纸急文，令岳飞火速撤往建康府（今南京），放弃正面御敌。

岳飞大惑不解。

立即策马前往大营，苦苦劝说杜充，留下就地抗击金人。

"中原地尺寸不可弃，今一举足，此地非我有，他日欲复取之，非数十万众不可。"

杜充迫于金军淫威，不顾岳飞苦苦哀劝，最终放弃开封，仓皇向南逃窜。

建炎三年秋，金兀术继续南进。千里宋国边防线上，竟无一兵一卒抵抗。

旬日内，金兀术十万铁骑，已兵临建康城下。

杜充弃开封南逃，非但没有问责，反而擢升建康留守。

这个软蛋，眼看金军呼啸而至，不仅将六朝古都拱手相让，还率全城军民不战而降！

金陵虎踞龙盘，历为兵家必争地。

金兀术兵不血刃，便得重镇金陵。乘机渡过长江天险，很快攻下临安、越州、明州……席卷江南。

宋高宗赵构，被迫流亡海上。

直到这个时候，百年大宋王朝，已生死攸关，濒临危亡绝境。

国难显忠臣否？

南宋小朝廷里，晦暗而阴冷。忠臣并不多见，倒是奸佞臣子，黄潜善、杜充、秦桧之流，随处可见。

赵构跑了，杜充降了，黄潜善死了……岳飞高举的抗金大旗，犹如一朵鲜艳的血花，怒放在这个国家布满阴云的天空。

岳飞所部不足三千，一无编制二无军饷，始终坚持敌后抗战。

广德军一役，岳军攻击敌后卫，六战六捷。

常州一役，岳军奔袭驰援，四战四胜。

牛头山伏击战，大败金兀术，几取其性命。金军被逼北撤，收复军事重镇建康。

岳飞声震河溯，威名传遍大江南北。

建炎四年七月，岳飞因军功卓著，升任通州镇抚使兼知泰州，统领上万人马，第一次拥有了作战指挥权。

岳飞十分珍惜，爱兵如子。很快将这支上万的队伍，打造成了纪律严明、作战骁勇的抗金劲旅——"岳家军"。

绍兴三年，岳飞领"岳家军"，剿灭"军贼游寇"李成、张用。

次年四月，赫赫有名的"岳家军"，第一次挥师北伐，即捣毁金傀儡政权伪齐，一举收复襄阳、信阳等六大郡。

岳飞因战功显赫，再升清远军节度使。宋高宗颁诏，褒奖为"精忠岳飞"。

绍兴四年十二月。"岳家军"得友军支持，在庐州（合肥）大破金兵。迫使金军渡江北还。

长江以南地区，再无金人一兵一卒。南北对峙局面，初步形成。

绍兴六年，岳飞雄心勃勃，第二次挥师北伐。岳家军军纪严明，声威显赫，一路高歌猛进。先后攻占收复伊阳、洛阳、商州和虢州，继而进军陈、蔡地区。

宋军前锋所指，直逼金人国境，大有恢复帝国山河之势。

唉，一声叹息，再次让人扼腕。

岳家军却突然发现，自己孤军深入。方圆几百里内，既无一个援兵，也没有任何后勤保障。

岳飞百思不得其解，哪敢贸然进击？

只好率领岳家军，撤回鄂州（武昌）休整，等待朝廷新的命令。

二次北伐，岳家军势如破竹，收复大片沦陷区。形势一片大好！实不知朝廷何故，突然偃旗息鼓。

岳飞壮志未酬，心中不由万分悲愤。传其慷慨悲歌，写下千古绝唱《满江红》：

> 怒发冲冠，凭栏处、潇潇雨歇。抬望眼，仰天长啸，壮怀激烈。三十功名尘与土，八千里路云和月。莫等闲，白了少年头，空悲切。　　靖康耻，犹未雪。臣子恨，何时灭！驾长车，踏破贺兰山阙！壮士饥餐胡虏肉，笑谈渴饮匈奴血。待从头、收拾旧山河，朝天阙。

当真是一腔热血，肆意汪洋！

有人曾信誓旦旦，举证词非岳飞所填，乃后人伪作。

但不管怎么说，《满江红》让人血脉偾张，十分传神地表达出了岳飞誓死精忠报国的精神风骨和英雄气概！是否岳飞亲作，丝毫不影响国人对词的喜爱，和对岳飞本人的无限敬仰！

二次北伐后，岳飞升官了。很大很大的官，当了太尉。

但他明显感到不顺心，甚至不舒服。数次向皇帝建议，兴师北伐，一举收复中原。

赵构总以各种理由，加以拒绝。

皇上心里，究竟在想什么呢？

四

绍兴九年（1139）。

赵构委派奸相秦桧，与金人议和。愿"北向称臣纳贡"，永结世好。

南宋居然不顾廉耻，要向金国称臣纳贡？

抗金常胜将军岳飞，异常愤懑和恼怒。立即上表朝廷，请求"解罢兵务，退处林泉"。

大宋朝都与金议和了，还要我岳飞干什么？！

帝国军队高级将领，大多支持岳飞。他们又是上表，又是集体跪谏，坚决反对议和。

赵构鬼迷心窍，始终相信秦桧。

金人当年破宋京时，秦桧与二帝同时被俘，为何逃脱？是否被金人收买？

惜无史料可凭。

以秦桧坚持议和论，金人收买说，不无可能！

赵构反对军人谏诤，心思唯秦桧能懂。他害怕如狼似虎的金人找到借口不同意议和，乘机南下灭了宋朝。

出乎宋人意料，金不但同意议和，还很友好地款待了南宋使者。

真是奇哉怪也！

向来牛皮哄哄的金人，也会如此仁慈？

当金人同意议和的消息，传回临安城时，南宋王朝一片欢呼。

达官显贵奔走相告，皇亲国戚举杯庆贺。那个高兴劲儿，好像大宋国已收复了旧时河山，灭掉了金国一样。

帝国也有明白人，他们当然知道，金人同意议和，纯属缓兵之计。连连南下征战，已使金国国力空虚，暂时无意擅起兵端。

南宋坐拥江南半壁，经济实力不容小觑。又得岳飞、韩世忠辈，誓死捍卫。短时间内灭掉南朝，根本没有可能。

议和正好喘一口气。

在养精蓄锐的同时，还可从容思考，下阶段对南朝采取什么策略，并做出相应战略调整。

赵构非白痴，秦桧为奸人，皆人中"精"。说书人都讲得明的道理，他们会不明白？

其中定有隐情。

金人议和息兵，接下来要做什么呢？

金自战争伊始，即抱定灭宋之国策。从两国胶着态势看，瓦解南方抗金统一战线，实乃当务之急。

金人算盘打得叮当响，先在南宋内部，扶植亲金派，再采用"离间计"，剪除抗金领头人物。

策略确实高明，却苦于没有下手机会。

恰好这个时候，南朝派使节议和，条件还相当优厚。

瞌睡来了，居然有人递上枕头，谁不偷着乐！

金人欢喜蹦了，心里乐开了花。

宋皇帝赵构，更高兴得忘乎所以。

见议和成功，金銮殿的宝座，坐得越发安泰。认为乃秦桧功劳，喜其"善解上意"，封为秦国公。一时隆誉，权炽熏天。

赵构之流幼稚可笑，亦高兴得太早了。

第二年春上，金兀术缓过气来，即撕毁和约，大举兴兵南侵。

"儿皇帝"赵构，猝不及防，一度吓得半死。整日愁眉苦脸，茶不思饭不想。

秦桧见皇上不开心，心疼得要死。

暗恨金人不守信诺，又恐赵构责怪办事不力。连忙献策，启用岳家军，狠狠打击金人，直打到议和为止。

看官可要瞧仔细了。

秦桧之策，并非真要抗击金人。北人不知天高地厚，让他们吃些苦头，为议和创造条件，增加谈判筹码。

最终目的，议和！

打,也是为议和而打。

赵构左右为难,在打与不打间,反复掂量,始终找不到最佳选择。

打吧,怕彻底惹恼金人,连议和的"皂角泡泡"都没了。

不打吧,又怕金人长驱直入,一举灭了宋朝,连儿皇帝也没得做。

这个度,确实不好把握。

赵构心里明白,要想维持现状,宋金两国划江而治,唯一的途径,只有议和。

问题关键在于,议和乃南宋一厢情愿,金人并未同意议和。反而像一条疯狗,追着南宋狂吠,死死咬着这块肥肉不放。

背信弃义不说,连一丝理儿也不讲。丝毫不给儿皇帝面子,弄得他里外不是人,灰溜溜像个龟孙子。

北人讥笑他孬蛋,堂堂南朝一国之君,居然面北称臣;宋人骂他是孬种,置钦、徽二帝生死不顾,心甘情愿当"孙子"!

赵构这个皇帝,当得苦哇。

金人如狼似虎,他惹不起,也无能为力,大气都不敢出。连哈巴狗都不如,只知摇头摆尾。

南宋千千万万军民,抗金情绪日渐高涨,他又无动于衷,看不见也听不见。

这个时候,秦桧的建议,犹如一根救命稻草,让深陷灭顶旋涡的赵构,看到了垂死挣扎的希望。

想想也是这个理。如不给金人一点厉害,就算议和成功了,自己也是金人的受气包!

迫于形势和舆论,赵构一肚子窝囊气,终于爆发了。大张旗鼓起用岳飞,领兵北上抗金。

岳飞这回惨了。

他不明白朝廷意图,更不知赵构心思,真打还是假打。

作为前敌统帅,岳飞高兴着呢。让他领兵抗金,让他有仗可打。

皇上万岁万岁万万岁!

出征仪式,由赵构亲自主持。

南宋虽偏安一隅,帝国的面子,一定不能小。誓师北伐场面,宏大而庄严。

赵构宣诏,慷慨激昂,气吞山河。

岳飞稀里糊涂,依旧热血沸腾!急迫之心不可言状,连家人也没告诉一声,便率岳家军连夜出城,直奔抗金前线。

南宋立国十三年,对北朝一直附耳听命。难得宋皇帝发毛,实施了南宋建国以来,对金人最强有力的一次反击。

岳飞憋屈得太久了,岳家军憋得太久了,满肚子恶气需要发泄!一到战场上,个个如困兽下山,无不以一当十。

旬日之间,岳家军所向披靡,连克中原重镇洛阳和郑州。

在郾城(今河南漯河),岳家军与金军酣战。大破金兀术最精锐的铁骑兵——"铁浮图"和"拐子马"。

此次大战,惊天动地,各种史料记载甚详。

"飞败金人于郾城,兀术怒,合龙虎大王、盖天大王及韩常兵逼之。飞遣子云当敌,鏖战数十合,敌不支。再兴以单骑入其军,擒兀术不获,手杀数百人而还。"(《宋史·杨再兴传》)

岳飞乘胜进击,挥师一举攻占朱仙镇。

金兀术所统大军,精锐尽失,士气严重受挫。只得率残兵败将,退守开封。

"撼山易,撼岳家军难!"

每听岳家军之名,金人皆闻风丧胆,发出这样的哀叹。

宋军攻势如潮,金兀术无计可施。只得坚拒死守开封,不敢出城迎战。

当年茶馆听评书,只要惊堂木一响,偌大的茶棚里,几百人顿时鸦雀无声。

人人翘首以待,激动得满脸通红。像痛饮了三大碗烈酒,心中浩浩然荡荡然。

说书人声若奔雷,摆得酣畅淋漓。听书人热血沸腾,大呼过瘾!

岳飞看到了希望,重振大宋似指日可待。雄心勃勃屯兵朱仙镇,做着与金人决战的各种准备。

除大量招募民勇外,还派人四处联络义军,积极筹划北渡黄河、直捣"黄龙府"的战役部署。

"直捣黄龙府,与诸君痛饮耳!"

惜这杯美酒,直到南宋朝灭亡,宋军将士也没有喝到。

宋军节节胜利,赵构却满腹心事,莫名其妙害怕起来。

身边近臣,都不知皇上害怕什么。

唯奸相秦桧,了解赵构心思。

眼见金兀术困守开封,已没了招架之功。秦桧又迫不及待建议,再次鼓吹"宋金修好"。

这个建议,来得及时,正好戳中赵构痒处。

秦桧得赵构授意,偷偷向北方传递信息,表达了愿意议和之愿。

正值岳家军群情激昂,准备北渡黄河之际,赵构连发十二道金字牌班师诏,令岳飞火速退兵!

班师诏接踵而至,好似晴天霹雳,让岳飞肝胆俱裂,痛不欲生。

这是为什么啊?!

岳飞仰天长叹,悲愤之情喷薄而出。

"十年之功,毁于一旦!所得州郡,一朝全休!社稷江山,难以中兴!乾坤世界,无由再复!"

岳飞痛苦不堪,不知道该怎么办了。

友军已派人告知,准备南撤。

倘若继续领兵北进,岳家军纵然骁勇,但得不到友军支援,也独木难支啊!

奉诏退兵吗?

岳家军全体将士,谁都不会答应!

今天的大好局面,得来容易吗?千千万万宋军将士,一刀一枪拼命而得！

流血不可怕，白流血太可怕！

若不乘胜追击，彻底歼灭金兀术，让他有了喘息之机，必将后患无穷！

岳元帅举棋不定。

侦骑不断来报，张浚撤军了，吴玠撤军了，连名帅韩世忠也撤军了。

岳飞听了报告，默不作声。面向北方，泪流满面。一动不动伫立风中，久久不愿回头。

岳家军南撤，有条不紊。

当地百姓闻讯，无不惊恐万状。跪阻岳元帅战马前，声嘶力竭哭诉。

"我等戴香盆、运粮草以迎官军，金人悉知之。相公去，我辈无噍类矣。"

岳飞闻听此言，心如刀绞，以诏书示众。泣曰："吾不得擅留。"

史载：岳家军营帐外，哭声震野，军民同嚎。

岳飞不忍，擅自决定留军五日，以保护当地民众南迁。

"从而南者如市，亟奏以汉上六郡处之。"

五日爱心满满，却让愚忠的岳飞，最终付出了惨痛代价，成为秦桧之流，攻讦他抗旨"铁证"。

五

岳家军退兵了！

开封城里的金人，好像做了一场噩梦。望着南去的宋人，感到十分困惑。

宋军连连大捷，为何不乘胜追击，反而撤军南归了呢？

甭说金人不明白，宋军统兵大元帅岳飞，也不明白，朝廷究竟在干什么？！

当他匆匆赶回临安，还没来得及汇报工作，就被革除了兵权，改任枢密副使。

绍兴十一年八月。

赵构派遣使节，来到开封城，再次向金人求和。

金兀术被岳飞打怕了，困守开封月余，连城门都不敢出。生怕岳家军使诈，卷土重来。

听到这一消息后，乐得心花怒放！一边在军中大帐里，喝着酒吃着肉，一边和宋使谈着议和条件：“必先杀岳飞，方可议和。”

金人的议和条件，很快传回临安。

赵构听后，坐在金銮殿龙椅上，满脸古怪地一言不发。

秦桧知皇上心思，也摸准了金人脉搏。

立即拟表上奏，诬岳飞滞留朱仙镇，迟迟不肯返朝，意在谋反。

这还了得？！

欺君，抗旨，谋逆，哪一条不是死罪！

赵构不容岳飞辩解，毫不犹豫地口谕，将其逮捕下狱。

绍兴十一年十二月二十九日。

秦桧以"莫须有"罪名，将岳飞毒死在临安风波亭。

可怜一代忠良，死时年仅三十九岁。其子岳云，部将张宪（岳飞婿），同时被害。

时至今日，杭州（临安）风波亭里，还留有岳飞八个绝笔字：天日昭昭，天日昭昭！

史载："金人所畏服者惟飞"。"诸酋闻其死，酌酒相贺！"

世间剜心事，唯亲者痛仇者快！

一直以来，在我臆想中，南宋的天空，阴晦而多雨。

不知与岳飞冤死有关否？

岳飞死了。

南宋最后的支撑，也没有了。整个南朝，进入了充满霉味的雨季。

文章写到这里，突然停下笔。搁了两个多月，居然没了写下去的激情。

原因是什么？

我也说不清楚。

好像有一根鱼刺，卡在喉咙上，让人十分难受。

两个多月来，只把《宋史·岳飞列传》，翻来覆去看了五十多遍。真不知要从那些文字中，寻找到什么？

"莫须有"这个罪名，定得实在好啊。

中国人聪明，天底下无出其右者。

也许有，不见得没有。

这是个什么罪？

嘿嘿。

定罪的人错了吗？当然没有，他又没说你有罪。

无罪而获刑的人，冤枉吗？

当然冤枉，冤枉得连喷嚏都打不出来！

更让人佩服者，还是那些史官们。

岳飞致死，罪名"莫须有"，一点不假。照实录也就行了，为何要扯上秦桧？

一忠一奸，这种平衡，谁最需要？

当然是统治者噻。

秦桧背上千古骂名，让那些污七糟八的事，有了说法：秦桧害死了岳飞。

结果当然混淆视听，以致戏剧这么演，评书也这么说。连老百姓都晓得，岳飞为秦桧所害。搞得秦氏后人，都抬不起头来。

"自从相后愧姓秦"！

秦桧是汉奸卖国贼，一点不假，谁也翻不了这个案。

虽然现在有人胡说，秦桧活到现在，可得诺贝尔和平奖。

真是胡说八道！

问题的关键是什么？

岳飞抗金事业，如日中天。在老百姓心中，他就是国家顶梁柱，人民的大救星。即使秦桧与之有过节，想要害死他，手中没有尚方宝剑，怎么可能？

那么，岳飞为什么会死？谁又是那个让他必死的人呢？

关于这个问题，古往今来，多有论述。时至今日，仍争论得喋喋不休。

岳飞是农家子弟，艰苦朴素的生活方式，是他一贯的作风和行事准则。岳府上下近五十人，没人穿金戴银，甚至连绫罗绸缎，也鲜有人穿。妻子李娃，为了场面应酬，花钱做了一件绸衣。岳飞知道后，私下对她说："皇后与众王妃，还在敌国受苦受难，你怎可穿这豪奢之衣？"李娃很羞愧，将绸衣送给婆婆作寿衣，终生麻布素衣，再未穿过绫罗绸缎。

岳飞官太尉时，受地方官员宴请，吃到一种类似包子的"酸饼"，惊叹道："世上竟有如此美味。"

再不肯吃一口，坚持将自己那份，带回去与家人共享。

岳飞孩子一般举动，惹得众人哈哈大笑。如此普通之物，你作什么秀啊！谁不知大宋抗金将领，个个富得流油？

张浚论官位不及你，军功更是无法相提并论。他却为了防盗，铸"没奈何"大银球，一千两一个，堆满整整一间大屋子。退休之后，还享有年俸六十万担粗米呢。

何况你岳大元帅？

而事实是，岳飞被害抄家时，总家产仅三千贯钱（约二千多两银）！

区区三千贯钱，还折算了数千匹麻布（这些麻布是为岳家军准备的军备物资）。

从这一点看，岳飞之清廉，南宋官场上，恐无人能出其右。

以他卓著的战功，在帝国军队中的地位，怎么也不会如此寒碜吧？

上述种种，皆正经官家史书记载，定然不会有假。

岳飞首次北伐，胜利班师回朝时，为褒奖他杰出的抗金功绩，赵构欲颁旨，为他修建一栋豪宅。

他却断然谢绝："北房未灭，臣何以家为？"

岳飞俭朴淡泊，对子女管教尤严。孩子们每天做完功课后，必须下地劳作。

两宋时期，有"任子恩例"制度。官员品级越高，子女所受"恩例"衔越高，次数也越多。

岳飞官居枢密副使，战功无人能及。他却不准子女享受"恩例"，勉励儿子们"自立勋劳"。

岳飞铁面无私，然重情重义。唯一用过一次"恩例"，为张所之子张宗本而用。

岳云随父征战，屡立殊勋。岳飞装作看不见，竟多次隐瞒不报。

连张浚都说，岳侯虽然廉洁，却不见得公正。

"岳侯避宠荣至此，廉则廉也，然未得为公也！"

岳飞却说："父之教子，怎可责以近功？"

想想当今之世，哪一个父母大人，不想孩子早点扬名立万？

翻开一部宋史，南宋抗金诸将中，唯岳飞始终坚持一夫一妻制。

同在抗金前线，名将吴玠素服岳飞。见他孤身一人，身边没个"管家婆"。私下花二千贯钱，买了一名读书人家女子，送给他"侍军"。

岳飞不领情。

隔着屏风，故意问道："我家人人穿布衣，吃粗食，能与我同甘共苦，便请留下。否则，我不留你。"

那女子听了，低头窃笑不已，显然不愿意。

岳飞立即遣人，将她送还吴玠。

部将们听说后，纷纷谏阻岳飞。认为将此女送还吴玠，势必伤及吴大人面子。不如暂且收留，待日后择机遣送回家。

岳飞则回答道:"而今国耻未雪,岂是大将安逸取乐之时?"
吴玠知道后,越发敬重岳飞为人。
"冻死不拆屋,饿死不打掳。"
岳家军治军甚严,这是他们的口号。
损坏庄稼、妨碍农作,买卖不公,估吃霸赊……一律斩首!
千年前的封建社会里,令出不行者斩,很多军队都可能做到。但损坏庄稼、买卖不公,也要问罪杀人,且认真执行的队伍,恐怕只有岳家军了。
史载:岳家军所到之处,民众无不欢欣鼓舞。
"举手加额,感慕至泣。"
岳家军战斗力极强,皆因有一位好领导。
"武官不怕死,文官不爱钱。"
岳飞这么说的,也是这么做的,堪称封建社会官吏典范。
自从戎那天起,历大小数百战,岳飞莫不是身先士卒,冲杀在最前头。
作为职业军人,具备这种大无畏精神,本不值一提。然仔细想一想,岳飞确又有太多异于常人之处。
设若普通士兵或下级军官,不顾一切冲锋陷阵,尚可理解。问题关键在于,作为帝国军队高级将领,岳飞依然冲锋在前,这就不是勇敢的问题了,而是忠于国家忠于人民的崇高精神,在他身上的具体彰显和体现。
任通泰镇抚使时,为掩护军队和百姓过江,岳飞亲率卫队,死死扼守南灞桥头。金兵数十次冲杀,豺狼一般凶残。岳家军卫队,几乎全军覆灭。岳飞也身受数十创。始终不肯撤离半步,直到大队人马渡江后,才撤离战场。
收复郾城之战,是南宋抗金最关键战役,也是岳飞生前最后一次恶战。为鼓舞士气,他不顾将官百般劝阻,亲率卫队冲杀在前。
驻守郾城之敌,乃金军精锐——"铁浮图"和"拐子马"。

在金兀术督战下，表现十分顽强。

郾城城墙上，敌矢如雨。都训练霍坚，害怕岳元帅有啥闪失，上前拼死拉住战马缰绳，哭着力阻道："相公为国重臣，安危所系，奈何轻敌！"

岳飞则高声答道："非尔所知！"

统帅身先士卒，岳家军势如破竹，郾城克日即复。

金人骄横，不可一世。唯闻岳家军之名，莫不望风而逃。

岳飞是职业军人，一生专注军事，但他特别重视文化。战争闲暇之余，广泛涉猎诸子百家，从中吸取养分，充实和提高自己。

岳飞少年时代，几乎没有读过书。

千百年来，始终以文武双全的形象，呈现在世人面前，肯定与他刻苦自学有关。

岳飞的文采，自不必说，有数十首诗词为证。这些诗词，大都写得漂亮，极具文化品味和生活情调。

他的书法艺术，尤造诣精深，达到了很高水准。时人赞其"室有邺架"，"字尚苏体"。

许多史籍文献里，都有这样的记载，无论是战争闲暇期，还是闲赋在家时，岳飞少与人饮酒作乐，也不游山玩水。多与文人聚一起，素茶清谈，交往甚欢。

由此可见，岳飞生活情趣高洁，确非一般武夫可比。

岳飞一生，坎坷曲折。

然始终孝顺父母，体恤士兵百姓，唯独不谄媚权贵。

国家危亡之时，更是大义凛然，屡次上书直言谏阻。痛斥秦桧之流卖国行径，反对皇上投降行为，表现出崇高的民族气节。

岳飞一生，忠君爱国。

不论是工作上，还是在生活中，堪称完美无缺的楷模。

历史总让人费解，一个超级大完人，一个受子孙后代景仰的大英雄，咋就"莫须有"了呢？

纵观大宋一朝，不论北宋还是南宋，国力都富而不强。君主懦弱,官场阴柔,民风温和。

柔美的大宋朝里,偏偏出了岳飞这个超人。就好像遍地是狗的世界里,突然跑来一只猛虎,结果会是怎样的呢?

这只凶猛的老虎,必被狗们视为怪物,群起而攻之,直到咬死为快!

岳飞就是老虎,强悍而凶猛。

他不合时宜,偏又孤芳自赏。恐怕直到死时,他也没弄明白,朝廷为何不抗金。

试想一下,赵构能当上皇帝,不正是托金人的福么?

若非金人南下,将两个老家伙掳去,金碧辉煌的金銮殿,怎么也轮不到他坐哈。

好你个岳"傻大个",作为朕的臣子,竟不理解寡人苦衷,一门心思收复失地,要迎什么二圣回家。

哼,你将两个老家伙弄回来,明摆着要朕"下岗"嘛?!

还是小桧子懂事,朕什么也没说,他就晓得朕想的啥子!

他替朕收拾了你,不光除去朕的一块心病,还给朕留下了回旋余地。

毕竟你娃是个英雄,还打着忠君爱国旗帜。要是朕出面,不仅显得没本事,一点都不含蓄。而且显得没人情味,天下谁还拥戴寡人?

果然不出所料。

秦桧两口子怎么着?被后人弄来跪起!跪在"傻大个"面前,任风吹雨打,日晒雨淋。

我赵构么,呵呵,还是"受命中兴全功至德圣神武文昭仁宪孝皇帝"!

你还别不服气,看看史官对朕的评价,何等崇高。

"……宋传九世而徽、钦陷于金,高宗缵图于南京,六君者,史皆称为中兴,而有异同焉。"(《宋史·高宗本纪》)

把朕与夏少康、周宣王、汉光武帝、晋元帝、唐肃宗一帮中兴之君，相提并论，合称六君！

想想看，人家那是真正中兴，国家在他们手上，重新强盛了起来。

我赵构呢？

当然也不错。

自靖康以来，虽未复国，总算让大宋朝，苟延残喘了一百五十四年。史官要说我赵构，是中兴之君，也是很有道理的嘛。

只可惜精忠岳飞，成了阶下囚。更可悲者，小人秦桧，成了刽子手！

六

往事越千年。

历史车轮驶进21世纪，各种文化思潮，迅速泛滥成灾。

为了标新立异，乱糟糟一个学术界，隔三岔五就会弄出些声响来。

一小撮跳颤异类，不知出于什么目的，极力否定岳飞民族英雄地位。理由很充分，也很冠冕堂皇，说得唾沫四溅。岳飞抗击的对象，是金国女真人。

女真人是啥？中华民族大家庭一员！

弘扬岳飞抗金，不利于中华民族，更不利于各民族和睦共处。

"学者"们很唬人，语气梆硬，不容丝毫置疑。

其实论点无任何新颖，且早有定论。

满人作为金人（女真人）后裔，入主中原后，面对的首要问题，即为民族认同感的问题。岳飞这道坎，必须翻过去。

康熙帝胸怀四海，在杭州重修岳王庙，尊为岳王爷。

大清国另一圣帝乾隆，尤尊崇岳飞。

"（岳飞）乃如以文武兼备，仁智并施，精忠无二，则虽古名将亦有所未逮焉。"

乾隆十五年(1750),弘历帝过汤阴岳飞庙,有诗赞云:

> 翠柏红垣见宝祠,羞豚命祭复过之。
> 两言臣则师千古,百战兵威震一时。
> 道济长城谁自坏?临安一木幸犹支。
> 故乡俎豆夫何恨?恨是金牌太促期。

岳飞民族英雄地位,因金人后裔推崇,才逐渐得到认同和提高。

几百年前的古人,尚有如此宽广心胸,何况今人乎?

第二个热议话题,就是岳飞的"忠"。

上至庙堂,下至江湖,岳飞能广得拥戴,多缘于他的赤胆忠心。

在"伪学者"眼里,忠孝节义,全是封建余毒!岳飞之忠,乃不辨是非的"愚忠"。赵构那样的皇帝,不值他誓死效忠!

国人一头雾水,不明白甚至迷惑了。"忠"是什么?现实生活里,究竟需不需要"忠"?

从古至今,"忠"之于中华文化,是不可或缺的重要元素,是维系儒家秩序的核心部件,更是维系中华传统美德的关键所在。

岳飞"忠"的对象,具体而现实,就是自己的祖国——大宋王朝。这是每一个大宋国民,最起码的道德行为准则。

狗还不嫌家贫呢!

而今日之"爱国者",口口声声忠于祖国,却把忠于的对象理想化(像美国一样发达),未来化(共产主义实现时),条件化(国家应时时、事事对自己好,稍不如意,就骂天骂地骂体制)。

国人之忠诚,就是为国家为民族,加倍付出的人生态度和思想境界。岂容"爱国者"玷污!

岳飞尊为民族英雄,得到包括汉、满等各个民族崇拜,已不再是因为抗金,而是在他身上,体现出了一种价值观,中华文化最核心的价值观——对国家对民族的无限忠诚。

历史是一面镜子。

如果用功利眼光，去斜视历史，那你面对的肯定是哈哈镜，自己都扭曲得没了人形，怎么可能公正对待历史呢？

片面理解"民族"，模糊其内涵和外延，继而否定岳飞，以混淆视听。

从宏观上说，"民族"是国家代名词。

在中华大地上，中华民族是个大家庭，由众多族群不断融合，而形成的"民族"概念。

无论从地域角度，还是族群多少来说，中华民族都是一个向前发展、向后包容的族群。

这种发展和包容特征，对于民族英雄来说，则表现为：族群和英雄人物，会随着历史发展而消亡。传承下来的，一定是他们的精神和信仰。这些优秀、积极、正义的精神和信仰，必然为一个国家所有族群（人民），共同享有！

它不会因政权更迭、朝代替换，而断代消失。更不会因岳飞是汉人、成吉思汗是蒙古人、康熙玄烨是满人（后金人），就遭到随意否定而消亡。

如前所述，岳飞们代表的是优秀、积极和正义的精神，今天否定了一个岳飞，明天就会否定像岳飞一样的所有族群中的英雄。这些英雄所代表的精神，必将无所依存，中华民族的英雄观，也肯定会灰飞烟灭！

那么，当国家、民族危亡之时，谁去冲锋陷阵？谁还会去争当英雄？！

岳飞"精忠报国"，作为中华民族英雄的典型代表，理应供奉在国人心中，一代一代传承下去，直到永远！

映在晚明宫墙上的佝偻背影

漫漫历史长河。

明帝国二百七十六年，让人十分怀念和向往。从学者到官员，从士卒到农夫，都会说出各自喜欢的理由。

或曰，朱元璋"起于田亩"，所缔造的大明王朝，整个一平民政府，让人倍感亲切。一部明史里，有太多让人玩味的东西了。立国者本是布衣，放过牛讨过口当过和尚，历为人们津津乐道。

宣德年间的香炉，陈明远的紫砂清玩，仇英的山水人物，张岱笔下的美食美景妙人儿，秦淮河畔的香艳……无不充满美而诱惑的华丽。

历经二百年风雨后，到了嘉靖年间，明王朝这架马车，渐渐裹脚不前。在浮华中叹息，在颓废中萎靡不振。甚而至于百病丛生，危机四伏。

紫禁城富丽堂皇，没日没夜设坛修醮，青烟缭绕。帝国统治者嘉靖皇帝，幻想长生不老。在方士妖道胡诌的《庆云颂》中，飘飘欲仙，醉生梦死。

权相严嵩，乘机把持朝政。父子俩狼狈为奸，为非作歹。让本已风雨飘摇的大明江山，更加黑暗无光。

恰巧这个时候，平民出生的张居正，走上了帝国的政治舞台。以卓越的政治智慧，整饬朝纲，巩固国防，推行一条鞭法。终历十年之功，使奄奄一息的明王朝，重获勃勃生机。

一

张居正，字叔大，湖广江陵人。

嘉靖四年五月二十四日，出生一落魄秀才家。

张居正小时候，有个奇怪的名字，叫作白圭。同村小伙伴，都叫他"白龟"。

小名很难听，让他十分尴尬。时常与小朋友拌嘴，争得面红耳赤，甚至大打出手。回到家里，委屈得大哭，吵着要改名。

父亲张文明，中过秀才，七次乡试不举。落魄失意的他，也怪儿子小名不好，让自己像"龟"一样趴在地上，一辈子没有出息。

同意给儿子改名。

曾祖父张镇之，知道后大发雷霆，坚决不准更换孙子小名。

私下告诉张居正，说他是月亮变的白龟，将来一定光宗耀祖。

张镇之清楚记得，四年前孙子出生时，自己梦见天上的月亮，落在自家庭院大水瓮里。皎洁的月光，照得庭院一片光明……一只白龟从水瓮里，慢悠悠地浮了上来。张镇之因此认定，张居正是月神下凡，变幻成白龟附体。信口取名"白圭"。

张居正听了这个故事，不再哭闹。以后小伙伴取笑他时，也不再争辩了。自个儿下了决心，发誓出人头地，为张家争光。

白龟附体的张居正，果然不同凡响。从小聪颖过人，乃远近闻名的神童。

两岁会识字，五岁可写诗，七岁通晓六经大义。十岁的时候，已能写出漂亮文章了。

十二岁那年，去荆州府参加童子试。以机敏灵俐的口才，锦绣灿烂的文章，得到知府李士翱赏识。

李士翱乃名士，专门面试张居正，试题"南郡奇童赋"。

张居正才思敏捷，用时一刻，即完成写作。

惜这篇赋文，未收入《张太岳文集》，后人已难见庐山真面目了。

传李士翱阅完《南郡奇童赋》，当即拍板，取十二岁的张白圭，为补府学生而成秀才。

考据科举史，自隋唐以降，至大明嘉靖，凡九百余年间，张居正以十二岁之龄，而取秀才功名，实乃年龄最小者也。

李士翱喜欢至极。

"白圭不足名子，子他日当为帝者师。"（《太师张文忠公行实》）

遂取"庄重端正"之意，替张白圭改名居正。

张居正果不负厚望。

十三岁时，赴省垣武昌乡试。写《题竹》和《题吕仙》两首诗，让湖广巡抚顾璘拍案叫绝。

顾璘才高八斗，名列嘉万"十才子"者。虽称赞张居正才学，却并未让他中举，而是通过权力，让他落榜了。

真是怪哉！

顾璘既为文学大家，认定张居正是个人才，为何又阻挠他中举呢？

不让张居正中举，非顾璘有私心。在他眼里，"居正才智太过"，应多受磨砺，以便"老其才"。

"大器者定当晚成"。

李士翱不明就里，和顾璘大吵一架。扬言上奏朝廷，治他徇情枉法之罪。后经监试冯御史言明，二人才把酒言欢。

三年后，十六岁的张居正，顺利通过乡试，成为一名少年举人。

顾璘十分欣慰，设宴庆贺。特邀李士翱作陪。

席间，言于李士翱，"此子将相才也"。

又严肃地对张居正说："我与李大人器重你，希不负重望，做伊尹，做颜渊，不要只做一个少年成名的举人。"

张居正受此抬爱，心里激动不已。当着两位大人面，立下宏愿：一定勤奋学习，做国家栋梁材，决不辜负栽培之恩。

时至今日，人们都不明白，张居正小小年纪，何以会受到李、顾青睐？

不知以下两件琐事，能否回答这个问题。

嘉靖十五年（1535），十二岁的张白圭，到荆州府参加童子试。

考场设在文庙书院。

开考当日晨。

小白圭提着考篮，随童生走向考场。众童生来到文庙前，正欲过青石小桥，突听一声吆喝。知府李士翱，坐八抬大轿上，监考来了。

赶考诸童生，或四下散开，让路。或低头立于道旁，回避。

唯张白圭，不慌不忙，迈着小八字步，继续往前走。

李士翱瞧在眼里，恁小一个孩童，是来应试的吗？

瞧他从容不迫的神情，竟有些"目无余子"的气概。

李知府停下轿，故意板着脸，问道："你一个小小孩童，是来考试的吗？为何见了本府大轿，不回避？"

小白圭见问，扑闪着大眼睛，歪着头回答道："小人走在前面，给大人引路，难道有什么不妥吗？"

李士翱没有想到，身高仅三尺余的小白圭，居然说出这样缜密的话，一下子便喜欢上了他。

知府大人不动声色，依旧板着脸说："你既不肯为本府让路，想必有些学问，待我出个对子你对。对上了，准许进考场。对不上呢，就回家去吧。"

小白圭眯着眼，凝视着李士翱，仿佛和知府大人较上了真。

居然学着大人模样，躬着腰右手向前一划，稚声稚气地说道："大人，请出上联。"

见张白圭一本正经，又满脸稚气，李士翱感到十分有趣。抬头看看四周景物，指着书院前两棵高大古柏树，不紧不慢地念道："大文庙，两棵树，顶天立地。"

张白圭放下提篮，从里边拿出一支笔，空中挥了一挥，张口对出了下联："小学生，一支笔，治国安邦。"

李士翱吃了一惊。小小一个孩童，竟出言不凡，隐然有大家风范。遂打心眼儿里喜欢。

李士翱喜欢张白圭，爱其机灵聪颖。

顾璘钟爱他，则让人无法理解了。

顾大人乃应天府俊杰，与何景明、李梦阳并称"金陵三俊"。

或言顾璘爱才，喜欢张居正，是看上了他的文采。

实难以让人信服。

张居正固然了得，五岁成诗七岁成文，享有"江陵神童"美誉。然仅凭他乡试时，写的两首诗，要打动顾璘，那也是万万不可能的事。

《题竹》一诗，虽有"凤毛丛劲节，直上尽头竿"这样的佳句，但也不能说特别有文采。

另一首《题吕仙》，就更不咋地了。

"这个道人，黄服蓝巾，分明认得，却记不真。呵呵，原来是醉岳阳、飞洞庭、姓吕的先生。"

以这样的诗文，打动了顾璘？

史载，张居正十三岁时，首赴武昌乡试。

顾璘"一见即许以国士"。

"国士"之语，或许就是答案。

至少说明两点，一是称赞张居正时，顾璘还没见到应试文章；二是赞为"国士"，而非"神童"，与江湖传言有别。

第一点能说明啥？

顾璘喜欢张居正，是爱其人而非爱其文。

第二点尤为重要。

"国士"不可乱许，乃大有讲究哈。

《战国策》里，侠士豫让对赵襄子说："知伯以国士遇臣，臣故国士报之。"

观豫让所言,国士之谓,实与国并重。

以此论之,那什么样的人,才可称"国士"呢?

"国士"者,必为国内最杰出之人,应具有报国之雄心,治国之雄力。

从这个意义上说,顾璘"一见即许以国士",必重其卓越眼界,而非才情。

"此子有静气,器识远大"。

传二人刚一见面,顾璘就考察张居正:"雏凤学飞,万里风云从此始。"

张居正虽年少,年仅十三岁,却胸怀天下:"潜龙奋起,九天雷雨及时来!"

顾璘听罢联语,着实吃了一惊。

他无意张的敏捷和急才,而是从联句中,看到了吞吐日月之志,胸罗万象的博大襟怀!

张居正果如所判。

同榜进士王世贞,潜心文学,成了文坛领袖。而他则一心济世,成了帝国内阁首辅。

嘉靖二十六年(1547),二十三岁的张居正入京,顺利通过会试与殿试,高中二甲第九名,授庶吉士。

从此走上政治舞台,时间长达三十五年。

二

庶吉士没有实职,是一种见习官员。

除了鼎甲者外,其余高中之人,都要在庶吉馆见习三年。

明帝国的庶吉馆,很像今日中央党校,是国家培养后备官员的地方。只有经过三年系统培训,并通过毕业考试,才有可能被点为翰林。或遣派地方,或选派中央各部,担任低职官员。

张居正十分幸运。三年庶吉馆生涯,遇到了另一恩师徐阶。

徐阶德高望重，乃当朝内阁重臣。

史载：徐阶有大才，十分看好张居正，常予以谆谆教诲。不仅影响了张的政治生涯，也影响了他的人生信仰。

张居正亦说，"阶为恩师，乃居正之福，终身不相忘。"

三年见习生活，很快结束了。张居正以优异成绩毕业，成为一名翰林院编修。

翰林院编修，七品官衔。主要职责，负责编写国史和国事。

每届庶吉士里，只有特别优秀者，才会被录用为编修。

张居正身受此荣，同袍们都很羡慕他，谓之很快飞黄腾达。

然后来的发展，出人意料。张居正非但没能平步青云，政治上反而毫无建树。以前羡慕他的人，大都得到了升迁，他却在翰林院编修位置上，一干就是十年。

以帝国官员考核论，早该择职他用了。

张居正十分苦闷。

十年，三千六百多天，天天和史料打交道。枯燥无味的工作，消磨着他的雄心壮志。

他始终不明白，问题出在哪里。

直到某年中秋节，好友王世贞前来探望，赏月时告诉他，任何人要想晋升，都必须过严嵩这一关。

听了王世贞的话，张居正心有所动，似乎明白了什么。

严嵩为内阁首辅，手握官员晋升生死，权炽熏天。

张居正潜心编史，与之素无来往。

何以惹得他不高兴了？

原来大明立国之初，为巩固中央集权，朱元璋废丞相制而立内阁首辅。内阁职责，相当于皇帝秘书厅。首席内阁大学士，称之为首辅，相当于前朝丞相之职。

张居正入翰林院时，内阁大学士有徐阶、夏言、严嵩等人。

夏言和严嵩二人，为争夺首辅之位，展开了惊心动魄的争斗。

先是夏言得势，在徐阶等人帮助下，夺得了首辅之位。

后是严嵩使阴招,向嘉靖帝朱厚熜进谗言,以"复套"事件为由,将夏言问罪斩首,自己当了首辅。

严嵩上任后,干的第一件事,就是清除异己。不仅将徐阶贬出内阁,连徐阶的弟子们,也跟着遭了殃。

张居正窝在翰林院,十年不得升迁,就再正常不过了。

王世贞走后,张居正有了冲动,想给嘉靖皇帝上疏。欲以此引起朝廷重视。

关于内阁之争,张居正一介编修,无意也不愿参议。对国家的种种时弊,却感同身受,看得十分透彻。

嘉靖二十八年(1549),张居正上《论时政疏》。首陈"血气壅阏"之病,继指"臃肿痿痹"之五病。阐述系统而大胆。谏议切中时弊,具有很强的操作性。

然谏议虽好,却未引起嘉靖重视。反而引得严嵩不快,更加敌意地加以监视。

结果适得其反,让张居正始料不及。

为了保全自己,此后很长一段时间里,张居正除例行章奏外,没有再上过一份奏疏。

张居正的一举一动,都被恩师徐阶看在眼里。他生怕这个得意门生,因一时不得志,而自暴自弃。遂冒着政治风险,在生活和工作上,给予极大关怀。教导他"内抱不群,外欲浑迹"。大丈夫立世,当能伸能屈。

恩师的良苦用心,让张居正很感动。

他不得不昧着良心,低下高傲的头,政治上附和严党,甚至帮其写过"青词"(后述)。

严嵩七十大寿时,还送上很肉麻的贺诗。

"……声名悬日月,剑履逼星缠。补衮功无匹,垂衣任独专。"

但即便这样,严嵩也没给他任何机会。

政治环境险恶,现实生活灰暗,让张居正忧心忡忡。

"荣进之路,险于榛棘。恶直丑正,实繁有徒。"

嘉靖三十三年（1554），张居正以生病为由，向朝廷请假辞归。欲回到故乡江陵，休养一段时间。

恩师徐阶闻讯，特领一帮弟子，专门设宴为他送行。席间，反复叮嘱他，耐心等待，相机而动。

张居正深受感动。

带着恩师千般嘱托，回到故乡江陵。在长达六年的假期里，不敢稍有懈怠，也从不敢忘掉国事。

张居正家乡，算不上富庶之地。张氏一族，也非名门大户，生活略显贫寒。

乡下休养期间，张居正观察民情，体恤民苦，真切感受到了民众的辛劳、饥寒和凄苦。在《荆州府题名记》中，他这样记录道："田赋不均，贫民失业，民苦于兼并。"

这段乡间经历，让他恻然心动。为张居正后来下定决心，推行"一条鞭法"，埋下了伏笔。

张居正虽在乡下，却时刻惦记着恩师。他和徐阶之间，始终保持着书信往来。谈人生，谈理想，谈帝国的现状和未来。

徐阶也从未忘记他，总是想尽一切办法，为他谋求政治出路。

嘉靖三十九年（1560），张居正休假结束。

在徐阶力荐下，升右春坊右中允，领国子司业事，以副总裁之职，主持修《承天大志》。

张居正涕泣感恩，不负恩师重托。仅用八个月时间，就完成了任务。

修撰《承天大志》，张居正干得漂亮，给皇帝朱厚熜留下深刻印象。

嘉靖四十三年（1564），裕王朱载垕的侍读官病逝。

深谋远虑的徐阶，瞅准机会，向朱厚熜力荐张居正，以右谕德之衔，任裕王朱载垕侍读。

右谕德是个虚衔，徐阶何以如此看重？

时人笑他短见，政敌讥为痴心妄想。

两年后，嘉靖皇帝驾崩。

朱载垕继位，张居正被尊为"帝师"。

人们才佩服徐阶，政治眼光如炬。

六年前，张居正复出时，严嵩权焰正炽。照理说他的仕途，没有任何机会。

徐阶偏不这么想。

右谕德虽为虚衔，但张居正刚复出，待在朱载垕身边，侍讲侍读，一来可保全自己，不致受到严党迫害。二来早夕相处，以张居正之才干，早晚得到裕王赏识。一旦有机会，定可咸鱼翻身，跃入龙门。

当其时，内阁首辅夏言，已被朝廷砍了脑壳。严嵩把持内阁日久，帝国一切权力，尽落严氏父子之手。

"凡文武迁耀，不论可否，但衡金多寡而畀之。将弁惟贿嵩，不得不朘削士卒，有司惟贿嵩，不得不掊克百姓，士卒失所，百姓流离。"（《明史·张居正传》）

帝国最高统治者，干什么去了？严嵩父子所作所为，难道看不见吗？！

事实是世宗朱厚熜，早已不理朝政，整日与一帮长毛妖道"斋醮"，以期求得长生不老。

何为"斋醮"？

拿道士胡诌的话说，只要按照道教规矩，去潜心修炼。修炼到一定境界后，"习醮"之人，就会获得不死仙术。

啧啧，有这等好事，谁人不想！

然而，世上哪有长生术？

朱厚熜醉心"斋醮"，是他倦政扯的幌子。

朝中大臣们，摸准了皇上心思，为获得朱厚熜宠幸，纷纷撰写大量"青词"，投其所好。

夏言写过，徐阶写过，张居正也写过。

奸相严嵩，更是靠撰写"青词"，而一步登天。

这些所谓"青词",乃道士举行斋醮仪式时,献给玉皇大帝的表文。多用朱砂粉调汁,誊书写在青藤纸上。又叫青词贺表。

徐阶、夏言、严嵩……皆撰写青词高手,都获得了朱厚熜青睐,先后主持内阁。

严嵩专权时,此风尤烈。

嘉靖一朝,《庆坛》声声,妖风弥漫。

不管何方妖孽,只要哄得皇上高兴,就一定飞黄腾达,出入庙堂。

"醮祀青词,非嵩无当帝意者。"(《明史·严嵩传》)

严嵩因擅长青词,人称"青词宰相"。他也因"青词"之功,当上内阁首辅,把持朝政二十年。致使帝国内政荒废,边防松弛,吏治腐败,民不聊生。

作为帝国领袖,朱厚熜贪图享乐,醉生梦死。严嵩无治世之才,但他却始终认为,严氏不仅听话,而且善解人意,马屁拍得既舒服,又不讨人嫌。

尽管举国倒严,朱厚熜仍不为所动。依旧把国家大小政务,交给严嵩打理。成天躲在"庆坛"里,飘飘欲仙。

说了严嵩,再说徐阶。

严嵩虽然阴险,最终还是败给了他。

何也?

徐阶与严嵩,几乎同时进入内阁。也以炮制青词见长。

前任内阁首辅夏言,生前曾向嘉靖帝鼎荐过他。

朱厚熜亦信任他,认为徐阶有治世之才。

故严嵩对于此人,一直十分警惕,从不轻易给他机会。

徐阶很老辣。

对严嵩假意逢迎,实际隐藏心机,从不在他面前露半点锋芒。时间久了,严嵩难免放松警惕。不知不觉中,徐阶升为礼部尚书,兼东阁大学士。有了议政话语权。

也活该严嵩倒霉。

这个时候,一个叫蓝道行的道士,来到了朱厚熜身边。

江湖传言,这个蓝道士,乃徐阶重金所买,专门用来对付严嵩。

但没有任何史料,可以佐证这种说法。

总之,正是这个蓝道行,不管他是有意,还是无意,最终确实帮了徐阶大忙。

此事说来话长,也有些不可理喻。

当时的大明王朝,可称世界头号强国。

然严嵩专权时期,京师因暴民骚乱,居然三次戒严。

小小东瀛倭国,亦胆敢派遣流民,侵扰帝国东南沿海各省。

尤为严重者,国家财政严重赤字,以至国库空虚……

所有这一切,严嵩作为内阁首辅,都难辞其责。

朱厚熜虽倦政日久,但危及江山社稷时,还是忧心不已。私下找来蓝道行,卜问是何原因。

蓝道行念念有词,装神弄鬼一番之后,乩笔写出的字,让人惊骇。

"辅臣不贤,嵩乃妨贤大蠹。大蠹不除,国无宁日。"(《明史·严嵩传》)

朱厚熜向来迷信,对妖道的话,深信不疑。一时陷入长思。

他心中到底在想什么,不仅后人无从知晓,恐连当时侍候左右的人,也不得而知。

"帝茫然若有所思",好生让人费解。

蓝道行添油加醋,乘机煽风点火,"以显其术灵验"。

朱厚熜无言离座,默默退回庆坛,继续做他的神仙梦。

嘉靖四十年(1561)。

朱厚熜居住的永寿宫,突发大火,烧得一干二净。

皇帝没了住处,暂时移居玉熙殿。

嘉靖住惯了永寿宫,想重新依旧制营建。把严嵩找来,装模作样征询意见。

严嵩不明就里,摸不准朱厚熜真实想法。加之国库空虚,重建永寿宫耗资巨大,他到哪儿去找几百万两白花花的银子?

思来想去,只好硬着头皮,建议皇上搬到离宫去住。

朱厚熜一听,顿时火冒三丈。

南城"离宫",不是英宗失位时,住的地方吗?

如此建议,居心何在?!

朱厚熜怒不可遏,当即将严嵩怒斥一顿,毫不留情地逐出玉熙殿。

时,蓝道行垂立殿前,一声不吭。

待严嵩灰溜溜离开后,便及时将这个信息,传递给了徐阶。

徐阶一听,心头狂喜。立即前往玉熙殿,找了很多托词,力主重建永寿宫。并请求皇上准许,由他亲自担任监工。

朱厚熜还在气头上,本不想搭理他。徐阶力主重建之述,正好触到他的痒处。自然龙颜大悦。即刻颁诏,封东阁大学士徐阶,为"永寿宫"重建总负责人。

徐阶不露声色,一心扑在重建上,没日没夜巡察工地。暗里却唆使御史邹应龙,充当炮手,上书弹劾严嵩。

当年七月,永寿宫拔地而起,比旧宫更加宏伟壮丽。

朱厚熜巡视后,龙颜大悦,赐名"万寿宫"。命徐阶亲书,高悬其上。

万寿宫的落成,标志着徐阶得势,严嵩时代结束。

严嵩倒台后,徐阶代为首辅。

徐阶感恩朱厚熜,竭力辅佐。挥毫写了三句话,悬挂办公室内,以表心迹。

"以威福还主上,以政务还诸司,以刑赏还公论。"

很多人冷眼旁观。视徐阶与严嵩一路货色,只会溜须拍马。连挂在办公室的座右铭,都是政治作秀。

然徐阶不是严嵩。

感恩朱厚熜不假,但并非感恩让他代为首辅,而是感恩给了他施展才华的机会。

徐阶有大才,济世安邦之才。

在内阁首辅任上,依照亲书的三句话,做了一系列利国利民的好事。使嘉靖一朝,在最后五年间,有了"中兴"气象。

皇上"待阶益隆……恩礼特厚"。朝臣亦赞为"名相",老百姓尤呼"徐青天"。

朱厚熜得徐阶辅佐,国势渐有起色。便放心把政务交他打理,更加热衷方士方术。

然道士所炼"丹药",含有大量汞的成分,人服用之后,会慢性中毒。到了后来,朱厚熜经常四肢麻木,走路摇摇晃晃,说话也变得十分困难。

徐阶甚为忧虑。曾动用手中权力,杀掉丹药提供者蓝道行(一说杀人灭口),以警示他人,不得效尤。

但嘉靖已病入膏肓,沉迷于炼丹吃丹,不能自拔。

徐阶年事已高,虽有心拯救皇上和明帝国,却有了力不从心之感。

这个时候,他想到了张居正。世宗不久将离开人世,自己也行将入土。

凭多年政治经验判断,最有可能接替皇位者,裕王朱载垕是也。

有鉴于此,徐阶力荐张居正,做了朱载垕侍讲侍读。正是这一着妙棋,为张居正日后政治生涯,铺就了锦绣前程。

三

嘉靖四十五年(1566),十二月十四日,明世宗朱厚熜驾崩。

十二月二十六日,朱载垕继登大统,改元隆庆。

朱载垕坐上皇位,还不到十天,张居正即由翰林院学士,直接晋升礼部右侍郎。

一个五品翰林院学士,有名无实,竟直升为三品侍郎,在大明276年间，应该绝无仅有。

一月过后，再迁吏部左侍郎，兼东阁大学士，成为内阁辅臣。

表面上看，此次岗位变动，为平级调动。但吏部为人事部门，岂是礼部可比拟的？况且还兼东阁大学士呢！

张居正鲤鱼跃龙门，短短两个月内，平步青云。

朝臣们十分惊讶，私下说怪话的人，也不在少数。

张居正既无寸功可表，又无政绩可言。长期在翰林院、国子监、裕王府打杂，不是修史就是教书，没有基层经验，更无要害部门（六部）任职履历。一下子成为内阁辅臣，套用现在一句流行语，典型的"火箭干部"。

为了这位"火箭干部"，恩师徐阶煞费苦心，可以说豪赌了一把。

嘉靖四十一年，严嵩倒台后，徐阶即主政内阁。到隆庆二年去职，时间长达六年。

以嘉靖对他的信任，徐阶完全有能力，安排张居正进六部工作。

但他没有这么做。

而是力荐张居正，到裕王府做讲读官。让他与未来的天子，朝夕相处，培养感情。

殊不知这种安排，冒着极大政治风险。谁也不能保证，朱载垕一定能够继承皇位！

朱厚熜有八个儿子，虽然夭折了五个，仍有次子朱载壡、三子朱载垕和四子朱载圳。

嘉靖十八年，按照大明祖制，朱厚熜依序立朱载壡为太子，朱载垕为裕王，朱载圳为景王。

朱载垕不是太子，仅为裕王，怎么可能继承皇位？

嘉靖二十八年，太子朱载壡，突然病逝。

依大明祖制，应立裕王为太子。

一切看似顺理成章。

偏偏朱厚熜迷信，听信道士陶仲文之言，说什么陛下是龙，裕王生肖也属龙,二龙不能见面,否则大不吉!

遂不立太子。

致使太子之位,空悬长达十六年。

为争夺太子位,朝中形成两股势力,水火不容。

拥戴裕王集团,以徐阶为首。拥戴景王集团,以高拱为首。

两大集团旗鼓相当,长时间明争暗夺,一直没有分出胜负。

直到嘉靖四十四年,景王朱载圳突然不明暴毙(一说另有隐情),独苗裕王朱载垕,才成为储君。

回望四百多年前,徐阶们这种投机心理,属典型的政治实用主义。

为达目的,不择手段。

明嘉隆年间,"夏严"之争,"严徐"之争,乃至其后的"高张"之争,无不是"政治残杀"。

残酷而血腥,没有一点人情味。

什么是政治?

这就是政治!

当严嵩倒台时,虽有蓝道行猛下烂药,但世宗朱厚熜,并无置严嵩死地之意。直到遭邹应龙弹劾后,才勒令严嵩致仕回乡,并逮捕严子世藩入狱。

严嵩倒台,活该遭报应。

但若无徐阶"阴谋诡计",又当如何?

只须看看后来事态发展,就知道政治为何可怕了。

徐阶得邹应龙相助,扳倒了严嵩。

为答谢邹应龙,徐阶上表奏请,升其为通政司参议,并得到世宗皇帝批准。

然朱厚熜不是草包。

他总觉得不对劲。

严嵩父子遭贬,是否他人合谋陷害?

朱厚熜的怀疑,来自对严嵩的怀念,多听话顺从的首辅啊。

故诏告新首辅徐阶,不准再议论严嵩事。

"嵩已退,其子已伏辜,敢再言者,并当应龙斩之!"(《明史·徐阶传》)

不言而喻,对邹应龙弹劾严嵩事,朱厚熜确实产生了怀疑。

世宗皇帝一通诏告,吓得邹应龙连通政司参议一职,都不敢出任了。

徐阶见此情形,也惊出一身冷汗。

连忙出面调停。

在朱厚熜面前,极力夸赞邹应龙。唯恐他顶不住压力,酿成惊天政治事件。

徐阶不择手段,扳倒了政敌;辅助朱载垕,登上皇帝宝座;得意门生张居正,也进入了内阁。

所有的政治图谋,都得以实现,可谓功德圆满。

然世事难料,人算不如天算。数年之后,他也会步严嵩后尘,遭到政敌高拱无情打击。这是后话,暂且按下不表。

隆庆元年(1567),身居内阁的张居正,自感可以大展宏图了。便上了一份《陈六事疏》,向隆庆帝朱载垕,陈述了自己的政治主张。

(一)省议论。少发议论,多干实事。

(二)振纲纪。加强法规,统一号令。

(三)重诏令。慎重颁布政令,一旦颁布,必须不折不扣执行,做到令行禁止。

(四)核名实。对于官员任用罢免、奖励惩罚,是否正当,关键在于"综核名实",以政绩作为官员晋升或罢免的标准。

(五)固邦本。巩固国家根本,安定民心。

(六)饬武备。加强国防建设,提高军队战斗力。

张居正所提六条谏议,准确找到了明王朝主要病症。较之十九年前的《论时政疏》,也有了质的飞跃。

《陈六事疏》一经提出,很快引起朝野轰动,亦得到了隆庆亲笔御批。

"览卿奏,皆深切时务,具见谋国忠悃,所司详议以闻。"

中央各部司,亦立即行动起来,纷纷提出建议。

朝廷上下,改革之气氛,一度十分热烈。

张居正很高兴,但他高兴得太早了。

朱载垕跟他父亲一样,也非贤德之君,在政治上更加平庸,也更加麻木。不仅醉心于长生不老术,而且疏于朝政,一味寻欢作乐。在位六年间,从未有过任何政治主张。朝中权臣们,为了各自利益,相互攻讦。他也绝不表态,听之任之。铮臣们看不下去,当面批评他不理朝政。他也不置可否,好像没有听见一样。

照常理论,朱载垕麻木不仁,当臣子的应该高兴才是。

主子贪图享乐,不思励精图治,做奴才的好过噻。只需按部就班,做和尚撞钟就行了。大家一团和气,哄着皇帝龙颜大悦,岂不皆大欢喜?

偏偏张居正很难受。

他有理想,有抱负。眼见《陈六事疏》,因朱载垕倦政,变成了一纸空文,心里痛得直滴血。

可他没有办法。毕竟初涉政界,只是一名内阁学士。

然久有凌云之志,张居正岂肯甘心?

从江陵,到武昌,再到京师。一步一步,走到今天,容易吗?

李士翱,顾璘,徐阶……众多恩师,都睁着眼看着他呢。

现实告诉他,要实现心中所愿,必须坐上帝国官僚机构最高位置——内阁首辅。

四

朱载垕懦弱无能。既无变革之心,也无中兴之志。但对老师张居正,却恩惠有加,十分信任。

隆庆元年四月,张居正因重录《永乐大典》,晋升为礼部尚书，兼武英殿大学士；

隆庆二年（1568）正月，加少保兼太子太保；

隆庆四年（1570）三月，晋吏部尚书，兼太子太傅；

同年九月，进少傅，兼建极殿大学士；

隆庆六年（1572）二月，进少师。

短短六年时间，张居正加官晋爵，升迁之速，令人瞠目结舌！

客观地说，张居正不断晋升，与隆庆帝朱载垕宠幸，截然不可分割。但切不可否认，张居正的政治才干，以及他的不懈努力，才是成功的真正关键。

不论是谁，也不论何种体制，任何政治上的成功，都是政客才智和谋略的充分展示。

张居正官居吏部，衔授少师，卷入权力纷争，已不可避免。

隆庆六年（1572）三月，张居正升内阁次辅，距从政目标——内阁首辅，仅一步之遥。

为早日跨越最后一步，实现"治国平天下"的抱负，一生光明磊落的张居正，居然大搞阴谋诡计，进行了一次权力斗争。

对手高拱，声名显赫，时任内阁首辅。

高拱，字肃卿，河南新郑人。嘉靖二十年（1541）进士，曾为朱载垕侍讲九年。

从某种意见上说，高拱先为朱载垕侍讲官，张居正应称他师兄才对。事实也是这样，早在国子监工作时，二人因气味相投，彼此称兄道弟，关系十分密切。

高拱这个人，很有水平。对张居正这位"后进"师弟，也颇为欣赏。

"亟称居正才……相期以相业。"（《明史·高拱传》）

二人心心相印，都立志高远。被同僚戏称为"左右脚"。可见那个时候，高张二人的关系，已好到了无话不说的程度。

高拱是个了不得的能吏，既是内阁首辅，又是吏部尚书。为了不耽误工作，每天两头来回跑。上午在内阁上班，下午到吏部办公。

任内阁首辅期间,从未留下一件积案。工作上不仅敬业,效率也非常高。在晚明拖沓的官场上,简直就是一个另类。

任吏部尚书时,为尽快熟悉官员情况,高拱让部属各司,将所有官员姓名、籍贯、特长,一一编造成册,同时注明"德能勤绩"考核意见,送到他手上。一俟有空,就翻翻"干部手册"。晚上睡觉时,尤看得兴起。他的寝室里,"灯明至夜半鸡啼"。

朝中五品以上官员情况,很快让他烂熟于心。到了用人时,就根据所下工作任务,从这本"干部手册"中,找出适合该工作的官员,量材施用。

史载:高拱用人,从无差错。

"拱为国计,荐人如荐肃清十指。"(《毂山笔麈·相鉴》)

高拱知人善任,管理和使用干部,了如指掌。

在强军巩固边防上,也颇多建树。

始任吏部时,便向皇上建议,增加兵部侍郎(副职)职数,使之与地方总督间,随时互换岗位,从而为明帝国,培养了大批可用军事人才。

又曾上折奏议,军事乃专业科学,只有长期研习的人,才能胜任军中领导。

故建议兵部官员,不要经常变更,须实行"久任之法"。

大明隆庆年间,帝国各兵备道总兵,以及边疆督抚,一般都出自兵部。

高拱这套治军法则,使得兵部决策层、地方督抚官员,都能知兵用兵。

有明一朝,自永乐至嘉靖间,为避免督抚"拥兵自重",但凡发生战争,往往派文臣(多是太监)"督军"。监军们毫无军事知识,胡乱指挥作战,大都以失败告终。高拱的建军思想,避免了文臣统兵之弊。帝国内外部,文武相得益彰。

研究明史的专家,偶尔也会感到纳闷。平庸的隆庆朝,居然内无民变，外无边患。

何也？

细思细想，实为高拱一人之功。

高拱与张居正，二人经历相近，志趣也十分投机。

本应成为同路人，为何后来又水火不容，千方百计要扳倒对方呢？

这个深层次的原因，还得从徐阶身上去找。

当年，嘉靖皇帝驾崩，朱载垕尚未登位。徐阶瞅准时机，利用首辅之便，密召张居正入内阁，共同伪造了嘉靖遗诏。

这个伪矫的"遗诏"，并非朱厚熜口述之词，而是徐阶借嘉靖之口，用来表达自己政治主张的幌子。

由于做得隐蔽，已经入阁的高拱，事先一点也不知情。待到"伪诏"一出，高拱顿时傻了眼。

没捞到任何好处，自然恨徐阶入骨。高拱一面散布"伪诏"流言，一面指使言官弹劾徐阶。

这个时候的高拱，完全失去了理智。丝毫没有想过，设若这个"伪诏"，是隆庆帝朱载垕授意、抑或李太后指使起草的呢？如果真是这样，他这么任性嚷嚷，将会是什么结果？

结果很快出来了。

朱载垕登基仅一月，张居正入内阁，正式成为辅臣。

高拱却被迫退阁，辞官而去。理由很牵强，身体有病，不适合继续在内阁工作。

徐阶挤走了高拱，相业如日中天，成为大明276年间，唯一身事两朝的内阁首辅。

惜这种风光日子，并没有维持多久。

隆庆二年（1568）七月。

徐阶逐渐失宠，请求辞职乞休。因人缘极佳，满朝文武纷纷上疏挽留。

朱载垕不知何故，依然硬着心肠，罢了徐阶内阁首辅之职。

有关徐阶辞职事,历来众说纷纭。

稍事梳理,发现以下两种说法,最具说服力。

一说徐阶恃宠骄纵。

经常在朝会上,谏诤宫禁之事,开罪了不少宦官。宦官们抱成一团,与之抗争。纷纷在隆庆帝面前,说他的坏话。致使隆庆朱载垕,对他逐渐失去信任。

二说"矫诏"惹祸。

传隆庆朱载垕,确实知道"伪诏"事。害怕丑事败露,便让徐阶自动辞职,隐居乡下,告之永远不得再入仕途。关于此说,可从徐阶辞官时,获得朝廷大量馈赠中,看出一些苗头。

还有一说,姑且听之。

张居正深藏心机,一心想早日出人头地。故意在朱载垕这个"学生"面前,大摆特摆徐阶政绩,并把各地颂扬徐阶政绩的邸报,收集给隆庆皇帝御览。同时将其编成儿歌,一遍一遍唱给朱载垕听。

刚开始时,朱载垕认为,张居正说徐阶的好,是在感谢徐阶知遇之恩。久而久之,朱载垕有些不舒服了。

"天下止阶乎?何以不识天子!"(《明史·徐阶传》)

这还了得!

徐阶当然就倒了霉。

此说不无道理,后来发生的一些事,似乎也能佐证。

徐阶离开内阁,雄心勃勃的张居正,并未如愿以偿。

朱载垕犹豫再三,提拔次辅李春芳,成为内阁首辅。

张居正大失所望。

李春芳才干平平,为人却很圆滑。事事讲求明哲保身,虽然贵为首辅,却拿不出任何政治主张。

内阁大学士们,都瞧不起他,各自心怀鬼胎。凡事持观望态度,能避则避,实在避不了的事,多拖着慢慢干,甚至根本不干。

这也怪不了谁。

李春芳确是一堆烂泥，根本扶不上墙。短短半年时间，内阁乱得像一锅粥，成了真正的"累阁"。

张居正失望之余，深为垂暮的帝国担忧。

心想一时半会儿时间，自己也捞不到首辅之职，与其让李春芳占着茅坑不拉屎，还不如请高拱回来，主持政务大局。

在张居正眼里，高拱和恩师徐阶一样，都是治世能臣。

他比谁都明白，这个时候起用徐阶，已不可能了。

能替代李春芳的人，只能是高拱。

为了国家大计，张居正串通太监李芳，密谋策划"倒李"。

他们编造故事，言高拱每日晨起，必向京师跪拜，以谢皇恩。

联合各部尚书，与内阁学子共同上疏，鼓动隆庆皇帝，重新起用高拱。

当初赶高拱出内阁，理由并不充分，朱载垕甚至很后悔，认为自己不近人情。

李春芳虽为状元，确无治世之才。

于是顺水推舟，应了朝臣呼吁。

隆庆三年（1569）十二月，隆庆帝颁诏，重新召高拱入内阁，任命为首辅大臣。

张居正为高拱复出，费尽了心思。原以为高拱会感激自己，谁知心高气傲的高拱，并不领他的情，认为自己复出，是皇上的恩典。

高拱非但不感激他，心里反而始终充满仇恨，难忘当年徐阶排挤之耻。

这不引狼入室吗？

高拱性情刚毅，睚眦必报。"徐党"及弟子们，哪个活得出来？！

高拱入主内阁后，不是及时整顿朝纲，而是迫不及待报复徐阶。

先以"横行乡里"之罪，悉数将徐阶三个儿子逮捕入狱。未经任何审讯，即将次子三子发配充军。

紧接着以种种理由，将徐家四万亩私有田产（皇帝赏赐），悉数收为国有。整得徐阶老无所依，妻离子散。

"公（徐阶）呼号涕泣……拱置酒相贺。"（《明史·徐阶传》）

高拱仇恨的心里，说不出的满足和畅快。

收拾了徐阶，高拱犹不满足。又眯起双眼，把身边同僚，瞅了又瞅，看了又看。

哼！

当初狼狈离阁时，谁挽留过他？谁同情他？不是冷眼旁观，就是落井下石。哪有一个好东西！

他狠起铁石心肠，又把心头仇恨，一一发泄到同僚和下属身上。

李春芳、汪久成等内阁辅臣，受不了高拱打压和折磨，纷纷请辞离去。

大学士殷士儋，看不惯高拱胡作非为，竟然在内阁中，和他破口对骂，甚至挽起衣袖要揍他。

一时间内，帝国最高权力机构里，一派乌烟瘴气，龌龊不堪。

高拱的独断专横，张居正看在眼里，悔在心头。

暗骂自己是猪，怎会助其复出！

张居正很沉得住气，百般虚与委蛇。暗地里，却时刻都在思索，怎样对付这条恩将仇报的恶狼。

高拱当然不傻，他怎会放过张居正？凡是与徐阶有过关联的人，他都不会放过！

逼走殷士儋不久，高拱让心腹爪牙，到处散布谣言，诬陷张居正收受徐阶长子贿赂。

理由让人发笑，徐阶三子罪该充军，为何独留长子于京师？

朱载垕虽然倦政，但一直视张居正为师，且尊敬有加。

始终不愿加害他。

得隆庆帝保护，张居正逃过一劫。

他心里已彻底明白，高拱这个恶魔，已不会给自己留任何退路了！

张居正环顾四周，深感危机四伏。此时此刻，他唯一可选择的路，就是扳倒高拱，自己主宰内阁！

隆庆六年（1572）正月，穆宗皇帝朱载垕，因长期服用春药，加之纵欲过度，导致"热疮"发作，很快病入膏肓。

弥留之际，唯太监冯保，专侍于寝宫。

张居正大喜。

扳倒高拱的机会，终于等来了。

张、冯二人密谋后，史上N次"矫诏"事件，再次发生在宫廷中。

照常理推断，历史上所有"矫诏"，都不可能发生。

以大明朝为例，朝廷一切政令，都由皇帝亲自审阅，才能颁布实施。

哪有"矫诏"可能？

然自宣德以降，其后数十年间，几位皇帝只图享乐，而荒于政事。为迎合皇上种种嗜好，内阁辅臣便联合司礼监太监，以减轻皇上劳苦为由，提议朝令由内阁"票拟"，再由司礼监"批红"，来代替皇帝理政。

委实没有想到，如此荒唐的建议，居然得到宣德朱瞻基肯定，并一直沿袭至隆庆间。

冯保们"矫诏"，便有了可能。

高拱独揽朝纲，恐嘉靖遗诏事重现，千方百计阻止他人接近寝宫。

朱载垕遗诏一出，他便怀疑为"矫诏"。

但冯保所持遗诏，既合理（仅他一人）又合法（司礼监批红），他也奈何不得。

朱载垕在遗诏里，将内阁辅臣高拱、张居正、高仪、司礼监秉笔太监冯保，指定为顾命大臣，确实令人生疑。

高拱的怀疑,不无道理。

内阁辅臣张居正、高仪二人,同为顾命大臣,无疑削弱了他首辅的权力。尤让他不满,且怀疑遗诏有诈者:拥有数十名大小太监的司礼监,进入了顾命大臣之列者,为何会是记录朱载垕口述遗言的秉笔太监冯保,而不是掌印太监孟冲呢?

穆帝遗诏中,居然还有要首辅高拱,"事与冯保商榷而言"。

这么明显的提示语,肯定不合情理噻。

高拱哪能不急?

张居正却偷着乐。

五月十六日晨。

张居正、高仪二人,一前一后前去寝宫,给皇上请安。参拜完毕后,张居正见朱载垕快断气了,借故支走高仪,自己也随即离去。

结果谁都知道。

冯保独处寝宫,不慌不忙,整出了"遗诏"。

张居正不简单。

长时期冷眼旁观,知冯保与高拱不对劲。

但他并未留下来,与冯保合谋遗诏。而让冯保一人,单独留在朱载垕身边。

何也?

原因有二:

其一,不给政敌任何把柄。就算遗诏有利于我,我张居正又不在现场,别人也不好说三道四。

其二,冯保虽为司礼监秉笔,却一心想当掌印太监。终因高拱作梗,未能遂愿。因有这层缘由,单独留下冯保,就算他笔录遗诏时,不帮助张居正,也肯定不利高拱!

张居正人中龙凤,啥都让他算完算尽了。

然小小一个太监,何以这般大的本事,可以左右皇上,甚至凌驾内阁首辅之上?

前面已经陈述过,明自宣德以来,皇上久已不理朝中政务,皆由内阁和司礼监打理。

表面上看,司礼监非权力机构,但作为皇上内廷组织,它的话语权,尤在外廷内阁之上。

冯保又十分了得,司礼监数一数二大能人。实权大得惊人,许多朝廷重臣,都畏惧他三分。

冯保,字双林,真定府深州人。

虽为秉笔太监,却是一位饱学儒生。他的学识涵养,在司礼监出类拔萃。因此官运亨通,嘉靖十七年(1538)时,就当上了秉笔太监。

世人不知明廷底细,往往忽略秉笔太监职。殊不知此职重要,除负责协助皇上批阅公文外,还须随时记录皇帝话语,极类今日大首长贴身秘书。

有明一代,能干上这份差事,也是一件了不起的事。

他们既是皇上耳目,又是皇上喉舌。对宫廷内外政治动态,个个了如指掌。

明制:司礼监设掌印太监一员,秉笔太监四员,随堂太监八员。

掌印太监地位最高,人称"内相",相当于外廷的内阁首辅。

其次为秉笔太监。

秉笔太监一职,又兼东厂总管太监,相当于外廷的内阁次辅,兼都察院右都御史。

冯保三十一岁时,已是秉笔太监,兼东厂总管太监了。他当然想百尺竿头,更进一步,登上权力最高峰——掌印太监。

然内阁首辅高拱,一心想统揽大权,独断朝纲。与内阁并驾齐驱的司礼监,就成了他的心病。

但凡司礼监人事变动,尤其是掌印太监人选,稍有风吹草动,都会使之心惊肉跳,寝食不安。

冯保能力出众,年纪轻轻已为秉笔太监,自然成了他眼里的"恐怖分子"。

故不论冯保如何努力,手握人事大权的高拱,弄死都不推荐他。

高拱极善弄权。

先用御用太监陈洪，主宰司礼监。后用掌膳太监孟冲，把持内廷。

陈洪懦弱无能，孟冲口吃结巴。

目的只有一个，不能让司礼监变强，以免对自己形成威胁。

高拱一边打压冯保，一边在太监里培养亲信，想让自己的势力，渗透到内廷和后宫中。

在冯保眼里，高拱能够复位，全得益于张居正鼓噪。

刚开始时，对于张居正，冯保并不信任他。甚至怀有戒心，避而远之。直到高拱不计后果，无情打击"徐党"，祸及张居正时，两个同样睿智、同样深藏心机的人，终于走到了一起。结成"抗高"统一战线。

朱载垕去世时，皇太子朱翊钧，还不满十岁。

高拱虑主幼国危，痛哭时说："十岁太子何治天下？"

谁也没有想到，这句痛切忠君的话，本高拱忧国忧民之语，后来竟成了他的欺君大罪。

关于这句话，时议就非常多。认为高拱为人锋芒毕露，出言不加考虑，容易让人钻空子。

本来议论者无心，张居正却成了有心人。

皇上年幼无知，慈圣皇太后又久居深宫，一向不问国事。

高拱出言无忌，态度又傲慢无礼。神宗母子初临天下，难免伤到脆弱的自尊心。

朱翊钧即位后，张居正即唆使冯保，在神宗母子面前，煽风点火。将这句话加以歪曲，成了"高公讲，十岁的小孩子，哪能决事当皇帝？"

朱翊钧母子一听，自然十二分不痛快。

高拱如此飞扬跋扈，眼里哪有他孤儿寡母？

"专权之疑，深中帝心。"（《明史·高拱传》）

隆庆六年（1572），六月十六日。

朱翊钧诏告天下，免去高拱内阁首辅之职，张居正取而代之。升秉笔太监冯保，为司礼监掌印太监。

五

朱翊钧偏听谗言，不分青红皂白，掀翻老臣高拱，于情于理于法，都做得有些过分。以致十多年后，行将入土的高拱，还不断向朝廷申冤，请求为他昭雪平反。

神宗为了"皇图永固"，并不为"情"所动。牢牢抓住"用人唯我"这根权杖，全力支持张居正，推行实施新政改革。

在位前十年里，这位"少年天子"，治理国家很有作为。在整顿朝纲、发展经济、维护国家统一、确保社会稳定方面，做出过积极贡献。

从这个意义上说，用张居正替代高拱，无疑为最佳选择。

朱翊钧登基之初，即将内廷事务，托付给掌印太监冯保。

"而大柄悉以委居正。"（《明史·神宗本纪》）

神宗帝委张居正重任，且尊敬有加。言必称"元辅先生"或"张先生"，从不直呼其名。

隆庆六年六月十九日。

张居正上任第三天。

新天子朱翊钧，特在后左门平台，单独召见于他，共商国家大计。并设宴款待。

大明二百七十六年间，后左门平台，乃皇上清玩处。君臣于此共商国是，唯洪武朝刘基有过此荣。也仅为素茶清谈，而无酒宴款待。

张居正享此隆荣，前无古人，后无来者。

朝野上下，震动极大。

朱翊钧此举，极大提高了张居正声望。也让满朝文武臣工，看到了新天子承业治国的决心。

张居正深感皇恩,又虑肩上担子沉重。

大明急待中兴,靠天时(朱翊钧),靠地利(老百姓),靠人和(朝臣团结)。唯自己坐稳内阁,帝国方有中兴之望。

张居正上任初,立即做了两件大事,与自己政治生命息息相关,显示出卓越的谋略和胆识。

第一件事,为皇贵妃李氏加尊号。李氏乃朱翊钧生母,设若事情办成,必为重要政治筹码,可抵张居正"百代之功"。

然此事看似简单,实则异常困难。

明制:皇后为皇太后,皇贵妃只能称太妃。

事涉朱明皇家祖训,谁也不能更改。

为赢得李氏支持,经深思熟虑后,张居正上疏建议:尊皇后陈氏,为仁圣皇太后;尊皇贵妃李氏,为慈圣皇太后。

两宫平起平坐,没有任何区别。

万历六年(1578)。

张居正再次奏请,加尊仁圣皇太后,为仁圣贞懿皇太后;加尊慈圣皇太后,为慈圣宣文皇太后。

张居正太过老辣,亦委实用心良苦。

通过这种平衡,既未损害陈氏利益,又不违背祖制,还大大提高了李氏政治地位。

"居正伺两宫甚慎,尤得慈圣皇太后专宠。"(《明史·孝定李太后列传》)

第二件事,由张居正亲自主讲"经宴"。

有明一朝,宫中实施"经宴"制,每十天一次。

"经"者,由翰林学士给皇帝讲解经书。

"宴"者,则为讲解后,皇帝赏给主讲人一顿饭吃。

有这样的好事,张居正岂肯放过?

"讲经"正大光明,既可向皇上灌输理政思想,又可树立自己威信。

故每月二日、十二日和二十二日,张居正都准时授课。

"经筵"惯例,凡讲经之日,朝中重臣都要出席。

主讲人为师尊,和皇上可以坐着。其余朝中众大臣,不论官衔多高,都必须站着听讲。

张居正一改惯例,即便在小皇帝面前,也把自己放得很低。讲课的时候,从来不坐在凳上,以示对皇上的敬畏。

朱翊钧很感动,虽为十龄幼童,"犹敬重先生之威"。常当着群臣的面,笨笨地搬一张鼓凳,到"先生"面前,恭敬地请元辅先生坐。

张居正始终不肯。

"微臣只配与皇上拂尘,岂敢师之。"(《张太岳文集》)

张居正"讲经",不同于一般翰林。除授五经六义外,每次皆留小半时,侧重传授《贞观政要》。他要让朱翊钧,做大明的"李世民",开明而有作为。

故对小皇帝的学习,要求特别严。每天布置功课,若未认真背诵,必遭"张先生"严厉斥责。

"讲经"长达两年,张居正目的达到了。

小皇帝朱翊钧,对"经筵"居然上了"瘾"。十天一"经讲",已不能满足他的求知欲。便要求"张先生",不仅"日讲",还要"午讲"。

很多时候,授经功课完毕,君臣二人尚独留"经堂",彼此促膝谈心。

朱翊钧年幼,一口一个张先生,十分恭敬亲热。

张居正用言行,慢慢影响着小皇帝。一点一滴将自己的政治主张,灌输给了朱翊钧。

上述两件小事,看似不起眼,明史亦着墨甚微。

然可以毫不夸张地说,为他后来施展政治抱负,推行新政变革,打下了坚实的政治基础!

朱翊钧即位时,尚不足十岁,完全是一个孩童。

继承大统后，很长一段时间里，依然和生母李太后住在一起。

既然是小孩子，难免像其他孩童一样，贪玩好耍不思学习。

张居正看在眼里，急在心头。恐数年"讲经"之功，毁于一旦。

然碍于"外臣"身份，未得太后懿旨，也不便经常出入乾清宫。

实在别无他法，张居正想到了冯保。

冯保太监身份，进出后宫很方便。

遂请求慈圣皇太后，指派冯保进驻乾清宫，随时监视小皇帝功课。

张居正辅政初，有大恩于李太后。

故慈圣皇太后，对张居正的话，言听计从。不仅时时宣他到后宫，教诲小皇帝。还多次深夜长谈，以谋帝国大事。

得张居正建议，慈圣皇太后即颁懿旨，命冯保来到乾清宫，专门陪伴朱翊钧。

冯保多才多艺，慈圣皇太后也喜欢书画。君臣三个人，成天在后宫吟诗作画，好不快活。

朱翊钧天生聪慧，不仅诗文做得好，书画尤显示出极高天赋。时常乐此不倦。认为吟诗作画，比之张先生的功课，要有趣得多。

这样的结果，非张居正所愿。

他要的大明天子，是"唐太宗李世民"，胸怀四海。而非南唐后主李煜，"落花流水春去也"。

有鉴于此，张居正奏请慈圣皇太后，反复陈述自己的政治主张。担心皇上沉迷书画艺术，会影响到他将来的治国大事。

有明一朝，慈圣皇太后李氏，还算是个明白的女人家。

便"纳居正言"，停了朱翊钧的书画课。让他专心致志，跟着先生张居正，潜心研习治国之策。

经过七八年系统学习，朱翊钧之于儒学，之于治国理念，已有了相当深入的了解。一言一行，一举一动，活脱脱另一个"张居正"。

他是儒者，满腹经伦，重情守义。

他更是帝国领袖，圣明神武，深谙治国之道。

朱翊钧和张居正，一君一臣，相得益彰。共同推行的万历新政，为大明历史，也为中华文明史，写下了浓墨重彩的华章。

万历朝前十年，张居正意气风华，得神宗母子坚决支持，一步步实施政治改革，取得了卓著成效。

帝国面貌焕然一新。

惜张居正过于自信，被胜利冲昏了头。他忘了徐阶、高拱的教训，也忘了漫长的十年间，除了帝国财富与日俱增外，小皇帝的年龄也在增长。

朱翊钧已长大成人。

扪心一想，二十岁的朱翊钧，贵为帝国领袖。他的心里，除了感激张居正外，还会想到什么？

是否觉得张先生，像一张无形的网，或者有形的围墙，让他无法施展身手？

果真有这样的遗憾，张居正就危险了。

史载：朱翊钧天生神武。

天生神武的人，一旦成为国君，早晚变成独裁者。

要成为独裁者，张居正的束缚和影响，就成了绊脚石。

朱翊钧这种想法，必定由来已久。从他对张居正身前身后的态度，就可以看出来。

当他还是孩童时，他和他的大明帝国，离不开张居正。让"张先生"管理国事，于国于民于己于他，皆大欢喜。何乐而不为。

现在长大了，对国家对个人而言，都会有许多外人无法知晓的想法。

随着这些想法，一天天成熟起来，朱翊钧就会觉得，自己生活在一张网中。

这张网很大很大，是那么束手束脚，又那么牢不可破。

张居正太强大了,强大得整个明帝国,都在他高大的身影里。

这个时候,在朱翊钧眼里,除了张居正,还会有什么呢?

张居正很有才智,偏偏自信过了头。

哪想到这层关系?

坐在内阁首辅位置上,环顾帝国天下,一人之下而矣。

他十分庆幸,也非常满足。感激慈圣皇太后,深明大义,从不干涉朝政;也感恩新帝朱翊钧,通情达理,让自己放开手脚,进行革故维新活动。

张居正主阁初始,帝国百废待兴,财政尤显得窘迫。经常拆东墙补西墙。

蜀谚有云:"不当家理财,不知油盐柴米贵。"

张居正"当家"了,手里却没有钱。

遂下令停建慈庆、慈宁二宫,连沿袭几百年春节"宫宴",以及元宵节焰火庆典,也一并取消了。

厉行节约是好事。

然新天子新气象,哪管张先生没银子?新春佳节不与民同乐,简直无趣无聊之极!

两宫皇太后,也因慈庆、慈宁二宫停建,对张居正颇有微词。

张居正不为所动,什么也没听见,也没有看见。

在他眼里,唯有帝国"复兴",才是他的生命。

故不论风云变幻,还是危机四伏,他都坚定政治信念不动摇。

小皇帝长大了,两宫太后不高兴了,朝臣们吹胡子瞪眼了……

张居正一笑了之。

始终将帝国决策大权,牢牢攥在手里。动用一切可以动用的力量,甚至不惜身家性命,勉力驾驭着大明这辆破车,在暮气沉沉的帝国里,缓慢向前行驶。

六

张居正主政内阁,倡导的万历新政,主要涉及以下三个方面:

第一,政治上。

推行考成法,加强中央集权,使腐败冗散的大明官场,得到了极大改观。

古往今来,官场之弊端,莫过于官僚们之间,相互争权夺势、玩忽职守、政以贿成。

张居正居京数十年,对吏治的腐败风气,早已深恶痛绝。

入主内阁伊始,即以"课吏职"为手段,加强官员考核力度。要求朝野官员做到:工作作风雷厉风行,工作业绩高标绩优。凡朝廷所颁政令,"虽万里外,朝下而夕奉行"。

张居正心里明白,要达到这种效果,不在于制度有多好,而在于执行制度的人,是否不折不扣实施这些制度。

故"人得其位,官得其人",就成了张居正执政后,最为关心也最为头疼的事。

"故自仆受事以来,一切付之于大公,虚心鉴物,正己肃下。法所宜加,贵近下宥,才有可用,孤远不遗。"(《张太岳文集》卷二六)

史称张居正,"能以智教驭下,人多乐为之尽"。

这是赞语,非"砖家"所言,指责他玩弄权术。

张居正用人,在策略和标准上,确有过人处。

他惩治过权贵。

黔国公沐朝弼,屡犯国法,理应处以极刑。朝廷欲治罪。然沐朝弼战功显赫,且拥精兵上万。朝臣虑引起兵变,尤恐边疆少数民族乘机反叛。

张居正力排众议,建议假意晋升沐子官衔,派缇骑突袭捕之。

神宗朱翊钧,采纳张居正建议,捕沐朝弼至京师。遵大明祖制,免除沐朝弼死刑,囚禁大牢至死。

也保护过犯错小吏。

山东昌邑知县孙鸣凤,因贪贿遭山东抚按弹劾。神宗皇帝大怒,欲逮捕治罪。

张居正素闻孙鸣凤,有治世之才。念其初犯且贿额较小,极力为之开脱。孙鸣凤得张居正保护,几经磨砺,终成国家栋梁之才。

张居正选拔人才,不论亲疏贵贱,也不论资格名望,真正做到人尽其才,才尽其用。

山东莱芜知县赵蛟,非科举取士官员,官场上的"正仕"者,大多瞧不起他。

张居正考核后发现,赵蛟刚毅正直,是个难得的人才。

"干局开敏,能肩繁钜。"(《明史·赵蛟传》)

大胆委以重任,用他来考核全国官员。

"终其任,百官惕息,一切不敢饰非。"(《明史·赵蛟传》)

山西参议张学颜,高拱为首辅时,官至右佥都御史,巡抚辽东。乃高氏大红人。因遭总督江东弹劾,被朝廷免除官职。

张居正细察后,认为张学颜遭弹劾解职,纯属冤枉。不仅未乘机落井下石,还为他洗清冤屈,提拔并委以重任。

"时张居正当国,以学颜精心计,深倚任之。"(《明史·张学颜传》)。

万历六年(1578),张居正启用张学颜,为户部尚书。尔后,张居正大胆变革,推行"一条鞭法",张学颜协助之,居功至伟。

"(张学颜)主持会计,实施清丈,成效卓著。"(《明史·张学颜传》)

张居正入主内阁,大胆启用能吏,把办事效率与官员业绩挂钩,规定各级各部门,要"置立之簿,每月终注销"。

官员经手的事情,必须定出完成期限,逐月逐季逐年检查。

并把这项检查结果,作为官员绩效考核标准。

为保证该项工作，横向到边，纵向到底。张居正建立的监督网络，由上而下，层层把关。一旦发现舞弊之人，轻者撤职查办，重者解押京师问斩！

"近来因行考成之法，有司惯于降罚，遂不分缓急，一概严刑并追。"（《请择有司蠲逋赋以安民生疏》）

科道官赵蛟说："自考成之法一立，数十年废弛丛积之政渐次修举。"

史家更是赞不绝口。

万历朝前十年，"政体为肃"，应该不是虚妄之词。

第二，军事上。

大力整饬边防，重点加强帝国西北和东部防备。

张居正之于国防，同样呕心沥血，做出过不同凡响的业绩。

"仆十余年来经营蓟事，心力俱竭。"（《张太岳文集》）

何也？

自朱元璋立国始，一直视残元为头号敌国。二百多年间，北方始终是大明国防重心。

张居正执政后，北方俺答（蒙古族）诸部，十分猖獗。经常偷袭"明"北方各地，企图恢复大元（蒙古）辉煌。

为永绝北患，张居正未雨绸缪，先后起用王崇古镇蓟门，李成梁镇辽东。北部万里长城上，东起山海关，西至居庸关，增建了三千六百座"敌台"。对北元蒙古国，形成巍然不可犯之势。

时，对帝国北方军防，朝中杂音较多。或言开支过大，或曰应于削减。

张居正头脑清醒，始终不为所动。

三番五次向皇上进言，当务之急，不是要裁兵减饷，而是要"足边足食"。

"天生五财，民并用之，谁能去兵？孔子称必不得已而去。今之时非有甚不得已也，乃不务为足兵，而务为去兵，则唐之季世是矣。"（《张太岳文集》）

张居正之"足兵",并非一味盲目增兵,而是让现有"戍伍",在人员稳定的前提下,迅速提高战斗力。

"兵马未到,粮草先行。"

粮饷丰足,是"戍伍"稳定前提。

要做到"足食",关键在于恢复屯政。

兴屯政则食足,食足则兵足。

蓟镇总督王鉴川,为张居正所倚重,正面抗击残元蒙古。

关于如何"足边足食",二人有过充分交流。

"如欲足边,则舍屯种莫繇焉,诚使边政之地,万亩皆兴,三时不害,但令野无旷土,切勿与小民争利,则远方失业之人皆将襁负而至。家自为战,人自为守,不求兵而兵足矣。"(《张太岳文集》)

"功著边陲"总督王崇古,得张居正鼎荐,移镇帝国西北。

张居正没有钱,给不了军饷,就给他政策。让他在辖区内,实行互市政策。先后在大同、宣府、甘肃等地,设立茶马互市。

这些市场的建立,既解决了边防军战马需求,也有利于边贸繁荣。边民们自由贸易,彼此间正常往来。使一度充满火药味的西北边地,呈现出经贸繁荣之象。

"……边民互市,悉如我国。"(《明史·王崇古传》)

张居正见形势好转,立即奏请朝廷,封俺答大汗为顺义王。

俺答大汗受封后,所辖十二部,十年间不再犯边。

张居正西北之策,取得空前成功。极大减轻了帝国东北方,潜在的战争压力。

大明二百七十六年间,拥有三大敌国。

除北方残元外,另有"倭"(日本)、"虏"(满清)两大敌国。

在东部抗倭抗虏一线,张居正启用了两位赫赫有名的大将,一位是张居正极为器重、着力庇护的名将戚继光(此文不述),另一位是镇守辽东二十二年的总兵李成梁。

史载：李成梁"英毅骁健，有大将才"。在镇守辽东期间，多次大败鞑靼土蛮（满人前身）。因战功卓著，累官升为宁远总兵。

张居正建议朝廷，为他加流爵（非世袭）。

"李成梁屡立战功，忠勇大节为一时诸将之冠。加以显秩，良不为过。况系流爵，非世袭者，因以鼓将士敌忾之气，作人臣任事之患，亦振兴边事之一机也。"（《明神宗实录》）

李成梁名不见经传，由小小一位参将，一跃而封宁远伯。成为大明万历年间，爵位最高的将军。全赖张居正提携。

为了感恩，李成梁私遣心腹之人，送来重金相谢。

张居正委婉拒绝。"尔主以百战得以勋，我受其金，是得罪高皇帝也。"（《明史纪事本末》）

来人回去后，将此话转呈李成梁。这位出身卑微的边关大将，听后热泪盈眶，更加钦佩张居正。"……效死忠，执行辽东方略，以报居正。"（《明史纪事本末》）

纵观万历一朝，张居正倡导的国防思想，概括为"抚西北而镇东南"。

准许西番进贡，不允东虏和戎。

东部鞑靼土蛮，与俺答部世为仇敌（蒙灭金），见俺答得大明敕封，心里难免失落，也想得到一样的王号。多次进犯大明疆境，以要挟求封。

李成梁久居辽东，苦将士长年征战，也有"和戎"意。

闻土蛮请封王号，立即上奏朝廷。"辽东将士久苦征战，一闻虏言，遂有和戎之望。"（《明神宗实录》）

张居正坚决反对，不同意东部鞑靼款贡，始终认为，"东虏"不同于"西番"。"非有平生恳款之素，非有执叛谢过之诚。"（《张太岳文集》）

他反复强调一个观点，西番得我朝封号，乃其诚恳所致。

而东虏鞑靼土蛮，总是以武力要挟求封，其心不善，应引起帝国高度重视。若我朝树德于西番，耀武于东虏，会是什么结果呢？

结果只有一个，既可钓着东虏胃口，又能使西番诸部，死心塌地归附大明！

"东虏不得西虏之助，则嫌隙愈构，而其势益孤。而吾以全力剿之，纵彼侵盗，必不能为大患。"（《张太岳文集·辽左奏捷》）

惜天不遂人愿，这么好的国防理念，竟随张居正政治生涯结束，而最终消之殆尽。

设若大明统治集团，能将"和番拒虏"之策，一以贯之。四十二年后，怎会有萨尔浒惨败？！

萨尔浒惨败，导致辽东全线失势，终使大明帝国崩塌。

鞑靼乘机入主中原！

第三，经济上。

彻底清查全国土地，改革现有赋税政策，实行"一条鞭法"。

张居正出身贫寒，对底层疾苦非常了解，同情和体恤贫民百姓。

"豪民有田不赋，贫民曲输为累，民穷逃亡，故额顿减。"（《张太岳文集》）

大明一朝，虽然柔政亲民，素为史官称赞。然归根到底，仍是封建帝制社会。土豪劣绅和官员，拥有大量土地、屋舍和财富。广大贫民百姓，依然"上无片瓦，下无立锥之地"。

张居正凭一双慧眼，看到了社会根本矛盾，也找到了"国匮民穷"的根源。

明万历六年（1578）。

张居正奉诏下令，在帝国范围内，进行土地丈量，清查漏税田产。经过两年多努力，核准全国应纳税土地，总额为7013976顷，比实纳税的土地，多出近300万顷！

这个天文数据，让张居正大为惊骇。神宗朱翊钧闻报，亦惊讶万分。国家每年的田赋，居然有四成多，被"豪民"们偷吃掉了！

土地清丈完成后，张居正摸准了"七寸"，下决心在全国范围内,实施"一条鞭法"赋税改革。

凡读过明史的人,都知道"一条鞭法",非张居正首创。

嘉靖十年(1531)二月,南赣都御史陶谐,在江西实施"一条鞭法",取得过不错效果。

御史姚仁中,曾上疏报奏实情。"顷行一条鞭法……通将一省丁粮,均派一省徭役……则徭役公平,而无不均之叹矣。"

此后数年间,潘季驯在广东,姚宗沐在江苏,庞尚鹏在浙江,海瑞在应天府,王圻在山东曹县……先后实行一条鞭法。

"行一条鞭法,从此役无偏累,人始知有种田之利,而城中富室始肯买田,乡间贫民始不肯轻弃其田矣。"(《张太岳文集》)

"一条鞭法"实施几十年,赞成者有之,反对者亦有之。

万历五年(1577)。

山东东阿知县白栋,推行"一条鞭法"。全县钱粮税额,均按地丁起科,严重损害到官绅利益。官绅们四下串联,大肆制造谣言,对白栋进行诽谤。

户科部给事中光懋,给朝廷上疏时,亦百般造谣中伤。

"至嘉靖末年,创立条鞭,不分人户贫富,一例摊派……然其法在江南犹其有便者,而最不便江北。如近日东阿知县白栋行之山东,人心惊惶,欲弃地产以避之。请敕有司,赋仍三等,差由户丁,并将白栋纪过劣处。"

幸亏张居正精明,及时派人前往东阿巡察,才知光懋假借为民申冤之名,歪曲事实诬陷白栋。

遂代神宗皇帝拟旨,予以严正警训。

"法贵宜民,何分南北?各抚按悉心计议,因地所宜,听从民便,不许一例强行。白栋照旧策励供职。"(《明神宗实录》)

张居正知变革维艰,恐白栋之冤重现,挫伤地方官员积极性。专门致书左都御史李世达,赏激他支持白栋之举。

"条鞭之法,近旨已尽事宜,其中言不便十之一二耳。法当宜民,政以人举。民苟宜之,何分南北。"(《张太岳文集》)

张居正执政初,帝国各地"一条鞭法",星星点点,仅仅是个雏形,有些"杀富济贫"的味道。

得张学颜辅助,张居正继往开来,对"一条鞭法"进行了细化和拓展。

他认为国家赋税,不仅要知道怎样收取,更要知道怎样使用。

"天地生财,自有定数。取之有制,用之有节则裕;取之无制,用之无节则乏。"(《张太岳文集》)

张居正为内阁首辅,实乃大明之幸,百姓之福。

他的这一思想,影响深远。民间老太婆们,都推崇备至。

至今尚有蜀谚云:"吃不穷,穿不穷,不会节制一世穷。"

张居正"一条鞭法",是中国田赋制度史上,一座耀眼的里程碑。也是继唐代"两税法"之后,又一次重大变革。它的贯彻实施,不仅简化了赋役项目,也简化了征收手续。使国家赋役合一,出现了"摊丁入亩"的趋势。

取代明朝的清政府,实施"地丁合一"制度,便延续了"一条鞭法"。

张居正之变革,得到了神宗母子鼎力支持,改革进程顺利而迅速。短短数年间,帝国经济状况,有了极大改善。

户部所辖太仓库收入,从隆庆时每年二百万两白银,升至四百万两白银。京师粮食贮量,已达隆庆时的三四倍。

万历朝前十年,得张居正辅佐,帝国歌舞升平。演绎了大明王朝,最后的华彩乐章。

"府库充盈","海内肃清,边境安宁"!

七

"万历新政",非张居正一人之功。

若非神宗母子大力支持,张居正的变革,能维系多久?恐怕还没出生,就胎死腹中了。

然"万历新政",人"皆知居正",而很少歌颂皇上。朱翊钧心里,是啥滋味?

张居正既为帝师,又自恃功高,可能想也没有想过。

一直以来,在他眼里,朱翊钧始终是个孩子。

在重大国事决策上,从不征求皇上意见,总是一人说了算。

严嵩专权,徐阶专权,高拱专权,张居正也专权。

这么说他,太岳先生或不服气。自己鞠躬尽瘁,全为了大明,为了皇上啊!

他真是忘了,严嵩,徐阶,高拱,谁不为了大明江山?也许他们不如你忠诚。谁知道枉谈忠诚者,是不是伪君子?

他更忘了,朱翊钧虽然年幼,毕意是帝国最高统治者。

这个统治者,已一天天长大了。

万历八年,朱翊钧年满十八岁。

这位帝国统治者,胸怀经国大略,敏感而早熟。

张居正威权震主,让他倍感巨大压力,也读懂了大臣们眼里的"深意"。

他何尝不想早日亲政,治理国家呢?

然此时的张居正,犹如一棵参天大树,根系早已渗透到帝国的每个角落。

而此时的朱翊钧,则像初入"江湖的剑客",尚不知江湖诡谲,也不知天高地厚。

既想尽快扬名立万,以期获得认可和尊重,又担心功力不济,生怕一战而"脸面尽墨"。

总之,他兴奋的情绪中,还有一丝不安和恐惧。

说实话,朝廷真不是江湖。江湖允许失败,朝廷却不行。

朝事一旦失败,不仅权柄弄不回来,偌大的明帝国,先乱成一锅粥,麻烦事就大了。

不可否认,"万历新政"首功者,无疑是张居正。

九年来,他力肩重任,支撑帝国大厦不倒,早已耗尽心血和心智。

史载：张太岳不到五十五岁，已老态龙钟，未老先衰。形神疲惫，气血壅塞，须发花白，双目滞涩无光，精神萎靡不振……

偏偏这个时候，张居正权力欲正盛，达到了极致。对谁都指手画足，倨傲无礼。动辄斥责，甚至辱骂。

即是神宗面前，也不再谨小慎微，总是喋喋不休。

让人好生厌烦！

朱翊钧仍称他先生，唯语气里面，没有了先前的稚嫩，有了些许不满和威严。

从恭敬到沉默，再到不满，用了近十年时间。

这段心路历程，痛苦而漫长。走完之后，朱翊钧的胆子，就大了许多。

当他临朝时，不想听张居正唠叨时，他可以休朝，甚至拂袖而去。

留下年迈的张先生，一个人在议事厅中，惶惶不知所措。

"当家三年狗都嫌"。

张居正绝顶聪明，何尝不懂这个道理？

他当然害怕，落得严嵩、徐阶的下场。可他就是舍不得，放弃手中的权力。

"丢了棍棍狗咬人"。

张居正怎会轻意弃权，丢掉打狗的"棍棍"？！

万历八年（1580）三月。

张居正深感危机四伏，以身体羸弱为由，试探性地向朱翊钧提出"乞休"请求。

"伏望皇上，特出睿断，亲综万几，博简忠贤，俾参化理，赐臣骸骨生还故乡。"

张居正太过聪明了。

他想以"乞休"的方式，来摸摸神宗皇帝的心思。

若朱翊钧挽留他，说明还信任他。自已留在朝中，便没有危险。

如果皇上准允"乞休",则说明不再信任他。自己即刻退隐乡下,不再与人争斗,也可保全既得利益乃至性命。

结果呢?

张居正这次错了,简直错到了家。

当朱翊钧碍于情面,不冷不热挽留时,他居然决定留下,继续在龙潭虎穴里挣扎。

若非他过于自信,平平静静退休,回到朝思暮想的故园,定会"谢家庭树依然在,为报新枝已满林"。哪有后来之祸?

朱翊钧心里,巴不得张居正早点滚,哪想挽留他!

史载:张居正苍凉的"乞休"申请,让慈圣皇太后看到后,不知是动了恻隐之心,还是另有他情,居然颁下懿旨,婉言慰留。破格赐以"白金麒绣御膳坐蟒",以达诚意。

张居正骇了一跳,这"坐蟒"非同小可,乃袍服正襟上,用金丝彩绣的蟠蟒图案。

因龙蛇同源,"坐蟒"袍服,原本只有藩王才可着装,朝廷为何赏给他呢?

这种恩赐,不要说朝臣难以理解,就连张居正本人,也莫名其妙。

皇上和李太后心思,越发让人费揣测。

"居正津津汗下,两股颤颤,伏地不敢稍动。"(《张太岳文集》)

张居正回到家里,左思右想,依然丈二和尚——摸不着头脑。

密遣人向冯保打探消息,也没得到可靠答案。

两天后,张居正以进为退,再次上疏"乞休"。

除重申"惴惴之心,无一日不临渊谷"外,还提出一个"攻守平衡"方案:此次乞休求去,只想请假休息,并非辞职"决计长往"。国家或有大事,皇上一旦召唤,必定"朝闻命而夕就道"。

张居正一番表白,心情可谓异常复杂。

尽管他贪恋权位,也希望皇上永远宠幸,好让他将新政进行到底。但他终归怕了,毕竟天威难测,日渐成熟的皇上,始终不置可否的态度,让他不得不作长远打算,以免"驽力免于中蹶"。

张居正饱读经史,深谙为官之道,宦海的凶残险恶,前途的变幻莫测,一旦中途翻了车,那么后果将会十分可怕。

他利用职权方便,看过严嵩的案卷,深为之恐惧。

"严分宜败后,乃子世蕃从粤东之雷州戍所私归,偕其密友罗小华(龙文)游乐于家园,广募壮士,以卫金穴,物情甚骇。其舍人子,更多不法,民不能堪,诉之有司,不敢逮治。袁州推官郑谏臣者,稍为申理,辄罗其诟詈,且有人奏之语。郑乃与上巡江御史林润谋,直以闻之朝,谓世蕃招集劲勇,图不轨,且与龙文日夜诅上。时,世宗方在齐宫祈长年,见疏大怒,直批就著林润拿来京。"(明·沈德符《万历野获编》)

欲加之罪,何患无辞!

张居正见习时,多次听恩师徐阶讲过,朝廷严办严嵩父子事:明世宗圣旨下达后,林润星夜统兵出发赶赴南方,去雷州戍所缉拿严世蕃。这个时候,严家人还蒙在鼓里,要知道严世蕃之子严绍庭,尚在锦衣卫任职,居然也没得到任何消息。当严世蕃"与龙文俱死西市"时,严绍庭这个锦衣卫特务,直惊得目瞪口呆!

天啦,帝国太可怕了!

在国家权力机器"公转"外,居然还有无数脱离"公转"的"自转"。这些"自转"利器,唯帝国最高统治者知晓。

他人如严嵩徐阶辈,虽然权倾天下,也不得其中奥妙!

皇帝是什么?

是小老百姓心中的"神",是翻脸不认人的独裁者!

严嵩在位二十一年,一直小心翼翼,侍奉着世宗皇帝朱厚熜。

结果呢?

不管严嵩如何谨慎,也不管他是否忠诚,朱厚熜不高兴了,先杀掉他的儿孙,再把本人放归故里。让这位耄耋老叟,孑然一人,在苦风凄雨中,孤独地怄气而死。

权力是个好东西,一点也不可怕。

唯独可怕的是,为争夺这个"好东西",帝国上下进行的倾轧。

张居正"乞休"时,不知为何老想到徐阶。

徐阶这个人,时人和世人,都给予了很高评价。然其在严嵩倒台时,所作所为委实让人作呕。

严嵩把持内阁时,徐阶恐遭到排斥。将长子徐常璠次女,许配给严世蕃小儿子,以"联姻"方式,淘到政坛"第一桶金"。

严氏父子倒台时,为彻底划清界线,竟授意徐常璠,"鸩其女"!

这种卑劣龌龊手段,张居正打心眼里佩服。他很欣赏恩师在大是大非上的果敢。

"无毒不丈夫",一度成为他的座右铭。

当他年迈之时,似乎明白了啥,但又不完全明白。

满口仁义道德,一肚子男盗女娼!

这就是官,道貌岸然的官!

政坛沉浮,凶险到这一步,张居正乞休之举,既是一种姿态,也是一种保全策略。

若他潇洒告别政坛,从此不过问政事,哪有后来灭门之祸?

惜其身在局中,始终看不清局势。他也知道,朱翊钧挽留他,完全是故作姿态。

慈圣皇太后挽留呢?

他就犯迷糊了。

因李太后的态度,异乎寻常地坚决。

"有师保之责,与诸臣异,其为我朝夕纳诲,以辅台德,用终先帝凭儿之谊。"(《明史纪事本末》)

世人都说神仙好,唯有功名忘不了!

张居正答应留下来,说穿了一文不值,他还是放不下手中的权杖。

连神仙都忘不了功名利禄，何况张居正乎？

虽然"张先生"一再辩白，反复告诉人们，为了报答"两朝皇恩"，自己将不惜肝脑涂地，继续拼老命留下来工作，直至鞠躬尽瘁。

四子张简修岳父王之诰，时任刑部尚书，为张居正官场盟友。慈圣皇太后懿旨挽留时，张居正曾书函告知王之诰，语言感叹万千。

"弟德薄享厚，日夕栗栗，惧颠跻之及顷者乞归，实揣分虞危，万非得已。且欲因而肩主上以新政，欺君臣于有终。万不克如愿，而委任愈笃，负载愈重，羸弱之躯终不知所税驾矣，奈何，奈何！"

真是无可奈何啊！

明知已临深渊，偏要往里面跳，而且跳得那么愉悦，那么喜欢，那么毫不犹豫！

为何写信给亲家？

当然想通过王之诰的口，告诉天下人，我张居正留下来，是身不由己啊，帝国离不开我呀！

万历九年（1581）秋。

张居正以羸弱之躯，在工作岗位上，又挣扎了八个月。终于累倒了。

遍请京师名医，把脉问诊后，苦无良药。

眼看沉疴不起，一代名相张太岳，即将一命归西。

长子张敬修，从荆州江陵老家，找来一位草药先生，为他把脉调理，居然收到了奇效。

这位"神仙医者"诊断，张居正系劳累所致，须静养半个月。否则以目前的身体状况，肯定拖不过半年。

草药先生这句话，传到朱翊钧耳里，"帝且怜且喜"。

当张居正再次"乞休"时，一向对他留任不冷不热的朱翊钧,居然严辞拒绝。

只允许"朝参侍讲",暂停二十天时间。其余公务依旧。内阁公文批复处置,虽可"私寓办理",但不得有一件贻误。

张居正病入膏肓,却不敢违背圣意。

他明白皇上心思,多么希望他这盏残灯,能很快耗完盏中之油啊。

公文杂乱繁多,张居正日夜阅批,常常累得气喘吁吁,口不能言。

张居正病重期间,以一首《病怀》的诗,表达了生命终将歇息时的想法。

"白云黄鹤总悠悠,底事风尘老岁年?自信任公沧海客,敢希方朔汉庭仙?离居可奈淹三月,尺疏何因达九天?独坐书室不成寐,荒芜虚负北山田。"

人生何其短暂!

在生命的最后时刻,神游千载,虑骛八极。

张太岳想的啥?

他想到了沧海客,庄子寓言里的神人,力大无穷。还想到了东方朔,汉武帝身边的重臣。

真是奇哉怪也!

难道"贤相"张居正,希望得到沧海客帮助,而延年益寿?抑或像东方朔一样,演化成为仙人?

世间功勋伟业,要做到尽善尽美,凭人事已不可能了。

张居正预感到新政变革,已经到了尽头。

直到这个时候,他才后悔莫及。

一年前,为何没有"退休",回到魂牵梦萦的故乡,去好好安度晚年。

现在晚了,真的晚了!

万历十年(1582)六月十二日。

张居正在病床上,给辅弼了十年的神宗帝,写下最后一道奏疏。

"窃谓人之欲为于世,全赖精神鼓舞,今日精力已竭,强留于此,不过行尸走肉耳,将焉用之?"

此时此刻,张居正别无它求,唯恳请朱翊钧放他一马。让他有生之年,回到故乡去。"早赐骸骨,生还乡里。"

这么简单的要求,竟成为一代贤相张居正,生命最后时刻的哀鸣。

大明万历十年(1582)六月二十日。

张居正溘然长逝。

丢下高堂老母,撇下妻妾儿女,抛开政坛纷争,斩断喜怒哀乐,悄无声息地走向自由自在的天国。

八

张居正病逝,举国哀悼。

朱翊钧"怆悼辍朝",暗地里欢喜不已,长长舒了一口气。

为"张先生"举办丧事,朱翊钧格外大方。

亲赐孝布500匹,丧米200担。

两宫皇太后,亦赐孝布200匹,丧米200担。

皇室成员,馈赠丧银2300两,香油1000斤,香烛1000对,薪柴10000斤。

朝廷即日颁诏,京城设祭坛九座,以供各色民众前去吊唁。后因赴吊之人太多,又先后增设七座祭坛。

诏封张居正为上柱国,谥文忠。

遣在京四品堂官,及锦衣卫执勤人员,参与护送灵柩,归返故乡荆州。

任命司礼太监陈政,为护丧队伍总管事。

1582年,帝国烈日炎炎的夏天。

送丧队伍由700辆马车组成,在3000名军卒夫役簇拥下,浩浩荡荡从京师出发,沿京湖官道缓缓南行。

队伍延绵十里，前不见头，后不见尾。所经之处，哀乐声声，白幡飘飘。

沿途路祭百姓，撮土为台，插烛成香。哭声震天，如丧考妣。

张居正魂归故里，墓地特别讲究，设在当年他赋闲六载的"乐志园"内。

这里的湖水，依然那么明净，田园也依然那么翠绿。

张居正最后的心愿，总算得以实现了。

"乐志园"，成了他最终归宿。

张居正去世后，很长一段时间里，人们争论不休。

有人歌颂他，一生操劳国事，不惜身家性命，为本已没落的明帝国，重铸十年"中兴"辉煌；有人诅骂他，为政十年间，大权独揽，专横跋扈，刚愎自用，不通人情。

万历十年（1582）十二月，帝国政局发生重大变故。

神宗朱翊钧，瞅准冯保失去内阁支持之机，成功剪除了他的羁绊。

"冯保欺君蠹国，罪恶深重，本当显戮。念系皇考付托，效劳日久，故从宽降奉御，发南京新房闲住。"（《明史纪事本末》）

朱翊钧还算有情有义，并未对冯保严加惩处。反而感念他"自幼掖抱陪伴"，只查抄了冯保家产，没有为难本人。

查抄冯保家产，无疑是一个政治信号。

时人已从冯保倒台事件中，看出了蛛丝马迹。神宗朱翊钧，要对"张先生"动手了！

果不出所料。

"政治大佬"冯保倒台后不久，弹劾张居正的奏疏，便纷至沓来。

已稳操政柄的朱翊钧，为树立自己权威，亦睁着眼睛说瞎话。

"居正不思尽忠保国，顾乃怙宠行私，殊负恩眷！"（《明史·神宗本纪》）

诏夺张居正身前一切封号。

一时间里，举国哗然。

观一部中国史，每当"国难"时，总有大量政治小丑，活跃于朝廷内外。

这些政治"小人"，怀有不可告人的目的。善于揣摩上级意图，难免搞些"板眼"出来，让上司们舒服或者高兴。

当其时，云南道御史羊可立，即这样的小人。

这家伙忘恩负义，哪记得张居正提携之恩？

竟从去封号的诏告中，摸准了朱翊钧脉搏，认为奉承圣心的机会来了。

猝然将弹劾调子，提到前所未有的高度。

"已故大学士张居正隐占废辽府第田土，乞严行查勘！"（《明史纪事本末》）

羊可立所奏"公案"，在张居正生前，已炒得沸沸扬扬。

发难者为巡按御史刘台。

刘台本张居正学生，二人的政治纷争，明史里有详细记载，本文不再赘述。

万历四年（1576），刘台弹劾张居正，所上奏疏中，就有"诬辽王以重罪夺其府第"之语。

大概因刘台指斥罪状，实在太多，加之有朱翊钧撑腰，张居正并未一一反驳。

"诬辽王以重罪夺其府第"之罪，由于"其罪滔天"，虽为不实之词，张居正亦未申辩。故被政敌们紧紧攥在手中，一有机会，便拿出来对付他。

羊可立为一己之私，不惜恩将仇报。

他的奏疏，似火入油桶，轰然蔓延开来。

辽王宪㸅生母王氏，当即向朝廷进呈《大奸臣恶从计谋陷亲王、强占钦赐祖寝、霸夺产业、势侵全室疏》，公然诬陷张居正，侵夺辽王府金银财宝。

"金宝万计，悉入居正府。"（《明史纪事本末》）

王氏添油加醋一道疏文,顿使朝野上下,群情汹涌澎湃。最终导致神宗朱翊钧,对尸骨未寒的张居正痛下杀手!

真是天大的冤枉!

隆庆二年(1568)。

辽王宪㸅节,因获罪除国之事,与张居正八竿子扯不上边。

时,张居正入阁年余,位居其上者,多矣。

首辅徐阶,次辅李春芳,阁臣陈以勤……他一个新入阁的大学士,真要去扳倒一个亲王,哪有这种政治能量!

连朱翊钧也说"辽府废革,既奉先帝宸断"。

至于王氏所指,"强占钦赐祖寝"一说,事情也明白无误。

万历五年(1577),张父张文明去世。神宗朱翊钧,敕赐张家一块坟地,位于荆州西门外太晖山上,与已故湘献王朱柏王陵毗邻。被王氏移花接木,造谣生事,恶意攻讦。

"势侵全室",更是空穴来风。帝国十三道监察御史百十人,都不知听云何事。

朱翊钧却铁了心,不问青红皂白,一概将"侵夺王坟府第"罪名,悉数强加给张居正。

对张居正一案,朝中许多正直之士,纷纷向皇上谏议道:"居正忠心体国,今尸骨未寒,何堪如此重罪?"

朱翊钧不为所动。

天天将罪名挂在嘴上,却从未表示过,要去查实这些罪名。

何也?

明眼人都知道,朱翊钧将"莫须有"罪名,强加给张居正,无非当成"杀威棒"。

一俟树威目的达到,棒子扔一边去了,谁还去管它呢。

明神宗既要"杀威",更要"树威",手段免不了有些残忍,甚至不惜"错杀三千"!

万历十二年(1584)四月。

朱翊钧颁发诏书,查抄荆州张居正老家。

诏令司礼太监张诚,会同刑部右侍郎丘橓,主持抄家事务。

张丘二人,在万历政坛上,向以心忍手辣著称。抄家过程中,二人将种种冷酷无情,发挥到了极致。

京师查抄人马,还没到江陵地界,快马已传令地方官员,登录张府人口,封闭府门。

张府众多老弱妇孺,来不及撤出,大门就遭强行封闭。

史载,仅闭门饿死者,多达十七人。

"(死者)皆为犬所残食而尽!"(明·王世贞《嘉靖以来首辅传》)

张诚丘橓二人,在整个查抄过程中,更是锱铢必究,大加拷打,穷追强索。

他们信口雌黄,硬说张府藏有二百万两银子。如不悉数交出,全家老小性命,将无一幸免。

张居正长子张敬修,经不住拷打,胡乱指认有三十万两银子,藏在张居正亲信曾省吾、王篆、傅作舟三人家里。

丘橓指使锦衣卫,疯狗一般扑向三人家中。

可怜曾省吾等三人,哪有这么多银子?

搜索不到银子,三人府第之遭遇,亦等同张府一般"酷刑"。

张诚丘橓二贼,在张府未找到"重金",便拿张家人来出气。

张居正三子张懋修,实在受不了折磨,几次自杀没有成功,反而遭到比死更惨的拷打。

长子张敬修,羞愤交加,自缢身亡。临终前,他留下一纸绝命书,真实记录了张府遭到的弥天巨祸。

"可怜身名灰灭,骨肉星散,且虑会审之时,罗纳锻炼,皆不可测……丘侍郎、任抚按,活阎王!你也有父母妻子之念,奉天命而来,如得其情,则哀矜勿喜可也,何忍陷人如此酷烈!"

张敬修悲壮的抗议,换来了多数朝臣同情。

内阁首辅申时行,以及六部大臣纷纷上疏,为张家人求情。

朱翊钧自感做得过火,便下令不再拷掠。

诏许留空宅一所，田十顷，供张居正八十岁老母生存所用。

张家阖府男丁，"俱令烟瘴地面充军"。

史载此番抄家所获，刑部造列清单为：黄金二千四百两，白银十万零七千七百两，金器三千七百两，金首饰九百两，银器五千二百两，银首饰一万两，另有玉带三条。

在一般人眼里，张府金银财宝，已多得骇人了。

然与朱翊钧估计，却相去甚远。他私下对申时行说，可能真的搞错了。

轻描淡写一句搞错了，可让无数人头落地。

这就是人君啊！老百姓趴在地上，山呼万岁的"国主"啊！

时人沈德符，著《万历野获编》一书，悲怆地记录了这场灾难。

"今上癸未甲申间，籍故相张江陵，其贻害楚中亦如之。江陵长子敬修，为礼部郎中者，不胜拷掠，自经死。其妇女自赵太夫人而下，始出宅门时，监搜者至，揣及亵衣脐腹以下，如金人靖康间搜宫掖事，其婴稚皆扃钥之，悉见啖于饥犬，太惨毒矣！"

灾难亘古未闻。

张居正直系亲属里，竟有一人避过了劫难。

张府唯一幸存者，张居正小女儿张敏修（遍查史书不知其名，姑从小说家言，称为张敏修）。

事涉刘一儒，且慢慢道来。

刘一儒乃进士出身，与沈德符祖父同科。故《万历野获编》于此事，记载甚详。

刘一儒之子刘戡之，"少年美丰姿，有隽才"。娶张居正独女张敏修为妻。

张居正很喜欢这个女婿。

刘一儒为人刚正，对张居正的作派，始终敬而远之。

当张居正独揽大权、炙手可热时，刘一儒"独退避，居冷局"。常苦口婆心规劝亲家，做事不能太急躁，尤其不能太冷酷无情。

日子一长，两亲家间，龌龊渐生。

张居正本可利用权力，为刘一儒谋个肥缺。但他并未这样做，只让亲家在"留都"南京，做个刑部侍郎的闲散副职官员。

刘一儒很淡定，一点也不计较，自个儿落得清闲。在这个位置上，一干就是八九年。

万历七年（1579），刘戡之赴武昌乡试。

各方传言甚嚣，言张居正照会主考官，解元一定要给刘戡之。

刘一儒知道后，死活不让儿子赴武昌。

张居正气得暴跳如雷，大骂刘一儒不是东西。

张居正被抄家后，御史皆言刘一儒受了委屈。朝廷准备升他为户部尚书，他却乞休归家，再也没有出来做过官。

刘戡之因祸得福，虽未科举及第，却荫补后府参军，升户部郎中，出知德州。

沈德符曾言，亲眼见过张敏修，惊叹其"貌美如天人"。

张居正一家破败后，她不再对人言笑，整日默坐无言，或暗自垂泪，或暗诵经文。设若有人问所念经文，要么摇头不语，要么答非所问。

数年之后，这个苦命女子，竟"趺坐而化，若蜕脱"。

蜕脱者，古人称得道成仙，羽化西去之谓也。

沈德符最后记载说，张居正之女，和刘戡之成亲后，从未有过夫妻之实，竟以童贞之身辞世。

不知是真是假，谁也不得而知。

九

张居正生前，"公忠体国"，为"万历新政"呕心沥血，政绩卓著。时人和世人，颂声不绝。

张居正死后，遭朱翊钧无情清算，绝大多数正直朝臣，皆愤愤不平。

明末大思想家李贽，公开刊刻《焚书》，称张居正"胆如天大"，是世间少有的"宰相之杰"。

"一德辅三朝，功高盖日月"。

张居正既称贤相，生前身后事，为何反差天壤之别？

关于这个话题，历来争论不休。

两百多年前，乾隆诏修《四库全书总目》，主撰人纪昀都一筹莫展，概述笼而统之。

"神宗初年，居正独持国柄，后毁誉不一，迄无定评。要其振作有为之功，与威福自擅之罪，俱不能相掩。"

至于神宗朱翊钧，为何对已逝"恩师"，痛下杀手，不仅只字未提，连张居正十年"中兴之功"，也说得模棱两可。

究竟为什么呢？

官方正史所载，明廷清算张居正，祸起"侵占辽王府第"。

笔者实不敢苟同。

前文已陈述过，朱翊钧为了树威，找的一根"杀威棒"罢了。

至于《中国通史·人物传记·第二十七章·张居正》中，以嘲讽的口气，记载张居正挟功致罪说，更不敢苟同。

"（居正）勃然下拜，索刀作刎颈状，曰'上强留我，而诸子力逐我，且杀我耶！'"

真实情况是，张父去世后，依照大明律，张居正应回乡守制。然三疏乞归丁父忧，均被慈圣皇太后以"师保之责"，加以拒绝。

小皇帝也"泪留居正"。

说实在话，当时帝国领导集团，怎可能离得开"元辅先生"？！

为了这件事，持不同政见的朝臣，还诟病龌龊张居正，说他不回乡守制，是大不孝。不孝之人，怎能为"天下相"？

大有逐出内阁之势。

张居正既不得皇上同情，也不得同僚理解，在朝会上做出悲愤之举，应理解为情之所至。

何来威胁皇上一说？

笔者集数年时间，收集研读明清史稿，认为张居正之败，原因有二，现赘述如下。

一、与慈圣皇太后过分亲密。

张居正与李太后，关系非同一般地"铁"，不论正史野史，都能找到许多佐证。

"铁"到什么程度，一般人哪知底细？

读书人读史，也仅知李太后为朱翊钧生母。对张居正推行的"万历新政"，不遗余力支持。不论张提出什么建议，都下懿旨实施。

张居正李报桃僵，以其卓绝的政治智慧，摆平"两宫太后"身份之争。不仅皇后陈氏，满意"仁圣皇太后"称号，皇贵妃李氏，更是满意"慈圣皇太后"尊号！

这是官方文案，识字者都能看懂。

至于万历朝"宫廷绯闻"，一般人就知之甚少了。

关于这件事，还得从艾自修说起。

艾自修何许人也？

张居正同科举人，两人又一同赴京会试。结果张高中二甲第九名，而艾自修则名列三甲最后一名。

科举自隋文帝首创，至明中叶，章制已十分完善。

读书人十年寒窗，莫不以金榜题名为荣。

偏偏有好事者，将一甲（鼎甲）前三名，誉为"龙虎榜"，而把三甲后三名，贬称为"背虎榜"。

张居正中了二甲第九名，虽非"龙虎榜"，较之艾自修的"背虎榜"，亦足可骄傲得意了。遂口占一上联："艾自修，自修没自修，白面书生背虎榜。"极尽挖苦之能事。

艾自修亦饱读经史，且自视甚高。听了张居正之戏联，羞得面红耳赤。心里恨死了张居正，总想找机会反击一下。

可他哪有机会？

张居正得神宗母子宠幸,很快主政内阁,权倾朝野!

艾自修虽同朝为官,然地位之差,却似天上人间。

要修理他,谈何容易?

然天有不测风云。

某日上早朝,艾自修顺道,到相府拜会张居正。

得知老同学后花园赏花,便信步来到后花园里。晃眼看见张居正身影,在假山旁一闪而没。

艾自修感到奇怪,快步走上前去。见假山旁一块刚盖上的石板,正好卡住张居正袍角。艾自修想也没想,即抽出身上佩剑,割下露在外面的袍角,迅速离开了相府。

从此后,艾自修一有机会,便到相府后花园,观察假山地洞秘密。

终于让他发现,洞下一条暗道,直通慈圣皇太后卧室。

哼哼。

张居正和李太后,政治联手牢不可破?元辅先生五十刚出头,未老先衰?

必纵欲过度也,二人必有染也!

艾自修大喜。

"艾自修,自修没自修,白面书生背虎榜。"

嘿嘿。

"张居正,居正不居正,黑心宰相卧龙床。"

艾自修好不得意,把这副对联连同袍角,悄悄呈给神宗朱翊钧。

朱翊钧看了,心里自然明白。仔细观察张居正袍角,确有缀补痕迹。

"帝咆哮如雷,拔剑砍案以泄愤!"(明·沈德符《妖人遁逸》)

李贽在《焚书》中,也论及此事。

"人伦有五,公舍其四,终遭帝恨。"

明人多种文集有载。

不论其真实与否，当时帝国朝野，必鼎沸盛传开了。

绯闻一旦传入宫中，那会是什么后果？

张居正不遭鞭尸，已是朱翊钧"皇恩浩荡"了！

二、朱翊钧过分贪恋钱财。

朱翊钧贪财，在大明一朝皇帝中，屈指可数。

在常人眼里，帝国财富皆朱家所有，哪还用得着贪？

然朱翊钧是个怪人，骨子里非圣贤，偏又装为"圣贤"。

这种人格现象，与他受的教育有关。儒学压抑人性，培养出来的人，大多为伪君子。

"低眉顺眼，心怀鬼胎。"

君临天下后，"公私"界线划得很清楚。他要做"贤君"，面子活必须做好。

目的很明确。

一是告示天下，朱翊钧乃圣贤之君，极具社会"公德"，不会白拿国家一分钱。

二是告诫帝国官员，"君"尚如此清白，尔等休想侵吞国家财物！

在这一点上，朱翊钧的做法，比老子朱载垕要高明得多。他要敛财时，必以帝国名义巧取豪夺。

朱翊钧在位四十八年，除张居正辅佐的前十年外，其余三十八年间，愣是要伸展耍安逸了。

"当是时，帝在位日久，倦勤，朝事多废弛……章奏不发，大僚不补，起废不行。……自阁臣至九卿台省，曹署皆空，南都九卿亦止存十之二。天下方面大吏，去秋至今，未尝用一人，陛下万事不理。"（《明史·叶向高传》）

好一个万事不理！

此话一针见血，说得何等的尖锐、深刻、准确。

这三十八年间，朱翊钧又在干什么呢？

邹于仁时任大理寺评事，冒死上《四箴疏》，指斥朱翊钧，晏处深宫三十年,是患了"嗜酒""恋色""贪财""尚气"四病!

"贪财"的明神宗,多次以修建宫殿为名,陆续派出大批太监,到全国各地任矿监和税使,大肆搜刮钱财,迫害官吏百姓。

是为"矿税使之祸"。

其祸为害近二十年,虽然解进帝国内府库的银子近五百万两,但几百名矿税使,从中私吞的银两,远远不止这个数目!

万历朝中后期,内阁首辅沈一贯,曾上书陈述时弊。

"皇上视财太重,视人太轻;取财太详,任人太略……唯贿是闻。"(《明神宗实录》)

朝臣怨声不绝,且直斥当朝皇帝,足见朱翊钧贪财无厌,已到丧心病狂的程度。

张居正在位时,朱翊钧慑于先生之威,不敢明目张胆贪财,不能说明他没有贪财之恋!

张居正去世后,没人管得住他了。深藏在骨子里的贪婪之念,便急不可待地冒了出来。

历史上很多大事件,都有机缘巧合一说。

张居正去世那一年,潞王朱翊镠正好十六岁,按照帝国规定,朱翊镠应该议婚了。

说来好笑,朱翊钧身为大皇帝,在张居正主持内阁十年间,愣是没有捞到油水。以致囊中羞涩,连操办弟弟婚事的银子,都凑不够份儿。

朱翊钧很要面子,内府白花花的银子,是国家财富,他不好去动用。

唯一的办法,学习爷爷嘉靖帝,不知不觉睁大眼睛,盯上了位高权重的大臣。

当年严嵩倒台,嘉靖下令籍没家产,共获黄金33000两,白银20万两,碧玉、白玉围棋数百副,金银象棋数百副……豪富之甚,超过皇室珍藏。

在朱翊钧眼里，冯保张居正们，分别把持朝廷内外两廷，长达十年之久，还不肥得流油？

时人谷应泰，著《明史纪事本末》，对朱翊钧这种心态，有过很特别的描述。尤其对待张居正的态度上，记录得绘声绘色。

慈圣皇太后李氏，虽贵为国母，然出生山西一小户人家，凡事爱打小算盘。

小儿子的婚事，她不想动用私房钱，便找来大儿子朱翊钧，商量如何操办。

朱翊钧也没钱。

但他早盘算好了，因此满不在乎说："这事您别着急，我有办法！现在朝中官员，都畏惧冯公公、张太师，他们肯定把很多金银财宝，存放在这两家府上呢。"

慈圣皇太后听了，顿时心花怒放。跃跃欲试地说："假使查抄二人家，钱财不就到手了吗？"

"那是当然！"朱翊钧肯定地说，"冯保诡计多端，钱财恐怕悄悄转移了。"朱翊钧眨巴着眼，他没提张居正，是想试探母后，对"元辅先生"的态度。

"元辅先生家呢？"

慈圣皇太后说了这话，很惊讶地望着儿子。连连说道："看我真是老了，哪还有张先生？他不是已去世了吗？"

朱翊钧一听，明白了母后心思。在她眼里，早已没了"张先生"，唯剩下白花花的银子了。

这对母子，不仅龌龊，而且好生无情。

短短半年时间，"先帝凭几之谊"，没了！"元辅先生鞠躬尽瘁"，也没了！

朱翊钧母子所作所为，实在不近人情。

然普天之下，莫非王臣；率土之滨，莫非王土！

大明江山万里锦绣，都是他朱家的，他想咋地就咋地。帝国的臣民们，休得胡言乱语。

否则诽谤朝廷之罪，谁也担待不起。

朱翊钧这次行动，确实捞足了油水，狠狠发了一笔横财。

仅冯保一家，就查抄出"金银百万两，珠宝瑰异以万计"。

但对自己的"恩师"，似乎了解不够深入。事先朱翊钧保守估计，张居正的家财，至少在二百万两白银之上。

谁知查抄结果，大相径庭。

若将"先生"所有家产，折合为白银算，大约只有严嵩十分之二，尚不足冯保十分之一！且其中很大一部分，皆朱翊钧做主奖赏，以及两宫太后赐的各种大礼。除去这两项银两，张居正的家财，委实少得可怜。

仅从钱财数量看，内阁首辅张居正，尤注重个人操守！

贵为一国之相，若思想稍有放纵，他拥有的家产，何止百千？！

夏日烦闷，闲居无事。出川北上京师，又东游荆楚。尽可能收集先生书牍，欲从中寻找答案。

这些书函信件里，多涉及"却馈"。

仔细辨析后，结论如下：

先生对所馈礼金礼品，一般严加拒绝。实在情不可却时，酌收薄礼。更多时候，他都劝送礼之人，将购置礼物的钱，捐助给社会公益事业。

这么描述，是否显得太过高大？

事实原本这样，并未涂脂抹粉。

张居正"却馈"之举，不仅恪守了清操，也养成了风范独具的廉洁作风！

可不可以这么说，万历新政之成功，一方面得益于"君臣互信"，另一方面也是最重要的因素，得益于先生才干超群，尤其廉洁奉公！

张居正死了。

朱翊钧"既怜又喜"。

每每想起来，鼻尖都酸酸的，心里堵得慌。

哦，对了。

小皇帝十七岁时，还赠过张先生一副联句呢。

说什么来着？

"忠可格天，正气垂之万世；功昭捧日，体光播于百年。"

还万世呢。

一年不到，就让"正气"变成了"邪气"，"体光"变成了"遗臭"！

总之，张居正死了。

朱翊钧不顾师恩，抄了他的家。让一生看重名节的张先生，在天国里也不得安寝！

文章写到这里，实在不想写了，再写就亵渎了太岳先生。

"宁有瑕而为玉，毋似玉而为石。"

张先生自评之语，很谦虚。

千古事，休说灰飞烟灭

一

大清国到了同治执政时，立国已二百余年。

二百岁的老物件了，免不了透着些古怪。老大帝国犹如一座破败的宅院，整日散发着腐臭味，啥怪事情都可能发生。

公元1861年，岁在辛酉。

农历十月初五。

申时二刻，突西北风大作，寒气骤降。京师天空尘埃弥漫，昏暗如夜。

上了年岁的人，见了这般天文异象，无不摇头叹息。

唉，天怒人怨啦！

谁会知道，皇上（咸丰）宾天不久，多灾多难的大清朝，又将发生啥不幸之事？

翌日午时，沙尘尚未褪尽，天空依旧一片昏黄。

宣武门至菜市口一线，繁荣的宣外大街上，密密麻麻挤满了人。两旁的茶肆酒楼里，也早已人满为患。

寒风凛冽，树叶飘零。

人人两手笼袖中，纷纷踮脚翘首，无限期待地张望着。

近日宫中传出政变消息，让坊间嘈声鼎沸。

传言者信誓旦旦，言帝国重要领导人肃顺，因受先帝（咸丰）遗命，常以顾命大臣自居，藐视新帝（同治）。西太后联手恭亲王奕䜣，已将其擒获下狱。今日午时三刻，将绑赴菜市口，当众处斩！

市井向喜热闹，大国贼断头之快，谁不想亲眼看看！

绍兴名士李慈铭，游历京师日久。因家人花了大把银子，为他捐得户部郎中职，正候缺待补。时身染沉疴，病卧榻上。

闻押解肃顺之车，"咕噜"过门前。又听仆童言政变事，心里甚为不解。

肃顺素有直声，尤礼贤汉人文士，誉者谓之帝国栋梁材。

何以遭新贵擒杀？

李慈铭强撑病躯，策杖出门观看。于是有了如下记述。

"肃顺白服，缚甚急，载以无帷小车。亲属无临送者。"街道两旁路人，莫不"交口称快"，"其怨家皆驾车载酒，弛赴西市观之"。

待到行刑时，一直沉默无语的肃顺，突然开口大骂毒妇慈禧，心如蛇蝎。

"其悖逆之声，皆为人臣子者所不忍闻。"

肃顺生性刚毅，一直不肯屈服下跪。

"出红差"之官吏，迫于无奈，只得用铁柄猛击肃顺双膝。直到两胫全部碎折，肃顺方才跪于地上。

刽子手手起刀落。

血淋淋一颗人头，瞬间滚落于地。

帝国的臣民们，如中六合大彩，在昏暗的沙尘暴里，欢呼雀跃。

"道旁观者争掷瓦砾，都人称快。"

一代权臣，终得以伏诛。拿今天的话说，国家又打掉了一只大老虎。

史载，处决肃顺，大快朝中群臣之心。

两朝帝师翁心存，撰文曰："所谓恶不积不足以灭身也，也悯可戒。"

其子翁同龢也认为，肃顺"种种欺罔跋扈状，真堪发指"。

曾国藩则以之为鉴，告诫弟曾国荃及诸子："古来如李斯、曹操、董卓、杨素，其智力皆横绝一世，而其祸败亦迥异寻常。近世如陆、何、肃、陈亦皆予知自雄，而俱不保其终。故吾辈在自修处求强则可，在胜人处求强则不可。"

然时人也有不同声音，尤其汉人官员，"私议者甚众"。

打掉一只大老虎，乃帝国之幸事。缘何朝中众多官员，私下议论纷纷？

二

从史料中得知，肃顺贵为宗室，不折不扣的"根正苗红"。他的发迹史，很有些出身好的味道。

大清乃后金人所建，国策即尊满抑汉。肃顺在仕途上享有特权，出道便就职侍卫处，为他日后弄权朝中，奠定了坚实的政治基础。

缘于出身之故，肃顺早年秉性顽劣。"好为狭邪游，惟酒食鹰犬是务……严冬，顺盘辫，反披羊皮褂，牵狗走街头。"终日四处游荡，活脱脱"风一样的男子"。

泼皮般的市井经历，使之熟识京师盗道，也"习知京师五城诸坊利弊"。

肃顺就职侍卫处后，充分发挥这一优势，加之其"接人一面，终身能道其形貌；治一案牍，经年能举其词"。故屡破大案，升迁颇速。

到咸丰即位时，当年泼皮般的肃顺，已坐上礼部侍郎之要位了。

啧啧，三十四岁，副部级干部。

拿今天的话说，典型的"红二代"，如坐火箭般直上青云。

这实在怪他不得！

中国数千年官场史，莫不如此。混个一官半职尚且不易，尤难者要立得稳，升迁顺畅无阻。

前人说得甚是，为官者靠什么为官？才干十之一二，出身和后台才是硬道理。

　　肃顺是宗亲,但非亲王,也非郡王,官至侍郎已属不易。再熬上二十年,顶多混个正部级退休,要想再往上爬,实在难如登天。

　　偏偏有人说,肃顺天生异相,当个副国级没有问题。他自己很服这帖药,甚至想到过王莽篡汉(这是后话)。

　　上苍真就开了天眼,果然顺了这厮心意。

　　公元1850年正月,道光皇帝驾崩,咸丰登基。

　　当上帝国老大后,咸丰一心求治,力图干出一番旷世伟业来。

　　大清国自鸦片战争始,面对西方列强的侵略,除忍气吞声一味求和外,殊无寸功可表。在一次次割地赔款后,老大帝国颜面丧失殆尽。

　　原因何在?

　　咸丰认为,一切前因后果,皆缘于军机处。军机处乃帝国中枢,办事拖沓不力,领导班子早该动一动了。

　　登基伊始,咸丰即颁诏天下,以误国之罪,罢黜穆彰阿首席军机大臣之职。相继任命赛尚阿、祁寯藻掌管军机处。

　　赛尚阿本蒙古正蓝旗人,编纂辞典是其长。祁寯藻则为典型传统文人,虽有满肚子墨水,却无果敢刚毅之胆识。

　　二人皆守成之士,非乱世雄才,实难应对帝国内忧外患之危局。

　　迫不得已,咸丰打破祖制,命六弟入主军机处。

　　头顶恭亲王的光环,奕䜣果然出手不凡,很快让军机处焕然一新。连各国驻京公使,也怕了他几分。

　　然而好景不长,干得正欢的奕䜣,很快被逐出了军机处。

　　国人自古至今,有一顽疾实难理喻,总是无端猜忌他人,连自家兄弟也不例外。

　　皇帝老倌也是人,也有国人身上的顽疾。甚至在许多时候,较之常人尤过。其睡在权力宝塔尖上,时常睡不踏实,生怕别人捣鬼,让他从塔尖上跌下来。

　　如何才能睡得踏实?

唯一的办法，让所有人远离宝塔。谁在偷窥，谁想靠近，谁就是国贼！

奕䜣如鱼得水，军机处权力日盛，大有掌控六部之势。

咸丰便犯了猜疑，这般捣鼓下去，他日老六坐大成势，说不定也想当老大呢。

虽有中兴帝国之志，咸丰却非真正雄主，顶多算个家天子。在他鼠目一般的眼中，天下皆王土，谁也别想染指。什么开疆拓土，什么建功立业，赶紧处置"窥塔"者，才是顶顶紧要之事。

帝国外寇环视，危在旦夕。然"家贼难防"，咸丰岂不知"攘外必先安内"乎？

让老六离开军机处，找个理由并不难。难的是堵人嘴巴。

六阿哥有能力，干得特漂亮，为何让人家下岗待业？

咸丰哪管得这许多！

撤了老六所有职务，美其名曰回上书房，继续读书深造。

六阿哥也不是傻子，心知肚明老大的作派。表面上欢天喜地，暗地里恨得牙根直痒痒。迫使他转变思路，为日后发动辛酉政变，铲除八大臣埋下"因果"。

奕䜣离开军机处后，文庆起而代之。此人颇有才干，以力挺曾国藩闻名朝野。只可惜年事已高，上任不久即去世了。

后两任军机首席大臣，无论彭蕴章还是柏葰，皆谨小慎微之辈，难当大任。

"事上以谄，接下以吝，耆利不学，若出一途，稍有事故，尽为盲痴。"

眼见军机处一干人，平庸无能，于国家大事毫无抓拿。咸丰想过重新任用老六，终虑其过人才干而放弃。

柏葰乃两朝重臣，虽非乱世能吏，还算持重有节。

知老大不满意自己，便给咸丰谏言，军机处乃国之中枢，非倚重宗亲不可控大局。

此人老于官场，深知老大所虑，故力荐宗室近支接任。

咸丰认为言之有理，旋即又诏告天下，任命郑亲王端华和怡亲王载垣，共同掌管军机处。

咸丰贵为帝国之尊，才智远非一流。这一次，他又看走了眼。二人为亲王者，实因宗室之故也，哪是什么济世良才？

事有凑巧，端华乃肃顺同父异母兄弟，载垣又是他儿时酒肉哥们！

三个浑球凑到一起，也算机缘巧合，从而造就一段荒唐故事。

两位亲王执政能力弱，汉语水平尤差。而"肃顺习汉文，又多知历史风俗利病，遂合荐其才可大用"。于是乎，两个草包不分青红皂白，联合"荐肃顺入内廷供奉"。

在两位"铁帽子王"力荐下，肃顺仕途得以扶摇直上，很快进入帝国领导核心。

三人商议政事，通常是"端华之所为，皆肃顺使之，而载垣又为端华所使"。最终拍板决策，则"以肃顺为主谋"。

对于这位"终极谋士"，咸丰也逐渐"信任久而益专"。

偌大的军机处内，肃顺独被宠信，端、载二人唯"听命而已"。

肃顺没有想到，进入帝国权力中心，竟然这么容易。

从小混迹于市井，他深知人性之丑恶。有奶便是娘，有权便为王。天下没有真正的"狷生"，实多摇头摆尾的"走狗"。

基于此番理论，肃顺一手挥权力之棒，打压不同己见者；一手抛香喷喷肉骨头，招揽走狗爪牙。

陈孚恩出任兵部尚书，匡源、焦佑瀛破格进入军机处，皆得力肃顺鼎荐。

这一时期的肃顺，将儿时泼皮之道，烂熟运用于官场，玩得风生水起。

史载，肃顺虽为旗人，却对汉人恭敬有加，对旗人则"睚眦暴戾，如奴隶若"。甚至收受贿赂，也只收旗人之贿，而不收汉人之礼。

正因为秉此原则，肃顺将王闿运、高心夔、郭嵩焘等等名流，一一罗致门下，成为一时美谈。

咸丰九年。

一个以肃顺为核心，包括端华、载垣、穆荫、杜翰、陈孚恩、高心夔等重臣名士在内的政治集团，已基本成形。

他们或为心腹，或为羽翼，盘根错节，遍布帝国朝野。

三

肃顺是权臣，善于弄权。

初次上朝面圣，依心腹陈孚恩之计，肃顺大胆谏言，"严禁令、重法纪、锄奸究"。

咸丰初登大典，想有一番作为。此乱世用重典的治国方略，正对他的心思。

肃顺手握大权后，即首倡"打虎"运动，声势浩大迅猛。权贵们始料不及，纷纷中招，倒在他的权棒之下。

咸丰则暗自庆幸，有人肯出头整治朝纲，何乐而不为！往日趾高气扬的大人们，谁惹得起？连自己都得看几爷子脸色行事。

这下好了，统统打死活该。

殊不知肃顺打虎，私欲大于公心。他摸准了咸丰脉搏，放开胆子肆意大干，专捡朝中满员刺头下手。

终于有人明白了，肃顺"挟天子以令诸侯"，旨在观察谁是敌人，谁是朋友。

"顺我者昌，逆我者亡"。打着反腐的旗号，干的却是打击政敌、排除异己的勾当！

趋炎附势之徒，历朝历代都有。肃顺手中权棒一舞，二流子纷纷投奔门下。

彼时帝国中枢机构里，尚有一股顽固保守势力。

这些人能量巨大，既反对肃顺之流以严刑峻法重振朝纲，也坚决抵制大规模重用汉臣。代表人物皆道光朝旧党，以柏葰、祁窝藻、彭蕴章、翁心存、周祖培五人为首。

肃顺脾气刚暴,不愿与此辈过多周旋。借着两场"打虎"行动,迅速将诸对手一一翦灭。

肃顺"打虎",首推"戊午科场案"。

咸丰八年十月初七,距当年乡试揭榜时间,尚不足一月。

御史孟传金上书,指陈本次顺天乡试,存在严重舞弊行为。旗人平龄除会唱皮黄外,他无所长,居然高中第七名。事出蹊跷,奏请立案审查。

清制,不允八旗子弟学戏,尤禁登台演唱。

平龄身为正白旗满人,却经常登台表演,伶名为京人所熟知。这么一个旗人子弟,为何乡试高中?

咸丰深感事态严重,诏命载垣、端华二人,会审此案。

随着调查深入,办案人员发现,"应讯办查议者竟有五十本之多",尤有试卷"讹字至三百余",也能中榜者。

肃顺闻讯大喜,授意据实上奏。

咸丰震怒,不念往日旧情,即刻将主考官柏葰革职。

不经意间逮到条大鱼,乐坏了肃顺。在他多方干预下,调查组顺藤摸瓜,另一线索很快浮出水面。

顺天乡试同考官浦安,与考生"暗通关节",收贿银于前,助人高中于后。

肃顺建议二亲王,速传当事考生罗鸿绎,严加审讯。

读书人往往骨头软,还未用刑,便爆出大料。

罗鸿绎为能高中,托人疏通关节,求兵部侍郎李鹤龄帮忙,并赠酬银五百两。

事涉兵部,肃顺越发兴奋,亲自拟定奏折,请求提审李鹤龄。

在人证物证面前,李鹤龄无法自圆其说。最终交代为让罗鸿绎高中,亲往浦安府上求情。浦安托不开情面,自己又做不了主,便与柏葰门丁靳祥勾搭,合谋做成此事。事成之后,浦安得银三百两,孝敬柏葰茶水银十六两。

科考舞弊案，事实确凿。

抓住了把柄，肃顺岂会手软！

柏葰乃两朝重臣，为咸丰所倚重。《清史稿》称其"素持正"，"勤慎无咎"。

但他素恶肃顺为人，带头反对其施政方针，二人势同水火。

肃顺性强横，为人做事不留余地。捕到柏葰这只"大老虎"，必置之死地而后快！在他眼里，柏葰就是"拦路虎"。打掉了这只老虎，其他人顶多算是猢狲。大树都倒了，猢狲还不散么？

柏葰并不害怕，区区十六两银子，还是别人给的茶水钱，与科考案有啥关联？

肃顺则穷追猛打，不让柏葰有喘息之机。

你说没关联，就没关联了？

世界上怕就怕认真二字，政敌们最讲认真！

肃顺怂恿爪牙，上下鼓噪。"比照交通嘱托，贿买关节例，拟斩立决"。

咸丰左右为难。

廷议此案时，暗示各亲王大臣，"柏葰有无屈抑？"

肃顺不顾咸丰颜面，在殿上高声力争。"取士大典，关系至重，亟宜执法，以惩积习"，柏葰罪不可宥，"非正法不足以儆在位"。

在朝诸大臣，慑于肃顺气势，竟"默无一言"。

既然无可挽回，咸丰只得判处斩立决。

大清立国二百七十多年，科考舞弊屡禁不止，涉案被斩官员成百上千。

家有家规，国有国法。柏葰虽为中央领导，死得并不冤枉。

"戊午科场案"耗时十月，不仅杀了副国级干部柏葰，还波及不少亲王宗室。

"功令为之一肃，数十年诸弊端净绝。"

对于此案，时人却多有诟病，认为肃顺办案，存在明显不公。

为袒护陈孚恩，他挖空心思，百般为之开脱，终使其免受案件牵连。

更让人所不齿者，肃顺随后监考庚申恩科，为让幕僚高心夔中试，不惜考前泄题，"为科甲中人所切齿"。

时有肃顺国之栋梁说，甚嚣尘上。朝中有识之士心知肚明，溜须者奉承之语也。

观肃顺行事，确有惑人之处。言必谈江山社稷安危，行必说黎民百姓疾苦。处处高举道义大旗，实则处心积虑结党营私。

肃顺另一"打虎"壮举，当属"户部宝钞案"。

咸丰即位初年，为征讨太平天国，朝廷调集重兵进剿，致使国库空虚。为解燃眉之急，帝国动议，由户部设立宝钞处和官钱总局，大量发行钞票。

谁知滥发官钞，非但未缓解财政之乏，反而导致通货膨胀，物价飞涨。不法官商乘机勾结，从中牟取暴利。

"侵占挪用"，"拒收买抵"，将币制改革失败的恶果，强行转嫁给平民百姓。时帝国政治中心北京，"五城内外兵民不下数百万户，各粮行抬价居奇，小民每日所得钱文，竟不能供一日之饱"。

咸丰八年底，肃顺改任户部尚书。

受帝国大皇帝指使，肃顺决心整顿财政积弊。

真是无巧不成书，户部前几任尚书，分别是政敌祁寯藻、柏葰、翁心存。

老天真是有眼，再一次让肃顺称心如意。狂喜之余，即遣心腹进驻户部。

从五宇官号账目入手，调查组将户部掀了个底朝天。

调查结果发现，宝钞处宇字官号欠款，数目与官钱总局存稿不符。

就在案情渐趋明朗之际，怪事情又发生了。

户部稿库突起大火,火势汹汹,"三日不息,存案悉毁","宇廨尽焚","统计延烧、拆卸房屋二百余间",致使户部积案无可稽查。

一场无名大火,将稿库烧个精光。

岂非咄咄怪事?

肃党坚信人为纵火。

咸丰予以支持,命严加查办。

调查组几经核查,终将户部司员景雯、崇贵、常禄、忠麟、王熙震诸人,利用短号钞换取长号钞,将官款化为私欠,从而吞没巨资的案情查出。

反复刑讯逼供下,众人供认,时任户部尚书的翁心存,曾过目诸账册。

因众吏事先串通做账,账面天衣无缝,翁心存焉能察觉?

肃顺闻之心花怒放,他要的就是这个结果。若涉及他人,必不称他心意。

为官失察,等同犯罪!

肃顺迫不及待,立即启动弹劾。

翁心存乃两朝帝师,为人谦虚谨慎,朝中人脉甚广,为其奔走呼号者众。

咸丰碍于师恩,也有意从轻发落。

然肃顺及其爪牙,打着卫道士的旗帜,死死咬住不放。

咸丰左右权衡,视肃顺野心为忠心,终将翁心存处以革职留任。

祁寯藻仗着大学士名头,多次上书咸丰,欲罢肃党之议。但廷辩时,"肃顺议论风发泉涌,寯藻格格然勿能难"。

祁寯藻羞愧难当,遂称病辞职。

"宝钞案"闹得沸沸扬扬,前后延续两年,"波及至数百人,系狱至两三载,南北两监,因为之满"。

公允地说,肃顺两次"打虎",客观上震慑了帝国各级吏员,有效抑制了官场贪腐之风。

这种大肆反腐的举动，不论出自公心私心，都会让蛇鼠同窝的大清官场，人人自危。

为求自保，老虎苍蝇们必相互抱团，结成隐形联盟与之抗衡。这种人为的站列排队，为日后"辛酉政变"埋下了伏笔。

有关此种情势，名士李慈铭深有感触。

"然昔岁科场，今兹储库，屡行大狱，亦非国家之福也。"

如此说来，肃顺的"打虎"运动，终究还是变了味道。

四

再说六阿哥恭亲王，本来一个人中俊杰，却莫名受到排压。较之肃顺之风生水起，奕䜣的境遇让人唏嘘。

当初被撵入上书房，奕䜣尚能安于天命。待肃顺得势后，处境变得微妙起来。卧榻之侧，岂容他人打鼾。撵走幸运，砍死活该！

咸丰八年，耆英奉旨赴津，助桂良与英法议和。

英法议和代表蛮横，以坚舰利炮相恫吓，丝毫没有协商余地。

得不到帝国要的议和结果，耆英恐祸及于己，竟擅自回京躲起。

耆英这一行径，朝野震动。

围绕如何处置耆英，朝中两派互不相让。

奕䜣依循大清律例，认定耆英"不旨返京"，冒昧糊涂。但其非统兵将帅，于战局尚无大碍，且清律也无具体惩罚条文，建议从轻发落，处"绞监候"（死缓）。

肃顺则认为，耆英擅自回京，罪同抗旨。主张"斩立决"，以正王法。

咸丰见二人争执不下，耍了个小聪明，赐耆英自尽。表面上看，两边的意见都未采纳，实际上变相支持了肃顺的主张。

见兄长不顾衣胞之情，竟然偏向宠臣肃顺，奕䜣自然心生芥蒂。

一波刚平，一波又起。

次年，肃顺入主户部，奉旨彻查"宝钞案"。手下爪牙禀报,恭王府首席太监孟来喜,涉案颇深。

倘若换作他人,必送奕䜣一个顺水人情,草草处理了事。

谁料肃顺毫不留情,照样依法查抄,且将矛头直指奕䜣,弄得恭王府鸡犬不宁。

二人之间的矛盾,顿时从政见相左,恶化到私人恩怨。

迫于政治失势,颇有心计的奕䜣,唯暂时放低姿态,以"鸽派王爷"厌样示人。

转机出现在1860年。

是年十月,英法联军兵临京师。咸丰逃亡热河。

帝国老大巡狩热河前,将议和与京师维稳事,全权委托奕䜣办理。

长期赋闲不得志,颇有才智的奕䜣,时刻盼望一展宏图。

恭亲王果然不辱使命,很快议和成功。

后人对此多有谬论,认为英法与奕䜣议和,是在寻找自己的代言人。联军很快撤出京师,也未对守城清军发难,便是明证。

此论是与否,无妨奕䜣成为民族英雄。

因"再建社稷"之勋,加上平时恭谦的形象,六阿哥很快得势,成了京师人的主心骨。

留守北京的部院大臣,桂良、文祥、宝鋆、周祖培、翁心存、彭蕴章诸人,或奕䜣旧党,或遭肃顺打压。今见恭亲王势复张,不由自主地依附在一起,唯奕䜣马首是瞻。

事态发展至此,大清国上层统治中心,已彻底分裂为敌对两派。二者间的争斗,你死我活。

有关这段史事,茶馆里的说书人,摆得那叫一个在理。奕䜣不是肃顺的天敌,西太后才是他的真正克星。

史载,慈禧十六岁时,"五经成诵,通满文,廿三史亦皆浏览"。

聪慧过人又年轻貌美,慈禧深得咸丰宠爱。甚至命其协助整理奏章,代笔披览。

关于女人，先贤早有训戒，"唯女子与小人为难养也"。把女子置于小人前，说明女人确实麻烦。

慈禧得宠，缘于男女之道，暗合阴阳。

谁知妇人多了一道，谤之者谓其不守妇道。"时于上前道政事"，屡有参与决策之意。

咸丰厌恶不已，渐次疏远。

察觉到"圣颜不悦"，恐有失宠之虞的慈禧，决定向大红人肃顺示好，"隐冀得肃以自援"。

妇人的热脸皮，偏偏贴上了冷屁股。

肃顺早对妃嫔干政不满，傲慢地回绝了她。

也合该肃顺倒霉，啥人都可得罪，唯独女人得罪不得。

尔后不久，肃顺仗着"打虎"有功，又在咸丰面前请"行钩弋故事"，欲将慈禧赐死。

哪知帝国老大不稳重，酒后枕边失言，泄露此秘。

"西后闻之，衔肃刻骨。"

蜀谚有言："男人记恨一时，女人记恨一世。"

被慈禧刻骨记恨，肃顺这个大男人，不是被权势冲昏了头，就一定是个白痴。

北走热河期间，肃顺负责行宫事宜。

因事起仓促，妃嫔们所乘座驾，皆临时征用的民车，破旧简陋。沿途山道崎岖，颠簸难忍。

慈禧久居深宫，养尊处优惯了，哪受得了这般辛苦？多次央告肃顺，请求换辆好车。

肃顺没有好脸色，恶狠狠一顿呵斥："危难中那比承平时？且此间何处求新车，得旧者已厚幸矣。尔何人？乃思驾中宫上耶？"

一行人到了热河，肃顺又奉谕修筑行宫。

此时的肃顺，权势正炽，除咸丰外，早已目无余子。于是乎，顺"皆便冠服，出入无禁，寝宫亦著籍，嫔御弗避"。

如此明目张胆，破坏后宫规矩，肃顺可谓胆大包天。

以肃顺之霸蛮，明知清宫禁讳，偏就这么做了，谁奈我何！

他在示威，也在为自己掘墓。时人咒之，必死无葬身之地。

民国掌故名家黄濬，曾这样感慨道："灭门之祸，起于饮食之微，可为叹息。"

肃顺之为人，毫不讲理。重臣、宗室、后宫、官吏、太监、士子、旗人、商贾，三教九流都得罪了个遍。

岂不闻失道寡助乎？

帝制时代的权臣们，不论如何嚣张，好日子必不过两朝。新旧皇帝更替，权力格局重新洗牌，正所谓"一朝天子一朝臣"。

咸丰一死，肃顺失去了靠山。

弥留之际，咸丰精心安排后事。一方面任命肃顺等八人为顾命大臣，齐心协力辅弼幼帝；一方面又将"御赏"和"同道堂"两枚随身私章，赐予慈安与同治皇帝，二人可凭印章对决策行使否决权。

咸丰如此安排，实乃人之常情。他既感念肃顺辈之忠，恐八人受制于新朝，又不想众权臣坐大，不利于幼帝及两宫。

故帝国彼时朝政之格局，既非"八人帮"一家独大，也非两宫垂帘独裁，而是"垂帘辅政，盖兼有之"的制衡局面。

一言以蔽之，身处热河的肃顺集团、后宫集团与北京的奕䜣集团，呈犬牙交错的"三国鼎立"之势。

民谚有云："欲让人灭亡，先使其疯狂。"

咸丰死后，肃顺益加疯狂起来。

他肯定认为，天下已无管控自己之人，行事更加强横无理。致使"赞襄"与"垂帘"之争，日趋白热化。

处于弱势的后宫集团，转而与奕䜣集团联合，"三国绞杀"很快演绎为"两派对垒"。

在得到西方列强默许后，叔嫂二人联手，以迅雷不及掩耳之势，擒获以肃顺为首的八只大老虎。

史称"辛酉政变"。

清廷给肃顺所定罪名，实在耐人寻味。
（1）擅坐御位；（2）进内廷当差出入自由；（3）目无法纪，擅用宫内御用器物；（4）把持一切事务，独断专横；（5）宫内传取应用物件，抗违不进，并敢声称，有旨亦不能遵。

以上诸条罪状，堪称大逆不道，却属违规乱纪之列。至于谋反作乱之情状，始终未见披露。

奕䜣叔嫂明白，若硬定之为政治犯，势必牵出宫斗内幕，自己的政治合法性，难免也会受到质疑。

这就是鬼蜮伎俩，国人引以为傲的权谋。

肃顺门客郭嵩焘，在政变前曾经预言："颟顸而宽，犹足养和平以为维系人心之本，颟顸而出之以严，而弊不可胜言矣。"

诚如筠仙先生所言，处理政务大事，既应施霹雳手段，又当显菩萨心肠。刚柔并济，联合多数，方可立于不败。

肃顺则一意孤行，攀上权力顶峰之际，亦是他坠入万劫深渊之时。

昔日的"打虎英雄"，终难逃当成"大老虎"被打的宿命。

五

肃顺死了，却始终未盖棺定论。

清祖制，凡宗室获罪，不刑于市，皆赐宗人府自尽。

慈禧不遵祖制，以叛逆罪斩于菜市口，从而博得天下民心。京师人莫不以为大奸之除，非那拉后不能有此刚断，颂扬之声响彻朝野。

呜呼！

民众愚昧无知，皆承蒙统治者所赐。岂知肃顺有大功于国，已隐然成中兴之伟业哉？！

肃顺有胆有识，在一群养尊处优的满人堆中，心高气傲在所难免。看不起身边的酒囊饭袋，乃有才之士的共性。

试想一群土狗里，突然跑来一头豹子，结果会怎样呢？

疯狂的狗们，必视为怪物，群起而攻之。

当然不是正面进攻，它们不敢，只好躲在暗处口诛笔伐，造谣中伤。当假话说上一千遍时，高贵的豹子就真成了怪物。

肃顺就是这头豹子。

在土狗遍地的满人堆里，藐视王法皇权的肃顺，肆意胡作非为的肃顺，不被骂成悍贼才怪。

以至于一百五十年后，人们看他，依然是叛逆的悍贼！

学者阎崇年认为，咸丰设置顾命八臣，是导致"辛酉政变"的根由，乃咸丰"三错"之一。

设置顾命大臣对与错，本文姑且不论。"根由"之说，倒颇符合事实。

八位顾命大臣，咸丰遗诏上写得清楚，为"赞襄政务王大臣"。分别是载垣、端华、景寿、肃顺、杜翰、匡源、穆荫、焦祐瀛。

载垣和端华是"铁帽子王"，咸丰辅臣；景寿是额驸，欲以之替换恭亲王，成为近支亲贵；肃顺自不必说，乃八大臣核心；后四人皆军机大臣，焦祐瀛更是肃党，由肃顺举荐进入军机处。

有此七人同为"赞襄"，让素来骄横的肃顺，更加有恃无恐。

"穆帝幼，那拉后名位又卑，肃常藐视之。"

慈禧不满肃顺专权，终与叔叔奕䜣联手，发动政变将八人擒杀。

关于"辛酉政变"，历来疑团丛生，正史野史其说不一。

疑问一：咸丰死后，有无密旨？

政变前，朝事由顾命大臣掌控。但所有上谕，又须两宫太后印与玉玺同章，方能生效。

这是明诏，世人尽知。

此互为掣肘之局，实乃咸丰精心设置所致。

传肃顺恐西太后恃子骄纵，曾进言咸丰行"钩弋故事"，杀掉慈禧，再立载淳（慈禧子）。

咸丰不置可否。

一虑肃顺心狠手辣，以当年迫害柏葰论，恐日后威胁载淳皇权。二虑老六乱政，故留西宫钳制恭亲王。

慈禧是何人物，咸丰比谁都清楚，用不着肃顺提醒，他也自有安排。

众多野史皆有记载，咸丰另拟有一道密旨，交给东宫慈安。

"谓某如恃子为帝，骄纵不法，卿即可按祖宗家法治之。"

咸丰死后，东太后以此警示慈禧。"而慈禧慄慄危惧，先意承志，以事慈安，几于无微不至"。

直到有一天，慈安身患小疾，太医进方多日，不见好转。"遂不服药，竟愈。忽见慈禧左臂缠吊，诧之。慈禧曰：'前日参汁中曾割臂肉一片同煎，聊尽心耳。'"

慈安大为感动，流着泪说："吾不知汝竟如此好人，先皇帝何为尚疑汝哉！"遂当着慈禧之面，将咸丰密谕付之一炬。

后来慈安莫名死去，"或曰慈禧命太医院以不对症之药致死之"。

以此推论，咸丰授慈安密谕，莫非真有？

疑问二：擒拿肃顺前，奕䜣与慈禧何以谋面？

"八人帮"受命掌权后，对京师恭亲王集团，必防范有加。

恭亲王到热河奔丧，肃顺等人处处小心。奕䜣叔嫂间，有机会单独见面吗？

高阳著《慈禧全传》言，奕䜣得两宫密旨后，风尘仆仆赶到承德，在奕譞福晋帮助下，与两宫达成谋面计划。时奕䜣与八大臣议事，后宫突传旨约见。肃党找不到理由阻挠，叔嫂遂得以单独见面。

此小说家言，经不起推敲。真有安德海所带两宫密旨，叔嫂间必早互通关节，哪会到热河才设计约见？

但他们又在什么时候，什么地点，达成了联手除去肃顺的阴谋呢？

疑问三：在梓宫回銮前，怡、郑两王和肃顺为何突辞兵权？

《慈禧全传》说，肃党因董元醇奏折事，和两宫闹得很不愉快，为给人上下一心的印象，假意辞掉一些职位。谁知聪明反被聪明误，结果丢了兵权。

或曰：八大臣受命辅佐新帝，以为大权在握，局势已定。鉴于众人兼职太多，确实忙不过来，故而辞掉部分闲职。

以当时情形论，两种观点皆谬论，根本站不住脚。

且不说恭亲王集团，就是胜保（镶白旗人，时任清军统帅）热河奔丧，也令肃党惮忌至极。

故而对于兵权，八大臣必十分敏感，岂可轻易辞掉！

疑问四：回銮期间，肃顺为何独护梓宫？

肃顺智勇绝伦，堪比曹孟德。然回銮期间，为何如此疏于防患？

当时情形并不明朗，京师奕䜣张网以待，胜保虎视眈眈，两宫挟幼帝号令天下……

八大臣呢？

自解御前兵权后，真没有丝毫能力，可应对任何风吹草动？

在这样不利情势下，亏肃顺想得出来，居然让其余诸大臣护幼帝，偕同两宫先行回京！

这无疑自剪羽毛，最终让奕䜣分而制之。

疑问五：肃党是否密谋，让载垣杀幼帝自立？

肃顺密云被捉，解押至宗人府大牢。见到怡亲王载垣后，埋怨不听己谋，才招致此败。

肃顺要载垣听他什么呢？

或曰：肃顺在咸丰宾天后，曾与载垣密谋，让他杀掉小皇帝，自掌天下。但载垣并未从其言，最终导致八人同遭禁锢。

故有肃顺埋怨载垣一说。

历史的真相已无从考究，犹如夜空里的流星，忽而一亮，最终却不知划向何处。

六

肃顺当权之时，保护过左宗棠，也力挺过曾国藩。

这是真的吗？

是真的。

道光十三年，左文襄初次进京会试。年轻气盛又想一举成名，左季高上书痛陈时事，触犯天威。

咸丰大怒，革去其举人功名，命顺天府五城逮捕治罪。

肃顺与左宗棠从未谋面，听说此人很有才干，有心保护他。未待圣旨下，私遣门人告之逃逸。等到第二天早晨，顺天府奉旨缉拿时，左宗棠早已逃出北京城了。

左宗棠有大才，为人直达，又恃才傲物，几引杀身之祸。

咸丰九年，湖南永州镇总兵樊燮，因不向左宗棠行礼，被其以骄倨罪革职。

樊燮不服，走关系攀上湖广总督官文，欲扳倒左宗棠。

官文，满洲正白旗人，为咸丰所宠信，乃朝廷钳制湘军最重要人物。

官文借打压湘军之名，上疏弹劾，并召左宗棠对簿武昌。

湖南巡抚骆秉章，惜左季高之才，则上疏力保。

左宗棠弹劾案，实为晚清帝国政治事件。

肃顺在这场政治斗争中，智救左宗棠，借机推行自己的政治主张，谋略和才干表现得淋漓尽致。他提出重用汉臣、以汉制汉的方针，得到朝廷认可并实施。

清廷也从最初限制湘军，转而大力使用，肃顺襄办之功最大。

"曾国藩、胡林翼每有陈奏，多得报可，长江上游以次收复"。"帷幄之谋，皆由肃顺主持之"。

名士王闿运论曰："肃顺之学术经济，迥非时人之伦，军书旁午时，庙谟广运时，皆肃顺一人之策，故能成中兴之功。"

曾国藩初帅湘军，屯兵祁门，几致全军覆灭。

朝中劾者纷起,廷议欲罢其兵权,另用他人。

肃顺力排众议,高声陈词:"胜败兵家之常,临敌易帅,兵法大忌,不如使之戴罪立功可也。"

仗着"肃中堂"的名头,借咸丰宠信之威,肃顺力挺曾国藩。

帝国诸中枢大臣,恨之入骨,莫不咒骂"肃之专横,亘古未闻。但得湘军败绩,必碎尸万段矣!"

曾国藩则得之鼎助,遂一心专于兵事,终至剿灭太平天国,立下不世功勋。

肃顺有"王莽篡汉"之心,这是真的么?

是真的。

《清史稿》及稗官野史,多有这方面的记载。

肃顺扈驾幸热河,权炽熏天。

咸丰驾崩后,穆宗年幼,那拉氏名位又卑,肃顺常藐视之。传数次戏坐宝位,得意之情溢于言表,谓人曰:"似否?"

时京师又盛传,肃顺每晨未起,必坐帐中饮人参汁一杯,有小内侍专司其事。杯为和阗玉所制,乃文宗皇帝钦赐。某日小内侍误碎之,大惧欲遁,有老监教之求陈尚书缓颊。

陈尚书即陈孚恩,乃肃顺死党,授计小内侍。小内侍依计粘以胶,复杯如故。次日晨仍盛参汁以进,甫揭帐,即惊仆,掷杯碎于地。肃顺大怒,痛骂不已。

小内侍跪于地,低声言道:"适见爷两鼻孔中有黄气二,如龙状,长五六尺,故不觉骇而碎杯也。"

言毕,战战兢兢而泣,请求一死。

肃顺闻言曰:"速起,毋妄语,何惧为。"满脸喜色,竟不问碎杯事。

自是隐然以为有天命,愈躁妄。咸丰晏驾后,肃顺命改元"祺祥",迨其遭磔杀后,始定同治年号。

肃顺举止之狂悖,由此可见一斑。

又或言,肃顺非正宗旗人。

这是真的吗？

是真的。

肃父乃郑亲王乌尔棍布，母回女也。传乌尔棍布下朝，途见一女甚美，千方百计聘为小妾。此女即为肃顺生母，各种文献皆言其为回女，应为不争的事实。

大清国以旗人正统为尊，朝中满族文武百官，莫不视肃顺为孽种，常蔑视之。

有人由此论之，肃顺掌权后，恨朝野满族官员入骨，对汉官却假以令色，皆缘于此。

肃顺死了，总之他的死，不论当时如何轰烈，于历史也无任何意义。

骄横如肃顺之辈，历史上车载斗量。

于国家何益？于民族何益？于历史何益？大抵如河底沉沙，泛不起丝毫涟漪。

唯有当朝者，因政见不一，视之为叛逆，咒之如豺狼。不仅斩草，还要除根。

原本因个性使然，如邻里间婆姨撒泼，你骂我偷人，我骂你养汉，人不得村史族谱之事，无形中倒演绎为"国殇"，主人翁也成了"国贼"。

奸贼，叛贼，逆贼。这贼那贼，倒也遗臭万年，落得个青史留名了。

关于肃顺这个人，慈禧垂帘时，慑于那拉氏之淫威，除了国家定的叛逆罪外，谁敢说半个不字？

即使后来慈禧死了，大清国亡了，然加之于肃顺的罪名，仍少有人提及。一则因国家机器之功，叛逆罪早盖棺定论，翻案谈何容易？再者与己何干，翻过来又多得不到二两红高粱，何苦来着？

当权者高高在上，视天下人为奴仆，说一便肯定是一，绝不允许他人说是二。

奴仆者甘愿被驱使，奴颜媚骨直如犬，可讨得几根骨头啃，摇头摆尾那是必然。

也有没得到骨头的狗,或想吃肉的狗,大声吼出事实真相,让权贵们一时手脚无措。必动用国家机器卫道,表面上为前朝遮丑,实际为自己涂金。

何谓卫道？先贤之叙备矣！

"前人之陋后人蔽之,后人之陋后后人蔽之！"

慈禧之于肃顺,恨不能食其肉。动用国家机器极力谤之,天经地义。等到大清亡国后,私家记载及耆老传述,才敢论及事实真相。

"肃顺强毅,有胆识,遇事不馁,其所短者,在不学无术,又疏于防患,计智浅露,易招尤悔耳,故亦卒以是致败。若平心论之,其为人畸于阳,非阴柔之小人可比……"

此论甚合笔者心意。

时至今日,事实早大白于天下,辛酉之变,祸起肃顺反对"垂帘听政"。

然事也怪哉,后世各朝代,对肃顺之评判,始终例沿前朝！

始信先贤卫道之论,乃亘古不变之真理！

倚天照海花无数

一

　　静观大清275年，给人总的印象并不好。

　　一个靠弓箭打天下的游牧民族，入主中原后，其治国方略始终"不夷不汉"，像个畸形的怪胎。究其根本，在于清王朝上层统治者，浑身的游牧习气，与中原汉文化的博大精深，实在尿不到一个壶里去。

　　说句大实话，不论皇太极多尔衮等辈，如何英武了得，真要靠满人那几刷子，不要说治理国家，恐怕连长城也过不了。

　　历史总让人无法捉摸。

　　素为汉人所不屑的后金人，怎么就成气候了呢？

　　关于这个问题，前人论述甚明。

　　满人赢得天下，非弓箭骑射之功，而是靠汉人和汉人文化，帮他们得到了想要的一切。

　　前有汉人范文程，力助多尔衮，打败了当时世界上最强大的明帝国。后有湘人曾国藩，力保大清龙旗不倒，成为赫赫有名的"中兴四臣"之首。

　　尤其湘人曾国藩者，之于大清国，可谓居功至伟。

　　今人论及湘楚，多有"唯楚有才"之语，皆源于这个人。

　　曾国藩，湖南人喜欢叫他曾大帅，教科书上早已识得此君。只是一直以来，仿佛雾里看花一般，始终不甚真切。

　　凡夫愚昧如吾辈者，想想也确有诸多不解。既然是"公忠体国"的中兴名臣，为何又与腐败没落相干连？既然是"器识远大"的国学鸿儒，何以又冠之"买办走狗"之谓？

俗话说得好，"庸医误诊要人命，庸师不道误子孙！"

当然，我们应当承认，评价一个历史人物，要做到绝对公允，实在是一件很难的事情。

众说纷纭如曾国藩者，他生活的时代，成长的社会背景，以及思想深处诸多复杂元素，今人实在无法透彻窥视。

要客观公正地评价他，尤难！

笔者有众多湘湖朋友，每每论及曾国藩时，几乎众口一词："仅就个人修为而言，当得大清第一人。"

伟人毛泽东，一生纵横天地，目空四海。对曾国藩这位湖南老乡，也有着极高的评价。他说："予于近人，独服曾文正，观其收拾洪杨一役，完满无缺。"

依常理论，对任何一个历史人物，功过是非盖棺定论，百年足矣。可这么多年过去了，人们研究曾国藩的热情，丝毫未减，甚至有了与日俱增之势。

有研究者认为，曾国藩改变了中国近代史。作为晚清政坛风云人物，自然倍受世人关注。

一个普通农家子弟，到后来力挽狂澜，扶清室大厦于将倾，被誉为"中兴第一名臣"，故事何其多矣。

观其一生，前人说得甚是明了："文能应试，武能杀人。"

文人与屠夫，二者天壤之别。然而，这两种格格不入的性情，竟能在曾国藩身上，有机地合二为一。

这是怎样复杂而奇怪的人性？

他是经理学大师，著述过《曾文正公全集》。又是杀人如麻的屠夫，"百日内捕杀二百名无辜百姓"。

曾国藩生前死后，饱受争议。士大夫心里的"完人"？老百姓口中的"曾屠夫"？

湖南湘乡白杨坪，曾国藩故里。他的故居富厚堂前，挂着这样一副对联:"立德立功立言三不朽,为师为将为相一完人。"

立德立言,乃个人修为。对于曾国藩辈,只要勤奋刻苦,应无任何问题。他的品行和著述,得到时人和世人推崇,便是明证。

唯独"立功"一项,须时运所赐。时运不济,曾国藩纵有通天本领,也休想立得寸功。

历史往往就这么巧合,洪杨恰逢其时起兵八桂。

素有大志的曾国藩,牢牢抓住这个历史机遇,不遗余力帮助清廷,剿灭了太平天国。

中国封建社会最后一尊神,就这么诞生了。从而成就了他集治身、治学、治家、治世、治政、治军于一身之功,也造就了他为师、为将、为相的"完人"形象。

历史是面哈哈镜,总是让人哭笑不得。当曾国藩赏戴双眼花翎时,民间却将"曾剃头"这一刽子手的称谓,赠送给了他。

"完人"也好,"屠夫"也罢。总之,曾国藩在世人眼里,绝非凡人。

考一部中国史,但凡史上的英雄豪杰,无一例外被演绎成奇人异相。

曾国藩也不例外。

曾国藩原名曾子城,字伯涵,号涤生,湖南湘乡(今双峰县)人。清嘉庆十六年十一月十一日,出生于一个中等地主家庭。

传说曾国藩出生前,祖父曾玉屏做了一个异梦。

梦境中一条斑斓大蟒,眼里闪着紫色的光,嘴里吐着红红的三角信子,径直爬向儿媳江氏(曾国藩母亲)卧室……

祖父被怪梦吓醒时,曾国藩出生了。

曾玉屏据此认为,这个孩子乃蟒蛇投胎,将来的作为必定非同凡响。

关于这个传说,人们还从曾国藩身上,找到了两个强有力的佐证。

佐证一,说他每到夜间,会现出原形,蜷在被窝里蜕皮修炼。仆人们说得信誓旦旦，老爷时常捂着被子，发出窸窸窣窣的声响，又在清理被褥时，发现斑斑蛇鳞。

另一个佐证更直接，曾国藩天生一对三角眼。三角的棱特别突出，与蟒蛇头形十分吻合。而且目光犀利，令人心生畏惧。他的部下多武弁，却害怕与之对视，私下叫他"闭眼蛇"。

其实这些佐证，都是无稽之谈。

曾国藩三十多岁时，患上了一种叫牛皮癣的皮肤病。夜里睡不着，自然窸窸窣窣不停挠痒。挠破的皮肤屑末，污染被褥乃常有的事。哪是什么蛇鳞？

有关患牛皮癣一事，曾国藩日记及家书里，有过详细记载，直言痛苦不堪。

有一件事，可以佐证其真。

1861年8月22日，咸丰皇帝去世，举国哀悼。其间有人举报，作为大清国的孝子忠臣，曾国藩居然在国丧期间，迎娶了一个小妾。

这还了得？如此大逆不道，当诛九族！

朝廷勒令刑部，严厉追查此事。认定曾国藩并非娶小，招她到府上的目的，只限于夜里给他搔痒，以解除皮肤瘙痒之苦。既非吹吹打打迎娶，又无夫妻之实。

这当是实情。否则，攻讦他的那些人，岂肯善罢甘休？朝廷又怎可饶他不忠不孝的死罪？

关于他的三角眼，确实犀利无比，但与蟒蛇有何关联？

"人莫能视"者，乃曾国藩一生威重，加之其又不苟言笑，在属僚面前更是少言寡语。下人们敬畏他，也是人之常理。何来的"蛇眼毒光"？

曾国藩通过自身努力，在诸多方面取得了非凡的成就。后世之人，不知出于何种目的，把他吹成了天生异相的超人，甚至捧成了神一般的圣人。

其实，曾国藩小的时候，并不是那种一点就通的聪明孩子。在接连考中秀才和举人后，他连续两年参加会试，都名落孙山。

在他的家乡，有这样一个故事，诙谐地戏说着曾国藩的"蠢"。

曾国藩小时候人私塾，常常背不了课文，遭到老师体罚。

有天晚上，他正用功背一篇短文。一个梁上君子进了他的房间，想等他睡觉后偷些东西。

谁知到了午夜，他还没将这篇短文背熟。

这个小偷忍无可忍，就走了出来，当着曾国藩的面，将那篇文章背了一遍。甩下一句"蠢伢崽"，不屑地扬长而去。

曾国藩天资并不出众，日后何以能独领风骚，成了大清国的保护神？

无论是学者还是史者，都不约而同提到，最根本的原因，在于他矢志不渝的执着。

但凡细心观察身边的人和事，我们不难发现，一个对目标始终执着追求的人，哪怕他笨到走了很多弯路，到头来也肯定会有所收获。

曾国藩对事物的执着，是出了名的一根筋。

在他的家乡，笔者听过这么一件事。

曾氏家风甚严，凡曾家子弟，每天早上鸡叫头遍时，必须起床晨读。

曾国藩小时候，总是睡不醒，冬晨更是起不了床。

当时没有闹钟，他想了个土办法：在床头放一个铜盆，又在铜盆上用细麻绳拴一秤砣，然后点上一炷香，再把燃着的香，系在细麻绳上。当香燃尽烧断细麻绳时，秤砣落下砸响铜盆，他自然就被叫醒了。

从此以后，不论雨晴寒暑，曾国藩都能准时点亮油灯，倚窗晨读。

久而久之，村里的人都知道了，曾家有个"蠢伢崽"，读书读成了"曰夫子"。

从五岁发蒙起，一直到二十三岁考上秀才、二十四岁考中举人，漫长的十九年间，天天都"闻鸡而读"，从未间断过。

当我听到这个故事时，内心震动万分。不是因为曾国藩发明了"闹钟"，而是这种锲而不舍的精神，着实让人钦佩！

整整十九年，六千九百三十五天！

天天孜孜不倦的寒窗苦读，不仅让曾国藩博览了诸子百家，更养成了他百折不挠的坚强性格。

正是有了这种执着劲头，才成就了一人之下万人之上的曾国藩。

人们津津乐道曾国藩的"笨"，丝毫没有讥诮贬损之意，反而是对他锲而不舍的赞赏和肯定。

在他的家乡，乡党听了笔者采访意图后，总笑呵呵地说："曾大帅年轻时，笨得日牛。"

他的"笨"，不仅表现在"死读书"上，还表现在"读死书"上。

二十四岁中举人后，连续两次进京会试，曾国藩都名落孙山。

阅卷老师给的评语，甚差。"生搬硬套，满纸死气。"

人们也许想不到，落榜后的曾国藩，还做了一件至今让人匪夷所思的事。他居然借了一百两银子，购得一套《廿三史》。

从此以后，曾国藩天天死记硬背，活生生背熟了上百万字的章节。被同乡举子们，视为又笨又蠢的"傻崽儿"。

老百姓说："哈儿有哈福。"

大清道光十八年正月，曾国藩再次进京会试。终以第三十八名中试，位列三甲第四十二名。

这个名次不是很好。

以大清科考例：一般取进士约二百名左右，共分为三甲。

一甲三名，由皇帝亲策于廷，胪唱一甲第一名曰"状元"，授职修撰，赐进士及第，一甲第二名曰"榜眼"、一甲第三名曰"探花"，皆授职编修，赐进士及第；二甲若干名，赐进士出身；三甲又若干名，赐同进士出身。

曾国藩位列"三甲第四十二名",属于"赐同进士出身",就是享受相同待遇,相当于"进士出身"。

位列三甲的曾国藩,名次虽然不太好,但对于他来说,应该算是超水平发挥了,以至于后来有同僚老拿这事取笑他。

据说左宗棠有个癖好,喜欢看自己夫人洗脚。

曾国藩得知后,无意中说了一句俏皮话:"看如夫人洗脚。"

左宗棠立马反唇相讥:"赐同进士出身。"

满朝文武皆大笑,让曾国藩为之气短,数十日不苟言笑。

尽管曾国藩科举之路,一波三折。但他毕竟二十七岁就中了进士,这在中国的读书人中,依然算是少年得志了。

其中进士后做的第一件事,就是将曾子城更名为曾国藩。期望作为国家的屏藩,建功立业。

任何一个人的名字,都仅仅是其人生中一个标点符号。改与不改,和他事业成功与否,委实没有一点关系。

但从这件细微的小事中,人们不难发现,曾国藩远大的政治抱负和人生理想。

"毅然有效法前贤,澄清天下之志。"

从这个时候开始,曾国藩就对自己的日常生活和学习,进行了非常严格的要求。

"每日自朝至寝,一言一动,坐作饮食,皆有札记"。

曾国藩为自己制定了行为准则,也为自己定下了最终奋斗的理想。

做一个循规蹈矩的贤吏。

二

立志当贤吏能臣,济世安邦。就中国传统文化而言,是每一个读书人的崇高理想。

曾国藩生活的年代,变幻无常的时局,却让一个骨子里满是孔孟之道的人，走向了另外一条截然不同的人生轨迹。

作为一个汉族文职官员，在尊满抑汉且崇尚武治的清王朝，不论曾国藩有多么了得的能耐，也不论他如何奋斗不止，要达到"为师为将为相"的"完人"高度，本不可能。

曾国藩偏就做到了，而且做到了极致。

翻开一部清朝史，从某种意义上讲，如果没有太平天国起义，也没有八旗贵族子弟的骄奢淫逸，就一定没有位极人臣的曾国藩。

历史就这么神奇，往往让人们意想不到。

咸丰二年六月，官居礼部右侍郎的曾国藩，前往江西担任乡试主考官。

行至安徽太和县小池驿时，接到母亲曾江氏去世的消息，立即改道湖南，换服奔丧而去。

今人恐无法理解，作为一省乡试的主考大人，曾国藩竟弃职而去奔丧？

任谁都知道，那时的科举取士，必举国上下广泛关注，是了不得的神圣大事。仅清一朝，就发生过七起"科考案"，涉案官员成百上千，无一例外都掉了脑袋。

曾国藩乃礼部侍郎，焉能不知其中厉害？

他当然知道。

对于朝廷的一切典制，曾国藩从不越雷池半步。

大清立国后，"以孝治天下"，要求官民"移孝作忠"。回乡守孝，可以压倒一切朝廷公务。

理所当然，曾国藩回乡丁母忧去了。

唯朝中同僚明白，涤生弃职奔丧，真正的原因并非如此。

曾国藩在日记里说，自己这么做，完全在于避祸。

原来狷直的曾国藩，曾上过《敬陈圣德三端预防流弊疏》，提出了三条十分尖锐的批评意见。其中一条公开指责咸丰独断专横，致使太平天国日益坐大。

咸丰龙颜大怒。"立召军机大臣，欲罪之。"

曾国藩冒犯天颜，害怕从此失宠断了前途。思前想后，有了以退为进的心思。恰好这个时候，老母亲谢世。忙以丁母忧为由，堂而皇之躲到乡下去了。

曾国藩甩手一走，表面看是在跟咸丰赌气，实则是此人太有政治头脑了。

在朝几年时间里，他已十分了解和清楚，满朝文武大员中，根本找不到一个人，能当得国家栋梁！

他躲到湖南乡下去，并非从此远离政治，而是积极寻找一个最佳时机，再出来展示自己的才能。

曾国藩由九江改道西行，到达武汉后，得知太平军正猛攻湖南省城长沙。不得已，又从岳州（今岳阳）弃船改走旱路，取道湘阴北上。

经过近一个月的颠簸劳顿，终于回到了故乡白杨坪。

转辗三省的奔丧经历，极不平常。所到之处，百姓无不啼饥号寒。多次围着他不让离去，苦苦哀求曾大人救民于水火。

面对饱受战乱之苦的父老乡亲，曾国藩心里十分难过，多次潸然泪下。

太平军排斥异教、捣毁孔庙、焚烧书籍等文化虚无主义行为，更是让他痛心疾首，从内心深处，产生了强烈的憎恨和反感。

本想借回籍守制之机，在家乡多待一些时间，以静观局势变化。没想到丁忧期未满，机会很快就来了。

曾国藩回乡守制不久，太平军以迅雷不及掩耳之势，占岳州，取武昌，下南京。兵锋所指，如入无人之境，大有席卷全国之势。

清廷朝野一片惊慌。

这个自诩天朝的老大帝国，在经历了第一次鸦片战争后，已逐渐走向衰落，犹如风雨中飘摇的一艘破船，随时都可能触礁沉没。

说来可悲可叹,面对风起云涌的太平军,偌大的清王朝政府,已无兵可用。

曾经八面威风的八旗兵,早已腐化堕落成了"兵痞"。以汉人为主的绿营兵,也没有丝毫的战斗力。

当太平军进入湖南后,万般无奈的咸丰皇帝,只得颁旨两湖督抚,劝谕士绅举办团练,来阻击太平军的长驱直进。

咸丰二年十二月十三日,丁忧在家的曾国藩,接到咸丰皇帝上谕,要他以在籍侍郎的身份,协助湖南巡抚张亮基,"办理本省团练乡民"。

曾国藩接此上谕后,左右为难。

一方面,作为大清朝廷的受益者,曾国藩理应为朝廷出力。平息逆乱,恢复封建朝廷秩序,是他的职责和义务。

另一个方面,作为一个文职官员,要他马上转变角色,去带一群以农为业的乡民,对垒连朝廷正规军都打不过的太平军,自然顾虑重重。

就在此犹豫不决之际,郭嵩焘受张亮基之托,从长沙来到白杨坪,力劝曾国藩出山。

郭嵩焘乃曾国藩至交,深知好友顾虑所在。

便用激将法说他,如不出山,守孝也是不忠;自古至今,投笔从戎者众,有何放不下的清誉?!

"今不乘时而出,拘于古礼,何益于君父?且墨绖从戎,古之制也。"

郭嵩焘不仅亲自游说,还搬动曾父曾麟书出面劝说:既可谢主隆恩,又可保全桑梓,这是儿对你母亲的大孝啊!

曾国藩一生至孝,对父母亲的教训,历来言听计从。

听了父亲一番劝谕后,顿时疑虑冰释,茅塞顿开。

他已暗下决心,去做这件忠孝双全的事。

前人于此评述,曾麟书一席劝谕之语,中国近代史便由此拐了一个大弯。此话当属不假。

也有人曾经评说，曾国藩能最终成就伟业，是他生逢其时，运气又好上了天。对于此说，笔者实不敢苟同。

查询史料得知，咸丰旨令在籍守制官员，兴办团练者，共有一百一十七人之多。结果呢，只有区区三人戴孝受命。

由此可见，敢于担当大任者，真是少之又少。并非是他曾国藩生逢其时，也并非他运气好上了天！

曾国藩能够脱颖而出，自然不排除偶然的机遇和幸运。但更多的应该是"人为"，他的确有着不同凡响的过人之处。

京师为官十三年，可以说"饱更世故"。不仅视野比一般人更为开阔，谋略也远远高于当时的普通政客。

在《敬陈圣德三端预防流弊疏》中，曾国藩对局势的判断，精妙而独到。"鸿鹄之志"跃然纸上，更非一般"燕雀"可以比拟！

接旨四天后，曾国藩赶往长沙，出任湖南省团练大臣，立即着手筹办团练武装。

在巡抚张亮基的支持下，曾国藩对团练改革的力度，超出了所有人的想象，将过去不离家园、不弃农活、不食官粮的各地地主武装，全部召集到了省城长沙，改为"粮饷取诸公家"的职业兵。

将乡勇变成官勇，实行统一编制和管理，完成了"募勇成军"的第一步。

集全省乡勇于长沙，曾国藩的目的非"募勇"，而是"练勇为兵"。期望尽快将这帮拿锄头的乡民，训练成真正有战斗力能打硬仗的军队。

曾国藩不懂军事，但他知道，一支军队是否有战斗力，将领的选拔任用是关键。

有鉴于此，他选拔将领的条件，十分苛刻。

首要条件"忠义血性"，然后是"廉明为用，简默朴实，智略才识，坚忍耐劳"十六字方针。

也许本人是书生的缘故，曾国藩一反古代兵家论将选将之法，大量提拔任用书生为将。在赫赫的湘军将领中，有名有姓的书生，竟占到了58%。

有了将官后，曾国藩予以充分信任，由其自上而下逐级自行招募。"帅欲立军，拣统领一人，檄募若干营，统领自拣营官，营官自拣哨官，以次而下，帅不为制。"

这个"帅"，就是大帅曾国藩。上一级负责挑选下一级，层层相连，环环相扣。

曾国藩利用封建宗法关系，作为维系和调度湘军的纽带，全军上下归他一人节制。

这种建制的湘军队伍，实际上是以曾国藩为首领的私人武装。

这种私人武装，为早期军阀集团之雏形，对中国近代史影响甚大。

湘军队伍里的骨干，多为中下层知识分子，各种封建关系相互牵涉。他们没有显赫的政治地位，却浸透着封建正统思想，无不以维护封建秩序为己任。

这些中下层知识分子，抱团一起，比之腐朽的封建官僚们更有才干，也更有激情。

他们身处低层，为了出人头地，紧紧团结在曾国藩身边，结成了"誓不相弃之死党"！

曾国藩以一介书生治军，也不知从哪里学来的管理模式和方法，很快把一帮乱哄哄的乡勇，塑造成了作战勇敢的"铁军"。

为了严肃军纪，他亲自创作了《爱民歌》，在湘军中广为传唱。

"三军个个仔细听，行军先要爱百姓。贼匪害了百姓们，全靠官兵来救人。百姓被贼吃了苦，全靠官兵来作主。第一扎营不贪懒，莫踹人家取门板。莫拆民房搬砖头，莫走禾苗坏田产。莫打民间鸭和鸡，莫借民间锅和碗。莫派民夫来挖壕，莫到民家去打馆……"

据说毛泽东受此启发，为红军写下了著名的"三大纪律八项注意"。

曾国藩的军事才干，仿佛与生俱来。之前他既未涉足军事理论，也没有参与军事实践，结果一出手便是名帅风范。

在初创陆军的同时，这位原本只读"四书""五经"的文化人，又倡议筹办水军。他的想法，立即遭到朝野权贵的攻讦。帝国最高统帅咸丰，甚至批为"祸国"。

结果他是对的。

清政府固然有水师，但久已腐败不堪，根本不能进行任何水战。

太平军攻占益阳和岳州后，获得了大量民船，由此建立了一支庞大水营。定都南京后，这支水军完全控制了长江水运权，给清廷东西南北的水运交通，造成了极大的威胁。可以说其厉害程度，远超陆上掠夺。

曾国藩以敏锐的触觉，意识到了这一点。暗自下了决心，一定要筹建湘军水师。

可他建设陆军的费用，尚捉襟见肘，岂有余力他顾？

曾国藩难啊！

一无资金，二无技术，三无人才。朝野上下又一片反对之声，连好友郭嵩焘都说："涤生妄筹水师，无异痴人说梦。"

谁也没有想到，曾国藩认了死理，愣是凭着不达目的誓不罢休的韧劲，一步步施行着自己的计划。

他先是发动亲朋捐款，低价购买民船改造，用以训练水军。同时求得张亮基支持，创建军械所（江南制造总局前身），自造战船武装水师。

待湘军水师初具规模后，又奏请朝廷，花重金从广东购置大批洋炮。

百折不挠的曾国藩，最终建立起了一支7000余人的内河水军，拥有大小战船361艘，火炮470门。

这支历尽艰辛创建起来的水师，在日后与太平军的决战中，起到了至关重要的作用。

三

曾国藩以一介书生从戎，成为赫赫有名的湘军统帅。从出山的那一天起，他就做好了充分的思想准备，不计成败得失，不顾安危祸福。

奉旨初到长沙时，他写过一封明志的长信，给时任湘军统帅的江忠源。其中一段话，很好地表达了这种视死如归的心情。

"大局糜烂至此，不欲复执守制不出之初心，能尽一分力必须拼命效此一分，成败利钝，付之不问！"

他是这么说的，也是这么做的。

太平天国能据江南半壁，自有得民心之处（此论不在本文叙述之列）。曾国藩奉旨征剿，谈何容易？

在尔后征战的数年间，曾国藩两次临危自杀，数次留下告别遗嘱。

拿老百姓的话说，他真把脑壳别在裤腰带上，玩命了！

正是这种取义成仁的玩命，让朝廷看到了他的赤诚忠心。

咸丰皇帝下定决心，力排众议，破例委任这个汉人手握重兵，全力进剿太平天国。

1860年6月，曾国藩奉朝廷之命，以兵部尚书衔署理两江总督，全面负责征剿洪杨匪乱。

接到任命时，他做的第一件事，即确定湘军大本营驻地。

曾国藩打开地图，一眼看中了安徽祁门。

祁门东连浙江，南控江西，既可有效节制两江总督属下的江西、江苏、安徽、浙江四省，又有天然大山作为屏障。

曾国藩按图索骥，想当然地认为，祁门进可攻退可守，是理想的驻军之地。谁知率幕僚实地勘察时，才发现并非如此。

祁门地势形如釜底，四周崇山峻岭。与外界相通者，唯一条官马大道，一条崎岖山道，一条极窄的小河。

设若此三条出路，被敌重兵切断，祁门便是驻兵大忌之绝地。

由此可见，初掌兵权的曾国藩，除了会"纸上谈兵"外，尚是不知兵的门外汉。

曾国藩虽后悔不迭，但他生性固执自负，岂会轻易改变自己的主张？

一者因驻军奏折，早已上报朝廷，如果贸然更改驻地，担当不起欺君之罪。二者随意变更决策，必造成负面影响，部属们定然瞧轻了他，虽为统帅却是外行。

鉴于此，任由幕僚们百般反对，曾国藩依然一意孤行。并对再三劝谏的李鸿章，横加斥责。

初任湘军统帅，曾国藩就错到了家。

湘军祁门大营，很快遭到太平军猛烈攻击，两度陷入全军覆灭的险境。

出师未捷，险遭不测。

心高气傲的曾国藩，一下子冷静了许多。打仗这种游戏，不仅残忍而且残酷。

于是他转变策略，沉下心来研究军事，在战争中学习战争。

面对强大的太平军，曾国藩冥思苦想破敌之策。

受骆宾王《为徐敬业讨武曌檄》启发，他亲自拟定了《讨粤匪檄》，欲在政治上孤立太平天国，以王道赢得民心。

檄文洋洋洒洒数千言，在竭力维护封建专制制度和孔孟之道的同时，更是不遗余力地攻讦太平天国在文化、经济、军事和政治上的种种失误，并加以大肆渲染，以激起湘勇和民众的"讨匪"情绪，在舆论上占得先机。

当其时，太平天国庞大的水师，不仅据有长江天险，而且步骑还占据了皖、赣、鄂三省大部分的城市和广大的乡村，更据有安庆、九江等战略要地。连"九省通衢"的武昌重镇，也处在太平军的重重包围之中。

清廷和太平天国的对垒，后者已拥有绝对优势。

曾国藩认真分析敌我双方形势后，制定了挥师东征的"三步战略"。

第一步，确保武昌城的绝对安全。武昌为"九省通衢"，一旦城破，必定全国震动。继而引发连锁反应，以至全盘皆输。

第二步，伺机攻下九江、安庆等战略要地，扫平通往太平天国腹地的障碍。一俟实现，湘军便会势如破竹，直抵天京。

第三步，挥师东南，重重包围天京，最终剿灭太平天国。

具体的作战方针是："步步为营，层层推进。"

按此既定方针，曾国藩率领湘军，在尔后的七八年间，与太平军在两湖地区，展开了殊死争夺。

战争初期，幕僚们多次提出进军东南、迅速围困天京的急躁冒进想法，都被他毫不犹豫地否决了。

曾国藩把进攻重点，始终放在了安庆。就像当初把驻军之地放在祁门一样，任由他人百般游说，丝毫不为所动。

在曾国藩眼里，安庆就是一颗钉子，钉在湘军东征的道路上。只有拔掉这颗强硬的"钉子"，才能以上制下，反客为主，掌握两军对垒的战争主动权。

这一次他坚持对了！

为实现自己的战略构想，曾国藩紧紧围住安庆不放。

太平天国为解安庆之围，先是派大军救援。被湘军击退后，又施行"围魏救赵"的军事行动，陈玉成联手李秀成倾力进攻湖北。

在武昌城危如累卵的情势下，曾国藩依然不为所动。顶着被革职查办的巨大压力，硬是不肯撤安庆之围增援武昌。

面对如此超强的"定力"，太平军拿他实在没有办法。在苦苦坚守两年后，安庆城最终被湘军攻破。

安庆一役，是湘军取得最终胜利的转折点，也是太平天国最终失败的转折点。

安庆大捷后，广大的两湖地区，湘军和太平军的争斗，仍然十分胶着。

1854年3月间，太平军重兵进占湘潭，钳制长沙。

曾国藩以全部湘军主力,与太平军在湘潭展开白热化争夺,并亲自率领水师,攻打长沙靖港。

结果湘军水师大败,三分之一的战船,被太平军焚毁或缴获。

曾国藩羞愤交加,第一次投水自杀。

1855年2月11日,太平天国翼王石达开,率大军夜袭九江湘军水师。焚毁湘军战船无数,缴获曾国藩座船,尽得其文卷册牍。

在走投无路的情况下,曾国藩再次投水寻死。被人救起后,惶惶不知何去何从。

他十分痛心地拟就奏折,请求朝廷降罪。

幕僚们见奏折中,有"臣屡战屡败……"语,怕皇上震怒祸及湘军,提议修改为"臣屡败屡战……"(一说是曾国藩改幕僚之词)。

虽然一样说的实情,且诸字一个都不缺少,但意思却有天壤之别。以致后世做公文者,多效仿之,成了无为官员的"护身法宝"和公文写作的"葵花宝典"。

九江之战失利后,朝中满族大员乘机鼓噪,要求剥夺曾国藩兵权的呼声,一浪高过一浪。

然天道酬勤,大清气数未尽。

1856年8月,太平天国内讧,爆发了震惊中外的"天京事变"。

曾国藩咸鱼翻身,率湘军乘机反扑。

1856年12月19日,湘军攻陷武昌。

1857年10月26日,湘军攻陷湖口。阻隔三年之后,湘军水师彭玉麟部与杨载福部,终在外江汇合。

湘军形势迅速好转,摆脱了自开战以来的被动局面,形成了对太平军的全面优势。

敌我双方形势急速逆转,让以咸丰为首的清帝国统治集团,看到了剿灭太平天国的希望。

他们在惊喜之余,又多了一层担心。历来就不信任汉人的清廷,怎肯让曾国藩抢了头彩,去建立这项盖世功勋呢?

在咸丰授意下，以僧格林沁为首的满族要员，便加紧了谋夺湘军兵权的步伐。

恰好这个时候，曾国藩的父亲曾麟书谢世。咸丰皇帝立即下诏，让他回籍守制。

此时的曾国藩，正意气风发。

当接到回籍守制的诏书时，思想上一时转不过弯来。认为自己劳苦功高，朝廷这么待他，真是让人寒透了心。

虽然满肚子不高兴，曾国藩毕竟是个聪明人，慢慢就明白了个中缘由。

自创建湘军以来，曾氏兄弟得罪了多少地方官员？又让多少朝廷要员不舒服？

这些不舒服的政敌们，难免看他不顺眼，视其为眼中钉肉中刺。

你让人家不舒服，人家还会让你好么？

没上奏弹劾你，已是天大的恩德了。在咸丰那里下点烂药，实不为过哈。

加之自己又是"异族"官员，怎么可能与那些满员争功呢？

这么一想，曾国藩的心情就释然了。于是平静地回到老家白杨坪，安心地为父亲守孝。

四

"天京事变"爆发后，太平天国的实力遭到了极大的削弱。翼王石达开带十万精兵远走四川，更让太平天国雪上加霜。

以咸丰为首的清廷统治者，在剥夺了曾国藩的兵权后，无不兴高采烈。在他们眼里，太平军已是一枚变了质的软柿子，想怎么捏就怎么捏。

在极其不利的情况下，洪秀全幡然醒悟，立即重用洪仁玕，辅以陈玉成、李秀成两位能征惯战的青年俊才，太平军很快扭转了不利战局。

陈玉成、李秀成二人联手，接连攻破清军的"江南大营"和"江北大营"，一度给清军以毁灭性打击。

在原籍守制的曾国藩，哪能闲得住？他不仅时刻反思自己，也在时刻关注着剿逆的事态发展。前方的每一次失利，都让他忧心忡忡。

耐不住寂寞的曾国藩，尝试着给咸丰写奏章。提出在守制期间，授予他巡抚的实职，以便于他办理军务，调动粮饷。但在满族大员的干预下，没有获得咸丰的同意，仍叫他继续"在籍守制"。

1858年11月，三河镇之战爆发。

陈玉成部联合李秀成部，全歼湘军悍将李续宾所部精锐六千人，朝野震动。

直到这个时候，朝中有识之士才意识到，湘军只有曾国藩才能统率好，也只有曾国藩统领的湘军，才可能剿灭太平天国。

胡林翼和骆秉章二人，先后奏请咸丰，让曾国藩出山"统军灭妖"。

眼看局势已无法控制，咸丰迫不得已，只好再一次请曾国藩出山收拾残局。

在半年多的守制期间，曾国藩反复思虑，想得最多的不是自己为何失势，而是如何让朝廷信任自己。

此次出山后，曾国藩仿佛变了一个人。他不仅注意与朝中大员保持良好关系，还十分注意与地方大员们交好，私下里更是互通有无。

有了这层润滑剂，曾国藩与清廷的关系，逐渐趋于合拍。从此以后，一个更加让人生畏的曾大帅，就走进了人们的视线。

1861年8月21日，咸丰病逝于热河避暑山庄。

垂涎皇权已久的慈禧，与恭亲王奕䜣密谋，乘机发动了"辛酉政变"。

在帝国主义支持下，他们拥戴年仅六岁的载淳继承皇位（同治皇帝），并迅速清除了以肃顺为首的"赞襄政务大臣"集团。

慈禧"垂帘听政"后，出于个人的政治目的和野心，一改咸丰慎用汉族将领的成规。

同治上台后第十二天，慈禧即假皇帝之手，颁旨任命曾国藩管辖苏、赣、皖、浙四省军务，自巡抚、提、镇以下文武各官皆归其节制。两个月后，更加以两江总督、协办大学士官衔。

这时的曾国藩，集军、政、财大权于一身，渴望多年的夙愿得以实现，积极性也得到了空前提高。

朝廷委以重任，曾国藩投桃报李。

在短短三个月时间里，湘军就做好了攻取天京的所有布防工作。

1864年7月19日，曾国荃部攻陷天京。

在得到曾国藩默许的情况下，曾国荃纵兵肆虐天京城。

史载：湘军情同悍匪，逢人便杀，见财即抢，遇房就烧。顿使繁华似锦的天京城，沦为人间地狱。

天京城内的惨状，骇人听闻。让杀人如麻的洋鬼子，都瞠目结舌。

清政府却睁一只眼，闭一只眼，照样论功行赏。

曾国藩赏加太子太保衔，赐一等侯爵，赏戴双眼花翎。所受爵禄，"世袭罔替"。

湘军各级将领，无不赏赐有加。

朝廷的恩宠，友朋的祝福，部属的欢呼。

似乎一切都那么圆满。

位极人臣的曾国藩，却一点也高兴不起来，唯有满腹的忧虑和担心。

"皎皎者易污，峣峣者易折。"

凭着多年的政治经验，曾国藩的担心绝非多余。

曾国荃攻陷天京后，纵兵抢掠，虽得到了他的默许，却哪里知道，这个不长脑壳的愣头棒槌，把阵仗搞得如此乌烟瘴气！

兄弟俩这般不计后果的行径，朝廷岂能相容？

更何况十万湘军，个个骁勇善战，如一颗定时炸弹，随时都可能起火爆炸。

朝廷焉有不防的道理！

没捞到好处的满朝文武，顿时议论纷纷。甚至有人直接向慈禧进言，说："湘楚之军遍天下，曾国藩权太重，恐有尾大不掉之势。"

曾经吃过暗亏的曾国藩，清醒地意识到了潜在的危险。

就在湘军合围天京之时，朝廷以种种借口调动各地清军，到长江中下游布防。美其名曰防贼流窜，实则是一俟城破，就专防本来毫无二心的湘军了。

同时，曾国藩还注意到一个细节，朝廷似已暗中授意左宗棠，让他的左系湘军，尽快脱离自己的节制。

这些信号告诉曾国藩，他和他统帅的湘军，大祸即将临头。稍有不慎，灭绝的惨案就会发生。

被胜利和荣耀冲昏了头的湘军中，像曾国藩这样清醒的人并不多。连他的九弟曾国荃也认为，就算朝廷真有"亡我之心"，也不用害怕。

在这些人眼里，拥有江南半壁的湘军，完全可以和朝廷分庭抗礼，甚至取而代之。退一万步说，湘军按兵不动，总可以保全现有实力，维持既得利益不变嘛。

假如此时的曾国藩，真的倒戈一击，打出"驱除鞑虏"的旗帜，草拟一篇类似《讨粤匪檄》的《讨满虏檄文》，天下的英雄豪杰，或可真的蜂拥景从？！

然而，历史岂容假设！

在审完李秀成的当天夜里，曾国藩正准备回卧室休息。以彭玉麟为首的三十多名湘军将领，集于前厅"逼宫"，请求曾大帅表态，打到北京去夺了"鸟位"。

曾国藩内心十分震动，良久不语。他命人取来笔墨，挥毫写下一联:"倚天照海花无数,流水高山心自知。"

在众人咋舌、摇头和叹息声中,曾大帅头也不回地拂袖而去。

曾国藩是个聪明人,是真正的智者。

"狡兔死,走狗烹;飞鸟尽,良弓藏;敌国破,谋臣亡。"

这是历史演绎的一幕幕悲剧。

曾国藩此时的最佳选择,就是向朝廷表忠心,裁撤湘军,自剪羽翼。

经过深思熟虑后,曾国藩在写给朝廷的奏折中提出,裁撤湘军主力两万五千人,保留后组建的淮军以"御寇";曾国荃辞去浙江巡抚一职,回籍养病。

朝廷大喜过望,没有丝毫犹豫,很快予以批准。

龙袍加身之于曾国藩,真的没有半点诱惑?是否可以这么说,受传统文化的熏陶,国人内心深处,无不具有浓厚的帝王思想?

但真正敢像武则天那样,不顾一切要登坐龙庭之人,毕竟少之又少。更多人的选择,必定会与曾国藩如出一辙,把这种思想深深埋在心里,甚至不惜将其扼杀掉。

当李秀成向曾国藩表白,愿收罗三十万太平天国余部,为他反满复汉效犬马之劳时,他究竟在想什么呢?

可惜他的各种著述里,没有只言片语的记载,外人不得而知。

历史上但凡拥兵自重者,要么问鼎皇权王位,要么被当朝者击溃消灭。

曾国藩拥十万虎狼之师,主动裁撤党羽,可谓前无古人,后无来者。

他组建湘军,目的在于捍卫王道和正统,丝毫没有谋夺天下之意。

他的骨子里,注满了中华传统文化的精髓,崇尚忠、孝、仁、义,为道义而战,为使命献身,自然不肯悖逆君臣之道。

他裁撤党羽,自削兵权,不仅保全了个人既得利益,甚至保全了全族人的身家性命。同时也间接减轻了国家负担,避免了民族的灾难和老百姓的痛苦。

想想其后因他而起的淮军,由淮军领袖李鸿章栽培的袁世凯及其新军,由新军分化而出的大大小小北洋军阀。这些所谓的"国之卫士",莫不为了一己之私,相互攻伐混战。城头时时变幻大王旗,给中华大地带来的深重灾难,罄竹难书。

如此说来,曾国藩自释兵权,尤显得高尚和不同凡响了。

五

释去兵权的"曾大帅",很快蜕变为饱学鸿儒。除鼎力倡导洋务运动外,更加潜心于研究朱程理学。

闲暇之时,他喜欢穿一袭青布长衫,独自站在自家后花园里,捋着胡须吟咏风月,偶尔也哼一两句家乡的俚调小曲。

他很享受这种生活,完全没有了当年曾大帅的威严,有的只是一个儒者的淡定从容。

设若曾国藩从此安乐于斯,那么他的人生,或许真如门生们说的那样,当得"完人"称谓。

任谁也不会想到,年过半百的曾国藩,还会第二次投笔从戎!

由于僧格林沁恃庞骄横,加之无力驾驭以湘军为班底起家的淮军,致使追剿北方捻军失败。

一向善于卸磨杀驴的清政府,又想到了曾国藩这头"老驴"。

朝廷的委任状金光闪闪,着实令人眼红,同僚们祝贺他也忌妒他。

这一次算是倒了血霉。

曾国藩像一头垂死的跛驴,重新拉上了清王朝这辆"破车"。不仅没有讨到任何好处,还差点累死了事。

1865年5月,曾国藩以钦差大臣身份,关防和督办三省(直隶、山东、河南）军务。所属三省内的八旗、绿营及地方文武员弁，均由他节制统领。

朝廷很大方，给了曾国藩前所未有的权力，甚至超过了他征剿太平天国时所授之权。

满人祖制，在清廷为官的汉人，无论品行如何高尚，才干如何了得，也不可能节制统领满员。

曾国藩一介汉员，关防督办三省满汉事宜，可谓大清立国二百年间第一人。

面对同僚的祝贺，曾国藩却满腹愁肠，心底里莫名生起一股寒意。

是否年事渐高之故？

谁也说不清楚为什么，反正他没一丝喜悦，倒是有了寝不安席的恐慌。

曾大帅向来沉稳果敢，短短几个月时间里，为何变得如此畏首畏尾？

在别人眼中，曾国藩能剿灭太平天国，区区十几万没有根据地的捻军，早晚是他嘴里的一碟小菜。

可他并不这么想。

剿灭捻军不难，难的是朝廷。

庙堂高高在上，翻手为云覆手为雨。

说不准哪天，皇帝老儿不高兴了，拿个汉人杀鸡儆猴，他这个汉人中的"高个子"，岂不白白成了冤死鬼！

缘于这种考虑，幕僚们私下向他进言："捻匪当剿而不尽，大帅安危全系于此。匪存则安，匪尽则危。"

曾国藩何等聪明之人，怎能不知幕僚们的良苦用心？后世有史家以此妄言，称曾国藩剿捻不力，皆缘于这种思想作祟，以至战局时好时坏。

其实不然，曾国藩心里比谁都明白，剿捻失败之根由，全在门生李鸿章身上。

试想当初征剿洪杨，以及后来撤裁湘军，岂可怀疑他捍卫王道之心？

当曾国藩二次从戎，亲临剿捻战场后，才发现原本脱胎于湘军的淮军，已非昔日百依百顺的子弟兵了。

这些因湘而起的淮军，对曾经威震楚粤的曾大帅，一点也不买账。在执行命令时，表现为消极拖延，或暗中抵制。以致他下达的军令，往往比实际军情落后半拍。

曾国藩表面不说，心里明镜般亮堂。李鸿章阳奉阴违，暗地里却在拆他的台。

李鸿章乃曾氏得意门生，深得曾大帅喜爱，为什么要拆他的台呢？

目的只有一个，让曾国藩尽快走人，自己好出人头地。

僧格林沁死后，李鸿章空欢喜了半天。他本以为再没人挡道了，可以理直气壮统领淮军，去剿杀歼灭捻军，建立另一不世功勋，与老师齐名天下。

结果呢？朝廷并没有任用他，而是重新启用了曾国藩。

这多少让李鸿章尴尬，心里难免不舒服。甚至不分场合，多次抱怨恩师没有举荐他。以致到了后来，剿捻战场最吃紧时，居然出现了这样的咄咄怪事。

身为"剿总"的曾国藩，下达作战命令时，须先征求李鸿章的意见。

"……少荃默许，始由之逐级传达。"

结果可想而知，剿捻战局"时好时坏"，根本不可能有任何突破性进展。

直到这个时候，倒了血霉的曾国藩，才算真正玩完了。

政敌们一边看"笑神"，一边落井下石。更加不遗余力地攻讦，甚至谩骂。上百人的朝野官员，上奏弹劾他。

舆论也一片哗然，指责曾国藩"縻饷两年、匪势益张"。

曾国藩则痛感"权位不可久处，益有忧谗畏讥之心矣。病假数月,继请开缺,以散员留军效力;又请削封爵,皆不许"(《清史稿》)。

对于曾国藩剿捻失败,又另有一说,乃曾氏自保之策。

英国传教士林辅华(Charles Wilfrid Allan),随湘淮军多年,曾撰文论及剿捻。认为曾国藩"突然无能",乃故意为之。意在以"自污"方式,消除人们对他能力的迷信。

果真如此,曾国藩所畏惧者,"忧谗畏讥"四字而矣。

曾国藩剿捻的最终结局,一点也不风光。解除"剿捻"钦差大臣之职,回任两江总督。

李鸿章呢?终如所愿,统领家乡子弟兵,像当年恩师征剿太平天国一样,竭力剿杀捻军。

1867年2月,李鸿章被朝廷授予湖广总督衔。西捻军覆灭后,又赏加"太子太保衔",成为晚清又一"中兴名臣"。

如果说曾国藩剿捻失败,仅是声望受损的话,那么受理"天津教案",则将他推入了万劫不复的深渊。这尊大清国的"保护神",一下子从"中兴名臣",变成了人人痛斥的"卖国贼"。

曾国藩一生自傲,视清誉为性命。落个"汉奸"的骂名,让他始料不及。从此心灰意冷,渐渐淡出权力中心。

"天津教案"之于曾国藩,实乃其人生最惨痛的"滑铁卢"。

事件起因,虽众说纷纭。但真正的原因,源于一个叫武兰珍的匪徒,以迷药诱拐小孩。

武兰珍诱拐失手被抓,官府堂审时,诡称受教民王三之骗,误入法国天主教仁慈堂。教堂提供迷药命他诱拐孩童,称每拐一童,可获洋钱五元。

一个由罪犯提供的谣言,且未经核实,不知何故传入坊间,居然让人深信不疑。闻听此讯后,天津民众群情激愤。

早对洋教(人)不满的市民,不约而同聚集到仁慈堂。要求逮捕教民王三,严惩诱拐儿童之主犯。

仁慈堂外,不明真相的民众,越聚越多。人人慷慨激愤,最终将不满和仇恨,转移到了传教士、修女和一切外国人身上。

法国大使丰大业,负责处理此案。

这个傲慢而愚蠢的法国佬,视上万围观民众为无物。当协办此案的清廷官员,向他陈述案由时,竟横蛮暴戾地开枪击之。

天津知县刘杰随从高升,意外受伤倒地。由此酿成流血惨案,震惊中外。

随着手中枪响,丰大业就来不及后悔了!

也许在他眼里,每个中国人都一样,见了高鼻子的洋人就害怕。但他不了解中国国情,甚至压根儿就不知道,什么叫"现官不如现管"。

孱弱的中国老百姓,自古至今逆来顺受,惧怕的只是管自己的"官"。对西洋"红毛鬼",他们才懒得理呢。

枪声一响,仁慈堂外上万民众,顿时像点燃了引信的"炸药包","轰"地爆炸开来。人们一拥而上,扭住丰大业及其秘书,当场活活打死!

然而,被"爱国热情"冲昏了头的民众,觉得一点也不解恨。他们四下奔突,狂呼大叫。不仅烧毁了邻近的望海楼教堂、仁慈堂、法国领事馆,以及大大小小十几座英美耶稣教堂,并杀死了沿途遇见的所有外国人。

这场骇人听闻的冲突,持续了四五个小时,事涉法、英、美、俄、德、西、比七国。

全世界为之哗然。

涉事欧美七国,皆虎狼之辈。他们一面联合向清政府抗议,一面聚集大批军舰,示威渤海湾。

在这种困窘万分、危机四伏的情势下,曾国藩受命处理此案。

临行前,他再次写下遗嘱。

《预嘱身后事望二子不忮不求》言:"余此行反复筹思,殊无良策……今老年病躯,危难之际,断不肯吝于一死,以自负其初心。"

曾国藩深知，负责处理"天津教案"，无疑接到了一只滚烫山芋。

岂止是烫手的山芋！

他面临的就是一个陷阱，各种敌对势力不谋而合纠集在一起，设下的大陷阱，一个解也解不开的死结！

老百姓面前，他是"大人"；皇帝脚下，他是"微臣"；外国人眼里，他是"孙子"；朝中那些欲置他于死地的政客们，更是防不胜防，都是他的"大爷"！

曾国藩苦啊！

表面上看，他面对的只有洋人和清廷。实际上他面临的是五个层次的对立者，洋人、清廷、同僚、士大夫以及老百姓。

对于此案，五个层面的对立者，各自有着不同的认识、立场和利益，都希望在处理此案的过程中，获得各自所期望的结果。

正是因为如此，曾国藩才感到天津之行，如履薄冰。稍有不慎，他立即就会跌入十八层地狱。

洋人们蛮不讲理强取豪夺，清政府腐败无能又要维护尊严，同朝官员落井下石推波助澜，士大夫不顾大义肆意渲染，老百姓群情激愤热血鼓噪。

凡此种种，除了期望和索取外，没有人会去理解他，支持他，帮助他。

曾国藩一生谨言慎行，他既不敢得罪其中的任何一方，也无力让所有的敌对集团都满意，更不可能置其中的某一集团利益而不顾。

诚如老百姓所言，"条条蛇都咬人"！

唯其如此，决定了"天津教案"的最终走向，不论如何处置，他都会成为祭坛上，那只嗷嗷待毙的"替罪羊"。

背着如此沉重的包袱，曾国藩没有退缩，凭着一颗天地良心，尽可能地维护国家利益和民族大义。

经过一番调查和案情审讯，曾国藩写出了一份完整的调查报告。

报告指出，教民王三者，查无此人，乃匪徒武兰珍凭空捏造。更无教堂拐骗人口、挖眼剖心、诱污妇女之事。并对产生谣言的种种原因，进行了详细的分析。

在此基础上，曾国藩一改此前的谨慎，不顾法方"处决府县官员"的诉求，顶住了朝廷严厉催逼的压力，做出了自己的判决：府县一把手张光藻、刘杰革职发配；判处20名凶犯死刑，29名充军流放；赔偿白银（含抚恤）497000两；派特使前往法国道歉，大清愿与其"实心和好"。

曾国藩原想凭一己之力，妥善解决教案争端。基于彼时国际国内形势，此尚为合理可行的处置方案。

百年之后，我们在历史书上，看到的是什么呢？

某些"爱国的历史学家"，竟罔顾事实，将这样一个委曲求"全"的处置方案，斥之为"完全满足了法国侵略者的要求"！

曾国藩本是一个血性之人，为什么在给朝廷上的奏折中，反复强调不能主动挑起战争呢？

"仍当坚持一心曲全邻好……兵端不可自我而开，以为保民之道。"

这就是深明大义！

当然，他可以不问青红皂白，慷慨激昂地振臂高呼，"不惜战至最后一兵一卒"。

曾国藩如果这么做了，肯定会成为舆论和大清国的民族英雄。

这是民族英雄么？

以曾国藩之大智大勇，他不屑做这样的"民族英雄"！

"弋一己之虚名，而使国家受无穷之累"。

而是以大无畏和大担当，化解了一场可能亡国灭种的战争。

私下里，曾国藩多次向身边人说，谁愿意背上汉奸骂名？打得赢谁不想打啊？！

当时的大清国，才结束第二次鸦片战争，也才平息太平天国和捻军起义，国力已羸弱到了极致。一旦开战，面对七个如狼似虎的西方强盗，清王朝将会是怎样的结局呢？

只有一种可能，那就是"全局瓦裂"！

曾国藩没当成"好人"，却成了"千古罪人"。判决方案一经公布，两国五方顿时一片哗然。

法国政府提出的种种要求，没有得到满足甚至大打折扣，导致国内不满，决定调兵前来重理教案。后因普法战争爆发，法军分身无术，才勉强接受判定。

清廷虽认为舍此判为"更无办法"，但为维护老大帝国的面子，同时取悦国人，仍斥其为"形同卖国"。

朝中同僚乘机毁谤，特别是那些"清议派"，更是不依不饶，主张严惩曾国藩以谢天下。

士大夫们乘机火上浇油，攻讦不已。

甚至连旅居北京的湖南人，也砸了他赠的"湖南会馆"匾额，开除他同乡会会籍资格。更有人撰联讥笑他："杀贼功高，百战余生真福将；和戎罪大，三年不死是完人。"

全国的老百姓，眼看同胞被处死或流放，无不破口大骂曾屠夫，是十恶不赦的"汉奸"、"卖国贼"！

曾国藩冤枉不冤枉？

连教案发生的前因后果，都不知道，就跟着瞎起哄。

"愚昧至斯，四夷窃喜。"洋人暗地里高兴什么？

他们当然高兴啰。

朝廷如此，人民如此，中国这块"肥肉"，太好吃也太容易吃了。想什么时候吃，想怎么吃都行。

"驭夷法，以羁縻为上。"这是清廷总的外交方针。

曾国藩按此指导思想，办理"天津教案"，不仅得到了朝廷的同意，更是他深思熟虑后的决择。

潜心致力洋务运动多年，曾国藩比谁都明白，清王朝早已千疮百孔，与西方列强相较，无论经济还是军事上的差距，何异天上人间？如果在外交上处置不当，必定导致大清国土崩瓦解，甚至亡国灭种。

曾国藩岂能不小心翼翼？

话说回来，曾国藩岂是贪生怕死之辈。他的骨子里，从来就瞧不起"茹毛饮血"的红毛鬼！

当年英国人挟利舰巨炮，悍然发动第一次鸦片战争时，他就严厉谴责过英夷。"逆性同犬羊，贪求无厌！"

第二次鸦片战争中，僧格林沁在天津大沽口，统兵大败英法联军后，曾国藩立即致书好友郭嵩焘，以示祝贺。

"五月二十五日之战，自庚子、辛丑夷务初起后，至是始一大创之，中外人心为之大快。"

天津教案发生后，历来不屑于夷人的曾国藩，却说出了这样违心的话："即令审得确情，实系曲在洋人……吾辈亦宜含浑出之，使彼有转圜之地，庶在我不失柔远之道……如其曲不在洋人，凭谣言以煽乱，尤须从重惩办。"

何也？

面对西方列强森立的屠刀，既无可战之力，又无外交声援的清政府，还能做什么呢？

时任江苏巡抚的丁日昌，就为曾国藩鸣过冤。

他曾上奏说："自古局外议论，不谅局中艰苦，一唱百和，亦足以荧上听，挠大计。卒三事势决裂，国家受无穷之累，而局外不与其福，反得力持清议之名，臣实痛之！"（《清史稿·曾国藩列传》）

丁日昌为何痛心疾首？

作为学生，他深知老师"为人威重"，对朝廷赤胆忠心，对百姓体恤仁爱。作为同僚，他深知曾大人之苦，既要维护国家民族利益，又不能开罪洋人。

委曲求全，恐是唯一选择了。

曾国藩很"苦"，有了"苦"又无处倾诉。就像一个孝顺的儿子，明知自己的父母已病入膏肓，却既不能对父母言明，又没有钱为他们医治。

他就在这种"苦"里，百般痛苦地挣扎。

为使"父母"解脱身患之疾，曾国藩很早就在谋求国家的出路了，那就是"洋务运动"。

说到"洋务运动"，早先的教科书里，大多斥之为"卖国"。拿"爱国者们"的话说，中华民族有五千年的灿烂文明，断没有向夷人学习的道理！

曾国藩深受儒学熏陶，能够挣脱"儒学"的种种束缚，由宋明理学的信仰者，变为主张"师夷智"以"自强"的洋务派大员，成为"洋务运动"的主要倡导者，足见其具有非凡的远见卓识。

"洋务运动"初期，曾国藩慧眼识珠，鼎力引进了徐寿、华蘅芳、容闳等一大批精通洋务的人才，筹建翻译馆和印书处。大量翻译出版了以机械制造学为基础，涉及数学、化学、历史、地理、天文、医药、法律以及军事等领域的西方著作。

与此同时，曾国藩还力排众议，进行了另一项高瞻远瞩的计划，选派幼童赴美留学。

在老大帝国人的心中，自古以来，唯外夷蕃邦入我朝学习之说。哪有堂堂天朝大国，派人赴藩外之邦学习之理？

可以想象，当时这项"中华创始之举"，会受到多大的非议和阻力？！

尽管没见到该计划最后实施，也尽管留美教育在保守势力阻挠下，于第二批后期夭折了，但曾国藩"师夷"之思想，仍然值得充分肯定。

百年后的今天，国家大规模公派留学，肇于曾氏之说，实不为过。

当年，清廷选派的留美幼童中，后来涌现出了许多杰出人物。铁路专家詹天佑、北洋大学校长蔡绍基、外务部尚书梁敦彦、民国总理唐绍仪……

曾国藩倡导的"洋务运动",对近代中国影响巨大。于自然科学,于民主思想,无不似导航之灯塔。

康有为,谭嗣同,孙中山……从中了解西学,认识西方,从而走上了救国图存之路。

许多人不承认这一点,甚至睁眼说瞎话,诬蔑"洋务运动"为"卖国运动"。

实在让人不明白,为何众多的"爱国人士",无限推崇"戊戌变法"和"辛亥革命",而诋毁"洋务运动"呢?

而事实是,没有"洋务运动",老大帝国沉默的土地上,产生不了"戊戌变法",也不可能爆发"辛亥革命"!

曾国藩乃传统儒生,深受儒家思想束缚,是一个固执己见又墨守成规的人。

但在"洋务运动"中,曾国藩最令人称道之处,则是他的"变通"。

他办洋务时间并不长,所办洋务的内容,较之李鸿章、左宗棠和后来的张之洞,也要少得多。

但谁也无法否认,曾国藩"敢为天下先",起到了创始者和带头人的作用,在近代中国"洋务运动"史上,占据着标杆般的重要地位。

六

曾国藩既恪守儒家思想,又推崇西方科学。世人对他的评价毁誉参半,与他复杂的性格和行为方式难脱干系。

在长沙帮办团练时,对那些抓来的会党人员(实则多是平头老百姓),曾国藩不分青红皂白,一律"就地正法"。在短短四个多月时间里,便"立予正法一百零四人,立毙杖下二人,监毙狱中三十一人"。

另受他指令,湖南各县就地处死者,也多达九十二人。

其惨无人道之举,简直到了骇人听闻的程度。

对曾国藩的评价,誉之者往往将其捧上天。道德楷模,国之忠臣,民族栋梁。

可千万别忘了,他不仅是"完人",也是杀人如麻的"曾屠户"。

笔者在白杨坪逗留期间,听到当地一位乡贤不屑地说:"什么完人?曾国藩就叫'曾剃头',那是他杀了无数父老乡亲挣得的称号!难道还要立祠供他不成?"

也许年代久远了,人们忘了血淋淋的屠刀,也忘了祖辈们心中的痛。听了这样朴实的话语,使向来对曾国藩钦佩有加的我,不禁皱起了眉头。

曾国藩身上,确有太多的谜,或者说让人无法理解的"人性"。

他性情严肃刻板,却又时而风趣天真;他推崇仁爱,却又残酷地滥杀无辜;他清正廉洁,却对部属们的贪赃枉法,睁一只眼闭一只眼;他曾经拥有一支虎狼之师,却以愚忠自剪羽翼而受制于朝廷;他以无比卓越的见识,积极倡导并投身"洋务运动",却又始终坚守传统文化不放;他主张引进西方自然科学,却对其政治制度思想体系丝毫不感兴趣,乃至视而不见。

这就是曾国藩。

一个内心世界极其丰富,人格十分矛盾和复杂的混合体。

曾国藩是人,是一个披着"儒服、官服"的普通人,他一样有七情六欲,有着善恶的本性。难得的是他总能严格要求自己,时时事事克制内心的私欲,极力压抑人性中恶的一面。

年轻时的曾国藩,心胸算不上宽容豁达。署两江总督时,与人对弈输棋,尚将棋友头上敲一大包。遇事也非老练沉稳,稍有成就便沾沾自喜。

这些性格上的不足,都被他以坚忍的毅力,在日后修身养性的功课里,一一克服掉了。

他笃信朱程理学,努力做到清心寡欲。可妻子欧阳氏经常生病,他的内心深处,又十分羡慕妻妾成群的同僚。

一次到朋友家赴宴,见到别人的美妾,不禁心猿意马,"目屡斜视"。回到家里,听到久卧病榻的老妻呻吟不止时,心中更是烦躁不安,对谁都不理不睬。

这种刻意压抑后的奇怪心态,被他记在《曾文正公手书日记》里:"……真不是人,耻心丧尽,更问其他。"

曾国藩有抽水烟的习惯,而且烟瘾特别大。当他意识到吸烟有害健康时,开始了痛苦的戒烟历程,反反复复三次后,最终获得成功。

这样的生活小事,在一般人心目中,也许微不足道,曾国藩却当成励志的大事来做。

"截断根缘,誓与血战。"

同为湘人的毛泽东,在看到这一章时,拍案称赞曾国藩有大境界。"不以善小而不为,不以恶小而为之",认为是他事业成功的根本。

据传后来国共和谈,听说蒋介石不抽烟时,平时烟瘾极大的毛泽东,硬是在长达数小时的会谈中,一口烟也没抽,让蒋介石佩服得五体投地,以此认定毛泽东是个干大事的人物。

曾国藩素有大志,理智与欲望倍于常人。一生在二者相互斗争中,痛苦挣扎。

他是凡人,却有一颗不平凡的心。

他立有"三戒",即戒烟、戒妄语、戒房闼不敬。

他写有"三字箴",并为之坚持一生。

"清"字箴曰:名利两淡,寡欲清心,一介不苟,鬼伏神钦。

"慎"字箴曰:战战兢兢,死而后已,行有不得,反求诸己。

"勤"字箴曰:手眼俱到,心力交瘁,困知勉行,夜以继日。

他作有"五箴",即立志、居敬、立静、谨言、有恒。

为了完善自己崇高的品格,曾国藩力求人生的完美无缺,至死都奉行"一日三省,慎之又慎!"

他以"不为圣贤,便为禽兽;莫问收获,但问耕耘"为座右铭,时常以此告诫警示自己。

"我欲仁,斯仁至矣。我欲为孔孟,则日夜孜孜,唯孔孟是学,人谁得而御我哉!"

他将自己的居所,命名为"求阙斋",取意于求缺于他事,求全于堂上。

他给自己规定,每日必须做到十二件事(十二条律):敬、静坐、早起、读书不贰、读史、谨言、养气、保身、日知所亡、月无忘所能、作字、夜不出门。

曾国藩坚持每天写日记,哪怕是在戎马倥偬的战争年代,也从未间断过,而且写得十分细致。

他不辞辛劳,记录自己言行的点点滴滴,就是在不断地反省、不断地改过、不断地求知、不断地进取和不断地完善自我。

从曾国藩大量的著述中,人们可以把握住他的精神核心,就是一个"诚"字。诚心、诚敬、诚恳、诚笃、诚朴、诚实、诚挚。

在那个年代,没有人去要求他,也没有谁去苛责他。他却力求自我完善,为自己立下苛刻的规矩,一辈子不懈地追求和坚持。

在诸多的文史资料中,看过太多关于曾国藩的描述。给人印象特别深刻者,是他坚忍不拔的毅力和百折不挠的性格。

对吗?对!

其实,也不全对。

真实的曾国藩,谦和内敛,韬晦有术。凡事皆以退为进,从不张扬,没有半点文人的狂傲之气。

试想他一介汉人儒生,能够在"尊满抑汉"的大清国,位极人臣,靠的是什么?

曾国藩的成功,不仅在于他的坚忍不拔,也不仅仅在于他的百折不挠,更在于他比别人更加苛刻的自律!

他深知自己的仕途，如履薄冰，如临深渊，行事不得不谨小慎微。

"有福不可享尽，有势不可使尽。"

许多人喜自我标榜，言必清正廉洁，实则污秽龌龊。

曾国藩入仕后，常以林公则徐为榜样，倡导勤俭节约，立志做名垂清史的循吏。

他是真正做到了。

日常生活中的曾国藩，穿的马甲又短又小，睡的草席盖的布被。不食烟酒，每饭通常只有一个菜。

"决不多设，虽身为将相，而自奉之啬，无殊寒素。"

因每餐仅食一个菜品，曾国藩被同僚们笑侃，讥为"一品宰相"。

外任地方官时，曾国藩随身之物，只有两口小木箱子。别无长物，更没有一件珍玩奇宝。

即使后来位居两江总督，曾氏一家老小，仍要维持乡居生活状况。

他甚至规定，每天上午，家里所有男性人员，不分长幼，都要集体参加耕作，种些瓜果菜蔬。每天晚上，全家长幼女眷，都必在油灯下纺纱织布，以备家用。

曾国藩的一生，将社会道义和公理，看得比生命还重。可惜他生活的时代，处在腐朽不堪的晚清，中西方文化的冲撞，时时将他撕扯得鲜血淋漓。

表面风光无限，实则活得太累太苦，也太没有情趣了。

缘于此，我们更应该赞扬他，甚至肯定他致力于将道德行为，转化为内在人格的诸多实践。

就在他处理"天津教案"后，身陷舆论包围，遭受重谤之时，"会两江缺出，遂调补江南。江地人闻其至，焚香以迎"（《清史稿·曾国藩列传》）。

从古至今，深受百姓爱戴的官员不多，可谓凤毛麟角。仅此而论，为曾国藩点个赞，那也是应该的。

他留下的大量文集语录，也多是金玉良言。很多示儿的话语，时至今日，仍有现实之教化意义。

同治十一年四月初四。

回任两江总督的曾国藩，午饭后到署内西花园散步。突感腿脚麻木，踉跄跌倒。

陪同散步的长子曾纪泽，忙与随从将其扶住，夹着继续前行。

不一会儿，曾国藩全身开始抽搐。

曾纪泽叫人搬来一把椅子，让他坐在上面，然后抬入大厅。

当家人围过来时，曾国藩已口不能言。仅仅过了四十分钟，就与世长辞。

史载："事闻，百姓巷哭，绘像祀之。"（《清史稿·曾国藩列传》）

清廷获悉曾国藩死讯，举朝震惊，辍朝三日以示哀悼。追赠太傅，谥号"文正"，入祀昭忠、贤良二祠。

湖南湘乡和江苏南京，分建专祠予以祀祭。生平政绩，宣付国史馆立传。

生前身后隆誉，纵观大清立国二百七十五年，尚无一人可与之比肩。

清政府在他逝世后，称赞其"忠诚体国、节劲凌霜"，甚至誉为"古今完人"。

他的门生故吏，更是称赞他"德比诸葛，功过萧、曹，文章无愧于韩、欧，实为近百年来难得的圣贤"。

辛亥革命后，一些革命党人，又称他"开就地正法之先河"，并在"天津教案"中杀人割地，是遗臭万年的"卖国贼"和"大汉奸"！

著名的革命家章太炎，对曾国藩的评价则是："誉之则为圣相，谳之则为元凶。"

虽然统而概之，却还算客观公正。

圣相也好,元凶也罢,总之曾国藩的离世,象征着漫长的中国封建社会,最后一尊精神偶像的崩塌和消失。

从此以后,无可救药的清王朝政府,在更加黑暗、更加无序的最后几十年里,痛苦地挣扎跋命,直至最后灭亡。

七

圣贤已逝,大儒已亡。

曾国藩生活的年代,中西方文化激烈大碰撞。在这个思想混乱的历史转型期,他始终在道德的自我约束中,痛苦而迷茫地挣扎。

老大帝国的清王朝,犹如一辆破败的马车,每前进一步,总是那么艰难。赶马车的人和乘马车的人,对前方也总是迷惘而惶惑、彷徨而犹豫、蹒跚而踉跄。

在这样的国度里,曾国藩能独善其身,算是一个了不起的奇迹。难怪他的门生故吏们,要把他捧到天上去。

纵观曾国藩一生,让人不得不钦佩他的睿智。深谙"阴阳"之道,凡事讲究中庸调和。

但就其所处的年代而言,如果仅是一位"和稀泥"的泥水匠,曾国藩怎当得"古今完人"?又怎会让毛泽东辈服气于他?

显然不是这个理。

曾国藩位列三公,拜相封侯,是大清国最有权势的汉人之一。一生奉行"齐家治国平天下",始终认为连家都打理不好的人,怎么能打理天下呢?

关于他"治国平天下"事,已经说得太多了。还是来看一看,他的"齐家"本领吧。

曾国藩权倾朝野,有势又有钱,可骨子里是"四书""五经",根一直扎在故土白杨坪。有鉴于此,这个农家子弟出身的大员,在治家的理念上,果真与他人大相径庭。

顶顶重要一条，子女择地而居。

他不论官居何职，子女都不得迁入大城市，必须住在老家县城。所居之舍，严禁悬挂"相府""侯府"匾额，进出家门轻车简从。

食则粗茶淡饭，衣则粗布麻衫。

他时常告诫子女：家俭则兴，人勤则健。能勤能俭，永不贫贱！

曾家贵为相府，让儿女们穿漂亮一点，吃精致一些，未尝不可。

曾国藩不这么认为，以不近人情的规定，对子女予以约束。

小女儿曾纪芬，晚年留下一个年谱。这个年谱所载内容，皆曾氏家族日常生活琐事。

其中所录一事，阅者无不震惊。

曾纪芬十四岁那年，母亲领着二哥和她，到两江总督府探视父亲。

小女孩爱美，总想穿得光鲜点。上身穿蓝色小夹袄，下身着缀青边黄绸裤。

这条黄绸裤，乃长嫂之物，去世前留给她的。少说也有七八年了，早旧得失去了本色。

谁知就这么条旧绸裤，惹得曾国藩勃然大怒，斥责她一个小姑娘，穿得花里胡哨。吓得曾纪芬赶紧跑回房间，换了一条素色绿裤子，才敢到大厅跪拜父亲。

可怜天下父母心啊。

为人父母者，关爱自家孩子，天经地义。

世间尚有几分薄田者，往往口攒肚落，积得几文钱财，自己舍不得用，无非是要传承下去，留给后代儿孙享福。

世之大爱，莫若父母养育。然传子孙万代者，又岂在所攒钱物之寡众？

曾国藩对儿女的教育，异于常人，也远非他人能及。

富不骄奢淫逸，贫不坠青云之志，这样的人最终才会成功，这样的家庭才会永远兴盛不衰，这样的国家才会永远强大无比。

时至今日，曾国藩的这番见识，仍给人以启迪和警示。

"天下官宦之家，多只一代享用便尽，其子孙始而骄佚，继而流荡，终而沟壑，能庆延一二代者鲜矣。"

纵观历史，一个家庭，一个政党，一个民族，一个国家，兴衰存亡，莫不如此！

"富不过三代"的警语，是曾国藩纵观历史，得出的治家格言。

国运衰微的晚清，社会正能量已然耗尽，各种邪恶习气蓬生。曾国藩深知，仅靠口头训示，岂能让孩子们警醒和牢记？！

"身教胜于言传"，才是硬道理。

关于勤和俭，日常生活中的曾国藩，在"衣食住行"上，用自己的身体力行，给孩子们树立了很好的榜样。

关于"衣"：曾国藩自入仕到去世，三十余年间，所置衣服价值，不超过三百两银子。

这个数据，实难让人相信。要知道，那时一件上等貂皮褂子，尚不止值三百两银子！

然而，这是真的。

一件衣服做好后，他会穿上十几二十年，直到无法再穿为止。一个拜相封侯的封建官员，衣着简朴如斯，让人感动。

关于"食"：曾国藩对于日常饮食，要求十分严格甚至苛刻。

就任两江总督时，有位扬州盐商请他做客。面对满桌的山珍海味，曾国藩低着头，只吃了自己面前的一点点东西。

事后属下问他，是不是饭菜不可口？他摇了摇头，轻声叹息地说道："一食千金，吾不忍食，吾不忍睹！"

另有一事，尤让人惊愕。

众多文献记载，曾国藩一日三餐，每遇饭里带壳谷物，必细细剥壳食之。

誉之者赞叹，涤生修身养性功夫，已达"返璞归真"之境。

毁之者讥其作秀，骂他"田亩老农，岂可配食甘饴！"

曾国藩是个农家子弟，深知粒粒辛苦，耕者得之不易。

他绝非作秀！

一个人可以作秀一次，十次乃至百次，但他不可能作秀一生！

如果谁为此作秀一生，必曾国藩式的大贤，一样受人景仰！

关于"住"：曾国藩的"住"，也很普通。

笔者去过白杨坪，专程拜谒了富厚堂。原以为曾大帅的富厚堂，必定雕梁画栋、金碧辉煌。谁知整个庭院非常简朴，清一色木结构建筑，比一般农户院落稍大一些而已。

倒是有一座书楼，让人心生敬意。走上楼去，可以真切地体味到湖南人，自古皆有的耕读之风。

就是这么一个院落，曾国藩听说花了不少钱，犹拒绝去住。

关于"行"：谈及曾国藩的"行"，如果仅指他"衣食住行"之"行"，肯定曲解甚至亵渎了他老人家。

诚然，"衣食住行"之"行"，对于官居一品的曾国藩来讲，必定是"坐有坐相站有站相"，一点也马虎不得。

他的规定非常"讲究"："每遇大事，人人肃穆以待。"

曾国藩这么做，不是讲派场，也不是抖威风。他在按规定办事，以维护王道正统的权威。

那个时代没有轿车，官宦人家出门，一般都乘坐轿子。

轿就像今日之轿车，是主人身份的象征。轿子越好越气派，说明你的官衔越高。

这是规矩，曾国藩必须遵守。

那么他的家人呢？

曾国藩严格规定，子女出门不得坐轿，须步行去办理事务。甚至连他自己，若非公事外出，也绝不坐轿。

确实需要坐轿时，力夫之费用，必自掏腰包。

这在当时的官场，应该算是一个另类吧。

曾国藩的"行",还有一个重要方面,那就是"身体力行"之"行"。

除家中长者外,曾府上下任何人,都不准使唤奴婢。孩子们的事,一律自己动手。甚至要求子女,干些拾柴捡粪之事。

"人无贵贱,何来婢仆?"

曾国藩于家门另有一训:子弟不分男女,也不论阴晴寒暑,每晨天不亮必须起床。第一件事洒扫庭除,然后练字一千个,第一字一定要写"俭"。以此培养子女良好的生活习惯,拒绝沾染官场之风和纨绔子弟之气。

"凡世家子弟,衣食起居无一不与寒士相同,庶几可以成大器。"

这是多么感怀的话啊!

曾氏后代儿孙们,成大器了吗?

曾国藩看似思想保守,实则开明。对孩子们读书的态度,又是今日家长们须反思的了。

"读书在于明理,非入仕也。"

作为一个旧知识分子,曾国藩"学而优则仕"的思想,皆顽冥不化吧?

实则不然。

自洋务运动始,曾国藩即视科举为藩篱,既束缚人的思想,也非唯一成才之路。

长子曾纪泽,三次科考失败后,决定弃科举而入西学。曾国藩不仅未加阻拦,而是去信告诉他,可以做自己想做的任何事情,给予了极大的支持。

曾纪泽三十二岁改念英文,实乃惊世骇俗之举。人们自然不理解,斥其弃正途而入旁门左道。且不说百年前的中国,就今日而言,一个三十二岁的人改念英文,恐也必遭毁谤。况且那时的人们,视一切方外文化,为"异端邪说"。谁会去学习洋文,谁又会去研究西方文化呢?

曾纪泽在父亲支持下，潜心研究西学，取得了令人刮目相看的成就。

1881年2月24日，曾纪泽以外交官身份，代表大清国同沙俄谈判。在彼得堡城，签订了《中俄伊犁条约》。

"俄方有条件归还伊犁城……"

当时之大清国，孱弱如待宰羊羔。能从沙俄这只悍虎嘴里，要回伊犁这块"肥肉"，算不算一个奇迹？

疑惑很正常。

大清国从第一次鸦片战争始，凡涉外谈判，除了割地赔款，还能做什么呢？

曾纪泽彼得堡之行，则不同于以往他人。凭着对西方文化的了解，加之流利的英语，以及超强的外交能力，在与俄国人谈判时，一直针锋相对。

谈判期间，俄方代表多次威胁说，如果贵国要收回伊犁，俄国将即刻开战！

曾纪泽听后，总是不软不硬地回答，若你们非要开战，我们也无奈，但我们绝不怕和你们打仗！

弱国无外交，自古至今皆然。

曾纪泽一介文士，何以有如此从容的心态？

史载：曾纪泽行前，收集了大量情报，分析出"十月革命"前夕之沙俄，国内阶级矛盾已不可调和。由此得出结论，俄不可能出兵中国。

由于精准把握了时局，曾纪泽谈判起来，自然胸有成竹。

伊犁城终回到祖国怀抱！

尤值得大书一笔者，曾纪泽任职外交时，用英文撰写了《中国先睡后醒论》，发表在伦敦的《亚洲季刊》上，引起世界轰动。

百年后的今天，中国这头沉睡雄狮，不仅醒了过来，还屹立于世界强国之列。

曾氏次子曾纪鸿，是一位出色的科学家。喜爱自然科学，精通天文、地理，尤精代数。著有《对数详解》《圆率考真图解》等书，计算出了一百位的圆周率，领先当时世界。

曾氏两兄弟，能为一时之俊杰，与曾国藩的开明不无关系。

自曾国藩一代始，曾氏家族长盛不衰，涌现出了许多有名望的人。孙子辈中，曾宝荪乃大教育家，曾约农是大学者。二人成就斐然，隆誉当世。

这是无形的精神财富，产生的巨大催化力量！

这种力量的魅力，无穷无尽。能影响一代人，甚至几代人。

曾国藩曾不无自豪地说，自己一生所受益者，祖传"八字"家训是也。

曾氏祖训："早、扫、考、宝、书、蔬、猪"。

对于这八个字，曾国藩有过很好的诠释：黎明即起，洒扫庭厨；敬畏天地，邻里和睦；辛勤劳作，潜心课读。

今人多有不解，曾国藩长期外任，如何督促远在乡下的子女，遵守祖传家训呢？

办法只有一个，频繁地写家书。

曾国藩所写家书，计有1485封，洋洋洒洒200余万字！

这些沉甸甸的信件，虽非字字珠玑，却多是育人良言。字里行间，饱含着一个伟大父亲，对子女的无限希望和关怀。

曾国藩日理万机，勤于公务。仍时刻不忘给孩子们，传道授业解惑。

每当子女前来省亲时，必耳提面命。利用难得的团圆机会，告之许多做人的道理，应注意的生活细节和读书之法。

他总结的读书心得，尤为精要。"看生书宜求速；温旧书宜求熟；习帖作文宜求恒。"

一本从未读过的书，应快速地将其读完，通盘了解一个大概。若是已读之书，则须反复研读，才能充分获得书中的养分。

"习帖作文宜求恒"，最是难得。

字无百日功，讲的就是持之以恒。

真正能把练字习文的功课,坚持一辈子者,恐世无几人。

曾国藩愣是做到了。

他一生之中,坚持小楷写日记。直到去世前一天晚上,还在"习帖作文"!

曾国藩谨守祖训,堪称家教楷模,为后世树立了一个标准的"父亲"形象。

八

伟大如毛泽东者,独服曾文正公。非常重要的一个原因,在于曾氏之识人和善于用人。

为探究其中的奥秘,笔者曾不揣冒昧,粗略翻阅过《冰鉴》。

在这本小册子里,曾国藩记述识人的方法,千奇百怪。从人的躯干相貌,到掌纹的走向、眼角纹的深浅,无不一一论及。

惜在下愚钝,虽用心研读,却未得其中三昧。

时至今日,人们可以理直气壮地批判,百年前的《冰鉴》一书,通篇充满了封建迷信,是文化乃至思想糟粕。

但是,我们为什么不去思索,曾国藩那一双识人慧眼,是如何练成的呢?

经他提拔任用的大小官员,多达数百人。不敢说个个都是国之栋梁,却也没一个蠢才庸人。

这是不争的事实。

曾大帅的幕府里,聚集过李鸿章、左宗棠、沈葆桢、黎庶昌、郭嵩焘、薛福成等等非常优秀非常杰出的官员,还有李善兰、华蘅芳、徐寿等等一大批科技人才。

可以毫不夸张地说,当时的曾氏幕府,犹如初唐李世民的秦王府,汇集了天下人才之精华。

"涤公识人之精微,国中无出其右者。"

大奸似忠,大恶若善。人之性情,变化无常。如天机莫测,岂能窥之入微？

《冰鉴》说得好，奸恶不分大小，动静细微处辨善恶。

曾国藩此论，甚是贴切。

李鸿章任江苏巡抚时，常以弟子礼拜访曾府，并向曾国藩推荐人才。

一次，少荃师涤生。随同三人，皆李鸿章器重之辈。

时值午后，曾国藩正散步花园内。

李鸿章偕三人，静立一旁恭候。

等到老师踱完步，李鸿章忙上前，毕恭毕敬请求接见。

曾国藩摇摇头，低声言之曰：不必了，刚才散步时，我已观察过三人。立你右侧者，将来功名不会低于你我，可大胆委以重任。

曾国藩指的那个人，就是后来的晚清名将，台湾首任巡抚刘铭传。

许多年后，李鸿章请教老师，为何一面之识，竟能断人前程？

曾国藩告诉他：当时你四人并立廊下，我踱步过来时，你左侧之人拘谨，始终毕恭毕敬低着头，这人一定忠厚老实，可做保守之职。那个矮个子，虽也毕恭毕敬，但当我走过去时，他却瞻前顾后，目光又游离不定，必奸猾不实之徒也。唯有刘铭传，站在那里凛然不动，透出一股浩然之气。当时我就断定，此人乃难得将才，前途不可限量。

李鸿章闻言，佩服得五体投地。不论其后爵位多高，于曾国藩终生行弟子礼。

然仅凭一面之判，就定了三人终生，似有武断之嫌。

譬如说另外二人，本也是人中俊杰。由于有了曾大帅的前断，后来的"人事部门"，哪个敢用他？

这里的"用"与"不用"，可就有了天壤之别。

设若贸然用了他们，真像大帅断言的结果，岂不背上"不听招呼"之名？

"领导"断言此人不能用,你还敢用他,情况当然大大的不妙!

反之不用他们,既没风险,也没害处,还显得我与曾大帅同样会识人,一样有水平。

既然这样,不用他们乃天经地义。甚至四处打招呼,此辈万万不能用,那是肯定无疑的了。

此二人岂不冤哉!

曾国藩识人,确有过人之处。但远非后人吹嘘的那样,达到了神乎其神的地步。

所谓天生"神眼",那是弟子欲借老师之名,抬高自己的伎俩。有道是经过曾大师"神眼"鉴定,曾氏门生自然有了一层光环,身价何止增值百千倍?!

其实曾国藩并非神,识人也有一个从不明了到明了的过程。

李鸿章乃曾氏高足,也是他识人之最得意者。

史载:李鸿章拜师时,曾国藩本不愿收他。因李父李文安,是曾氏科考时同袍。碍于老同学的面子,曾国藩才勉强收下了这个学生。以至于进入曾府后,很长一段时间里,李鸿章都郁郁不得志。师徒之间,处得一点也不融洽,时常还有些龃龉。

曾国藩天生倔强,认准的事理很难改变。

缘于此故,不论李鸿章如何谦恭,也不论他的建议或策论如何高明,只要听说是李鸿章的提议,曾国藩一概不予理会。

李鸿章满腹才华,又志向高远。激愤之下,一度拂手他去。

或曰曾国藩冷落李鸿章,是有意为之,目的在于磨炼和考察李鸿章的品行。

以曾国藩的为人,此言或可成立。

他明知李鸿章是块美玉,也深知"玉不琢不成器"的道理,于是就有了种种刁难甚至白眼,也是情理之中的事。

好在李鸿章乃真贤才,也好在曾国藩宽宏大量,最终二人把酒言欢。

曾国藩在京师任职数年间,一直把李鸿章带在身边。不仅悉心指导他的学业,而且在经国方略等国是方面,也给予了呕心沥血的教导。

李鸿章感激恩师,唯潜心求知以报。二十五岁科举及第,四十四岁官至湖广总督,赏加"太子太保衔"。终与老师比肩,成为晚清又一"中兴名臣"。

薛福成乃著名外交官,在当时很有名望。

他出自书香门第,很小就考中了秀才。后因家道中落,未能继续参加科考,断了"正途入仕"之路。

当曾国藩北征捻军时,薛福成抱着渴望一展才能的心情,来到曾国藩帐下。

他的第一份见面礼,即呈上一篇治国策论,长达万言。

曾国藩认真阅读后,甚为欣赏。这个毫无名望的青年才俊,在论及治国之道时,见地深刻,且有自己成熟的主张。

于是乎,年纪轻轻的薛福成,幸运地成了曾国藩幕宾。在其鼎力举荐下,很快崭露头角,迅速成为清廷外交奇葩,被任命为出使英法意比大臣。

驻欧使节任内,薛福成走访了许多国家,详细研究欧洲的政治、军事、教育、法律、财经等制度。

在他的眼里,西方富强已百倍于中国,中国应不懈地师法西方。具体提出了"求新法以致富强"、"选贤能以任庶事"、"造机器以便制造"等二十一条"养民最要之新法"(《出使四国日记》)。

薛福成使欧期间,还就滇缅边界和通商问题,与英国多次交涉。由于他准确援引国际公约,英政府最终同意,签订《续议滇缅界务商务条款》。

大清国朝野欢呼。

薛福成凭一己之力,使清王朝不仅收回了滇边部分领土,以及众多的通商权益,还得以在南洋及缅甸诸地,设立领事馆,以保护当地华侨权益。时人誉之,"曾门弟子,国之栋梁"。

曾国藩识人尤让人钦佩者,重能力不重学历,重素质不重资质。在他的幕府里面,既有李鸿章这样的科举仕子,也有许多薛福成这样的"山人"。

曾国藩识才,爱才,但并不"唯才是举"。在向朝廷荐贤时,始终坚持"品""德"为先,秉承三个用人标准不动摇。

第一是忠义血性。

曾国藩用人,特别看重义胆忠肝。他认为,如果一个人仅仅有才,但他不能为国尽忠尽义,那么仍然是一个"无用"之才。

第二是缄默朴实。

曾国藩一直认为,八旗兵之所以没有战斗力,根本在其早已蜕变。原本剽悍淳朴的八旗子弟,整日夸夸其谈,普遍存在华而不实的奸猾之气。

初次选拔湘勇时,曾国藩痛心地说:"国家养绿营兵五十万,二百年来所费何可胜计!今大难一起,无一兵足供一战之用,实以官气太重,以窍太多,漓朴散淳,其意蔼然。"

为人踏实简朴,是曾国藩用人的第二个标准。

第三是坚忍耐劳。

曾国藩洞悉人性,认为仅靠忠义血性,难以持久攻坚;一味缄默朴实,又不足以控大局。他需要整个团队,更兼具坚忍耐劳之精神。

他在日记里多次感慨,无论行军打仗,还是致力国家建设,最终获得成功者,皆咬牙坚持之人。

曾国藩之用人标准,皆囿于人性。丝毫没有规定所用之人,具备这样那样的外部条件。

足见其对人的要求,侧重于"品",而非相貌躯干。

史载:曾国藩"至功成名立,汲汲以荐举人才为己任,疆臣阃帅,几遍海内"。

其一生荐人无数,竟无一失察,原因何在?

说来也很简单,赤胆忠诚国家和民族,不徇私不罔法,始终坚持三个用人标准不动摇。

仅此而论，今日掌管"乌纱帽"者，难道不为之汗颜么？

话说回来，是否具备三个标准者，就一定会被曾国藩举荐，甚至提拔重用呢？

事实也非如此！

曾国藩所以受人景仰，就在于他做任何事情，都十分严谨。步步设防，层层把关。

在用人问题上，曾国藩更是细严到了极致。除三个用人标准绝不动摇外，他还规定了"两不用"和"两不荐"。

在曾国藩眼里，以下两种人，万万不能用。

第一种为表现欲望太强的人，坚决不用。

曾国藩本人缄默少语，认为表现欲望强烈者，难与人合作，易造成团队不团结甚至分裂。

设若这种人当"帅"，所带团队，必好大喜功，争强好胜。难免和其他团队产生矛盾，甚至发生摩擦和冲突。

如果这种人为"辅"，往往逞一时之快，做出违规之举，甚至犯上作乱之事。

这种人在曾国藩眼里，是"内乱"的根源，也是失败的祸根，从来得不到重用。

第二种是才大而性格偏急之人，坚决不用。

左宗棠有大才，得曾国藩鼎荐，始为朝廷重用。

熟悉清史的人都知道，左季高虽为曾氏幕宾，却并未在曾府待多久。

原因在于曾国藩。"左宗棠志高才大，个性刚强难以驾驭。"

这样的人，哪敢留在身边？还是举荐给朝廷，才是上上之策。

对于左宗棠去留一事，曾国藩做得很高明。

设若将左季高留在幕府，以其无法驾驭之才，于己于曾氏集团都不利。倘若将其强行请出幕府，又担心以左宗棠之才，怕他日后得势，于己更不利。唯有举荐给朝廷，做一个顺水人情，于国于己于他都有好处。

许多人闹不明白，以左宗棠不敬不恭的态度，曾国藩何必举荐他呢？

有一种说法很盛行。

当时曾左二人间，矛盾已经完全激化。

左宗棠作为晚辈后生，为人不知谦恭，到处说曾国藩的坏话。

"……曾子城非老练沉稳之人，也非宽容豁达之辈，睚眦必报。"

曾国藩为堵其嘴，做出荐贤不论亲疏的姿势，违心举荐了他。

左宗棠却不买账。得势之后，处处与之作对。在诸多事务中，总是想方设法刁难他，甚至经常当着同僚的面，极尽讥诮之能事，让曾国藩十分难堪。

笔者并不赞同这种说辞。

想当然的猜测，岂能让人信服？

另外一种说法，则更接近事实真相。

曾国藩一生忠于朝廷，为国家民族大义，不计前嫌，甚至不惜破戒，鼎力举荐左宗棠，完全出于一片公心，不带任何私念。

左宗棠虽属"第二种人"，但在曾国藩眼里，却是少有的"大才"和"能人"。

时值国家用人之机，曾国藩虽不喜欢左宗棠，但认为他"志高才大，于国或可堪大用"。

于是乎，曾国藩一封举荐信，将左宗棠推上了浙江巡抚的宝座。

时值晚清，大清朝这只破船，即将沉没。曾国藩却以一片赤心，成就了又一与自己齐名的"中兴名臣"。

史载：经曾国藩举荐，当上督抚一级的官员，竟多达四十六人！

难怪有人说，曾国藩凭一己之力，扶将倾之大清于不倒。

国家用人之策，历视为国之根本。但真正做到不徇私者，古往今来，能有几人？

在腐朽没落的晚清，曾国藩出污泥而不染，是难得一见的循吏，也是老百姓眼里难得的清官。

为了谢绝"关系"，曾国藩在自己的会客厅里，悬挂了"两不荐"的条幅：一不荐才高德薄名声不好之人；二不荐才德平平升迁过快之人。

曾国藩违心举荐过左宗棠，其门生故吏总拿来笑话他，认为老师并未真正做"两不荐"。

他则生气地说，左宗棠为何不能推荐？！

左季高旷世之才，只是不符合曾氏集团的用人标准，但其人品德尚佳，不属于"才高德薄名声不好"之列。

在荐贤良的问题上，曾国藩的原则是：你有再高的才能，但德行和名声不好，我绝不举荐你！

一个人的名声、德行、才干，本应相辅相成，但也有特例，典型的例子就是金安清。

金安清又称金眉生，在《清朝野史大观》里，有这个人的专门叙述。

此人才干绝高，尤其理财能力非常了得，书法水平也堪称一流。但他的名声很不好，是个典型的"二流子"。亲戚朋友家的女眷，邻里乡党的妇人，甚至死了丈夫的寡妇，都会被他想方设法弄到手。

偏偏这个人很能钻营，仗着出众的才干，加上能说会道，居然在厉饬伤风败俗的大清国，谋上了负责转运钱粮这样重要的官职。但他并不满足，为谋求更大的权职，便煞费苦心地走曾国藩的路子。甚至找到曾纪泽，求其为之说情。

结果呢，七次求见七次碰鼻！

金安清枉费心机，却始终不明个中缘由。

曾国藩致信曾纪泽，表达了自己的观点：金安清无益于国家,他不好的名声,于我更没任何益处。虽然所献诸策非常好,但我还是不敢用他。

恽世临才德平平,莫名其妙地平步青云。

曾国藩心里嘹亮,皆因此人为自家远房亲戚。许多人为此钻营,在恽世临身上下功夫,让他坐上了湖南巡抚的交椅。欲以此为跳板,亲近自己。

恽世临当上巡抚后,三番五次到大帅府探亲。

说是探亲,实则求曾国藩举荐,好让他当总督。

对恽世临的底细,曾国藩一清二楚。表面上虚与委蛇,私底下亲书奏折,建议吏部"多方考察,另择任用"。

还没等这封信送达京师,恽世临就被罢了官职。

盖因此人不仅才疏学浅,无德无能,且生性特别倔犟,做事没有大局观。到任湖南巡抚后,仗着曾氏远房亲戚这层关系,居然和总督毛鸿宾抬上了杠。二者之间,产生了不可调和的矛盾。闹到后来,恽世临竟以巡抚之名,上奏弹劾毛鸿宾。做出以下犯上的骇人举动,严重违背了大清国的官场纪律。

事情发生后,曾国藩给恽父去信,解释未举荐他的缘由。

"涤生荐人,自在公允。于国安邦,于乡济民……"

希望多灾多难的国家,从上而下,皆廉洁奉公之吏员。以肃清世风,给世人以楷模!

做人做到这个分上,曾国藩不得不让人佩服。

他力求自己的人生,完美无缺。也严格要求身边的人,同样完美无缺。

这样一个"完人",集"真善美"于一体。是传统文化与个人人格魅力,相融合的"全"的化身。

曾国藩多次提及,自己思想的理论基础,是中国传统哲学——阴阳。并从"一阴一阳为之道"中,悟透了"削息赢满"的道理。

纵观曾国藩一生,阴阳式的中国智慧,无处不在。

具体表现为三个方面。

一是人格修炼。

作为晚清政坛风云人物，曾国藩有别于他僚，非常注重修身养性，以此促进仕功建立。

曾国藩出身农家，五岁发蒙，二十三岁中秀才，二十四岁中举人，然后经三次考试，二十八岁中进士点翰林。三十岁入仕后，由芝麻小官起步，仅仅用了七年时间，就官至二品。三十二岁时，升为吏部侍郎。

没有任何政治背景，曾国藩三年间里，在朝廷六部中，任过五个部的侍郎，兵部、吏部、工部、刑部、礼部都干过。

不论在哪个岗位上，官声都很好。下属同僚们对他称赞有加，上司更是赞不绝口。

四十二岁时，曾国藩连升四级，以一介汉人儒生而封万户侯。

一时间内，朝野相贺。

中国男人最大的理想，就是封侯拜相。曾国藩却在不经意间，做到了。

靠的什么？

曾国藩自己总结得好，"诚、敬、静、谨、恒"。

六字箴言使他端庄，严肃有威仪。严谨的工作作风，一丝不苟的生活态度，超凡的人格魅力，使他成为卓尔不群的领袖人物。

"诚"是六字箴言的核心，更是他立身之本。

做诚实人，当诚信官。曾国藩一生表里如一，他曾公开说过，一切皆可公之于世。

如果没有忠诚之心，曾国藩会这么坦然么？不要说一切公之于众，恐怕就那点"官事儿"，要说说也是不可能的了。

之所以这么说，绝非笔者借古喻今。

老百姓热爱这个国家，当然希望执政者，能够做到这一点。

起码让老百姓多点信心，于江山社稷总是大大地有益。

二是韬光养晦。

韬光养晦之于曾国藩，是他事业的成功之道。

曾国藩早年性格，"睚眦必报"。

以此推论，他本狭隘之辈。于人情事故，实难做到"忍、退、让、容"。

他偏偏就做到了。

这一切并非与生俱来，它又来自何方呢？

许多人认为，阴阳之道虚无缥缈，甚至是封建迷信。

曾国藩却从中获益匪浅。

他是难得的智者，真正洞悉了阴阳。从而时时提醒自己，该做什么，不该做什么。

他把一切功名、富贵、地位、权势等等好的东西，归为"阳"的范畴。一切坎坷、容忍、痛苦、压抑等等不好的东西，归为"阴"的范畴。

古之成大功大名者，长寿之人少之又少。曾国藩认为，是"阳"盛的原因，使之过早殒灭。

正因为如此，曾国藩很早就心怀恐惧。认为自己"阳"太盛了，必须"缺"。即以"阴"克其"阳"。

他一生之中，总是不断地退让、宽容别人，压抑甚至惩罚自己，就是在进行"阴阳调和"。

五十四岁剿灭太平天国时，曾国藩犹感恐惧。

他害怕什么呢？

举头三尺有神明！

他敬畏上苍，极力淡化头上的光环，千方百计给自己"补缺"。

当时很多人不理解，部属甚至亲朋好友，都说他"愚蠢之极"。

正是因为这"蠢"，才换来了曾氏一门平安。

三是恩威并重。

这是典型的中国智慧，也是亘古不变的治人之道。

曾国藩为人威重，长着一对犀利的三角眼，让人望而生畏。

"每对客，注视移时不语，见者竦然。"

然而不论湘勇，还是门生故吏，为何会死心塌地为他卖命，甚至一生追随他呢？

《清史稿·曾国藩传》说他，"遇将卒僚吏若子弟然，故虽严惮之，而乐为之用。"

这段话道出了事实真相。

曾国藩对待属下，就像对待自己子女一样。部属们虽然惮忌他，却很乐意为他工作。

正是因为将每一个属下，都当成自己的孩子，曾国藩才有一颗宽厚待人之心，事事主张以礼服人。

任湘军主帅时，他总是这么说："带勇之法，用恩莫如仁，用威莫如礼。"

用父亲一般的爱，去关心属下，用朋友一般的"礼"，去对待属下。威严的曾大帅，大抵做到了官兵一致。当遇到困难时，有"知遇之恩"的下属们，哪能不"同甘苦"呢？

曾国藩去世时，与他颇有矛盾的左宗棠，在祭文中都这样说："知人之明，谋国之忠，自愧不如元辅。"

李元度曾为曾国藩幕宾，后任浙江盐运使署布政使时，两度遭曾国藩参劾。

曾国藩去世后，李元度却以诗拜哭道："记入元戎幕，吴西又皖东。追随忧患日，生死谈笑中。末路时多故，前期我负公。雷霆与雨露，一例是春风。"

诗中流露出的感恩之情，感人至深，让人久久无法忘怀！

九

庚寅农历四月二十一日，小雨。

逗留三日后，笔者准备离开白杨坪。

临行前，再次来到富厚堂，去最后看一眼曾国藩的故居。

去的路上，碰到一位老者。

老者身穿青色长袍，拄着漆黑油亮的拐杖。佝偻着身子，趔趔趄趄往富厚堂走去。

老人家年事虽高，走的也有些艰难，却始终迈着执着而坚定的步履。

这一古怪而奇妙的形象，突然让我想起百年前的曾国藩。一个很普通的湖南乡下孩子，经过自己的不懈努力，成为人们心中的"圣贤"。他浑身上下，布满了"善"的光环，同时又背负着抹也抹不掉的"恶"名。

一个错误的时代，成就了曾国藩"为师为将为相"的宏伟事业，奠定了他"中国洋务运动先驱者"的重要历史地位。

他剿灭太平天国，滥杀无辜，双手沾满了会党群众的鲜血，性如屠夫。

他"曲全邻好"，卑躬屈膝，极力迎奉洋人。虽有大义，但形似走狗，又遗臭万年。

这是曾国藩个人的悲剧，也是中华民族在那个特定时代的悲剧。

也许，曾国藩们为国家为民族，殚精竭虑，做了许多有益于社会发展的事。

但是，不可否认，当时更多的中国人，始终感到迷惑，甚至绝望，他们看不到任何希望的种子。

在当时的中国大地上，各种势力犬牙交错，却没有一种势力代表着正义、公平、希望，更没有一种势力能够代表近现代文明的发展方向。

洋务派不是，维新派不是，太平天国不是，清政府也不是。

这是一种多么可怕的事情啊！

一个自命不凡的老大帝国，不知自己早已落伍于世界，依旧安乐在自诩的中央大国里，自娱自乐，自欺欺人！

满身疮痍的中国，在19世纪的末世，犹如黑夜里行驶在茫茫大海上的一艘破船，没有导航灯，没有舵手，更没有航行的方向！

　　在黑沉沉的大海上，在电闪雷鸣的狂风暴雨中，这条漫无目的的破船，不知将要驶向何方？！

　　这正是曾国藩们的悲哀。

　　他们一生都在拼命而又痛苦地挣扎，孜孜不倦地追求，甚至搏得了"圣人"的赞誉，却始终不知道究竟为何而干，又究竟干了些什么？

　　离开白杨坪的路上，天空飘起了纷纷细雨，大客车在雨中急速地行驶着。

　　我靠在车窗的玻璃上，迷离地望着窗外的远山近水。

　　烟雨朦胧中，富厚堂正渐渐远去。

　　田间地头，有杜鹃鸟一声接一声地悲鸣。

　　雨越下越大，我已沉沉睡去。

天地间独艳的一顶凤冠

一

说到武则天，总想到两个话题。

这两个话题，都与四川有关

在我很小的时候，记不得看的啥书了，老乡郭沫若先生，对她有过这样的评价："中国武则天，千秋一女皇！"

从那时起，就佩服武则天了不起，乃真正的巾帼英难。以至学识渐长，读了新旧《唐书》，对武后的佩服，更加五体投地。

另一话题，四川广元千佛崖，有座皇泽寺，还有一个女儿节。这一寺一节，都是纪念武则天的。

那意思很明显，武则天四川广元人也。

然史书记载明白，"则天顺圣皇后武氏讳曌，并州文水人也。"

怎么成了广元人？

关于皇泽寺一说，始于20世纪60年代初。

以前皇泽寺，不叫皇泽寺。旧称乌奴寺，又叫川主庙。

川主庙遍布全川，乃祭祀秦蜀郡太守李冰。

李冰父子筑堰灌口，恩泽巴蜀。故蜀中父老，多立庙祀之。

广元川主庙，何时改成了皇泽寺？

20世纪50年代末，修建川陕公路时，在川主庙附近，掘出了一块碑，有"后蜀·广政二十二年"字样。

好事者言，碑文涉武则天生平。

然碑文已废，又无拓片。新旧《广元志》，均无此碑文的记载。

因此"铁证",广元演绎为武后故里,实在难让人信佩。

至于女儿节,实则古已有之。非广元独有,更非首创。

晋人陆机所撰《洛阳记》,乃民风民俗专著。每岁正月至腊月,各地春耕秋收、婚丧嫁娶、修房造屋等等,都有所涉及。内容多记民谚,以说节令。

如二月二日,为"花朝月令"之期。民谚云:"二月二,王瓜、葫芦齐落地。"

又云:"七月七夕,为牛女渡河期,江宁以七夕为'女儿节',蜀俗亦然。"

原来,早在晋以前,就有女儿节了。

怎可能附会于武则天?

若"女儿节"日,真为纪念武则天,莫非武后生于江宁(今南京)乎?

然遍查新旧《唐书》,乃至官家种种史籍,皆无此说。倒是武后生卒时间,记载得明白无误。

唐武德七年(624),武则天生于并州文水,时间确定无疑。

唐贞观元年(627),利州(治所广元)都督李孝常,与近卫军事官刘德裕、长孙安业等人,"互说符命,谋以宿卫兵作乱"。

事败被诛。

武士彠于贞观二年(628)初,补缺利州都督,时间确定无疑。

武士彠乃武后生父。624年武后出生时,尚未到任利州。

故则天生于广元说,也确定不成立矣。

上述史事,摘自《资治通鉴》。历代各种官家史籍,皆可佐证。

司马光编撰《资治通鉴》,耗时十九年,录历代王朝兴衰,治学严肃性和公正性,不容丝毫质疑。

武则天乃山西人,明白无误。

读书人尊重历史,切不可以讹传讹,进而演绎为戏说。

那不是治史,是演义故事。不仅误了自己,也误了别人。

我这么讲,必定得罪四川老乡,明里暗里骂我"卖川贼"。

殊不知本人愚钝,宁不要武后这个"川人",也要做堂堂正正的川人。

这是鄙人做人准则,他人也不得干涉。

仅此而论,武则天这个女人,就很不简单了。

千百年来,一直饱受争议。就连哪儿的人,也说不清道不明。

千多年前,一个女人当了皇帝,让大男人们俯首称臣,伏在地上口称"万岁",委实惊天动地。堪称前无古人,后无来者。

则天武后,其实不叫"武则天"。她叫什么,恐已无人知晓了。

史书上说她,姓武名曌。

这个曌字,乃武后自己发明。她当政之时,天下人谁敢直呼其名?

别人不用,自己更不会用。她发明这个字时,早已自称"朕"了。

至于"则天"称谓,乃中宗李显给她的尊号,全称"则天大圣皇帝"。

李显是她儿子,故有此尊。

武则天临终时,不知什么原因,突然不当皇帝了,又改称皇后。

"则天大圣皇后",就成了她的谥号。

说来说去,武后还是一个没"名"的名人。

"则天"二字,最准确的说法,典出《论语》。

"唯天为大,唯尧则之。"

人们正式称"武则天"时,已是唐开元九年的事了。

她的孙子李隆基,执掌帝国帅印,欲为奶奶树碑立传。

著作郎吴兢,奉命编撰《则天实录》。碍于"周"悖正朔,既称帝又称后,便正式用"则天"二字,概括性笼统称之。

作为一个女人,武则天不论多伟大,生活在那个时代,多少有些尴尬。

临死前去帝号,死后立无字碑,并非她幡然醒悟,实则无能为力。

十多年前，在香港中华书局，笔者无意翻看到一本小册子，名《推背图》。

《推背图》乃风鉴专著，传堪舆大师李淳风、袁天罡所绘。二人出生年代，略早于武则天。

此图像行世时，武后还没入宫。

绘唐帝国一图，画了一盘梨，梨李同音。梨的个数，暗示李唐王朝，将有多少个皇帝。第四只梨，没有把。

时人不知何意。

直到武则天临朝，当了大周皇帝。人们才豁然明了，女人哪来的把嘛！

此纯属无稽之谈，必后人附会所为，一点都当不得真。

仅此而论，中国大男人们，对女人何等不尊重！

以武则天之尊，人们尚且如此恶搞，何况民间小女子乎？

这些无聊东西，谁说不是与一个女人，当了皇帝有关呢？

二

女人不能当皇帝，这是规矩。

武则天天纵英才。

据说才入宫时，李世民戏之言："朕有良驹，野性难驯，你打算怎么办？"

武则天不语，要了一条马鞭，一把匕首。说："我先用鞭子抽它，让它驯服。如不能驯服，就用匕首杀了它。"

唐太宗闻言，心里暗暗吃惊。

想不到一个才人，小小年纪，竟有如此心机。认定此女，将来必祸乱李氏王朝。

故李世民殡天时，下令将其打入冷宫，让她出家当了尼姑。

另有一事，亦千真万确。

史载：武则天十四岁时，被选为才人。母亲担心女儿命运，暗自悲泣。

她却如此安慰母亲："我进宫去侍候皇上，怎么就不能说是福呢？说不定将来发迹了，一家老小都跟着沾光呢。"

后来的事实，真让她言中了。

武则天不仅发了迹，还当了帝国大皇帝。虽然临死时去了帝号，可谁能否认，千秋女帝是她，而不是别人。

一个女人，咋就当了皇帝呢？

历朝历代规矩，武则天要当皇帝，条条款款都没她的份。

首先她不是男人，已不可能。

就算她是男人，要当皇帝，须立为太子。

要立为太子，她应是李世民长子。

李世民共有十四子。

也就是说，就算她是太宗长子，也未必立为太子。就算立为太子，仍有废除可能。

说来难以置信，那么多不可能，武则天真就当上了皇帝。

奇怪么？

不奇怪。

李世民有十四子。

长子常山王李承乾，乃天经地义太子，惜身有残疾，不仅是个跛子，表现得又不好。平时爱瞎胡闹。后竟受人唆使，悖逆谋反。事情败露后，被贬为平头百姓，自然没资格做皇帝了。

在这种情况下，历史的发展，就有了多种变数。

李世民心里，十分看好皇四子李泰。

李泰时为魏王，相貌英俊，端肃多才，最有可能成为一代明君。

偏偏朝中一帮重臣，集体反对立他为储君。找出种种理由，百般加以阻挠。

反对者位高权重，皆帝国柱石。一言一行，不仅可影响太宗决定，甚至能左右帝国命运。

这些人当中，尤以长孙无忌和褚遂良二人，反对最为激烈。

长孙无忌乃国舅，褚遂良为谏议大夫，权倾贞观一朝。

众臣私下联盟，主张立皇九子李治。

李治为晋王，生性文静懦弱。拿现在的话说，就是心地善良，出了名的"棉花糖"。

长孙无忌之辈，为何坚决反对李泰，而拥立李治？

有史家分析言，众人侍雄才大略之太宗，早已身心疲惫，不想再立一位雄主。

其实非也。

众大臣真正想法，是怕失去既得利益。

若李泰当了皇帝，一朝天子一朝臣，没准就没他们戏唱了。

要是文弱之李治继承了大统，情况则完全不同。以众人丰富政治经验，自然容易控制。就算换了皇帝，一样在帝国政治舞台上，颐指气使，吃香的喝辣的。

有这样的好事，他们还不卖力捣鼓？

皇四子李泰，合该当不成皇帝。

首先，他不知节制收敛，总恃宠骄横，难免得罪朝中大臣。

总有人在皇上面前，悄悄下他烂药。

其次，李泰于继位一事，表现得太过迫切。没一点政治家的沉稳，更不知韬光养晦。

他曾自作聪明，言于李世民：我只一个儿子，如果我当了皇帝，将来寿尽之时，一定将他杀了，传位给晋王。

又私下威胁李治。

哼哼唧唧说晋王：汉王李元昌，因谋逆罪被杀了头。平时你与他最好，难道不怕受牵连吗？

李治生性懦弱，当然很害怕。整天愁眉苦脸，担心父皇借汉王之事，惩罚贬谪自己。

李世民知道后，将两件事一联系，心里犹豫起来。

加之朝中大员，喋喋不休鼓噪。在立储君的立场上，思想天平，慢慢倾向了李治。

李泰蠢到了家。

他说的假话，怎糊弄得了李世民！

太宗登基，靠的什么？

别人忘了，他本人也不会忘！

十多年过去了，"玄武门"的血腥，依然噩魇一般，时刻缠绕在太宗脑海里。他左思右想，认为长孙无忌们的话，不无道理。

若立李泰为太子，让他当上皇帝。其余诸子，必有危险。只有立李治为储君，才能保证相安无事。

于是乎，懦弱无能的李治，被立为了太子。

武则天的机会，就这么来了。

三

武则天的机会，怎可能来于李治？

《新唐书·皇后列传》说，"才人有权数，诡变不穷。"

武则天初入宫，才人是她的身份。

书中说得明白，年纪不大的武则天，心机却很深沉，手段诡异，花样百出。

太宗听说她天生丽质，就把她选到宫里。当时才十四岁的武则天，果然生得乖巧妩媚。

李世民一高兴，就赐号媚娘。

唐制，皇帝妃子共八品。

一品到八品间，每一个品级中，又有许多红粉佳丽。

才人武媚娘，只有正五品。要想得到皇上宠幸，难于上青天。

武则天年纪虽小，却善审时度势。

李世民年事已高，去日不多了。

武媚娘怎能把青春，浪费在一糟老头身上？

她已悄悄将触角,伸向了太子李治。

这位未来皇帝,对于她来说,肯定要有用得多。

笔者幼时,尝听家父与潘姓邻居斗嘴,骂人家老祖宗,乃大宋朝贼子。

邻人回应,李家好么?龟儿先人板板,谁不知李治乱伦后宫?!

家父常为之气短。

幼时懵懂,不知家父为何语塞。

涉猎唐史后始知,潘姓人所言,即唐初宫廷这段秘帷。

李治当皇帝后,为掩人耳目,曾诏告天下,说自己当太子时,因得父皇宠爱,"常得侍从"左右,面对如云嫔妃,"未尝连目"。先帝非常赞赏,"遂以武氏赐朕"。

当真鬼话连篇!

常侍父皇左右是真,与媚娘未曾眉目传情,哄得了谁?只怕早瞒了皇上,在无人知晓处,与之翻云播雨了。哪等得到先帝,"以武氏赐朕"?

太宗赐武媚娘,更是一派胡言。

媚娘乃太宗嫔妃,怎可赐与儿子当老婆?这种乱伦之事,李世民做得出来?!

即使太宗有胡人血统,不太计较辈份事,早赏了他,为何李世民死后,媚娘与未生育过的众嫔妃,一道出家当了尼姑,而非直接转入新宫呢?

这只能说明一点,武则天去当尼姑,要么依皇家典制,要么李世民遗训。

心上人儿要出家,李治肯定心痛不已。

碍于典制,受束于礼数,李治居九五之尊,也没有办法。眼睁睁看着美人儿,随众离宫而去。

武才人毕竟年幼,还是个小姑娘,哪受得了如此寂寞?

青灯古佛前,媚娘以泪洗面。整日想着李治,想着温暖如春的后宫。

史书上说，李治亦想武才人，假视察为名，来到尼姑庵偷看。

媚娘一见李治，立即哭了起来。随从甚众。李治不敢放肆，只得端起架子，装模作样问这问那。

言语却很狎昵。

自然，因新帝诏还，媚娘回到宫中。

本来，就算武则天回宫，也不可能有何出息，顶多让皇上新鲜几天。

谁知，一个蠢不可及的女人，帮了她的大忙。

这个蠢女人，就是王皇后，乃李治结发妻子。

王皇后没有生育。地位受到萧淑妃挑战，觉得自己皇后位子，已摇摇欲坠了。

遂天真而愚蠢地想，以武则天之新媚，去和萧淑妃争宠。自己坐山观虎斗，以便从中渔利。

王皇后哪里知道，武则天非蛮干雌虎，而是一条油滑毒蛇。她不仅要干掉萧淑妃，而且还要干掉她王皇后。

武则天刚回后宫，正愁没有机会。王皇后竟自作聪明，铺好了现成之路，她会拒绝么？

媚娘何等心智？

她真拒绝了王皇后，声言自己一个小妹妹，哪会跟萧淑妃对着干？满脸天真，轻言浅笑。一口一个姐姐，让王皇后没了戒心，

丝毫不着痕迹，便得王皇后喜欢，从而结成同盟。

武则天羽翼未丰，要实现入宫梦想，自然小心翼翼，步步为营。

这种政治才能，是大智慧，绝非小聪明。以媚娘之年龄阅历论，怎么可能具备？

尼姑庵顿悟？抑或与生俱来？

武则天果然油滑之蛇。

她并不急于下手，而是在王皇后帮助下，使出浑身解数，慢慢将李治拖入怀中，让他迷恋自己而冷落萧淑妃。

直到生下小公主，萧淑妃被彻底打入冷宫时，她才像一位经验老到的猎人，调转手中枪口，绕到王皇后身后，悄悄瞄准了她。

这时的武则天，已没了先前的羞涩，为了心中的梦想，她可以不要友情、亲情，甚至没有了人性！

为李治生了个女儿，粉团一般可爱。

天下的大喜事！

王皇后喜爱有加，经常前去逗弄。

武则天看在眼里，喜在心头。一条让天下人心惊肉跳的毒计，慢慢让她酝酿了出来。

史载：王皇后探视武则天，正逗玩着小侄女。皇上李治来了，赶紧退避。

待王皇后走后，武则天立即屏退左右，毫不犹豫伸出黑手，将襁褓中亲闺女，活活掐死，匿藏在小被盖下。

然后掩门，出迎圣上。啥事也没发生一般，依旧楚楚动人，一如既往地笑靥如花。

李治到这里来，无非想亲亲闺女。

当他揭开被盖时，却大吃一惊。活泼可爱的小公主，居然已经死了！

李治龙颜大怒，恨声责问。

宫女们亦惊骇，个个噤若寒蝉。

武则天一脸茫然，继而泪如泉涌。泣声曰："怎么回事？"

左右皆言，王皇后刚才来过，还逗弄过小公主。

这么一来，脑残的王皇后，就是有一百张嘴，也说不清了。

怒不可遏的李治，欲召庭议，废除王皇后。

武媚娘力阻之，皇上乃止。

武则天高明啊。

她比谁都明白，就算现在废了皇后，也轮不到她来当！

与其废掉王皇后，还不如留着她，继续苟延残喘。

武则天这么做，让王皇后感激涕零，一干势力尽为笼络。尤为重要者，李治"愈信爱"。

这一手玩得妙！

既显武氏宽宏大量，又不给其他对手，任何可乘之机。

这样的女人，不想当皇帝都难。

四

武则天要当皇帝，远非那么简单。

李治厌烦了王皇后，欲立武氏为后，朝中老臣都竭力反对。

"长孙无忌、褚遂良、韩瑗及济濒死固争"。

第一个披挂上阵者，乃谏议大夫褚遂良。

褚为前朝元老，反对废除王皇后，而立武则天。旗帜鲜明，理由充分，但方法欠妥。

一，王皇后乃魏尚书左仆射思政之后，系出名门，先帝所选，没有过错，不能废除。

二，如果皇上硬要另立，也应妙选天下名门望族之女。武则天是先帝才人，岂可又侍当今皇上，伦理何在？

说到激动处，把手中象笏，往地上一放。言象笏乃皇上所赐，如不准臣所奏，就还给皇上，让老臣回家种地去吧。

这个老糊涂蛋，自以为慷慨激昂。谁知"轰隆"一炮，却打跑了靶。

目标没打中武则天，却打中了李治。

李治要换老婆，可视为武则天捣鬼。明里却不能这么说，没有证据呀。

既然是李治主张，就不能反对。

他是谁？

帝国大皇帝哒！

反对皇帝，就是找死，跟自己过不去。

李治又不是弱智,说皇后乃先帝所选,明拿先帝压我噻。

说我无权选老婆,我偏选给你看!

李治其实也明白,他肯定不如李世民。但好歹也是当今皇上,你褚遂良这么说,什么意思?

还说人家武则天,不是黄花闺女,是先帝穿破了的鞋。

这还了得?!

朕早诏告天下了,武氏乃先帝所赐。

这等言帷丑事,你也敢提!

你说要回家种田?

我也不要你回乡,离朕远一点就好,免得聒噪烦人。

两年后,褚遂良被贬爱州(今越南清化)。

那时候的爱州,在中原人士心中,乃蛮荒至极之地。

作为一个政治家,褚遂良行事如此孟浪,确实让人无法相信。当他来到爱州后,站在低矮的官衙里,回首北顾时,恐肠子都悔青了吧?

李世勣也反对,但人家聪明多了。

凭功劳,他是大唐开国元勋,和太宗关系极好。拿今天的话说,就是铁哥们。据说他生病时,李世民亲剪胡须,烧成灰给他做药引子。

这种关系铁不铁?

那是死铁!

李治刚一继位,即遵父皇遗命,委以宰相重任。

李世勣功高,朝中无人可比。十七岁参加瓦岗军,后随太宗南征北战。取东都,平江南,败突厥。先后侍奉李渊、李世民、李治三朝天子,并承皇恩,改徐姓为国姓李。可谓勋业盖世。

李治宠幸武则天,他依然很害怕。怕稍有不慎,祸及于己。

几十年坎坷风雨,已将他磨得世故。对朝廷,对人生,也早已看透。

什么朝廷纲纪,什么君臣大义,皆空泛说词。他用不着当卫道士，为之做无谓牺牲。

　　长孙无忌、褚遂良辈，飞扬跋扈，更犯不着与之瞎搅和。

　　当李治问他时，李世勣笑着说：这是皇上家事，何必问外人呢？好一个家事！

　　李治家天下，天下大小事，都是他家事。想咋的咋的，外人管不着！

　　永徽六年（655）十月，李治下诏，废除王皇后、萧淑妃。

　　十一月，立中宫，诏册武则天为皇后。是为"顺圣皇后"。

　　武则天真了不起，当皇后第三天，即奏请表彰韩瑗、来济。

　　天下谁不知道，二人乃"反武"中坚，曾拿她比拟妲己、褒姒。

　　武则天疯了？竟上表请求褒奖！

　　韩、来二人得知后，亦惶恐不安。认为武后为他们上表求荣，乃黄鼠狼给鸡拜年，肯定没安好心。

　　二人乃俊杰之士，果有知人之明。

　　武则天蛇蝎女，岂容他人当庭辱骂？又岂肯放过作对之人？

　　立后二十六天，王皇后、萧淑妃被赐自尽。

　　两年后，韩瑗、来济先后被贬。

　　还未等武后索命，二人已呜乎哀哉了。一个病死谪所，一个战死沙场。

　　四年后，国舅长孙无忌，也因被人诬告，惨遭朝廷诛杀。

　　武则天经过努力，终于实现心愿，成为帝国堂堂国母，受万人敬仰。

五

　　武则天母仪天下。

　　作为一个女人，在那个男尊女卑的时代，事业已登峰造极。

　　但她还年轻，精力旺盛，才智过人，天性又不甘寂寞。

　　那么接下来，她又会干啥呢？

心理学专家曾言，女人不安分很可怕，谁摊上谁倒霉。

武则天心比天高，又不安分。睁着一双凤眼，睨视天下。

这一睨视不打紧，居然就干了件大事。

这件大事，震古烁今。

李治摊上了，合该他倒霉。

武则天当皇后时，李治刚登基不久。

新帝很懦弱，心地善良。临朝后，害怕别人看不起自己。

李治心里明白，一帮老臣最难打整，肯定拿他与先帝做比较。

他自知不论才智，还是胆识，都远不及皇父。心里难免担心，害怕权臣控制自己。

在一般人眼里，李治十分幸运。"贞观之治"后，大唐民富国强，实乃万里锦绣江山。

殊不知，李治也有小九九。干好了，是先人福荫；干不好，是自己无能。

李世民太成功了，伟大得让继任者李治，怎么也走不出他的阴影。

权臣们更麻烦。

他们功勋盖世，谋略过人。政治经验和手腕，远非李治可比。

这些人好不要脸，口口声声受先帝遗命，辅助新政治理国家。人人心里所想，却是如何"治理"新帝。

内心懦弱的李治，此时此刻此情势，很需要理解和支持。

然新政初立，谁会理解他？谁又会支持他？

后妃们争宠吃醋，权臣们心怀鬼胎。李治感到无奈，亦十分孤独。

得上天"眷顾"，武则天适时出现了。

李治之于武氏，可谓一见钟情。

也许先前的偷情，还是一时冲动。慢慢地，他发现武则天身上，有一股莫名的魅力，让他无法抗拒。

沉着冷静，深谋远虑，机智果断。

这些精神特质，正是他所没有的。

李治大喜，为自己的发现，欢呼雀跃。不顾一切地与之合作，以解除目前困局。

武则天呢？正闲着无事。

简直瞌睡来了，就遇着了枕头。

李治软弱无能，政治上近乎白痴，让武后有了冲动。

压抑不住的冲动。

她要征服这个男人，和这个男人所拥有的帝国。

一千多年后，人们也许会问，武氏的奇思怪想，究竟怎么形成的？

一个妇道人家，长期生活在闺（宫）中，见了晒席那么大个天。唉，竟能让身经百战、政治斗争经验远胜于己的男人们，一个个败下阵来！

简直不可思议。

说武则天不简单，绝非说她为达目的，胆大妄为不择手段，而在她的政治素养，和超人的政治智慧，让人匪夷所思。

她可以在不经意间，做出准确判断。别人挖空心思悟不透的事理，到了她那里，就成了一碟"小菜"。

蒸炒煎炸，随心所欲。

太子李忠，成为第一个目标。

经冷静观察，处心积虑思考后，武后有了大胆设想，废除李忠太子位，另立亲子李弘。

唯有如此，自己才会成功，才可能爬上权力顶峰。

想法归想法，真要实施起来，难于上青天。

不论哪种体制，也不论哪个国度，储君乃国家未来，废立皆了不得的大事，涉及江山社稷。

说来真是奇怪，原本难似登天之事，武则天却轻易办成了。

她早算计好了，李治会支持她。

李治自登基伊始，事事遭权臣联合反对，让他吃尽了苦头。

武后一捣鼓，他便听入了迷，不假思索点了头。

欲借废立太子事，杀一杀权臣威风。让一帮枯木老朽知道，他这个皇帝老倌，不是"窝囊废"。

有皇上鼎力支持，事情好办多了。

虽然在实施过程中，遭到各方势力强烈反对，武则天还是顺心如愿，将太子换成了亲子李弘。

李治跟着沾了光，见大臣们怕了自己，更加对武则天言听计从。

武后废立太子成功，权力欲愈发膨胀。又向李治提出，重赏拥护她当皇后的人。

武氏此举，有个名号："帝恩于功，天下景从。"

李治真乃白痴，竟应了她的请求。

明眼人谁不知道，天下景从者，"顺圣皇后"武氏也。

武氏此举所为，旨在结党营私。不论是谁，只要支持自己，就把他拉过来，为了共同的革命目标，沆瀣一气，成为革命"同志"。

李治啥都不知道。只清楚地记得，在废立皇后的较量中，朝臣们几乎一边倒反对他。只有许敬宗、李义府们，不遗余力支持他。

那情形，那阵仗，如孤军作战之士，遇到了拔刀相助的侠客。

他能不感激吗？

就算武后不提出来，李治早晚也会重用二人。目的简单，动机单纯，对抗长孙无忌辈，排挤老家伙。

李治的想法，太过幼稚粗浅。

武氏则不同，她在织一张网。

一张很大很大的网。

这张无形的大网，后来网住了天下。让李唐王朝，变成了周武政权。

以武后之能，她何尝不明白，李义府之流，支持自己当皇后，决非出于公道。完全为一己之私。

武氏之于帝国，乃政治新星，正冉冉升起。

这帮家伙在赌,不遗余力地赌。把所有的"宝",全押在这颗新星上。

李义府何许人?

武则天心里,当然清楚得很。

此徒外号"李猫",典型卑鄙小人。在当时帝国政坛,名声臭得很。

李义府外表柔顺,内心却像猫般阴狠。在新主子宠幸下,平步青云,很快权倾朝野。

狗嘛,总难改吃屎丑行。

《旧唐书》说他"专业卖官为事",甚至胆大包天,连长孙无忌孙子的钱,也敢收入囊中。

李义府的恶行,弄得人神共愤。终因私纳女犯、逼死人命……诸多事发,被朝廷逮捕下狱,客死流放地。

李义府十足恶棍,许敬宗则满腹经纶。

许氏无大恶,唯善于投机钻营。

史载其学识渊博,文采出众,曾总撰修《五代史》和《晋书》。

然人品和文德,总归有些问题。

谁给他送礼行贿,作传时不吝吹捧粉饰。谁得罪了他,必添油加醋说坏话。

说他啥好呢?

学问做到这分上,不仅仅是水平问题了,应该属于道德败坏吧。

李义府之流得势,与褚遂良等人遭贬,形成鲜明对比。

几千年中国官场,几如出一辙。多种权势交锋之际,不怕能力不行,最怕站错队跟错人。

谁得罪了武则天,谁没好果子吃;谁投靠了武则天,谁吃香的喝辣的。

大是大非面前,立场和原则问题,丝毫不能含糊。

只要不是脑残,又想在仕途上混,该怎么办,自然心里有个

"打米碗"。

这么一来,原本犹豫甚至观望的人,莫不争先恐后表态,坚决拥护新帝,坚决拥护"顺圣皇后"!

李治笑了,武则天更笑了。

重组帝国权力机构,重新瓜分势力范围。既得利益者,拼死抵抗。新晋权贵们,肆意掠抢。

先前受到打压的人,社会低层的寒门学子,看到了希望,纷纷向组织靠拢。

武则天这杆大旗下,人马越聚越多,势力越来越壮。

网也越织越大。

六

为达政治目的,武则天不惜重用鼠辈。历史上背了一个骂名:亲信小人,重用匪类。

武氏喜欢小人吗?

非也。

真正的小人,谁都不会喜欢。

可惜正人君子们,假装清高,不愿跟她合作。

武则天是谁?

在她的眼里,谁都一样。所谓的正人君子,也未必比小人们干净。

作为政治家,武则天用人标准,只有一把尺子。

态度决定一切。谁拥护我,我就用谁。

这只是表面因素。

更深层次缘由,武则天一双慧眼,看得比谁都透彻。

小人是什么?

是武器,野心家欲霸天下,最称心如意的武器!

乱世靠小人兴风作浪,以便混水摸鱼;盛世靠小人溜须拍马,粉饰太平。

小人的作用,便不可低估。帮闲,帮凶。

正人君子自视清高,不屑去办的闲(昧良心的)事,尽管让小人们办好了。包你满意,又不会出差错。

即使出了错,一刀宰了,还落个好名声。

李义府没啥能耐,只能帮帮闲。

最可怕的小人,是帮凶。

许敬宗满腹经伦,就是"帮凶"级别的小人。不论做啥坏事,总能找到依据。

长孙无忌权倾朝野,乃武后心腹大患。

许敬宗成天琢磨,知皇后心思,欲除之而后快。苦于没有机会,也没借口下手。

显庆四年,机会来了。

有人上折状告:太子侍从官韦季方,图谋不轨。

李治想也没想,即让许敬宗牵头,负责审理此案。

许敬宗大喜。

接案后,却不提审当事人。秘密唆使他人,捏造供词,诬长孙无忌谋反,审起元舅(先朝国舅)来了。

武则天暗自高兴,李治却不信。

许敬宗麻起胆子,把他人捏造之词,毕恭毕敬呈给李治看。

果真证据确凿。

李治还是不忍杀他,怕遭天下人耻笑。

长孙无忌是谁,他的亲舅舅啊。

见李治下不了决心,许敬宗搜肠刮肚,对李治言说:汉文帝母舅,因杀人获罪。文帝亲率文武百官,前去刑场哭别,含泪将他杀了。时至今日,人们尤颂文帝圣明。

许敬宗之言,拿到了李治痛处,也搔到了他的痒处。

李治昏庸无能,尤怕天下人非议。若得天下人颂扬,岂不美哉!

于是,李治默许了。

许敬宗得了旨谕，大喜过望。知长孙无忌势大，且盘根错节，恐夜长梦多，连堂审的过场都没走，立即办结此案。

公元659年4月22日。

朝廷诏颁天下，剥夺长孙无忌官爵封邑，贬往黔州（今贵州东北）。

同年7月。

许敬宗做贼心虚，怕长孙无忌卷土重来，私自派人前往黔州，逼其自缢。

可怜长孙无忌，身为两朝元老，做了三十年相国，竟冤死许敬宗之手。

小人可怕不？

长孙无忌集团，随之土崩瓦解。朝廷之上，再无反对之声。

事情干得漂亮。

许敬宗因除逆有功，连连封官晋爵。

先拜右相，加光禄大夫。继升太子少师，加同东西台三品，位极人臣。

武则天舒心大笑，笑得合不拢嘴。她的笑，发自内心，是胜利者的笑。

李治亦在笑，笑得有些勉强。即使这样，很快也笑不出来了。

他已真切感到，长孙无忌集团倒台后，权力并未落入自己手中。而被另外一双无形的手，死死攥着不放。

这双无形的手，正用前所未有的力量，更加有力地威胁着他。

尤为不安者，以前奉承他的人，现在也悄悄疏远了，甚至离他而去。

李义府最为可恶。

从前摇头摆尾的狗，攀上"凤枝"武则天后，竟见谁咬谁。

手握帝国人事大权，不仅自己鬻官卖爵，胡作非为。就连他的舅子老表，也跟着仗势欺人。

李治得到指控，悄悄将他叫来，语气温和地告诉他，要注意影响。

你猜李义府怎么着？

居然脸红脖子粗，忤逆地反问道：哪个给你说的？！

语气凶恶至极，就像主人責诘奴仆。

狗仗人势的王八蛋，千刀万剐了他，也难解李治心头之恨。

李治恨得咬牙切齿，可一点办法也没有，人家后台是武则天！

直到这个时候，他才隐隐觉得，武氏这个婆娘心怀鬼胎，越来越看不透了。

以前面对褚遂良一伙人，李治感到无能为力，是因为他们太强势了，没人给他面子。现在面对李义府之流，他不仅觉得受到愚弄，而且屈辱到面子也没有了。

李治当然知道，这一切不舒服，都是武则天操纵的结果。

为摆脱不利局面，李治进行了三次抗争。

麟德元年十二月。

李治与宰相上官仪谋，欲废除武则天另立皇后。

可惜事不保密，诏书墨迹未干，就被武则天发现了。事情没有办成，还搭上了上官仪一条性命。

上元二年三月。

李治以退为进，假意让位于武则天，想试探武氏真正企图。

宰相郝处俊不明就里，带头坚决反对。谏说这种想法，"上不敬天下不法祖"。计划还没实施，就"胎死腹中"。

同年四月。

李治实在拿武氏没法，决定禅位于太子李弘。

真是奇了怪了，李弘却突然莫名死亡，让人哭笑不得。

李弘的死因，历来众说纷纭。

暴病说、坠马说、雷击说、谋杀说……坊间传言甚众，莫衷一是。

以武氏蛇蝎心肠，谋杀一说，也未尝不可成立。

李治砍完三板斧，再也没招了。发现自己所有努力，全部徒劳无功后,精神一下子崩溃了,挣扎着活了七年。

弘道元年,李治驾崩。

七

武则天要当皇帝了。

天下人都知道,自册封皇后之日起,这个貌美的女人,已实际控有帝国江山。

公元655年立后,到683年李治去世,武则天当了二十八年皇后。

史籍记载详尽,也分得明白确切。

头十年时间,李治表面执政,实则武后垂帘听政。

中间十年,武氏按捺不住,权力欲望膨胀。与李治同临朝政,史称"二圣时期"。

后近十年,武氏视皇帝如无物。上元元年,改称"天后"后,即跳到前台,以"天后"懿旨,颁布十二条施政纲领,成为帝国实际统治者。史称"天后时期"。

然天后也好,实际统治者也罢,武氏终归还是"后"。

想要当皇帝,事情远没那么简单。

唐制:皇帝大位,应由太子继承。

武则天有四个儿子,弘、贤、显、旦。

四个儿子中,有三个当过太子。

太子李弘,病发突然,死得不明不白。

第二位太子李贤,立于上元二年,废于永隆元年。

废除原因很复杂。

从史书上看,主因似母子不和,相互猜忌所致。

或言太子李贤,不满母后干政,借汉代窦皇后涉政事,影射妄议时弊,引武则天忌恨。

又或言李贤,非武后亲子,乃韩国夫人(武则天姐姐)与李治所生。

总之，当有人告他谋反时，武氏没一丝犹豫，立即废了李贤太子位。

所列谋反证据，让人啼笑皆非。太子府内，搜出数百甲服。以此定为"谋逆"，贬为庶民。

嗣圣元年，客死巴州（四川巴中）。

三子李显，倒是当了皇帝，可惜浑球一个。

上台没两天，枕边风吹晕了头。韦皇后想让父亲韦玄贞，当帝国宰相。李显没请示母后，点头答应了。还说帝国万里江山，都是朕的，想给谁给谁！

武氏脸色很难看。

这是自己儿子么？简直混蛋至极！

李显没看到危险，继续胡闹。

当了两个月皇帝，武则天没耐心容忍，拎下皇帝宝座，甩在一边晾成"鱼干"。

四子李旦，聪明乖巧。虽然当了皇帝，连朝都懒得上。所有国家政务，全交母后打理。

理由很简单，自己年幼无知，哪管得好国家大事？

武则天很高兴，这才是自己的儿子噻。

假惺惺还政于他。

李旦死活不答应。

事情到了这个分上，武则天要当皇帝，自然水到渠成。

然而且慢。

正当她准备摊牌时，徐敬业突起兵扬州，宣布要用武力，推翻武氏"伪政府"。

徐敬业何许人？

李世勣孙子是也。

徐家世受皇恩，被太宗赐为国姓，自然对李唐宗室感激不尽。

眼见武氏专权，起了"乱唐"之心。作为忠良之后，徐敬业起兵讨武，于情于理于法，都站得住脚跟。

武则天总揽朝纲，一路顺风顺水。正在得意忘形之际，根本没有料到，会有人起兵反她！

得知徐敬业举兵扬州，武则天即诏告天下：乱国贼子，岂可配有国姓？

徐敬业一怒之下，改李而姓徐。

惜徐敬业做事，一点也不"敬业"。

原本几个落泊文人，凑一块喝醉了酒，慷慨激昂发一通牢骚，算不得爱国行为。在思想、组织、军事上，毫无准备的情况下，就匆匆起兵。实在幼稚可笑。

面对强大帝国，面对武则天，焉有不败之理？

倒是骆宾王一篇檄文，写得文采飞扬，惊天地泣鬼神。

连武则天见了，都拍案叫好。

唐·段成式《酉阳杂俎》言："骆宾王为徐敬业作檄，极疏大周过恶。则天览至'蛾眉不肯让人，狐媚偏能惑主'，微笑而已。至'一抔之土未干，六尺之孤安在'，不悦曰：'宰相何得失如此人！'"

武氏真了不得。

别人骂她，揭她丑事，居然能微笑以对。

至于文章作者，武则天尤为欣赏。认为骆宾王这样的人才，居然未被提拔重用，实乃"宰相之过"。

可惜，文章再好，也只是舆论工具。"枪杆子里面出政权"，才是硬道理。

正所谓蝴蝶效应。

扬州兵乱，祸及京城。京师大街小巷，一首民谣不胫而飞。

"一片火，两片火，绯衣小儿当殿坐。"

歌词有些隐晦。

两片火，炎字。绯衣小儿者，宰相裴炎也。

裴炎与徐敬业，根本扯不上边。

徐敬业起兵，虽打着维护王道旗帜，实则想自己坐天下。

裴炎呢？

真有卫道之心。

他看不惯武氏专政，欲借扬州兵变，逼武则天还政李旦。

故"一则以喜，一则以惧"。

喜者，终有人挑战武氏专制了！

惧者，恐战端一开，时局动荡不安，于国于民不利。

经过再三考虑，裴炎言于武则天：叛军起兵，皆因太后亲政。若还政于皇上，叛军何由起兵？

裴炎乃盖世英雄，千古名臣。此议冠冕堂皇，打的好如意算盘。既可逼武氏还政，又可平叛军之乱。可惜所遇对手，是则天武后。

这个老辣的女人，一点不动声色，表面连连称善。心里却在想，不论你是否真心为国，也不论你是否谋逆，反正目的只有一个，让老娘下台！

那么好了，借机先将你除去，看你奈老娘何？

武氏没费心思，就想出一条妙计。

这次她没找"托"，自己编了一通谎言。

因武氏知道，裴炎德高望重，他人诬词，实难让人信服。若国母亲口所言，谁会怀疑？

就算真有人怀疑，慑于"天后"淫威，又怎敢说三道四？

武则天做事，一向不计后果，不考虑退路。常常出人意表，取得奇效。

诬陷裴炎一事，再一次证实，武氏高明无比。

武则天撒谎，脸都不红一下。她说裴炎有信于徐敬业。信中只二字，"青鹅"！

何意？

武氏拆字，言诸大臣。青鹅者，"十二月我自与"也。

十二月份，裴炎将发动政变，以策应叛军！

武则天心狠手辣，没给裴炎任何辩解机会，毫不犹豫地杀了他。

扬州平叛后，名将程务挺"涉案"，也遭到朝廷诛杀。

裴程二人反不反？

只有武则天知道。

如果她还政于李旦，二人绝不会反。如果悍然称帝，二人有可能反。

武氏进行的"革命"，前无古人后无来者，不容任何人反对。

凡与之作对者，必从重从严从快予以铲除。

主要做法有三：

一是建立全国告密制度，重奖告密者；

二是组建酷吏集团，大肆起用酷吏。刑讯逼供，屈打成招；

三是设置特务机构，全国自下而上，大搞无中生有，栽赃陷害。凡不配合新政者，必莫名陷入冤假错案中，惨遭祸殃。

武则天为维系独裁，不惜铁腕治国，尽管让人不齿，却也十分管用。

诚如后世史家所言，武氏重奸佞，害忠良，败纲常，却无人敢说三道四。

江湖庙堂，皆颂扬阿谀之声。

呈报祥瑞的奏折，"天命"劝进的表章，从帝国大江南北，雪花般飞进宫中。

天授元年九月九日。

武则天称帝了！

中国历史上，一个政治野心家，一个最伟大的女政治野心家，在万民的颂扬声中，登上了金灿灿的皇帝宝座。

改国号"周"。

八

武则天当了皇帝。

将李唐江山，改姓了周武社稷。兴奋之余，即将面临的难题，如何治理大周。

武则天之于中国，之于世界，之于历史，不愧为最杰出、最伟大的政治表演艺术家。

执政之初，她重用来俊臣、周兴一类酷吏，来对付反对她的人。当天下人服服帖帖后，她又大量启用徐有功、狄仁杰这些正直能臣，辅助她一道治理国家。

武则天心比天高，才比天大。

她何尝不明白，真要治理国家，岂是周兴辈所能作为？

奖励告密，重用酷吏，制造冤假错案等等手段，乃非常时期非常之举，而非真正治国之策。

小人得志一时，君子长留世间。

当历史从B面回到A面时，来俊臣们就成了绊脚石。为顺乎天意民心，必将一个个除掉。

天授二年二月。

酷吏丘神绩，因罪被杀。

有人秘密告发，大酷吏周兴，与丘神绩有染。

武则天做得绝，竟诏派来俊臣，去审理此案。

来俊臣？酷吏祖师爷！

来知周兴手段，笑眯眯请他吃饭。

酒过三巡，很诚恳地问：人犯若不供罪，仁兄有何妙招？

周兴大笑。这还不容易吗？找个大瓮来，四周柴火烧烤，再把犯人甩进去，他肯定就招了。

来俊臣点点头，连称好主意。依法烧烫一口瓮，然后拿出皇上圣旨，和颜悦色地说：周兄，请吧！

周兴目瞪口呆。

他万万没想到，自己一生害人无数，也会遭人算计！

成语"请君入瓮"，就是这么来的。

武周一朝，天下酷吏，狠毒莫如来俊臣者。

大魔头吃人不吐骨，生前狂妄之极，想整谁就整谁。

武承嗣是谁？武则天亲侄子。居然也敢整。

他的下场，比周兴更惨。

神功元年六月三日。

来俊臣惹恼武氏，被公开处决。押赴刑场时，嘴塞大木球。

因曾有待斩犯人，在刑场慷慨陈词，历数武氏诸多不是。连偷奸和尚的丑事，都抖了出来，惹得天下人耻笑。

来俊臣嘴塞木球，怪他所知秘密太多。

行刑之日，洛阳城万人空巷。

人头刚一落地，四野欢声雷动。人们疯一般扑向尸体，千刀剐万人践，以泄心头之恨。

武氏处决来俊臣，旨在告诉天下人，大周风清气正，昧良心充当鹰犬者，绝没有好下场！

武则天"不徇私情"，敢于"拨乱反正"，感召了天下人。一度恶化的社会风气，也逐渐好转。

许多归隐的"清流"，不再死抱男尊女卑，肯出来为她做事，也肯为她说公道话了。

武则天的大周，开始步入盛世。

史学家誉武氏，有太宗之风。

在纳谏招士上，二者确有几分相似。

武则天亦认为，庞大帝国治理，非皇帝一人能为，须天下人共为之。

史载："（武则天）虚心纳谏，有古贤王之风。"

纵观前朝各代，所谓古之圣者，没人真正比得上武氏。

秦皇汉武唐太宗，谁不是早年纳谏，晚年拒谏？

武则天呢？

早年励精图治,晚年越活越清醒。

八十二岁退位时,仍精力充沛,判断准确,全无衰老倦政之象。

圣历二年九月,京城有梨树开花,人们视为祥瑞。

众人皆谀声颂言,圣上恩泽草木,而育出之"祥瑞之花"。

唯凤阁侍郎杜景俭,自责己之过。言臣在辅佐陛下,协调阴阳,谁知阴阳失调,致九月梨花开放。

众大惊。

杜景俭讥讽皇上,必大祸临头,纷纷为他捏一把冷汗。

武则天却大为感动:"卿真宰相也!"

长安元年三月,天降大雪。

百官以为祥瑞,皆进表跪贺。唯御史王求礼,不肯跪拜。

言三月雪乃瑞雪,腊月之雪,又是什么呢?此时万物复苏而降雪,只能是灾而非祥瑞。

武则天虽觉扫兴,仍诏令停止朝会。

武氏已年逾垂暮,一点也不糊涂。知道什么意见正确,什么意见谬误。什么人可用,什么人不可用。

尤知人善任。

内史王及善,退休颐养在家。因契丹犯边,起任滑州刺史。例行陛辞时,武氏问及朝廷方略。王及善侃侃而谈,谏议十余条改革意见。

武则天听后,十分欢喜。认为王有全局之才,如任地方官员,那是大材小用。马上下诏改任,留职京师。

大周朝后期。西南边陲蜀中,官吏残暴贪婪,民愤极大,多地爆发小股农民起义。武则天启用姚琦,任益州大都督府长史。

姚琦到任不久,很快肃清暴政,社会风气得根本改善。

武则天颁诏,予以嘉奖:"严霜之下,识贞松之擅奇;疾风之前,知劲草之为贵。"并对身边人说:当官洁身自好不难,能让同僚共廉不易。姚琦二者兼之,真正难得之才。

只要是难得人才，武则天一定重用。绝不管什么出身、什么门第、什么学历。

监察御史薛季昶，刚正不阿。原本一介平民，应诏上折议政，得朝廷封赏。

将军侯味虚，奉诏讨伐契丹，畏敌不前。谎称契丹人以蛇虎为先导，故无法取胜。

武则天恶侯诡辩，以薛季昶按察河北道。薛季昶一到军中，即斩杀侯味虚。全军士气为之大振，一鼓而破劲敌。

槁城（河北槁县）县尉吴泽，仗手中权力，横征暴敛，愚弄乡民。时，薛季昶按察河北，闻知大怒。亲临县衙，将其乱棍打死。百姓无不称快。

薛季昶出身平民，却以一身浩然正气，终成大周朝著名谏臣。

武则天用人，从来不拘一格。哪怕仇人或罪人子孙，只要有真才实学，一样得到重用。

这种容人之量，识人之明，很快网罗大批济世贤能。文者能治国，武者可安邦。

武则天大周王朝，得狄怀英辈辅助，一直风调雨顺，国泰民安。乃"贞观之治"后，又一太平盛世。

九

遥想大唐，多少繁华。

这千古风流，不仅在于大唐国力有多强盛，文化有多灿烂，而在于全民族蓬勃向上。不禁让人沉思：历史是谁创造的？

是人民大众，还是英雄人物，抑或二者兼有？

历史须拨云见日。

千年前的武则天，深深裹在历史迷雾里，看不清也摸不着。

冥冥之中，她在远处召唤。大周历史的车轮，轰轰驶来，又隆隆远去。

历史之于武氏,评价本应全面而统一。然浩瀚的史籍里,却众说纷纭,褒贬不一。

武则天以周代唐,女主天下,殊为不易。

因有悖传统纲常,且男尊女卑,史家描述很不公平。大量妖魔化记载,让今人雾里看花,常常不知所云。

谁是武则天?谁才是真正的武则天!

20世纪50年代,大陆史学界对武则天,基本持否定态度。《隋唐史》甚至说,武则天在位二十一年,"实无丝毫政绩可记"。

60年代中后期,情势突然180度大逆转。

一帮史学家,尤以郭沫若为首,硬是将武氏捧上了天!"武后时代,是唐朝的极盛时代。"

郭沫若确实博学。竟找到武氏自诩语,"知爱百姓而不知爱身"。欲以此证明,武皇帝之圣明伟大。

惜武则天自己,半途而废,未能将"革命"进行到底。临终之时,留下遗诏:去帝号,称皇后,葬于乾陵。

武氏是个女人,去帝号并不重要,称皇后也是虚名。关键在于葬乾陵,和自己老公合葬。

她太累了,需要丈夫呵护。

这才是女人心思,也是武氏最真实、最脆弱、最可爱的一面。

她的陵前,立有一块无字碑。

有什么不同意见,尽可去写在上面。越具体越好,切莫辜负了立碑人一番苦心。

苦风凄雨中的一朵瘦菊

一

薄雾浓云愁永昼，瑞脑销金兽。佳节又重阳，玉枕纱橱，半夜凉初透。　　东篱把酒黄昏后，有暗香盈袖。莫道不销魂，帘卷西风，人比黄花瘦。

秋风习习，满天寒霜，萧索的后庭里，一地落叶。

李清照纤弱的身影，像冷风中的瘦菊，妩媚而悲凉。

此时此刻，女词人的心境，落寞如毫无生气的残菊，清冷，苦涩，孤独……

南宋的晚秋，总给人郁闷和无助，像长久无人居住的老屋，幽暗中散发着霉味。

苦风凄雨，消褪了女词人最后一抹红颜，妙曼永恒的李清照，便成了后世人心中，一个永远无法医治的痛，和猜也猜不破的谜。

她像一缕带着苦味的风，越过历史的时空，朝我们款款走来。

既高贵又落魄，既孤傲又苦寂。

千年的时光，纵然永恒，留给世人的记忆，却很少很少。

唯有她的身影，长久地留在人们视线中，让人牵肠挂肚。

男人们为了她，茶不思饭不想。"枕尔入眠，又吟慢词"。

女人们却也奇怪，且喜且怜。既深慕她的美丽她的灵性，又忌妒她的智慧她的聪颖。

无论时光如何流逝，也不论后来者如何出类拔萃，只要你结识了她，聆听了她的吟唱，就不会再满足身边的人和事。世间的一切，也会因她而变得俗气。

如独坐敬亭山上的李白，之于悠闲独去的白云一般，洁净的心灵，永远纤尘不染。

千年前的易安居士，就这样让人着迷。一如迷恋美食的饕餮者，永远都没有吃饱的时候。

南宋的天空，也因李清照的歌咏，让千年后的人们，一点都不陌生。虽然灰暗，却很真切。

历史无情，没有留下她的容颜。但留下了她灵动的文字，和如兰的品质。

她的骨子里，那些与生俱来的灵性，通过如歌的吟咏，如清冽的朝露一般，滋润着她干涸而又寂寞的心田。让她的美丽，永如带露的花，长开不败。

南宋都城临安。

清秋紧锁的庭院中，无数青灯黄卷的夜晚，她美丽双眸里，无声溢出的清泪，一滴滴落进寒士心里……

让本来疼痛的心，又多了一分酸楚，和莫名的烦恼。那种欲说还休、欲哭无泪的惆怅，如乱麻一般缠在"清粉"心头。

一直以来，我都不明白，李清照生活的年代，宋王朝这架破车，已经朽败散架。皇帝昏庸无能，朝臣醉生梦死，整个一具散发腐气的烂尸。

怎么就出了个精灵，超凡脱俗的精怪呢？

李清照不该属于那个时代。

老天爷瞎了眼，故意糟蹋人作贱人！

想想也是，大宋朝二百多年历史，宋词独树一帜，彪炳千秋，无疑是中华最耀眼的文化瑰宝。

李清照人清丽，词也清丽。如果少了李清照，缺少了"帘卷西风"，缺少了"绿肥红瘦"，那么宋词将会是什么样？

没人敢去设想。

豪放和婉约，是宋词的两大流派，它构成了宋词美妙绝伦的双乳峰。其中一座乳峰（婉约），虽然不能说李清照一人隆起，但可以毫不夸张地说，没有李清照的宋词，就如同一位美妇，瘪了一只乳，不再完满美丽。

没有匀称挺拔的双乳，女人绝非完美的女人。同样没有李清照的宋词，也不是完美的宋词。

这个世界上，没有山不行，没有水也不行。两宋灿烂的文学，没有李清照更不行。

我曾经固执、而今依旧固执地认为，李清照生前身后，还没有一位女性，能赶上或接近她的气质。

张爱玲临水照花，卓尔不群，有那么一点点李清照的流风余韵。

但较之李清照的优雅，张爱玲少了那分高贵中的"忧愁"，更少了"忧愁"中的"高贵"！

我这么说，实在有些对不起"玲粉"。但我说的心里话，切莫见怪。

其实，忧愁不是李清照全部，阴柔也非易安诗词全部。

碧浪滚滚的乌江畔，李清照脱口而出："生当做人杰，死亦为鬼雄！"

千百年来，有几个男儿，能够如此丈夫？！

"欲将血泪寄山河，去洒东山一抔土。"

"九万里风鹏正举，风休住，蓬舟吹取三山去。"

"千古风流八咏楼，江山留与后人愁。水通南国三千里，气压江城十四州。"

这些诗词中，有曹操"横槊赋诗"的激情，有苏轼"大江东去"的豪迈，有辛弃疾"栏杆拍遍"的愤怒，"挑灯看剑"的浩叹！

李清照只是一个柔弱、多愁善感的女子吗？

二

　　李清照，自号易安居士，济南章丘人。宋神宗元丰七年，出身于高级官宦之家。

　　因男尊女卑故，宋史未列其传（后、妃、公主不属此例）。只在其父李格非传中，略有提及。

　　"女清照，诗文尤称于世，嫁赵挺之之子明诚，自号易安居士。"

　　寥寥数笔，二十三字。

　　李格非时任礼部员外郎，是当时著名散文家，位列苏门"后四学士"之一。

　　母亲李王氏，出生名门，亦善诗文。

　　李清照天生精灵，从小生活在书香门第。优越的生活环境，宽松的家庭气氛，良好的教育条件，造就了她率真自然的性格，和多愁善感的心灵。

　　千年后的今天，之于李清照的少女时代，今人已无法知晓。

　　仅从她的诗文中，去体会和领略，那是一个让人无限向往、留恋而无法忘记的幸福童年。

　　拿老百姓的话来说，像李清照这样的精怪，一来到世上，多有异于常人的地方。

　　李清照自幼聪慧。不像一般大家闺秀，成天锁在闺房绣楼里，而是经常走出重门深院，快乐地投入到大自然中。忘乎所以地寄情山水，表现出无限生机，和昂扬的青春气息。

　　聪颖的智慧，乖巧的心灵，使之在大自然的怀抱中，蕴育出一朵朵自由灵性之花。并把这种自由和灵性，深深根植于骨髓里，又一点点流于笔端，书于纸笺上。

　　"常记溪亭日暮，沉醉不知归路。兴尽晚回舟，误入藕花深处。争渡，争渡，惊起一滩鸥鹭。"

　　这阕《如梦令》里，主人翁李清照，多么活泼开朗，刁顽调皮。

她无拘无束，无忧无虑。像自由的鸟儿，翱翔在白云蓝天下，快乐地成长着。

在她身上，丝毫看不到封建礼教影子。也看不到官宦之家，严厉而古板的"家风"。一个大家闺秀，竟在日暮之际，尚未归家，且饮酒过度。就算在女性解放的今天，也肯定属于另类。

我不知道，理学盛行的两宋时期，是不是所有官宦家庭，都如此管教孩子？还是李员外郎家里，格外自由宽松呢？

在宽松自由的环境中，李清照的思想，犹如古怪的精灵，在自己的天空中，随心所欲地展翅飞翔。

"湖上风来波浩渺。秋已暮、红稀香少，水光山色与人亲，说不尽、无穷好。　莲子已成荷叶老，青露洗、苹花汀草。眠沙鸥鹭不回头，似也恨、人归早。"

这阕《怨王孙》，乃秋日湖上之作。写得笔致清妍，情含媚吐。

它既无相思愁绪，也没有悲世伤时。通篇洋溢着欢快的青春旋律，和贵族少女的闲情逸致。

闭着眼睛吟诵，一个十六七岁的少女，天真烂漫而又淑女的形象，跃然纸上。

这种淑女形象，非一般贵族少女，故作矜持眷恋湖光山色。更非一般女孩子，无聊游山玩水。而是寄情托怀山水，灵魂融合自然的真情流露。

谁也学不了，也装不出来。

李清照虽出身名门，但她的生活情趣，不在声色犬马；她的生活理想，也不是养尊处优；她的思想境界，自觉不自觉地把文学创作，作为为之献身的事业。

这种自觉不自觉间，一颦一笑皆意趣，气质自然高雅脱俗。

少女李清照，并未刻意追求，也远未达到这种境界。她与其他女孩子一样，多情、怀春，对未来充满憧憬。

"蹴罢秋千，起来慵整纤纤手。露浓花瘦，薄汗轻衣透。　见客入来，袜刬金钗溜。和羞走，倚门回首，却把青梅嗅。"

这个时候的李清照,春水般多情。词中那个可爱的少女,总是那么让人着迷。

当她荡罢秋千,懒懒整理纤纤玉手时,酥酥地有一丝莫名的兴奋,不知不觉中,香汗渗出,湿透了衣衫。

突然有客人(俊朗青年?)来访,李清照顾不得衣衫零乱,赶紧开溜。"和羞走,倚门回首,却把青梅嗅。"极生动,极形象。

一位情窦初开的少女,见到生人时,感到害羞的楚楚娇态,历历如在眼前。

"倚门嗅梅",一系列动作情态,使一个天真娇憨、活泼妩媚、好奇而又含情脉脉的少女形象,活灵活现。存于读者心里,进入少年梦中。

其情其景,超神入化,达到妙不可言的境界。

这个时期,多情少女李清照,无处不在。就像一只自由的精灵,顽皮的小妖。

那个在《浣溪沙》中"绣面芙蓉一笑开,斜飞宝鸭衬香腮。眼波才动被人猜"的怀春女孩。

那个在《如梦令》中叫嚷"知否?知否?应是绿肥红瘦"较真任性的女孩。

那个在《怨王孙》中吟唱"水光山色与人亲,说不尽、无穷好"的活泼快乐的小丫头……

无不显露出她率真、率性、爽直而多情的个性。

透过女词人早期诗文,人们见到的李清照,不仅仅贪玩好动。更多的时候,她都在"淡荡春光寒食天"里,做着无限憧憬的甜梦。

或"倚楼无语理瑶琴",一人默默想着心事;或"客华淡伫,绰约俱见天真"。

这种与生俱来气质,已经一点一滴,丰腴着她的精神世界。为后来成为"婉约派"词宗,奠定了坚实的基础。

三

　　李清照的爱情，如同她的内心世界，浪漫而丰富多彩。

　　千百年来，如诗如画的李清照，成了无数学子心中，朝思暮想的梦中情人。

　　她对爱情的追求，大胆而炽烈。没有大家闺秀的扭扭捏捏，也没有贵族少女的矜持。

　　她是中国历史上，第一个用笔记录与丈夫情趣生活的女人。也是中国封建史上，第一个自己做主再婚的女人。

　　李清照敢爱敢恨，行似"大大夫"，在她的少女时代，就已显露出来。

　　"绣面芙蓉一笑开，斜飞宝鸭亲香腮，眼波才动被人猜。　一面风情深有韵，半笺娇恨寄幽怀，月移花影约重来。"

　　词中主人翁，不可能是别人，只能是李清照。那个时候，别的女孩子，不会也不敢如此大胆。

　　词中怀春的李清照，既俏皮又可爱，敢于向自己钟情的男子，眉目传情。甚至大胆妄为，"月移花影约重来"。

　　当然，这是诗语，很浪漫的臆想。

　　现实生活中，李清照可不这样。十八岁时，遵父母之命，嫁给了太学士赵明诚。

　　赵明诚聪明好学，一时之俊才。喜好收藏，好考证金石刻词。

　　热爱文学的李清照，嫁给醉心艺术品收藏与鉴赏的赵明诚，自然心满意足，如鱼得水。二人情投意合，生活十分美满。

　　爱情甜蜜的阳光，照在她如花的脸上。虽然告别了少女时代，走进庭院深深的赵府，李清照依然活泼俏皮。在赵明诚面前，一点也没端肃起来。

　　"卖花担上，买得一枝春欲放。泪染轻匀，犹带彤霞晓露痕。　怕郎猜道，奴面不如花面好。云鬓斜簪，徒要教郎比并看。"

新婚的甜蜜，家庭的幸福，让李清照十分惬意。她在《金石录后序》里，有过如下描述，很好诠释二人间的夫唱妇和。

"坐归来堂，烹茶，指堆积书史，言某事在某书某卷第几页第几行，以中否角胜负，中即举杯大笑，至茶倾覆怀中。"

日子和谐而浪漫，任谁都心满意足，何况李清照天性浪漫！

她当然满意了！

"雪里已知春信至，寒梅点缀琼枝腻。香脸半开娇旖旎，当庭际，玉人浴出新妆洗。　造化可能偏有意，故教明月玲珑地。共赏金尊沉绿蚁，莫辞醉，此花不与群花比。"

踏雪寻梅，新浴初妆，共赏金尊。

生活的点点滴滴，都充满诗情画意。使之幸福无比，天天如同花儿般美丽。

惜生活不等于爱情。

花好月圆的日子，并未让女词人享受太久。丈夫终日衙门公干，还经常外出游学。夫妻二人间，自然离多聚少。

在这样的日子里，多情的李清照，难免心生苦闷和悲愁。聪慧颖悟、才华过人的她，只得把满腔思念和情感，倾诉于笔端。

"红藕香残玉簟秋，轻解罗裳，独上兰舟。云中谁寄锦书来，雁字回时，月满西楼。　花自飘零水自流，一种相思、两处闲愁。此情无计可消除，才下眉头，却上心头。"

丈夫不在家的日子，李清照的心里，充满惆怅和落寞。她举目四望，不论是白云、飞雁、明月，还是落花、流水，时时事事处处，都与丈夫联系起来。

这种痴迷的感情，既执着又缠绵，摆脱不开，搁置不下。亦无计可施，无药可治。

这个时候，活泼可爱的小姑娘，不见了踪影；调皮顽劣的小精怪，亦消失在深深庭院。

易安居士髻结高耸，已有了淡淡忧愁，有了美丽的心事，和落花一般的幽梦。

她紧锁的眉头上，一颦一蹙，一震一颤，无不让人揪心，让人刻骨铭心地牵挂。像风中的游丝，萦绕于心，隐隐作痛。

"薄雾浓云愁永昼，瑞脑销金兽。佳节又重阳，玉枕纱橱，半夜凉初透。　东篱把酒黄昏后，有暗香盈袖。莫道不销魂，帘卷西风，人比黄花瘦。"

游学的丈夫，很久没有回家了，连一点音讯也没有。

"佳节又重阳"。不知不觉中，又过了一年。

少夫人孤守空房，"半夜凉初透"。

天下谁能知道，凉透的不是背，而是那颗热气正一点点消失的心？

不要说"暗香盈袖"，不要说失魂落魄，更不要说卷帘西风……此时此刻，借酒消愁的李清照，已瘦比黄花。

瘦削的脸上，没有了昔日光艳的红晕，更没有了无忧无虑的烂漫天真！

女词人写情至此，堪称极至。就像心尖尖上，被插了一针。令人窒息，催人泪下。

两年后，赵明诚风尘仆仆，终于游学归来。

压抑了很久的李清照，自然心喜若狂。一阕《小重山》，抒发了内心深处，不可名状的欢愉之情。

"春到长门春草青，红梅些子破，未开均。碧云笼碾玉成尘，留晓梦，惊破一瓯春。　花影压重门，疏帘铺淡月，好黄昏。二年三度负东君，归来也，著意过今春。"

久别胜新婚。

李清照欢天喜地，愉悦之情跃然纸上。

"著意过今春"。她告诉丈夫，哪儿也别去了。让我们好好享受团聚，认认真真过上一个春天吧！

谁知世事难料，老天偏偏作弄人。

李清照这种美好愿望，竟成了奢望，并未如她所愿。

公公赵挺之，在官场权谋争斗中，失败了。一命呜呼，撒手西归。赵明诚三兄弟,不仅被罢了官,还遭小人百般诬陷,锒铛入狱。后得朋友相助,上下活动,多方营救,赵明诚得以出狱。

丈夫仕途受阻,只好带着李清照,回到青州老家。

过着隐居生活,半耕半读,时间长达十年。

十年隐居,之于赵明诚,是失意的十年。而对李清照来说,却是因祸得福的十年。

它留给女词人的记忆,美好而终生难忘。

"渐秋阑,雪清玉瘦,向人无限依依。似愁凝、汉皋解佩,似泪洒、纨扇题诗。朗月清风,浓烟暗雨,天教憔悴瘦芳姿。纵爱惜、不知从此,留得几多时。人情好,何须更忆,泽畔东篱。"

世外桃源,如此美妙,夫复何求!

然并未"留得几多时"。短短十年,弹指一挥而过。

赵明诚不甘寂寞,又要重返仕途了。

李清照闻之,胆颤心惊。

父亲李格非,官居礼部员外郎,因"元祐党籍"获罪。

公公赵挺之,又因排挤"元祐党人",而官居相位。再与蔡京争权,终致身败名裂。

她深知官场险恶,如老天爷的脸,一会儿晴,一会儿雨,一会儿又是风。

丈夫我行我素,甚至一意孤行,女词人万般无奈。

酸甜苦辣,千般滋味,一起涌上心头。

"草际鸣蛩,惊落梧桐,正人间、天上愁浓。云阶月地,关锁千重。纵浮槎来,浮槎去,不相逢。 星桥鹊驾,经年才见,想离情、别恨难穷。牵牛织女,莫是离中。甚霎儿晴,霎儿雨,霎儿风。"

李清照谆谆告诫,未让赵明诚醒悟,更没让他回头。

她只能以诗抒怀。在《凤凰台上忆吹箫》中,唱起"千万遍阳关",希望挽留住丈夫。

可她深爱的丈夫,还是义无反顾地走了,重新走进北宋官场。

李清照的心，像她美丽的容颜，一天天老去。渐渐变成一口古井，没有了一丝生气。

四

窗前谁种芭蕉树？荫满中庭。荫满中庭，叶叶心心，舒卷有余情。　　伤心枕上三更雨，点滴霖霪。点滴霖霪，愁损北人、不惯起来听。

这个北人是谁？

公元1127年，李清照四十四岁。

中国历史上，发生了著名的"靖康之变"。金兵南犯，北宋灭亡。

兵荒马乱中，李清照只身南渡。一路备受煎熬。

眼见山河破碎，民不聊生，女词人以其过人的才气和锐气，在创作中表达了强烈的爱国抗战愿望，谁知道却遭到了朝中投降派的诽谤和打击。

国破，家亡，丈夫逝世……

接连不断的打击，让李清照的精神，处于了崩溃的边缘。

她成了流落异乡的"北人"，孤苦无助，寄人篱下。

江南多雨，阴暗而潮湿。

李清照时常孑孓一人，孤独地漫步在破败的庭院里。听三更秋雨，五更寒霜。

夜夜枯坐中，家的温暖，丈夫的呵护，早已随风飘散。

唯孤零零一盏青灯，映照着她佝偻的身影。

这盏青灯，弱不禁风。在南宋黑沉沉的夜空，渺小而微不足道。

国家的沦亡，民族的屈辱，生灵的涂炭，个人的不幸，这一系列的变故，自然"愁损北人"。

风住尘香花已尽，日晚倦梳头。物是人非事事休，欲语泪先流。　　闻说双溪春尚好，也拟泛轻舟。只恐双溪舴艋舟，载不动、许多愁。

也曾独守春闺，眷恋离人，"一种相思，两处闲愁"。那种貌似牵肠挂肚的愁，更多的是甜蜜，顶多也只能说是家愁，情愁罢了。

连舴艋舟也载不动的愁，已重如山，深似海，牢牢凝固在她血液之中。挥之不去，驱之不掉。

李清照绝望，绝望到了极点。

此时此刻的她，并非"伪学者"所说的那样，已由一个忧国忧民的词人，变成了一个纯粹的"无助的怨妇"。

无助是真切的，怨妇却不确切。

她所写的一切文字，不再是个人的哀哀怨怨，而是对整个社会的血泪控诉。是当时社会背景，和民众心态的真实写照。

"欲语泪先流"。

她想对谁诉说？

又想说什么呢？

她真的在悲叹个人命运吗？

不，绝对不是！

她是想对上苍倾诉，她是在对天发愁啊！

夜色幽暗，孤独而忧郁。

面对一园清冷，那一缕桂香，仿佛也充满了末日的伤感，和无助的倦厌。使得一向受青睐的桂花和梅蕊，也遭到了李清照的斥责。

　　揉破黄金万点轻，剪成碧玉叶层层。风度精神如彦辅，太鲜明。　　梅蕊重重何俗甚，丁香千结苦粗生。熏透愁人千里梦，却无情。

曾经热衷踏雪寻梅，居然对梅厌恶到了极致。

"梅蕊重重何俗甚"！

究竟是什么原因，让她如此痛苦和绝望？

苦风凄雨中，飘摇的木屋前，一双苍白无力的手，一遍又一遍抚摸冰凉的石栏杆。盘郁在女词人心中的悲愤，顺着曾经美丽而今依然美丽的睫毛，簌簌而下。

寻寻觅觅，冷冷清清，凄凄惨惨戚戚。乍暖还寒时候，最难将息。三杯两盏淡酒，怎敌它、晚来风急。雁过也，正伤心、却是旧时相识。　满地黄花堆积，憔悴损，如今有谁堪摘？守着窗儿，独自怎生得黑？梧桐更兼秋雨，到黄昏、点点滴滴。这次第，怎一个、愁字了得！

天啦，这是种什么感觉？就像要死了，甚至比死还难受的愁啊。

曾经美艳如花，曾经才情横溢，而今如宋室山河，满目疮痍。

一个女人，一个孤独无助的老女人，她愁什么哟？！

秋雨梧桐下，望着灰蒙蒙的天空，她在愁眼前没有路啊。

南宋王朝的懦弱，底层民众的呼号，岳飞辈的悲壮……女词人早已忘却"绿肥红瘦"，早已没有了"东篱把盏黄昏后，有暗香盈袖"。

她遇的孤独与痛苦，超越时空，超越人类，超越天地！

千百年来，没人能读懂她的心！

身处底层，心系高远。

她看到了别人看不到的社会沉疴，她达到了别人达不到的思想境界。

临高阁，乱山平野烟光薄。烟光薄，栖鸦归后，暮天闻角。　断香残酒情怀恶，西风催衬梧桐落。梧桐落，又还秋色，又还寂寞。

果真是千年孤独,万古寂苦!

这就是李清照,这就是李清照心中,永远解不开的愁结!

环顾荒园,只有几只寒鸦,更无相知。

风雨日盛,小园更寂。

回首千年前的雨雾中,时常真切地看到,那位立于秋风黄花中,寻寻觅觅的女词人,亮丽的倩影和孤独的幽魂。

我哭无泪,愿此文化为香烛纸钱,遥祭易安芳魂。

杯中月影照乡还

蜀中青莲的月，是李白一生的魂。

诗人用皎洁月光，酿成诗歌的美酒。醉了美轮美奂的大唐，醉了九万里灿烂河山，醉了先生刻骨铭心的乡愁，还有生前身后，无数敬仰的眼睛。

我时常在想，凡尘人世间，怎会有如此脱俗之人！

真不知您是月神的精灵，还是酒神的化身？

千百年来，盛唐雍容的风，始终猎猎飞扬，呼啦着太白气宇轩昂的衣袂。时而如皎皎月光，时而化为凛冽剑气，在盛唐的天空，恣意纵横舒卷。

公元701年，擅离仙界的太白，不小心坠入盛唐一滴酒香。

天地间，便有了旷达古今的"万丈光焰"，有了全世界文学史上，最高傲的一颗头颅。

台湾余光中先生，有诗盛赞云："酒入豪肠，七分酿成月光，三分啸成剑气，绣口一吐，就是半个盛唐！"

余老酣畅淋漓的诗句，让人读懂了您的高贵，您的澄明，您的风流倜傥。

如果有一天，没有了您肆意汪洋的笑声，一定是连天阴雨，浇灭了月，摧残了花，卷飞了酒。

苦风凄雨中，您睡着了。

一

　　李白，字太白，号青莲居士。公元701年，出生蜀中彰明（今四川江油）。
　　关于李白出生地，向来说法不一，至今仍争论不休。
　　归纳起来，意见较为统一者，有三种说法。
　　除蜀中说外，另外两种说法，分别为中亚碎叶说，和西域条支说。
　　依《新唐书》记载，参考李白族叔李阳冰著述，学者大多趋于蜀中说。
　　李白祖籍陇西成纪，隋朝末年，因战乱迁徙至中亚碎叶城。
　　"以逋其邑，遂以客为名。"
　　父名李客，即为明证。
　　不知什么原因，神功初年（706），李客又举家内迁，居蜀中绵州彰明县。
　　蜀人郭沫若，经年考证认为，李白生于长安元年（701），出生地为中亚碎叶城。五岁时，随家人迁徙昌隆（今江油）青莲，在此生活十多年，度过少年时代。
　　李白少时，好任侠，喜纵横，有浓厚侠士思想。
　　关于李白少年时代，史书记载甚略。说他不喜识字读书，唯迷剑术，几达发狂程度。
　　誉其剑术之高，仅次第一高手裴旻，列全唐朝第二。
　　李白思想奔放，性格放荡不羁。
　　"济苍生，安社稷。"
　　他慕仙道，喜侠客，剑术出神入化，为何没能成为春秋"冯燕"？
　　相传某日，李白在一条山溪边，见老婆婆磨杵成针。
　　他才大彻大悟。
　　"只要功夫深，铁杵磨成针。"

从此后，才管住野性子，潜下心来，发奋识字念书。

李白磨杵溪遇武母事，历来众说纷纭，大抵可视为故事演绎。

宋人郑思肖就认为，后人为拔高李白形象，故意把神话传说，嫁接到了他身上。

郑氏作《百二十图诗》，题云"骊山老姥磨铁杵欲作绣针图"，明白无误地告诉人们，欲磨杵成针的人，不是武母，而是骊山老姥。

骊山老姥，何许人也？

此乃道教神话人物，岂可与少年李白，相遇磨杵溪耶？

如此说来，李白之顿悟，实与武母磨杵无关。恐与之从小结识道家，听过此类"龙门阵"有关。

四川乃道教发源地。自汉末晋初，降至隋唐。昌隆所在绵州，道教一直十分活跃。时至今日，江油窦圌山道观，梓潼七曲山大庙，香火依旧旺盛。

李白生于斯，长于斯。打小跟随大人，去道观烧香拜神，乃必然之事。

小孩子喜幻想，对神仙长生不老术，必定心存向往，也是毫无疑问的了。

李白这种幻想，在日后诗歌创作中，都有所反映。

观太白之诗，清新脱俗，应与这种思想，大有关联。

相传，李白十一二岁时，学堂里的先生，常带他去附近戴天山，和山中道士谈经论道。

到了十五六岁，李白听说岷山深处，有神仙出没。便不顾家人反对，只身进入茫茫大山，寻访神仙。

神仙没被他找着，却遇到了大隐者东岩子。

东岩子乃大学问家，隐居不愿入仕。不仅学问高深，还能训饲山中飞禽。

李白对他很崇拜。

跟随东岩子，隐居岷山中，潜心向他学习。

二人结木而居，饲养了很多奇禽异鸟。这些美丽鸟儿，能听懂人的语言。只要站在木屋旁，撮嘴而哨，就会次第飞落阶前。甚至落于手心，啄食谷物，一点也不害怕。

东岩子训鸟"龙门阵"，被随近山民们，传得神乎其神。

最后连绵州刺史，都来山中看稀奇。

这位刺史大人，见东岩子二人，能指挥鸟儿行动，认定必有道术，推荐去参加道科考试。

二人婉言谢绝。

李白追随东岩子，隐居岷山深处，待了两年多时间，一次也没回过家。直到开元四年（716），赵蕤著就《长短经》十卷后，他才抛弃仙道幻想，离开东岩子，回到现实生活中。

家人十分奇怪，窃以为李白慕仙道，会终生追随东岩子。哪知他却回来了。

赵蕤之《长短经》，何以诱惑如此巨大？

现在的人，谁还知道赵蕤？更别说了解他了。

有唐一代，赵蕤可了不得，乃响当当纵横家。惜受历代帝王打压，思想不传于世。

李白目空四海，唯佩服赵蕤，终生师之。

《长短经》长达十卷，博考六经异同，分析天下形势，透讲兴亡治乱之道，引起了李白极大兴趣。以致让他的思想，来了个一百八十度大转弯，由道家之"遁世"，变成了儒家之"入世"。

从此后，李白逢人便说《长短经》，大谈王道霸业。一门心思想着，如何建功立业，以期报效国家。

开元十三年（725），二十五岁的李白，离开故乡，出蜀游历。

"仗剑去国，辞亲远游。"

古人这种游历生涯，有两个目的。

一是饱览大好河山，增长阅历和见识。所谓"行万里路，胜读万卷书"。

二是游历途中，广交朋友，结识天下英豪。为将来入仕，储备更多"生产关系"。

既已立下报国之志，李白岂肯困死蜀中？

二十五岁的青年李白，满怀豪情，乘轻舟出三峡。两岸青山，一河顺水，青春飞扬，热血沸腾。

当然，也有一丝淡淡伤感。

"峨眉山月半轮秋，影入平羌江水流。夜发清溪向三峡，思君不见下渝州"。

在湖北江陵，李白幸遇司马承祯。

连他自己也没想到，会有如此际遇。

天台道士司马承祯，恩受三代皇帝崇敬。不仅道法高深莫测，而且写得一手好篆，所作诗文，更是飘逸如仙。

唐玄宗李隆基，对他非常尊敬。曾召入内殿讲授经法，还为他专建阳台观，派胞妹玉真公主，随之观中学道。

李白能够见到他，自然十分荣幸和开心。连忙将近作诗文，呈请审阅。

司马承祯久闻白名。见李白器宇轩昂，所作诗文，亦超凡脱俗，便十分欣赏。脱口赞道："有仙风道骨，可与神游八极之表。"

如此高的赞语，竟出自司马承祯之口！

李白闻言，心喜若狂。

历史上，多少才华横溢者，未成名前，想要得到名家指点，就是端起刀头（祭品），也找不到庙门啊。

司马承祯何许人？

乃大唐一代宗师！

他不经意一句赞语，与贺知章赞"谪仙人"一样，都把李白的诗文，捧誉为仙品。

李白兴奋之余，写下《大鹏遇希有鸟赋》。

这篇算不得上乘的赋文，是他最早名扬天下的文章。

赋中，李白以大鹏自居，期望从江陵起飞，从此鹏程万里。

尔后不久，李白自江陵南下，乘舟来到岳阳。当地"文青"慕其名，邀请他和随从，在洞庭湖泛舟赏月。

当天夜里，月明如昼。众人把酒临风，对月当歌。

谁知乐极生悲，和他一同远游的吴指南，暴饮染病身亡。

李白悲痛万分，号啕大哭不止。

"泣尽继之以血"。

那个年代，没有今天的交通工具，更没有便捷的通信手段，一旦旅途中遇事，当事人毫无抓拿，一点办法也没有。

得当地友人帮助，李白把吴指南尸体，暂时殡葬在洞庭湖畔。自己则继续东游，打算游历告一段落后，再回来将尸骨启运蜀中。

一个月后，李白乘舟进入鄱阳湖，来到湖畔之庐山。

在庐山上，李白写下了《望庐山瀑布》，一时名动楚湘。

"日照香炉生紫烟，遥看瀑布挂前川。飞流直下三千尺，疑是银何落九天。"

同年秋九月，李白继续东游，来到了江南形胜地金陵。

"江南佳丽地，金陵帝王州。"

李白天生浪漫，金陵之于他，如梦幻般绮丽。

然虎踞龙盘之金陵，在李白眼里，却是一片衰颓景象，"南朝四百八十寺"的霸气与雄风，早已荡然无存。

秦淮河的风情，金陵子弟的风流，也没有留住李白的脚步。

距金陵不远处，有一座扬州城，乃唐时国际大都会。

世有"扬一益二"之称。

李白来自蜀中，自然多一分亲切，决定在此歇歇脚。

"系马垂杨下，衔杯大道边。天边看绿水，海上见青山。"

谁知病倒淮南（治所扬州），且病得不轻。

卧病之人，尤其病卧他乡时，往往思绪繁杂。

病中的李白，既感叹建功立业希望渺茫，又深怀思乡之苦。

"总为浮云能蔽日,长安不见使人愁。"

得淮南文朋诗友照料,李白痊愈后,继续游历至姑苏。

当年夫差与西施,日夜酣歌醉舞,衍生出许多美丽而忧伤的故事。李白幽古感怀,写下一首《乌栖曲》。

"姑苏台上乌栖时,吴王宫里醉西施。吴歌楚舞欢未毕,青山欲衔半边日。银箭金壶漏水多,起看秋月坠江波,东方渐高奈乐何!"

感时?感史?感怀?

总之,这首咏史诗,最终得到贺知章赞赏,"可以泣鬼神矣"。

姑苏流芳遗韵,固然让李白怀感。现实生活中,美丽单纯之越女,更是让他浮想联翩。

苎萝山下,西施浣纱处。

李白用生花妙笔,一气写下五首越女词,留下一幅幅优美动人的速写。

"耶溪采莲女,见客棹歌回。笑入荷花去,佯羞不出来。"

吴歌越调,软糯甜美,李白陶醉不归。

然放眼吴山越水,依然无报效国家之机。加之囊中羞涩,游历荆楚扬淮间,"不逾一年,散金三十馀万,有落魄公子,悉皆济之"。

李白决定,暂时放弃游历,返回蜀中。

他先到洞庭湖畔,将吴指南尸骨启出,移葬江夏(今武昌),因之结识僧行融。又从僧行融口中,得知诗人孟浩然。

孟浩然虽有才名,尚是一介白丁。李白知其为人后,还是到襄阳拜会了他。

于是,有了著名的五律《赠孟浩然》一诗。

"吾爱孟夫子,风流天下闻。红颜弃轩冕,白首卧松云。醉月频中圣,迷花不事君。高山安可仰,徒此揖清芬。"

孟浩然很喜欢李白,欣赏他的文才和为人,视为亲兄弟。

在孟浩然陪同下,李白来到了安陆。

谁知此次安陆行,成了李白人生拐点。他不仅找了个老婆,也再无机会返回蜀中了。

公元727年春。

"酒隐"白兆山的李白,经好友胡紫阳和马正公撮合,娶前宰相许圉师孙女为妻(史籍未载其名)。

严格意义上说,不是李白娶了许氏,而是当了上门女婿。

在安陆白兆山,李白夫妻生活了十年,育有二子一女。

大儿子名伯禽,小名"明月奴"。

小儿子名天然,小名"颇黎"。

女儿名叫平阳。

有历史学家好联想,依李白儿女之名,判断其出生西亚碎叶城。盖因当时西亚,盛行拜火教和明教,家家都祀天地日月水火。李白二子一女,皆以日月名之,故演绎为学术。

不知读者诸君,以为然否。

二

李白"酒隐"安陆,家庭生活幸福滋润,其乐融融。

许氏乃名门闺秀,又是他第一任妻子。李白十分珍惜,双方感情和谐融洽。

李白有了稳定的根据地,便继续游历天下,欲实现其报国之志。

开元二十二年(734),李白来到楚地荆州,拜谒荆州刺史兼襄州刺史韩朝宗,并写下遭后人诟病的《与韩荆州文》。

"生不用封万户侯,但愿一识韩荆州。"

一生傲岸不羁、才华出众的李白,为实现政治抱负,不得不低下高贵的头颅,极尽阿谀奉承之词,肉麻吹捧一个地方长官。

而且这个地方官员,职位并不算高。

如果谁以此侮辱李白,贬损他的人格,只能说批评者太残忍了。

至少在良心上,应受到谴责。

李白杜甫白居易,韩愈贾岛柳宗元,哪一个没功名思想?又有谁不想出人头地?

孟郊金榜题名时，尚"春风得意马蹄急，一日看尽长安花"。何况皓月千里之李白了！

李白天纵英才，以盛世大唐之开明，读书人为求报效国家，尚且如此卑躬屈膝。中国知识分子容易吗？

他们的追求，不仅不易，甚至还十分可怜。

韩朝宗还算"老实"。知李白人中之龙，也知自己手中权力，无法助其飞黄腾达。就实话告诉他，京师才是龙虎汇聚之地。以你的才华，若能得到天子赏识，定会大展宏图，达你心中所愿。

又私下言于李白，当今天子喜狩猎，每次都带外国使臣同去。向全世界耀武扬威，以威慑邻国。

他甚至建议，让李白以此为题材，精心撰写一篇赋文，想方设法呈天子御览。

经韩朝宗点拨，李白果然精雕细作，用心准备了一篇《大猎赋》。

开元二十三年（735）秋，李隆基率朝廷近臣、外国使节及皇室卫队二百余人，狩猎西郊皇家猎场。

恭候多日的李白，急忙献上《大猎赋》，以期博得玄宗赏识。

李白在《大猎赋》中，尽展生平才华，极力夸赞开元盛世。"大道匡君，示物周博"，"圣朝园池遐荒，弹穷六合"。并在赋文结尾处，宣讲道教玄理，以契合李隆基尚道思想。

李白一厢情愿，欲借此赋打动天子。没想到皇上连看也没看一眼，呼啸着驰马而去。

李白一腔热血，顿时化为一盆冰水。但他并不灰心，坚信"天生我材必有用"。

为达政治目的，在离长安不远处，择终南山而居，以期随时听候天子召唤。

当时大唐帝国，一枝独秀于世。京师长安，亦世界经济文化中心。

李白生活在京师，感同身受，越发激起了为国效力的雄心。

在长安时期，他最先结识玉真公主。献诗云："何时人少室，王母应相邀。"祝愿她早日得道成仙，搔到了玉真痒处。

玉真公主住紫极宫，常邀李白前去，一同谈经论道。

贺知章乃文坛泰斗，向来眼高于顶，自号"四明狂客"。时为太子宾客，却有名无实，忧郁不得志。亦常赴紫极宫，找玉真公主论道闲聊，借以笼络感情，欲大展宏图。

二人不期而遇。

在李白眼里，贺知章官居三品，常侍太子左右，前途未可限量。加上文坛霸主名头，诗文亦让李白心服。

遂呈上新作，请贺"舵爷"指点。

贺知章有贤名，喜李白为人洒脱，谈吐豪放。粗略浏览完《乌栖曲》和《蜀道难》后，连连高呼过瘾。

解下袍带上的金龟，叫下人拿去置办酒食，二人畅饮于紫极宫。

席间，李白尽展才情，谈古论今，滔滔不绝。

贺知章一再被感染，竟脱口赞曰："真谪仙人也！"

天宝元年（742），因玉真公主和贺知章交口称赞，玄宗李隆基"索白诗，一览而慕之"。即诏告进宫。

面圣当日，李白十分激动。

唐玄宗"降辇步迎，如见绮皓"，并"以七宝床赐食于前，御手调羹以饭之"。当问及时事政务时，李白凭满腹经伦，对答如流。

此次觐见，李白自我感觉良好。

玄宗亦视为奇才，大为赞赏。

然不知何故，李白所授官衔，只得"清秘"翰林一职。

"清秘"有名无实，即陪侍皇帝左右，负责起草文告，或为皇上拟写行乐词章。

从此以后，玄宗或宴请，或郊游，李白便寸步不离，赋诗纪实。

即使这样，李白依然凭过人才华，留下《清平调》等宫廷诗作，让世人交口称艳。

其为杨玉环所作三首，尤脍炙人口。

其一："云想衣裳花想容，春风拂槛露华浓。若非群玉山头见，会向瑶台月下逢。"

其二："一枝红艳露凝香，云雨巫山枉断肠。借问汉宫谁得似？可怜飞燕倚新妆。"

其三："名花倾国两相欢，长得君王带笑看。解释春风无限恨，沉香亭北倚阑干。"

这组诗歌，写作难度极大。既要赞美杨玉环倾国倾城之貌，又不能太过迎逢。李白以花喻人，语言优美，又清新自然。从神话、历史、现实三个角度，烘托渲染，把原本俗不可耐的应景之作，写得鲜艳欲滴，满纸生香。

李白遂得玄宗宠信。

同僚十分羡慕他，也十分嫉妒他。

李白呢？

生性放荡不羁，慢慢心生厌倦。"娼优同畜"的生活，让他苦不堪言。

随着时间推移，桀骜不驯的性格，便逐渐显现出来。

"天子呼来不上船，自称臣是酒中仙。"

天下第一狂士，冠之于李白，实不为过。

面对天子，他敢佯狂。喝醉了酒，敢让高力士脱靴！

这股子冲天傲气，丝毫不把权贵放在眼里，必遭同僚嫉恨。

三年后，因管不住嘴巴，说了太多不合时宜的话，被玄宗"赐金放还"。

说得好听点，是顾你谪仙诗名，国家拿钱让你回家。说得难听些，就是将你逐出京城，滚回老家去吧。

李白自己很高兴，总算挣脱了羁绊，驮着大袋金子，屁颠屁颠逃离京城。

短暂的政治生涯，荒唐而可笑。

三

李白天生是个诗人,不是政治家。

京师工作虽然短暂,但他特别在意。

放还民间后,曾多次在大庭广众前,渲染自己是天子书记官,很有一种自豪感。

被"赐金放还",李白早想到了。但失去那份工作后,又甚感惋惜。他始终认为,自己可"济世安邦"。

"申管晏之谈,谋帝王之术,奋其智能,愿为辅弼。……不求小官,以当世之务自负。"(《唐翰林学士李君碣记》)

皇上太扯淡了,怎会授"清秘"闲职?哪怕给个地方官,节度使不行,刺史也可以啊!

李隆基一代明君(当时),召李白入宫,就是为了好玩,压根儿没这方面打算。

他承认你有才,你的才是文才,前无古人后无来者。只配吟诗作赋,只配让他喝酒娱乐时高兴,哪用得着你去济世安邦?

李白没有了机会,无法施展才干。便有了无可奈何的怨气,和一双挑剔的眼睛。

他借酒佯狂,说了许多胡话。那双贼亮的眼,看到了别人看不到的社会危机。

玄宗缔造了"开元盛世",是盛唐辉煌到极致的标志。

在这种光环照耀下,李隆基已不思进取,整日在兴庆宫沉香亭畔,赏梨园鼓吹,看贵妃醉酒,沉湎于欢歌媚态中。

帝国无比繁荣背后,悄悄滋生腐败堕落,许多深层次社会矛盾,已无法调和。

十年之后,爆发了"安史之乱"。不仅葬送了唐帝国的繁荣,也证明了诗人李白天生的政治敏锐性和洞察力。

可在沉香亭畔,花暖酒热之际,谁听得进呢?

李白暗示过唐玄宗,要他提防安禄山。

李隆基并未在意，笑他诗人气质太盛，神经质胡思乱想。

妒忌他的人，捕风捉影。编排他为了杨玉环，和安禄山争风吃醋。这让他很无奈，也很没办法。

李白藐视权贵，看不起高力士辈，也鄙视杨国忠之流，却并不想丢掉饭碗。毕竟生活在长安，出入宫廷，伴随天子左右。

这份荣耀，读书人谁敢奢望，谁不梦寐以求？

尽管有太多不情愿，李白还是且顾且盼，回到了楚地安陆家中。

许氏已经去世。

盘桓一段时间后，李白调整好失落心态，决定再次外出游历。

天宝三年（744）夏，李白背着大袋"赐金"，来到东都洛阳。

与杜甫不期而遇。

时，李白早已名扬天下。

杜甫虽才华横溢，却还是位穷困书生。既无权势也无名气，甚至连生计都成问题。

李白并未端起架子，在杜甫面前倨傲。反而把天子"赐金"，大把大把拿出来，请杜甫喝酒吃肉。

杜甫小李白十一岁，亦"性豪业嗜酒……结交皆老苍"。

面对"诗坛一哥"，绝不一味奉承。

二人萍水相逢。却因有太多共鸣，在平等交往中，两位中国文学史上最伟大的诗人，彼此倾心相惜，建立起了深厚的感情和友谊。

同年秋，二人结伴游梁宋（今开封商丘），偶遇大诗人高适。

高适时亦白丁，尚未取得禄位。

三个旷世奇才，胸怀治国安邦理想，畅游甚欢。

他们借古评今，纵谈天下大势，品诗论文抒发豪情。

三人一路向东，过梁宋，游曹州，览泰宁（济宁）。

杜甫高适二人，腰无分文。一路行止吃喝，全仰仗李白开销。

尤于诗歌创作，多得老大哥悉心指点。

李白当然也有收获,在得到二人友谊的同时,也得到了第二任妻子。

史载:许氏去世年余,李白找了个刘姓情人,并在安徽宣城,重金购置了一套房产,打算和她厮守终身。

谁知这个女人,水性扬花,重利忘义。见李白没有功名,成天撒野骂街,形似泼妇。李白十分失望,愤怒离开宣城。

李白第二个妻子,史书上未载其名。只言白与杜高分手后,独自前往济州(济南),请道士高天师授道箓(道教秘文),正式履行入道手续。

李白成了道教徒,心里很高兴。路过任城时,邀朋友喝了很多酒。

当天夜里,李白酩酊大醉。寂寞中,结识了一位妇人。

两人情投意合,很快结为夫妻。

李白对她很满意,在山东兖州,置下大批田产,构筑"爱巢"。

此后很长一段时间,李白视兖州为根据地,将偌大家产交给妻子,放心四处游历。

足见他对妻子,十分信任。

惜婚后第五年,此女不幸染疾,虽多方医治,仍不治而亡。

李白在山东,无亲无故。只得变卖田产,十分悲切地离开东鲁。

但他举目无亲,也无蜀中亲人消息,一时竟不知向何处去。

正在他茫然四顾时,好友元丹丘,托人带来书信,邀他会稽一晤。

李白接信后,即从任城出发。乘漕运商船,沿大运河直达扬州。

此次莅扬,李白心情坏到极致,毫无"腰缠十万贯,骑鹤下扬州"之慨。甚至一刻也没停留,直接就到了会稽。

贺知章已逝,李白先去凭吊,感怀知遇之恩。

元丹丘知李白心情不好,专门为他设宴洗尘。

李白谢好友一番盛情,可惜姑苏城的美酒,在他的嘴里,已变得又苦又涩。

席间，李白多次停杯不语，暗自神伤。让陪宴之人，唏嘘不已。

不久后，好友孔巢文携崔成甫，也相继来到会稽。

崔成甫和李白一样，皆政治上失意者。两人一见面，就有聊不完的话题。因二人性情相投，遭遇相似，故较之一般朋友，更为默契，友情也更加深厚。

崔李成了知音，同往金陵游玩。同吃同住，情如兄弟。

二人喜灯红酒绿，常泛舟秦淮河。

每次游玩，从不管时间早晚，只要兴趣使然，通宵达旦饮酒狂歌，也是常有的事。

他们怪异的举止，时常出人意表，引得游人诧异莫名。

李白在吴越扬淮间，肆意潇洒了好几年，挥霍掉所有钱财。

这一段生活，真是"五色马，千金裘，呼儿将出换美酒"，喝得昏天黑地，喝得人事不省。

可他哪里知道，"千金散尽不复来"！

唐帝国曾繁盛似锦，歌舞升平。如今却危机四伏，丝毫没有了"盛世"景象。

李白腰无分文，却爱国之情不灭。决计去幽燕（今北京），打探安禄山虚实。

当年宫中所见所闻，他知安禄山必反。

天宝元年（742）春正月，安禄山迁平卢节度使。

时，帝国节度使达10个，镇兵49万人。平卢节度使区，镇兵37500人。

翌年三月，安禄山兼范阳节度使，节度区镇兵91400人。

安禄山身兼两镇，拥兵12万余，约占帝国总兵马30%。

帝国危矣！

李白将所见所闻，做成秘报，飞速传至京师，却"泥牛入海"。

失望之余，为避战祸，他在"安史之乱"前，匆匆离开了北方，辗转流浪中原豫皖。

公元750年，李白在开封城，结识了第三任妻子宗氏。

宗氏乃名门，乃"武"朝宰相宗楚客孙女。

李白和她的结合，颇有浪漫风情。

史料记叙，李白醉酒开封梁园。诗兴大发，挥毫墙壁，写下《梁园吟》："我浮黄河去京阙，挂席欲进波连山。天长水阔厌远涉，访古始及平台间……东山高卧时起来，欲济苍生未应晚。"

据说李白写完此诗后，还在墙角处，酣畅淋漓地撒过一泡尿。然后提起长衫，歪歪倒倒走了。

宗氏在丫环陪同下，来到梁园观光，一下子被《梁园吟》吸住了眼球。当她吟到"玉盘杨梅为君设，吴盐如花皎白雪。持盐把酒但饮之，莫学夷齐事高洁"时，且歌且舞，为李白横溢才华，深深折服。

正当宗氏如痴知醉时，梁园清洁工来到墙前，准备将李白"涂鸦"清洗掉。宗氏大急，怎容忍他人糟踏"圣贤"？

可人家的工作，就是干这个的呀。若不清除墙上"垃圾"，他就不称职。不称职的后果，不仅拿不到工钱，还要被上司"清除"掉！

没有办法，宗氏只好花千金，买下这面墙壁，并派专人保护。

"千金买壁"的佳话，流传了上千年，许多史料都有记载。

历代文人墨客，添油加醋渲染宗氏，吹成才貌全双，堪比文君卓氏。

二人有共同爱好，皆受过仪式的道教徒。拿现在的话说，不仅有共同语言，还有共同信仰和理想。

真是羡慕啊！

李白在花甲之年，再次拥有了"爱情"。

"生命曾可贵，爱情价更高。若为自由故，二者皆可抛。"
信仰这个东西，真是不可理喻。它不仅超越爱情，也超越生命。
公元761年。
李白整天乐乐呵呵，享受着家庭温暖，沉浸在爱的甜梦里。

宗氏却突发"神经病",抛弃了爱情。丢下李白不管不顾,独自追求信仰,到邝山学道去了!

李白傻了眼。

他怎么也弄不明白,情投意合的宗氏,怎么说走就走了呢?

他很伤心。

与宗氏之爱,刻骨铭心,亦惨遭折磨,心灵创伤极深。

从此以后,他视妇人如无物,再没和任何女人有染。

李白压根儿不知道,宗氏对他的感情,有多么深厚。

永王李璘叛时,李白涉案其中。宗氏心急如焚,百般托人施救。若非她伸援手相助,朝廷早以颠覆国家罪,处之以极刑了。

对于宗氏施救事,许多史料都有记载。偏偏是李白这个当事人,好像视若无睹,从未在诗文中,有过只言片语的记叙。

要么诗仙真不知情,要么宗氏离他而去,伤透了五脏六腑。

李白一生,有四个女人。

好友魏颢作《李翰林集序》,述之云:"白始娶于许,生一女二男……又合于刘,刘诀。次合于鲁一妇人……终娶于宗。"

魏颢表面说得明了,其实又留有悬念。

刘氏是谁,无根无据,孤独独一个姓。"鲁妇"又是谁,居然连姓也没有。

文中两个"合"字,世人便不难明白,李白与二者的结合,定是浪漫大师的"浪漫"之作。

诗人自己不肯说,别人不好明说罢了。

四

天宝十四年,"安史之乱"爆发。

范阳节度使安禄山,突起兵反唐,以迅雷不及掩耳之势,接连攻克东西两京。洛阳和长安,相继沦陷。

唐帝国统治,遭到沉重打击。从此由盛转衰,再没有缓过劲来。

为逃避战乱，李白孤身一人，远避长江下游，暂居九江庐山。

"安史"叛军如狼似虎，兵锋所向披靡。

养尊处优的唐军，节节败退，大片国土陷入敌手。

唐玄宗吓得屁滚尿流，携杨贵妃远逃蜀中。

李亨时为太子，在建宁王李倓、广平王李豫支持下，决定留在北方，竭力抗击叛军。

公元756年1月，李亨率征讨大军，向朔方地区挺进。一路收编溃逃唐军，很快聚集十万人马。

帝国三军统帅郭子仪，转战河北。副统帅李光弼，征讨山西。三部兵马，齐心协力，很快收复两京。

同年7月。

李亨领兵抵灵武（宁夏灵武），随从官员与朔方官员，合力劝进，拥戴李亨登上皇位，是为唐肃宗。

李隆基远在蜀地，尊为太上皇。

新皇帝一即位，各地勤王之师，望有所归，战有所为。一下子找到了旗帜，纷纷向他靠拢。

李白虽隐居庐山，远离北方战场，但他并未泯灭报国之心。

时，永王李璘（肃宗胞弟）东巡。见北方战局好转，未征得肃宗同意，也起兵讨伐安禄山，很快占领长江中下游地区。

李璘起兵，纯属投机，欲战后"分羹"。

李白不知实情。接到永王召幕邀请，以为大展宏图机会来了，立即欣然投奔。

受李璘邀请者，尚有诸多江南名士。萧颖士、孔巢文和刘晏三人，也在其中。三人婉言谢绝邀请，未到永王军中报到。

李白入幕永王，政治上特幼稚天真。

在他心目中，只要有利于帝国（讨伐叛军），就可以放手去做。想也没想过，还需要谁来批准。

国家兴亡，匹夫有责，这话一点没错。错在"匹夫"们，没按规矩和程序办事。

李白们永远弄不明白,这里面究竟有何玄机。

他的天真和幼稚,让他背上叛国罪名,差一点丢了老命。

李白是个纯粹的人,实不知政治为何物。

翻晒这段丑闻,非揭李白之短。是想弄清他是否叛国,干了啥助纣为虐的事!

从现存李白文稿中,于李璘事最熟悉者,莫过于《永王东巡歌》了。

也许拍砖的专家会说,李白为掩饰丑行,在病重整理遗稿时,早把歌颂李璘的诗稿,或拥戴他称帝而代撰的"伪诏",一一清除掉了。交给族叔李阳冰刊刻的诗文,就成了现在干干净净的版本了。

其实非也。

我们不妨反过来想,若李白真罪大恶极,肃宗会让其诗集流行于世?更何况诗集中,还有《永王东巡歌》十一首。

如"砖家"臆想成立,以统治者铁腕扼杀,李白之名能否传存于世,尚且是个大问号,更不用说他的诗了。

后人读不到他的诗,哪会知《永王东巡歌》?不知《永王东巡歌》,怎知李白罪涉叛国?

《永王东巡歌》,为李白入幕永王后所作。借永王东巡之名,实抒一心报国之情,丝毫没有鼓动永王自立意。

李白时年五十六岁,应召入永王幕府,以为找到了实现理想的舞台。自然踌躇满志,意气风华。"奋其智能,愿为辅弼。"

现摘录两首,以正视听。

其一:"试问君王玉马鞭,指挥戎虏坐琼筵。南风一扫胡尘静,西入长安到日边。"

其二:"三川北虏乱如麻,四海南奔似永嘉。但用东山谢安石,为君谈笑静胡沙。"

《永王东巡歌》十一首,皆盼王师早复失地,帝国重振雄风的佳构。

若李白心存异想,是政治野心家。他不会光明磊落如斯,更不会有如此开阔胸怀。

李白入幕永王,真实目的何在?

逐一分析《永王东巡歌》,可一窥究竟。

诗中李白,以东晋名臣谢安自喻,无功名之心。

谢安曾隐居东山,后被晋孝武帝起用为相。淝水一战,弈棋谈笑间,以弱胜强,使东晋转危为安。

李白隐居庐山,永王李璘三请出山,与谢安确有相似处。

他渴望在永王军中,得到谢安般重用。遂将西晋刘曜乱政、前秦苻坚南侵,比喻"安史之乱"。又以淝水大捷设喻,希望自己手握重兵,在帝国平叛的战争中,为国"静胡沙"。最后像鲁仲达一样,功成身退。

《永王东巡歌》十一首,这一思想贯穿始终。

丝毫没有拜相封侯之念,更谈不上叛国之罪了。

"安史之乱",祸起萧墙。唐帝国烽火四起,民不聊生。

李白有报国之志,渴望建立不世功勋,有哪门子错啊!

时人和世人,对他入永王幕府,却多有诟病。认为他想当官想疯了,居然投身叛军之中。

李白一介诗人,怎知永王军是叛军?

古往今来的政客,抑或御用文人,有谁真正了解过李白?

诗人一生仰慕鲁仲达,前后写了十四首诗,赞美他功成隐退的操行。"所冀旄头灭,功成追鲁连。"

鲁连即鲁仲达,战国时齐人。有大功于赵,却始终不肯受赏。又因义退燕兵,保全聊城,有功于自己祖国。仍不愿接受官爵,退而隐居。

又诗云:"南风一扫胡尘静,西入长安到日边。"

"南风"者何?

李白譬喻南方永王军,望李璘率军扫尽胡尘,西入长安扈驾(日是皇帝的象征)。哪有怂恿永王叛国?

有的是勤王扈驾，是"谈笑凯歌还"的豪迈，是功成名就的隐退。

也许永王广揽人才，确实别有用心，他不仅要扫胡尘，还要与李亨争天下。

但即使李璘真这么想，李白作为幕宾，也不可能知道啊。

公元757年10月。

唐肃宗回到长安，即兴师问罪。大举讨伐李璘。

问责永王未经请示，擅自用兵东南。罪涉颠覆国家，等同叛国！

永王很快兵败。

李白不明不白，入了天字大牢。

后经友人斡旋，宗氏全力施救，虽免了死罪，仍以叛国罪孽深重，被朝廷流放夜郎（今贵州安顺）。

李白年已垂暮，闻讯流放夜郎，乃重罪之"长流"，将一去不复返。不由悲从中来，忧伤地吟道："夜郎万里道，西上令人老。"

乾元二年（759），李白沿长江西行。

船至巫峡时，朝廷因关中遭遇大旱，宣布大赦天下：死囚从流；流囚以下全部赦免。

李白被赦免无罪，心情何等欢畅。一年来的郁闷心情，顿时一扫而空！

当即手舞足蹈，写下著名的《早发白帝城》。

"朝辞白帝彩云间，千里江陵一日还。两岸猿声啼不住，轻舟已过万重山。"

欢快的心情，似浪尖轻舟，一日千里。

李白因大赦无罪，成为自由之身。

短暂兴奋之余，又满脸愁苦。因腰无分文，又居无定所，只得投靠友人度日。

此后三四年间，终日奔波在江夏、宣城和金陵三地，寄人篱下讨食。

上元二年。

李白已年逾六旬，因病返回金陵。

四顾无亲，只得投奔李阳冰，到族叔家"乞食"为生。

李阳冰时为当涂令，乃白唯一可寻"亲人"了。

第二年春天，李白病情加重。

他流着老泪，将手稿托付给李阳冰，提笔写下《临终歌》后，一代诗仙便与世长辞。

终年六十二岁。

关于李白之死，历来众说纷纭，莫衷一是。

概括起来有三种：或醉死说，或病死说，或溺死说。

醉死说见于《旧唐书》，载李白饮酒过度，醉死安徽宣城。

病死说亦多见于正史。

载李白获赦归，闻故人李光弼，东镇濠州临淮（今安徽凤阳）。不顾六十一岁高龄，前往请缨杀敌。希望在垂暮之年，为国效劳。因病未至临淮，中途返回金陵。次年春上，病死族叔李阳冰家。

李阳冰乃篆书名家，此说有较翔实记录。历代专家学者，多采纳之。

至于溺死一说，则多见于民间，极富浪漫色彩。

传李白至当涂，江上泛舟饮酒，因醉入水中捉月而亡。这个美丽的传说，很符合诗人性格，民间流传甚广。以至小说家演绎成戏文，天下传唱。

五

李白去世了。

像一颗熠熠生辉的大星，拖曳着万丈光焰，划过八世纪朗洁的夜空。光耀大唐，辉映千秋。

李白是胡人吗？

他究竟出生在哪里？

杨贵妃宫闱绯闻主角，是安禄山，还是李白？

他让高力士脱靴，是蔑视权贵，还是抬高身价"作秀"？

观古鉴今，但凡绝世名（伟）人，多少都有些"秘密"，让人们争论不休。或思想或性格或生活，总之褒贬不一。有的长期遭人诟病，生前身后落下骂名。

李白乃公认天才，中国诗坛一哥地位，至今无人撼动。

然今人有所不知，唐人多种诗歌选本，都未选他的作品。

高仲武的《中兴间气集》，姚合的《极玄集》等等，凡十余种选集，不仅未选李白诗歌，序言中还多有不敬之语。

李白性格狂放不羁，思想纤尘不染。

那些迂腐的、功利的、心胸狭窄的诗评家，或诗选家，在李白面前，尤显得渺小。犹如一只蚂蚁，爬到大山前，它怎可见到雄伟的大山？！

"蚂蚁"不选白诗，缘及蚁眼不及寸光，丝毫不损李白声誉。

宋人邵博，在《闻见后录》中认为，李白好似一个神话人物。他朋友圈里，不仅有杜甫、高适这样的文士；也结识了郭子仪、李光弼这样的豪杰；更有东岩子、司马子微这样的"隐逸之士"。

他通古博今，学究天成。

从未见过的西域画，他匆匆一览后，即说出画中人物迦叶佛，并详道生平。让人匪夷所思。

更让人称奇者，渤海国送来国书，满朝文武无一能识。他却侃侃而谈，十分流利地翻译出来。

李白一生，从未到过渤海地界，凭什么认识这种"蛮文"？

果如贺知章所言，白乃"谪仙人"吗？

邵博就十分不解，叹曰："浮屠知僧伽，醉眼识蛮文……银汉星何渺，太白谪仙人？"

李白是否"仙人"，一点也不重要。难得他比别人敏锐，于诗歌，于事物。

明代钱塘人瞿佑,在《归田诗话》中,记载了李白沉香亭侍酒一事。

妃衣褪,微露乳,以手扪之曰:"软柔新啄鸡头肉"。禄山在旁续对云:"滑腻如凝塞上酥"。帝续之曰:"信是胡儿只识酥",不怒反以为笑。白大醉而出:"谬戾如此,天下安得不乱?!"

惜李隆基一生圣明,晚年却老糊涂了。

安禄山年过四十,大杨玉环十多岁,却甘当"干儿"。时常让干妈做"浴儿礼",通宵达旦欢歌于后宫。

唐玄宗看不见。

安禄山恃宠逞强,不仅倨视满朝文武,连权倾天下的杨国忠,也不放在眼里。

唐玄宗也看不见。

李白天生眼尖,看得清清楚楚。

他向皇上进言,安禄山必反。

别人撇嘴一笑,只道他与安禄山争风吃醋,以此为由头排挤他!

唐玄宗更加糊涂,认为"胡儿"憨厚,从未把安禄山放在眼里。

李白一介"清秘",所奏乃"x"事,更不会放在心上了!

只在寻欢作乐时,才会想到李白,让他写些新词佐酒。

从此以后,李白便"醉"了。醉得十分厉害,常借酒佯狂,故意找人出气。

高力士成了倒霉蛋,为他脱靴的故事,茶客们每每摆起,总笑得喷茶。

《旧唐书·文苑下·李白传》载:沉香亭畔,唐玄宗召见李白,让他为杨玉环填写新词。

李白酩酊大醉,斜躺在椅上。含含糊糊地说:"刚才宁王请我喝酒,现在已醉得不行了。希望陛下允许我不拘小节,微臣才能把诗写好。"

唐玄宗丝毫不介意:"没事,没事,你只管写就是了。"

李白乘了酒性,提笔欲写。

突又像想起什么，伸出一只腿，对高力士说："劳您大驾，帮我把靴脱掉，硬邦邦碍我发挥。"

小小一个"清秘"，敢让高力士脱靴？

高力士得玄宗宠信，擢右监门卫将系，知内侍省事。一人之下，万人之上。李白算啥东西？！

高力士正要发火。

玄宗却不以为忤："唉呀，不就帮他脱靴吗？小高子，搞快点。"

皇帝的话，就是圣旨，哪个敢违抗？

李隆基不耐烦了，随便一句"搞快点"，吓得高力士哈巴狗一样，忙伏身上前，帮李白脱掉那双臭靴子。

李白佯装舒服，伸了伸懒腰。嘴里打着酒嗝，挥毫狂舞。

《清平调》流光溢彩，首首活色生香。

杨玉环读了，满心欢喜。

一边拱在李隆基怀里，欢快地撒着娇，一边向李白抛媚眼。

见"小蜜"笑得花枝乱颤，玄宗知玉环痒处，被李白搔着了。连浮三大白。吩咐高力士，赏李翰林大堆银钱。

李白凭卓绝才华，赢得美人欢心，还得了大笔赏钱。更让讨厌的高力士，在众人面前丢了脸。一时占尽沉香亭所有风光。

高力士呢？

依旧一副恭顺模样，心里却恨死了李白。

开元一朝，高力士虽为太监，却是玄宗最宠信近臣，权势炙手可热。

史载："若附会者，想望风采，以冀吹嘘，竭肝胆者多矣。"

帝国大员如宇文融、李林甫、杨国忠、安禄山、高仙芝一干人，皆"因之而取相高位，其余职不可胜纪"。

连李唐宗室成员，都惧怕他三分。

太子李亨，与他称兄道弟。诸王、公主，称他为"阿翁"。至于驸马之辈，则称其为"爷"。

李白胆大包了天！

他选高力士为对手,作为提升形象和声誉的"政治赌注",很符合他一贯风格。

要弄就弄一条大鱼。

按不住,让"鱼"拱翻在地,那是活该。

李白的真实想法,就是要让天下人知道,声名显赫的高力士,都为咱脱靴子,看谁还敢轻视我!

这么做很高明,却冒着极大风险。

高力士不是蠢货,四方进奏文表,必先过目。小事自行裁决,大事择序上奏。

唐玄宗曾说:"力士当上(值日),我寝乃安。"

李白逞能,让高力士脱靴,图一时之快。却为此付出惨痛代价,政治上终生不得志。

以李白天纵之才,终不得玄宗重用。明眼人都知道,吃了高力士暗亏!

关于这一点,史料记载详尽。

李白《清平词》写得好,甚得唐玄宗赏识。

高力士则言于杨玉环,称李白将之比赵飞燕,没安好心。

杨玉环一听解释,心里就来了气。原来赵飞燕名声不好,李白以之比拟,有暗喻"胡儿"淫乱之嫌。

怎一个"狠"字了得!

李白不死,也肯定脱层皮!

李白和杨贵妃间,有无特殊关系,姑且不论。至少杨贵妃不讨厌他,甚至还很欣赏他的文采。这方面史料,翔实可信。

这下好了,杨玉环为求遮丑,也为了自保。哪管他诗仙,还是诗鬼?

大美人不停吹枕边风,说李白种种不是。

唐玄宗对李白,原本欣赏有加。经杨玉环一捣鼓,自然打消了重用念头。始终让他做个"清秘",而且一干就是三年。

李白政治上不得志,但他炒作自己,本事委实不小,开了艺人"作秀"先河。

　　大诗人炒作自己，本想捞点政治资本，没想到却捞得"狂徒"虚名，一生引以为恨。

　　千年前的唐帝国，政治开明，生活时尚。

　　然封建礼教约束甚严，若非如此，以李白之才貌双全，定会像今日之"快男超女"，迅速蹿红中华大地，拥有大量"粉丝"！

　　元人辛文房，编著《唐才子传》，很好诠释了李白"作秀"后的影响力。

　　"力士脱靴"之事，很快传出宫中，达到了"作秀"目的，让诗人名声大振。

　　李白被赐金放还，酒醉途经华阴，竟从县衙前骑驴而过。

　　华阴令闻讯大怒，命捕之于公堂，欲问"过官衙不下驴"之罪。

　　李白被逐出宫门，正憋着一口恶气，哪把华阴令放在眼里？醉醺醺狂言道："曾令御手调羹，龙巾拭吐，贵妃捧砚，力士脱靴。天子门前，尚容走马，华阴县里，不得骑驴？"

　　李白真醉了。

　　高力士脱靴是真，其他"壮举"么？呵呵，就太离谱了，根本没有的事。

　　但小小一介县令，怎辨"宫事"真伪？少不了点头哈腰，陪千百个"不是"。

　　这件事一传十，十传百，大诗人"不事权贵"之名，就传遍了天下。

　　李白出了名，想结识他的人，越来越多。

　　请吃请喝，送钱送物。甚至大老远跑来，追随左右者，也大有人在。

　　关于"追星一族"，可谓源远流长。人不论男女老少，地不分东西南北，古今皆然。

六

公元2010年，岁在庚寅。

月近中秋，满庭桂香。

白露之夜，手捧一册《太白集》，盛唐那一河酒香，又肆意飘洒天地间。

  君不见，黄河之水天上来，奔流到海不复回！君不见，高堂明镜悲白发，朝如青丝暮成雪！人生得意须尽欢，莫使金樽空对月。天生我材必有用，千金散尽还复来。烹羊宰牛且为乐，会须一饮三百杯。岑夫子，丹丘生，将进酒，杯莫停。与君歌一曲，请君为我倾耳听。钟鼓馔玉不足贵，但愿常醉不复醒！古来圣贤皆寂寞，唯有饮者留其名。陈王昔时宴平乐，斗酒十千恣欢谑。主人何为言少钱？径须沽取对君酌。五花马，千金裘，呼儿将出换美酒，与尔同销万古愁。

这是诗吗？

它不是诗，它是诗仙之魂！

李白诗歌里，天生一股浩然之气。可与云天比高低，誓与时间拼轮回。

后世"白粉"，谁不慑服？！

观李白之诗，不论写景、状物，还是抒情；也不论怀古、思乡，还是忧国。始终有一股浩大之气，在字里行间汹涌澎湃！

然只论章法严密、用典巧妙、对偶工整，李白未必比他人高明，甚至不如他人。

倘若如此，岂不同流于高仲武姚合辈，连一首"工整"的"白诗"，也选不出来了。

他们选的是诗吗？

那是"僵尸"，毫无生气的"僵尸"！

范传正是大学者,与李白同时代。不止一次夸赞过:李白的诗歌中,有一股回天荡地之气。

史载:李白病逝后,草草葬于龙山东麓,距当涂城南约十里。

元和十二年(817),范传正过当涂,会同县令诸葛纵,将李白墓迁葬青山。亲撰《唐左拾遗翰林学士李公新墓碑》碑文,记述迁葬经过和原委。

碑文记载甚详。涉李白家世、出生地、晚年景况,以及思想、创作、性格特征。对研究其人其诗,有十分重要的意义。

范传正说得好:"受五行之刚气,叔夜心高;挺三蜀之雄才,相如文逸。瑰奇宏廓,拔俗无类。"

气的宏大壮阔,乃盛唐文化显著特点。

尤以李白诗歌为最。

其气奇,其气逸,其气壮。

他的每一首诗,都显示出卓尔不群的气骨,变化万千的气象,移山倒海的气势!

李白诗之"奇气",一在超凡的创造力,一在丰富的想象力。

许多诗歌形象,出人意表而不可思议。既令人惊讶,又让人叹服不已。

他的创作之路,独一无二,只属于自己。别人想学,也学不了,更学不会。

前无古人,后无来者。

    狂风吹我心,西挂咸阳树。(《金乡送韦八之西京》)
    雁引愁心去,山衔好月来。(《与夏十二登岳阳楼》)
    半壁见海日,空中闻天鸡。(《梦游天姥吟留别》)

李白想象自己的心,随时可离开身体,飞向茫茫天地间。

或随狂风,或随大雁,去见海日,去闻天鸡。

世间平常之景物,到了他的笔下,就有了新的创造,新的意象，新的生命。

李白诗之"逸气"，源于极度热爱自由。

他的诗风飘逸不群，他的行动放荡不羁，他的思想纵横天地。可九天揽月，可五洋捉鳖。"笔落惊风雨，诗成泣鬼神"。

　　大鹏一日同风起，扶摇直上九万里。（《上李邕》）
　　长风破浪会有时，直挂云帆济沧海。（《行路难》）
　　巨灵咆哮擘两山，洪涛喷流射东海。（《西岳云台歌送丹丘子》）

源于自由，渴望自由，追求自由，使李白诗歌之意象，变幻莫测，常常出人意表。

《大鹏赋》说得明白："岂比夫蓬莱之黄鹄，夸金衣与菊裳？耻苍梧之玄凤，耀彩质与锦章。既服御于灵仙，久驯扰于池隍。精卫殷勤于衔木，鹧鸪悲愁乎荐觞。天鸡警晓于蟠桃，踆乌晰耀于太阳。不旷荡而纵适，何拘挛而守常。未若兹鹏之逍遥，无厌类乎比方。"

他自比大鹏，扶摇直上九天。

不愿做黄鹄与玄凤。二者虽贵为仙羽，却丧失了"自我"，没有一点自由。

唯有大鹏鸟，可无拘无束，自由翱翔。

这种热爱自由，追求自由的思想，在李白山水诗中，表现得异常突出。

他笔下咆哮愤怒、一泻千里的江河，奇险挺拔、高耸入云的峰峦，皆这种思想的真实体现。

李白诗之"壮气"，表现为强烈的自信。

这种自信，首先根植于盛唐。

李白所处时代，始终有一种精神，昂扬向上。有一种高贵，无比自信。

正是整个中华民族,昂扬向上,才培育了诗仙李白,乐观自信,豁达旷朗。

　　天生我材必有用,千金散尽还复来。(《将进酒》)
　　落花踏尽游何处,笑入胡姬酒肆中。(《少年行》其二)
　　兴酣落笔摇五岳,诗成啸傲凌沧洲。(《江上吟》)

在人生道路上,李白有过迷茫,有过徘徊,有过失意,有过痛苦。但从未消沉过。

1050首传世佳作,就是明证!

千载后的今天,读来仍热血沸腾。懦者勇敢无畏,强者勇往直前。

李白也写过愁。愁颜,愁心,愁肠……

将之与同时代诗人,比一比,和晚唐、五代抑或宋人,比一比。他的"愁",绝非锁在小楼深院中的闲愁!

就算李白的愁,有忧伤的成分,那也是强者的悲愤,英雄的呐喊!绝无一丝一毫"小我"的哀鸣。

李白的愁是"万古愁"。

可以被狂风吹散,化为一川咆哮;也可以被乡愁牵去,化成一地寒霜!

李白诗歌中,时常透出伟大的高贵。甚至有史料记载,他"不能屈身,以腰有傲骨"。

当然这是演绎。

李白视权门如粪土,以桀傲不驯的风骨,向一切庸俗事物挑战,人格高可凌云。

　　松柏本孤直,难为桃李颜。(《古风之三十二》)
　　安能摧眉折腰事权贵,使我不得开心颜。(《梦游天姥

吟留别》）

　　黄金白璧买歌笑，一醉累月轻王侯。（《忆旧游·寄谯郡元参军》）

　　李白一生为人，既不肯冯谖般"弹剑作歌"，"曳裾王门"。也不肯与低俗为伍，始终保持"自我"独立。
　　这是士大夫的节操，也是李白其人其诗，最具魅力的地方。
　　李白诗歌恢宏豪迈，有气吞山河、包蕴日月的大气象。
　　在大自然面前，他不是顶礼膜拜者，俨然大自然主人。自然界万事万物，都是他的佳宾，或至亲好友。

　　五岳为辞锋，四海作胸臆。（皮日休《七爱诗》）
　　阳春召我以烟景，大块假我以文章。（《春夜宴桃李园序》）
　　吾将囊括大块，浩然与溟涬同科。（《日出行》）
　　举手可近月，前行若无山。（《登太白峰》）

　　在李白心中，君山可以铲去，洞庭湖月色可以赊来。
　　黄河咆哮万里，流到哪儿去了？
　　诗人说"奔腾到海"。
　　非也，它流进了诗仙博大的胸怀！
　　李白诗歌的气势，如果用"磅礴"来比喻，一点也不贴切。
　　他的诗歌，不仅有磅礴的"大气"，更有奔腾的"涌动"！
　　《蜀道难》大气磅礴，一气呵成。又回旋往复，不能自已。
　　《将进酒》如万里黄河，奔腾不息，咆哮如雷。但又回肠荡气，九曲婉转！
　　清诗评大家叶燮，著诗论专题《原诗》，云："李白天才自然，出类拔萃……非以才得之，乃以气得也。……苟有气以鼓之，如弓之括力至引满，自无可坚。此在彀率之外者也。……历观千古诗人,有大名者,舍白之外,孰能有是气者乎?"

叶燮对李白的褒扬,夹杂着个人偏爱,话说得绝对,但十分中肯。

观天地广大,唯有李白,当得如此评价。

世誉李白为"诗仙",横空出世于盛唐,像一股席卷千军的狂飙,又似惊天动地的万里雷霆,带着呼啸而来的神威,以摧枯拉朽的力量,震慑着、征服着同时代的读者。

千百年来,也震撼着、陶醉着天下万千"白粉"!

大江东去千古风流

一

　　明月几时有，把酒问青天，不知天上宫阙，今夕是何年？我欲乘风归去，又恐琼楼玉宇，高处不胜寒，起舞弄清影，何似在人间。　　转朱阁，低绮户，照无眠。人有悲欢离合，月有阴晴圆缺，此事古难全。但愿人长久，千里共婵娟。

　　幼时求学，师者乃前清老学究。常教诲诸同袍弟子，词有豪放、婉约之分。
　　言豪放，必论苏轼辛弃疾；说婉约，多谈柳永周邦彦。
　　苏轼原本蜀人，在夫子们眼里，倒成了纠纠关西大汉。彻头彻尾一狂士，手执铜琵琶铁绰板，只会唱"大江东去"！
　　似乎没有柔情，更没有儿女情长。
　　余曾以此阕，请教于先生。豪放乎？婉约否？
　　先生始沉思，继而摇头，终一言不发而去。
　　后来学识渐长，每每吟哦此词，总想起清代诗评家程洪。
　　对于苏轼之作，程洪评论甚多。唯论《水调歌头·明月几时有》一语，让人折服。
　　"自是天仙化人之笔"。
　　程氏之论，表面在评苏轼之词，实则在说他这个人。
　　如果先生真是天仙，必让人敬而远之。他既肯"度人"，就少不了人间情怀，七情六欲俱全。

食人间烟火之苏轼，自然就真实真切，也可爱了许多。

千百年来，无论达官显贵，还是贩夫走卒，设若论及先生，恐没有不喜欢他的人。

人如其词，既豪放又婉约，既旷达又多情。像梦中的兄长，率性洒脱，宽厚风趣。

与佛印对诗戏谑，与诗友唱和玩闹，无不真情流露，让人感到亲切、真实、可敬。

史上诸多文学大家，传存于世者，多为文学本身。

屈原的苦闷，李白的飘逸，王维的禅静……顶多是一幅绝妙的平面画。

苏轼则不同。

他的才情旨趣，思想道德，呈现于世人者，乃全方位的展示，深层次的展现。

先生率性达观。

从"大江东去"的豪迈，到"聊发少年狂"的洒脱，无不体现了这种真性情。

现实中的苏轼，命运坎坷多蹇，仕途一谪再谪。

然何曾气馁过？

总是阳光灿烂，很投入地热爱生命，享受生活。

即使颠沛流离，即使居无定所，先生之"家"，也充满着温馨和情趣。

"人有悲欢离合，月有阴晴圆缺，此事古难全。但愿人长久，千里共婵娟。"

风雨无助中，蕴含旷达和疏朗，正是先生有别于他人，独享"天地人和"的高明之处。

失意融入自然，苦楚化为春风。时时"乘风归去"，事事一笑了之，始终表现出一派平和、旷达、浪漫与从容。

世可无天下人，但不可无苏轼。

观一部中国史，没有谁可比拟先生。他不但活在高贵的诗词歌赋中，至今还活在老百姓生活里。

他做的肉，叫"东坡肉"；他烧的鱼，叫"东坡鱼"；他沏的茶，叫"东坡茶"；他酿的酒，叫"东坡酒"；他用的砚，叫"东坡砚"。

先生之高贵，乃"阳春白雪"，让人高山仰止。

然下里巴人里，也可处处觅其踪影，更能充分说明，先生高可凌云的品格，已布满时空，根植于世人之心。

历史上还有谁，能像苏轼一样，让老百姓记住他呢？

他是一位生命的哲人，生活的智者。人们不仅喜欢他的诗词文章，更喜欢他的生活情趣。

陶渊明太清白了，他的心境诣趣，非一般人能够触及；李白太飘逸了，直若天外飞仙，让人可望而不可即；杜甫太沉重了，饮不尽生活苦酒，谁愿患难与共；韩愈太高贵了，权位高高在上，几人能忝列其中？

只有苏轼，让人看得见，摸得着，实实在在感觉得到。他才华横溢，冠绝当世。前不见古人，后不见来者。他之才情，汪洋肆溢，让人喜欢，心甘情愿顶礼膜拜。这种喜欢，是发自内心的喜欢，绝无丝毫勉强成分。

儒家喜欢他，治学严谨，张弛有度；道家喜欢他，天人合一，洒脱逍遥；佛家喜欢他，仁厚宽爱，悲天悯人；读书人喜欢他，才华横溢，文采灿烂；评论家喜欢他，开豪放派"一代词风"，奠婉约派"一代词宗"；画家喜欢他，妙笔绘《潇湘竹石图卷》；书法家喜欢他，泼墨挥毫《黄州寒食诗帖》；老百姓喜欢他，骨子里的人情味；史家喜欢他，刚正不阿，光明磊落。

唯官家忌恨，朝廷排斥。

也曾身居高位，但屡遭贬谪。先生之于得失，始终宠辱不惊。

这种人格魅力，已演化为一种精神。千百年来，这种精神不灭，是读书人的旗帜，也是人生旅途的灯塔，指引照耀着后来者，顺境奋发向上，逆境顽强打拼。

二

苏轼，字子瞻，又字和仲，号东坡居士，眉州眉山人。

公元1037年降灵，1101年谢世。

嘉祐进士。

宋神宗时，任礼部员外郎。反对王安石新法，而求外职。先后任杭州通判，知密州、徐州、湖州。后涉乌台诗案，以"谤讪朝廷"罪，贬谪黄州。

宋哲宗时，朝廷召回京师，任翰林学士，官礼部尚书。

先生行文，恣意汪洋，文风明白畅达，尊居"唐宋八大家"。与父苏洵，弟苏辙，并称"三苏"。在中国文学史上，占有十分重要的位置。

政治上虽属旧党，但多有改革弊政之举。

然世人所喜，非如此苏轼。所喜者，乃先生诗词歌赋里，鲜活灵动的苏轼。

先生所作诗文，意境旷达高远，纵横恢宏。

笔者虽为先生同乡，甚至自诩为"知音"，却未曾真正读懂过苏轼。

近十年来，偶发诸多琐事，于得失取舍间，才慢慢明白些许道理，读到了先生词外之意。我开始走近他，了解他。倾听他内心独白，和许多不为人知的故事。每每于灯下，与先生一起喜，一起怒，一起悲，一起乐，甚至悄悄流泪。为先生，亦为自己。

苏轼一生，命运多舛。

少年苏轼，家庭出身不错，殷实而富有教养。

父亲苏洵，乃当世散文大家，蜀学领袖。母亲程氏，有一定文化，且深明大义。

苏氏一族，乃蜀中名门。

苏轼受家庭熏陶，从小勤奋好学，博通经史。十三四岁时，已成一方才俊。

时，北宋朝歌舞升平，号称"百年无事"。经济文化，十分繁荣。

然现实际况，却不容乐观。

外有强敌辽、夏，虎视眈眈。内有豪强，兼并社会财富，百姓怨声四起。

改革呼声，在帝国领导上层，渐次高涨。

北宋王朝貌似强大，却似暴风雨即将来临，表面风平浪静，实则处处旋涡。整个社会惴惴不安，人心惶惶。

苏轼饱读经史，满脑子"经世济民"。时值国家多事之秋，从小立誓以身许国，欲展鸿鹄之志。

青年苏轼，初入仕途，踌躇满志。二十一岁那年，苏轼随父进京，参加礼部会试，深得主考欧阳修赏识。后经殿试策论，与弟苏辙，同科进士及第。一时名噪京师。

当朝仁宗帝赵祯，见了兄弟二人文章，亦赞不绝口。

"朕又得二宰相之才"。

依当朝典制，苏轼授职外任，官河南福昌（今伊阳县西）主簿，正九品衔。即将赴任之际，母亲程氏突病故。苏轼悲痛欲绝。匆忙回乡丁忧，而未前往就职。

嘉祐六年，苏轼二十六岁。

应中制科考试，即通常所谓"三年京察"，以"贤良方正直言极谏"，入第三等（入三等者全国仅有四人）。授大理评事，签判凤翔府，从此步入仕途。

这个时期，苏轼胸怀浩浩之气，以雄文豪词目空天下。

壮年苏轼，负济世安邦之志，却仕途不畅，奔波往返于朝野。

凤翔三年期满，苏轼返京，差判登闻鼓院，又授直史馆。

时，帝国积贫积弱，国势日衰。王安石奉旨，推行新法。

苏轼地方任职，长达三年，深知种种时弊。然思想保守，虽有变革之意，却与王安石之新法，存在较大分歧。

他坚决反对剧变，抵制"过急"之举。接连上书神宗皇帝，公开诽谤"新法"。

苏轼书生意气，冲天放一大炮。

本欲炮打王安石，却因不明就里，打中了神宗皇帝！

明眼人都知道，王安石虽贵为宰相，实无革新之胆。之所以强推新法，神宗才是变法主谋。

苏轼不识时务，难免招致祸殃。

政治投机者们，乘浑水摸鱼。高举变法大旗，公开声援王安石，拥护朝廷新法。

苏轼便倒了血霉，从此受到打压和排斥，再也没有了翻身之日。

惜苏轼旷世奇才，空有一腔报国热情，却无施展才华的平台，连一丝机会都没有。

晚年苏轼，外放地方，颠沛流离。

神宗熙宁四年，为避身祸，苏轼请求外任。先后任杭州通判，知密州、徐州和湖州。

此八九年间，苏轼辗转迁徙。每到一处，皆尽其所能，为百姓做些善事。兴修水利，赈济灾民，减免租税……深受民众爱戴。

先生虽为地方官，却时刻不忘朝政。新法过于急进，实施难免弊端百出。

苏轼"不敢默视"，却苦无进言之道。故"托事以讽"，写了许多感言诗文。被何正臣、舒亶、李定之流，弹劾为"包藏祸心"，"指斥乘舆"。

知湖州时，已遭人弹劾。先生还蒙在鼓里，毫不知情。仍然去乡下，视察灾情。途中，突被"皇差"逮捕。以诽谤朝廷罪，移交御史台治罪。

先生不肯认错，受尽诟辱和摧残，差点丢了性命。

幸得大宋立国者赵匡胤,定有不斩大臣规矩,加之朋友多方营救,终得以脱罪。

王安石变法,于公于私,于法于理,都不容他人反对。

苏轼虽然脱罪,官衔却由从五品,降为从七品。

有史家还说风凉话,若非王安石开恩,苏轼何得黄州团练副使职?

史载:苏轼入狱后不久,王安石退休金陵。或许良心发现,以前对他太过残酷。故上书直言:"安有圣世而杀才士乎?"

乌台诗案走向,因王安石"一言而决"。

然这个鸟团练副使,啥卵差事?

据考,宋之各级团练,为地方练兵机构。州之团练使,相当于今州武装部部长。

有宋一朝,团练使都为闲官,何况副使乎!

苏轼谪居黄州,虽有官职,却无官权。任上,不得签押公事,成了官饷闲人。宋制,如此处置官员,近似于流放。

从此后,先生闲居黄州。

他的生活、思想、创作,由此发生深刻变化,影响巨大而深远。

生活上,因薪水不丰,经济较为困难。自个儿在居所东坡上,开荒躬耕,以补家用。并自我解嘲,号东坡居士。

思想上,因壮志未酬,心中无比苦闷。

一方面,经世济民思想,根深蒂固,始终搁置不下;另一方面,又闭门思过,探寻佛道思想,以求解脱。

先生之内心争斗,激烈而复杂。思想因之更加深邃,视野也更加空阔。

创作上,因思想剧变而沉静。文章立意,更加高远,行文更加大开大合。

先生闲赋任上,有了更多时间,交友游历创作。

雄伟的山川,淳朴的民风,温暖的亲情(友情),不能忘怀现实的壮心，使之传世佳作迭出。这些作品，或雄健豪放，或清淡旷远。黄州之于先生，乃一生创作最高峰。

元丰八年，神宗驾崩。

哲宗继位后，高太后临朝，政局发生巨变。

为安定局面，高太后紧锣密鼓，大量启用旧党人物，全面废除新法。史称"元祐更化"。

苏轼闲赋数年后，再次被朝廷重用，任命为起居舍人、中书舍人、翰林学士知制诰。

时，司马光为相，全盘否定新法。

先生秉性"不合时适"，主张对于新法，应"参用所长"，不应"矫枉过正"（《辩试馆职策问札子》）。

这种注重时弊，求真务实之精神，和耿直刚毅的态度，与旧党产生严重分歧。

司马光死后，苏轼即遭旧党排挤，再次请求外任。

十六年后，苏轼又官杭州。先生十分感叹。

"江山故国，所至如归，父老遗民，与臣相问。"（《杭州谢表》）

再次官杭，先生依然如故，不改勤政爱民本色。

开浚西湖，兴建医坊，赈济灾民……赢得颂声一片。

朝廷顺应民意，诏召先生还京，授职翰林学士。

以先生之大才，奉旨入朝后，本应有所作为。然苏轼态度顽固，在全盘否定新法问题上，始终不与旧党合作。于是乎，再次遭人诬陷，官职也一贬再贬。

公元1093年，高太后死，新党纷纷复辟。

新党"遗孽"重新崛起，已放弃新法精神，将打击"元祐党人"，作为执政重点。大批旧派人物，遭到无情打击。

王安石变法，具有伟大历史意义。然这场政治运动，最终蜕变为党派之争。

苏轼"是旧非旧，似新非新"，不可避免成为党争牺牲品。

绍圣四年。苏轼年逾六十，再次被贬，以琼州别驾虚衔，谪居昌化军（亦称儋州）。

名为贬谪，实则充军。

当时之海南岛，地处天涯海角。境况荒凉，生活极端艰辛。先生初来乍到，一切都很难适应。

"食无肉，病无药，居无室，出无友，冬无炭，夏无寒泉。"（《与程天侔书》）

苏轼虽已年迈，又如此际况，却不戚个人忧患。

他奖励农耕，传播文化，破除陋习，大力培养地方人才。

环境艰辛，心境颇佳，世间快活人也。

先生亦如是。

从不自暴自弃，也不怨天尤人。品尝每一滴生活甜蜜，直到最后赦还。

先生思想旷达，随遇而安。文学创作上，又出现第二个高峰。

这一时期，先生的诗文，已达另一境界：返璞归真，诗风恬淡超拔。

谪居海南三载，成为苏轼最后人生锦绣。

三

苏轼一生，命运坎坷多蹇。

在别人眼里，他的生活，一定很郁闷，至少不会很愉快。

实则不然。

苏轼是个欢喜人，天性旷达疏朗。不论在朝在野，还是当官为民，皆能随遇而安。

世人尊崇苏轼，除开创作成就外，恐为其主因吧？！

观先生超凡人生，何以有如此境界？

人们常说，如梦人生。先生喜庄周，偏说人生如梦。

千百年来，"人生如梦"者，几人能梦醒？几人真逍遥？

"庄生晓梦迷蝴蝶"。

庄子之后,魏晋文人厌世遁逸,多感叹人生如朝露,"生命苦短,去日不多"。

李白梦游天姥,大发千古感慨,"世间行乐亦如此,古来万事东流水……使我不得开心颜"。

唯有苏轼,从生命意义的深度,和生命存在的广度,去感悟去探索人生奥秘。生活态度积极向上,没有丝毫颓废、消极的人生思想。

皆缘于先生,精研佛道,又未陷入其中。不佛不道,来去自如。

儒家讲究入世,佛家提倡出世,道家追求遁世。三家思想融为一体,汇聚于先生骨子里。

他好道慕隐,独善其身。对得失视若无睹,对修为却看得很重。

这种佛道哲学,与先生浓郁的文人精神,相互碰撞,相互渗透,从而造就了他,乐观积极向上。

观两宋文人,于儒佛道三者,刻意追求合一。最为成功者,非飘逸洒脱的苏轼,而是严谨固执的王安石。

但谁都会承认,三者结合最自然的人,一定是苏东坡。

王安石之于佛道,始终怀有敬畏心理,敬仰佛道的节操、经义、生活方式。

苏轼之于佛道,则是一种欣赏心态。欣赏佛道的超然、逸致,和生命形式。

二者心态不同,达到的效果,自然不一样了。

苏轼较之王安石,更得佛道要义。

他所领悟的境界,才是真正意义上,佛道劝化世人的本质所在。以儒家精神担纲,以佛家精神悟理,以道家精神解脱,使得苏轼自我完美。

在顺境与逆境的变更中、在现实与虚幻的转换中、在思想与生命的碰撞中，得到有机的融化、整合与统一。从而达到激情洋溢、身心浩阔、逸然超脱、自我完美的人生境界。

坡翁"人生如梦"，非一时感悟而得。而是他人生旅途中，长期思想沉积的成果。

《宋史》记载，说东坡少年时，即迷庄周。

"既而读《庄子》，叹曰：'吾昔有见，口未能言，今见是书，得吾心矣。'"

小小年纪读《庄子》，竟"得吾心矣"。

难道先生之"仙根"，乃与生俱来？

青年苏轼，老庄思想渐浓。

人生到处知何似？应似飞鸿踏雪泥。泥上偶然留指爪，鸿飞那复计东西。老僧已死成新塔，坏壁无由见旧题。往日崎岖还记否？路长人困蹇驴嘶。

先生这首诗，充满初入仕途的迷惘。然也不难看出，已有了"人生如梦"的雏形。

待他初贬黄州，写下《定风波》时，"人生如梦"的思想，已然完全成熟。

莫听穿林打叶声，何妨吟啸且徐行。竹杖芒鞋轻胜马，谁怕？一蓑烟雨任平生。　料峭春风吹酒醒，微冷，山头斜照却相迎。回首向来萧瑟处，归去，也无风雨也无晴。

许多评论家认为，苏轼谪居黄州，是他思想和文学两方面，迈进成熟的里程碑。应该不无道理。

一贬黄州。

苏轼也曾迷茫，有过消沉。

总希望昔日好友，到黄州来看看他，哪怕寄一纸书笺也好。

东风未肯入东门，走马还寻去岁村。人似秋鸿来有信，事如春梦了无痕。江城白酒三杯酽，野老苍颜一笑温。已约年年为此会，故人不用赋《招魂》。

朋友们来没来，今人已不得而知。
人走茶凉，恐怕必然的事。
先生却很洒脱，自个儿苦中作乐。他理解友人的冷漠，也看淡了世态炎凉。

雨洗东坡月色清，市人行尽野人行。莫嫌荦确坡头路，自爱铿然曳杖声。

二贬惠州。
先生已波澜不惊，能够淡然面对现实。
朋友来看他，固然心中所愿。不来看他，也无所谓。
多么平常的事啊。
就好像吃饭喝酒，想吃想喝，就多吃喝一点。没有心思，则少饮少吃，甚至不吃不喝。
有什么呢。
君不见东坡先生，居然在闲日里，津津乐道起惠州荔枝来了么？

罗浮山下四时春，卢橘黄梅次第新。日啖荔枝三百颗，不妨长作岭南人。

三贬儋州。
先生早已返璞归真，给人以出尘的感觉。
先生心里，不仅容得下他人，也容得下"自己"了。

尘世芸芸众生，一生都在角力，与天斗与地斗与人斗。最后醒悟了，将一切包容在肚里。

但恐怕做不到，亦能包容"自己"。

谪居儋州，先生做到了。

在善待他人的同时，也学会了善待自己，包容自己。

> 总角黎家三四童，日吹葱叶送迎翁。莫作天涯万里客，溪边自有舞雩风。
>
> ……身外傥来都似梦，醉里无何即是乡，东坡日月长。

果真人生如梦么？

非也。

佛道思想之旷达，成了苏轼的精神支柱。有了这根精神支柱，他才有了热爱生活、爱惜生命的理由。

先生无限热爱生命，珍惜生命，反而让他在灾难塞途中，增添了生命的灵慧，也增添了洞察人生、感悟人生的敏锐和机趣。

经历种种磨难，苏轼非但没有消沉，生活却教会了他，去珍爱每一点滴快乐。在阴暗的日子里，很随意地活出一派天真，一派精彩。

这份随意，不是谁都能够拥有。非大贤大智者，不能窥其奥妙。

先生的天真与精彩，能不让人喜欢吗？

四

苏轼一生从政，混迹官场数十年，鲜有政绩。

何也？

非先生缺少政治才干，实乃朝廷用非所长。

纵观苏轼从政史，唯贬任地方官时，偶尔能听到百姓颂扬声。至于帝国济世安邦，根本就没他的份。

苏轼有德无才？抑或有才无德？

恐绝非这般简单。

《宋史·苏轼列传》言："比冠，博通经史，属文日数千言，好贾谊、陆贽书。"

先生初入朝时，宰相韩琦十分器重，向仁宗皇帝大力举荐过他。"轼之才，远大器也，他日自当为天下用。"

韩琦甚至认为，只要朝廷重点礼遇他，天下之士"莫不畏慕降伏"，定会团结在他身边。

大宋何愁无人可用？

如此高的评价，苏轼之仕途，貌似一派光明。

然他的政治造化，却远不如老师欧阳修。甚至不如王安石，连司马光都不如。

这不是苏轼没才而无为，也非他有才就能为的问题。

封建帝王家天下，才是问题关键。

苏轼有治世才，但他生不逢时。正因为如此，先生也激愤过。

他曾在《御试制科策》中，大胆进言道：

"夫天下者，非君有也，天下使君主之耳。陛下念祖宗之重，思百姓之可畏，欲进一人，当同天下之所欲进；欲退一人，当同天下之所欲退。今者每进一人，则相与诽曰：是进于某也，是某之所欲也。每退一人，则又相与诽之曰：是出于某也，是某之所恶也。臣非敢以此为举信也。然而致此言者，则必有由矣。今无知之人，相与谤于道曰：圣上在上，而无天下之所以不尽被其泽者，便嬖小人附于左右，而女谒盛于内也。为此言者固妄矣，然天下或以为信者，何也？徒见谏官御史之言硁硁乎难以入，以为必有间之者也。徒见蜀之美锦，越之奇器不由方贡而入于官也，如此而向之所谓急政要务者，陛下何暇行之？臣不胜愤懑，谨复列之于末。"

谁不钦佩先生？

表面上看，在议论朝廷如何用人，实则教导当朝皇帝，该如何做人。

简直狂言滔天！

开篇即言，天下非皇帝老儿天下，暂时让您管一下。

天下人高兴了，宋皇帝能高兴？

宋皇帝不高兴，肯定不喜欢你！

然各类史书古籍，又多次提及仁宗、神宗二君，皆称"轼为天下奇才"。

放着天下奇才不用，难道不怕天下士寒心么？

仁宗、神宗二帝，还算有道明君，当然不做这种蠢事。

他们会给苏轼官做，而且是很大的官。但都是闲官，不是修史就是编志。

啊，原来所谓明君，仍然器量狭小，还记着当初策论呢！

天下都说你有才，那也是文才，而非济世安邦之才。

让你撰史编志，人尽其才，岂不正好！

苏轼苦笑不语，他果真只有文才么？

任徐州太守时，洪水泛滥，黄河决堤，大水直捣徐州城。城中大富人家，争相逃避。

苏轼认为，富人外逃，必定引起居民恐慌。民动则时局乱。局势一旦失控，后果无法想象。

苏轼当机立断，亲赴军营，动员禁军抗洪。

宋制，禁军由皇上指挥，知州无权调动。

苏轼情急，百般晓以利害。

"河将害城，事急矣，虽禁军且为我尽力。"

禁军众将士，为太守精神所感动。

"太守犹不避涂潦，吾侪小人，当效命。"

徐州数万军民，在他调度下，齐心协力，全力修筑防洪长堤。

防洪堤长达十二里。沿护城河修筑，从戏台楼到南码头，皆黏土木石夯筑，外砌条石斜坡。首期长六里半，大水退后，续筑五里半。

史称"东南长堤"。

时,大雨日夜不停。

为安定民心,苏轼将办公地点,直接搬到新筑长堤上。

徐州数万军民,见太守如此从容镇定,哪还怕什么洪水呢?!

人人奋勇,个个争先。

"东南长堤"工程,筑得又快又坚固,成功避免了大洪灾。

在这次抗洪抢险中,苏轼六过家门不入。这样的领袖才能,这样的领袖风范,深得徐州百姓爱戴。

其行其表,恐令今之"公仆"汗颜吧?

初任杭州时,当地旱灾十分严重。病疫横行,百姓民不聊生。

先生心急如焚。

连夜上书朝廷,请求减免米税。翌日,即发放灾粮,赈济饥民。

第三日视察毕,不顾手下劝阻,动用库存黄金五十两,加上募捐的二千钱,开办医馆,为百姓治病。

史载:"活者甚众。"

杭州湾为帝国粮仓,全得益于西湖灌溉。

苏轼到任月余,发现灌溉水系,年久失修,且淤泥堵塞。便以政府之名,组织广大民众,对西湖进行大规模疏浚。

所启淤泥甚众,垒筑成长堤。堤上广植花木,以利民众通行和赏玩。百姓感先生恩德,称为苏公堤。

苏堤春晓,三潭印月,六合夕照,并称西湖胜景鼎甲。

明人高濂,曾著《苏堤桃花》,大赞游人春日赏览苏堤之盛。

"六桥桃花,人争艳赏,其幽趣数种,赏或禾尽得也……又如芳草留春,翠烟堆锦,我当醉眠席地,放歌咏怀,使花片历乱满衣,残香隐隐扑鼻,梦与花神携手巫阳,思逐彩云飞动,幽欢流畅,此乐何极!"

《宋史·苏轼列传》,尤赞扬有佳。

"轼二十年间再莅杭,有德于民,家有画像,饮食必祝。又作生祠以报。"

苏轼之德,德配春秋。中国百姓善良,人人心明如镜。谁有恩于民,谁就是人民大救星。

以苏轼之才,终未得大用。"轼不得相",让后人很是鸣不平。

有史家曾戏言:"轼乃天下之至公也,岂可为一人之相焉!"

话虽洒脱,却有几许无奈,几许酸楚。

倘若大宋江山,非宋皇帝一人之江山,苏轼是否当得宰相,依然是个未知数。但至少史家不会说这种心里堵得慌的话。

又或真让苏轼作相,中国文学史上,说不定就没了坡翁这号人物。岂不无聊至极?

千百年来,人们喜欢苏学士,哪管他是否"为相"!

遍查史籍,之于苏轼的记载,其实并不多。民间演绎的许多故事,实为喜欢他的另一表达方式。

五

苏轼身着朝服,出入庙堂,人们未必喜欢。"峨冠多髯"者,畅游天地间,必喜欢也。

苏轼一生坚信儒学,始终致力"修身、齐家、治国、平天下"。

当"治国"理想破灭,"齐家"又不可能时,"修身"就成了先生唯一生存理由。

世道沧桑,人生巨变。曾让他精研佛、道,苦苦追寻生活、生命的真谛。

然而,他信佛吗?信道吗?

信!

他在另一个层面,另一种思想中,寻找寓寄和超脱。

但苏轼不是佛教徒,也绝不是道教徒。

佛印是先生好友,对于佛的理解,较之苏轼要深刻得多。

苏轼与之交好，思想多少会受到影响，但绝不会触及灵魂。

　　远公沽酒饮陶潜，佛印烧猪待子瞻。采得百花成蜜后，不知辛苦为谁忙。

佛家有很多戒律，其中最重要一条，就是"戒杀牲"。
二人在干啥？喝酒吃肉！
苏轼对佛的态度，由此可见一斑。
"酒肉穿肠过，佛祖心中留。"一切随其自然，方可"立地成佛"。
晚年的东坡居士，对"道"已产生怀疑。
李白曾为得道，绕道观疾走三昼夜。苏轼笑他"痴呆"，认为"道"虚无缥缈，看不见也摸不着，乃诓骗村夫俗妇的把戏。
一个人到了晚年，往往胆怯。出于对生命的敬畏，很自然疑神疑鬼。先生则不然，愈到晚年，愈留恋从前。
"夜来幽梦忽还乡，小轩窗，正梳妆。"
越活越天真，越活越美妙。
南宋李清照，千古词坛一女妖，十分敬佩先生。
"东坡每事俱不十分用力。古文、书、画皆尔，词亦尔。"
好一个"不十分用力"！
易安之语，简洁精妙！既说先生为文，更赞先生为人。
"不十分用力"，而成大家者，放眼天下，除了先生，别无他人。
"不十分用力"者，又是先生真性情。
设若事事斤斤计较，时时处心积虑，处处谨小慎微……那还是目空天下、俊逸旷达、卓尔不群的苏大学士吗？
坡翁书画俱佳，词文并雄。
后世论《黄州寒食诗帖》，誉为继王羲之《兰亭序》、颜真卿《祭侄稿》之后，"天下第三行书"。

他自己则说:"我书意造本无法,点画信手烦推求。"

这种信手点画,就是"不十分用力",自然而至妙化之境。

先生喜肉爱酒,正是率性真性情。大量传世佳构中,总让人闻到酒香和肉香。

在《东皋子传后记》里,他这样形容自己:

"予终日饮酒,不过五合。天下之不能饮,无不在予下者。然喜人饮酒,见客举杯徐饮,则予胸中为之浩浩焉,落落焉,酣适之味乃过于客。闲居未尝一日无客,客至未尝不置酒。天下之好饮亦无在予上者。"

先生说得很幽默,称终日饮酒不过五合,天下没有酒量比自己差的。又说自己好客,天下没人能像他一样,真正好酒的。

酒量浅而爱饮,饮而不上瘾,这不是苏东坡是谁?

"酒饮微醉,花看半开。"

实得饮酒之妙。

更可称妙者,先生自己不饮,陪一旁看朋友徐徐饮酒。心中"浩浩焉,落落焉"。

文中所言,"未尝一日无客"。

这个"客",不是官场旧交,那些势利之徒,早已不相往来。

来陪他喝酒的客,多是开酒店的、开药铺的、卖小菜的市井小民。

东坡饮酒,不是借酒消愁,更非醉生梦死。有客人来,就置酒相待,这是他的礼节。

但他也说假话,喜欢看客人饮酒?!

东坡一生嗜酒,怎会"忍嘴待客"?只有一种可能,就是手头拮据,没有多少余钱买酒。故而不可能与客人一同狂饮。

然而这一切,好面子的东坡先生,便以"喜人饮酒",来掩饰生活上的窘迫。

唐宋两朝,经济昌盛文化繁荣,娱乐业亦十分发达。士大夫们闲得无聊,多有招伎陪酒习俗。每有宴席,主人必召之以助酒兴。席间，或红袖添香，或轻歌曼舞。

先生生性倜傥，也不是假卫道士。生活在那个时代，不会也不敢脱俗。每每赴宴，少不了多情女子，慕名索要诗词。先生往往乘了酒性，不加拒绝一应准允。

据不完全统计，东坡一生，竟为歌伎写了一百八十三首诗词。

优伶诗词虽属闲赋，然从另一个侧面，较真实反映了宋时底层市井生活。

卫道士们却假装正经，据此诟病先生，"轼狎玩昵词"，有伤文德。

然观一百八十三首诗词，东坡先生"色而不淫"，绝少淫词浪语。唯有高尚情操，和文人的雅正。

《定风波·南海归赠王定国侍人寓娘》，历视为先生淫词铁证。

> 常羡人间琢玉郎，天应乞与点酥娘。尽道清歌传皓齿，风起，雪飞炎海变清凉。　万里归来颜愈少，微笑，笑时犹带岭梅香。试问岭南应不好，却道：此心安处是吾乡。

一个"酥娘"，一个"皓齿"，就让人意淫了什么？
岂不让世人全变了瞎子更好！

谁都看得出，先生非写寓娘，借壳而矣。"心安即是家"，才是诗的主旨。

"每事俱不十分用力"，非东坡对事不认真，而是他"心安"，故而"理得"。

先生因时时"心安"，事事"理得"，总是不急不躁，不温不火。表现出超凡脱俗的从容，自信，洒脱。

六

若写苏东坡,谁也绕不开王安石。

说来真是奇怪,坡翁的倒霉事,似乎都和王安石有关。

"乌台诗案"制造者,李定、舒亶、何正臣,历视为王安石"朋党"。

"苏粉"连带王安石,整整骂了一千年,势必继续骂下去。

上千年的旧事,谁能说得透彻?

谁准备把它说透彻?

但凡喜欢坡翁的人,对王安石重用"小人",多有贬损之词。更有甚者,连王安石本人,也被骂成了"奸邪"。

且不论"君子"是否高尚,也不管"小人"多少可恶。先说一说王安石,为何要重用"小人"。

古往今来,社会发展中,最难的是什么?

肯定是体制变革。

今日尚且如此,千年前王安石变法,自然阻力重重!

朝野内外,支持者寥寥。

不要说没人支持,你无法改革。就是上面有人支持,而没人执行你的政令,这改革能否进行下去,都是个未知数。

遑论成功?!

王安石得神宗支持,生杀大权在握,又有变革雄心,必定广罗"人才"。

投奔他的人中,难免龙蛇混杂。

当他推行的改革,遭遇到反对派顽强阻挠时,"小人"们总有一些解决"高招",甚至"妙招",帮他渡过难关。

"不管白猫黑猫,抓着耗子就是好猫。"

这个道理很浅显,人人都明白。可那么多"苏学者",为什么视而不见呢?

"猫们"有能耐,王安石为何不用?

苏东坡与王安石，皆欧阳修学生，可谓同门师兄弟。

二人同朝为官，理当和睦相处。

苏轼对于新法，一开始颇为支持，后因"急缓"之争，上"万言书"反对变法，招致贬谪。

但他并未与师兄作对，被贬黄州后，还向王安石推荐过秦观。

王安石死时，司马光为相，特申请"赠太傅"。

坡翁受司马光之托，亲自撰写《制词》，为王安石能否"赠太傅"，大唱赞歌。

细思前因后果，苏东坡斥王安石，非为他，实政见不同耳。

"……或首开边隙，使兵连祸结；或渔利榷财，为国敛怨；或倡起大狱，倾陷善良；其为奸恶，未意悉数。而王安石实为之首。"

话说得尖刻，也很难听。

涉及王安石人品了吗？

没有，一丝一毫也没有。

苏王两位先贤，皆高洁士，前人多有评述。

明人姜南著《半野村人闲谈》，对此论述甚详。

苏子瞻自黄州移汝州，未至汝，上书自言："饥寒有田在，常愿得居之。"朝奏夕报可。道过金陵，见王安石曰："大兵大狱，汉唐灭亡之兆。祖宗以仁厚治天下，正欲革此。今西方用兵连年不解，东南数起大狱，公独无一言以解之乎？"安石曰："二事皆惠卿启之。安石在外安敢言！"子瞻曰："在朝则言，在外则不言，事君之常礼耳。上所待公者非常礼，公所待上者岂可以常礼乎？"安石厉声曰："安石须说。"观东坡大狱大兵之言，虽有所激于中，然汉唐之祸，诚在于此。逐君子、困生民，亦以此败者，宋也。公之言，可谓有益于国家者矣！

古人尚有如此见解，今人何敢妄自揣度？！

观坡翁论变法，确实"有益于国家者矣"，丝毫无骂街之词。

真不知"奸邪"妙论，如何炮制得来？

"苏粉"们越这么说，越显得坡翁不厚道了。

苏轼反对新法急进是实，并非看不起王安石。先生所作《制词》，便是明证。

"浮云何有，脱履如遗……进退之美，雍容可观。"

先生在《制词》中，极力赞美王安石，不眷恋权位，毅然隐退，人格高洁凌云。

再说"君子"与"小人"。

不否认，李定之流，确有小人行径。

"新法"反对派们，亦大肆攻击李定，"母死不守孝"。

不孝忤逆子，怎么能够当官！

李定，何许人？

"少受学于王安石，登进士第，直言无诳语。"

他曾对谏官李常，言及王安石青苗法："民便之，无不喜者。"

又对王安石说："定但知据实以言，不知京师乃不许。"

李定上述话语，至少说明一个事实。朝中确有强大保守势力，在阻止新法推行。

百姓拥护青苗法，天下尽人皆知，京城居然不许说。

何等恐怖！

至于不孝之事，实乃强加之词。

李定不知生母是谁，养母仇氏去世时，依例可不回乡丁忧。

何来"母死不守孝"一说？

"尝以父年老，求归侍养。"

在朝中当官，正风生水起，却虑老父年迈，欲辞官回乡侍养。由此说来，李定非忤逆子，还是个不错的孝子呢。

为何弹劾苏轼？

政见不同，仅此而矣。

李定乃王安石学生，政见一脉相通。苏轼诽谤新法，他支持谁？

苏轼下狱后，李定十分惋惜。"轼真奇才也。"

既然"直言无诳语"，李定所言，当是真心话。

李定因弹劾苏轼，弄了个"小人"来当。但他却是个清廉之人，少有的大清官。

《宋史·李定列传》言，其"家无余赀"，"死之日，诸子皆布衣"。

他的过错，究竟是什么呢？

史书上说得好，因王安石而得官，又因弹劾苏大学士，而遭"众人恶之"。以至"不孝"之名，天下人尽皆知。

"同党"舒亶，却是个孝道典范。

当地方官时，一酒徒因醉酒，追打自己母亲。舒亶闻讯，令衙差强扭至班房，亲手将其宰杀。

从才干上讲，舒亶乃当朝状元。王安石用他，实乃情理之中，一点也不过分。

这就怪了，反对派为何不捧他，大孝子嘛。

说穿了，心态作怪。

你当改革急先锋，可以。弹劾苏轼，不行！

前面一条，口头说的话，心里绝不会这么想。后一条理由，是幌子。反对派骂你，因你是急先锋，鼓噪新法。

有了苏轼这个幌子，他才骂得理直气壮。

"小人"何正臣，声誉并不坏。"仁而好施"。

九岁赐进士出身，不知历史上有几人？

何正臣能入围"九岁进士"，足可以证明他的才华。

人品不错，又有才华，怎么成了"小人"？

王安石所用者，皆一时之才，仍被斥为"奸邪"。

何也？

时人恶其新法，世人太爱苏轼了！

以至不分青红皂白，凡是新党人物，一律斥之为小人。

"乌台诗案"，谁也不是赢家。说到底，乃两个大文人的悲剧。

苏东坡之人品，高风亮节；王安石之人品，一样炳彪千秋。

介甫诗云："不畏浮云遮望眼，只缘身在最高层。"

东坡诗云："不识庐山真面目，只缘身在此山中。"

二人互为政敌，可悲。

七

以苏东坡之才，而无苏东坡之功，实在是历史的误会。

然历史永远公允，不因他无皋陶之功，而掩盖其闪耀千秋的光芒。

"其体浑涵光芒，雄视百代，有文章以来，盖亦鲜矣。"

中国只有一个苏东坡。

他多才多艺，才华横溢，深厚广博；

他思想敏锐，感悟透彻，而又亲切厚道，情趣盎然；

他清高孤傲，飘逸不群，而又谦虚谨慎，郑重庄严；

他热爱生命，率真自然……"上可陪玉帝，下可伴乞儿"。

他本是天仙，却甘愿来到人世。

人们喜欢"大江东去"的苏东坡，喜欢"把酒问青天"的苏东坡，喜欢"一蓑烟雨任平生"的苏东坡，更喜欢"浓妆淡抹总相宜"的苏东坡！

苏东坡，真的很喜欢你。

为你，看轻天下人！

骋容与兮跐万里

一

"江山如此多娇，引无数英雄竞折腰。惜秦皇汉武，略输文采，唐宗宋祖，稍逊风骚……"

词作者毛泽东，堪称一代伟人，是中国乃至世界现代史上，叱咤风云的政治家。一生胸怀寰宇，目空四海。但论及汉武大帝刘彻时，却多有溢美之词。

国人历来崇尚英雄，能得到毛泽东青睐，并一一评说的人，并不多见。词中所列诸君，谁不是历史上响当当的英雄豪杰！

那么刘彻呢？是否配得这个称谓？

历代史家对于刘彻，评价众说纷纭。

《史记》《汉书》和《资治通鉴》，堪称中国最权威的三部史书。三书之编撰者，因不同的时代背景，以及各自不同的政治立场，对汉武帝刘彻，有过三种截然不同的述说和评价。

赞誉者谓之，开疆拓土的千古雄主。谤毁者贬损为，纲常独断不讲民主。

后世众多史者，则少有的意见统一，大都持褒扬和肯定态度，甚至不惜溢美，推崇到了"冠于百王"的高度。

客观看待历史人物，是件极难的事。

今世之人尤难。

每一位学者，倘若尚存良知，要治史治学，理应具有宽广襟怀，和公正公允的道德准则。

刘彻之于汉帝国，功过是非，任人评说。设若放到两千年封建社会里，仔细掂量掂量，也是少有的"圣明贤君"之一。

这是不争的事实。

他不仅才大，而且胆子也大。做了许多前人未做过的事，也做了许多今人未必敢做的事。

两千多年前，尚处法理蒙昧时代。刘彻以他的浩然大气，为中国人在世界上，奠定了一个前所未有的大国地位。为整个中华民族，挣得了彪炳千秋的"大汉"尊称。

关于这一点，有人想当然地认为，国人能够冠之以"汉"，理应归功于汉高祖刘邦。其实不然，刘邦虽然创建了汉王朝，但真正让全世界知晓汉者，汉武帝刘彻也。

他"罢黜百家，独尊儒术"，用以统一思想，使君民上下一心，举国精诚团结。

他多次发动攻伐匈奴之战，旨在保境安民，消除外患，巩固国基。

他开疆拓土，威伏四夷。北至大漠，南及交趾，使大汉疆土空前广阔。

他广开国门，包容天下，商通欧亚，邦交万国，使大汉之名威震四方。

刘彻举一人之力，将大汉帝国推向了极盛，成就千秋伟业。

中华民族自汉以降，巍然屹立世界东方，傲视天下千年，皆刘彻之功。

时至今日，不论地球哪个疙瘩，中国人莫不以"华人"自居，以"汉人"自豪！两千多年来，国人始终受其恩泽。仅此一点，谁不敬佩这位老祖宗？

前些年"打倒孔家店"，认为刘彻"独尊儒术"，不符合"百花齐放"，扼杀了新兴法家思想，专搞腐朽没落的儒家学说，是在开历史的倒车。现在思忆起来，实在幼稚可笑。

时代背景不同，人们的思想境界，以及价值取向，肯定也不会相同。以两千年后的思想，去揣度当时刘彻的做法，既不现实也不科学。

试想汉武帝执政时，如果还有哪一种学说，比儒家思想更适合统治者，也更能够引领社会发展，以刘彻之英明神武，以及驾驭全局的领袖才能，他会不选择吗？

而实事求是地讲，以尊卑等级"仁"为核心的儒家思想，既能给统治者带来政治局面稳定，也能够很好地教化民众。

刘彻不是傻瓜，没理由不去弘扬它。

一个国家也好，一个民族也罢，如果没有统一的政治思想，任自由思潮泛滥，那么这个国家，这个民族，肯定是一盘散沙。在外侮面前，也肯定奴颜媚骨，苟且偷生，甚至亡国灭种！

这决非危言耸听，也不是信口开河。古今中外的例子，枚不胜举。

汉景帝刘启前元元年（前156）农历七月初七，刘彻降临，出生于汉帝国皇宫。

时值"文景之治"，难得的好世道。

史载：刘彻出生前，生母王皇后，曾梦见红日入怀。天生祥瑞，君命天定。

其实这些愚民把戏，都是瞎胡闹，皆史官们根椐皇帝老倌授意，有意编的故事。目的只有一个，天子之位乃上苍所赐，命中注定该坐享天下。唯有小老百姓的命，天生受苦受穷受奴役。

"二十四史"，秉笔直书者凤毛麟角，多为涂脂抹粉的"锦绣文章"。但凡涉及"天子"出生，不管这个"主角"，是偏安小朝廷之王，还是亡国的流亡之君，一律祥云满天，紫气绕梁。

话说回来，刘彻虽非"红日入怀"之神嗣，也是正儿八经的"龙种"。他出生的那一年，恰逢父亲刘启即位，是为汉景帝。一生下来就是皇子，一点也假不了。仅就这份尊贵，刘彻荣耀"天授"，确非一般人所能比拟。

史籍上说，刘彻兄弟姊妹很多，仅兄长就有八位之多。生母王皇后,又非正宫娘娘。按常理推论,汉帝国的天子之位,绝无可能传位于他。

从现存史料得知,刘彻之所以能继承大统,完全机缘巧合。

拿今天的话说,历史转折往往事发偶然。许多历史故事,也不一定说得清前因后果。

刘彻能够执政大汉,缘起"金屋藏娇",天下谁人能信?

但这是真的。

曾有一段时间,央视连播《大汉天子》,很火。

初看剧名,以为戏说高祖刘邦呢。看了片头才知道,是在演绎武帝刘彻。

剧情讲述的故事,大多为想当然的杜撰。唯刘彻与几个女人的关系,多少沾得到点边边。

刘彻有位姑母,名字叫刘嫖,是他的亲大姨,即汉景帝刘启老姐。史书称之为馆陶公主。

刘嫖虽贵为皇姊,却是个傻大姐,在整个皇家宗室里面,没有丝毫地位。

蜀谚云:"傻人有福,困猪长肉(音人)。"

傻大姐有个女儿,非常漂亮,名叫阿娇。

刘嫖虽然傻冒,却也想攀高枝。原本想将阿娇许配给太子刘荣,当个太子妃,以此抬高自己身价。

但不知为什么,刘荣的母亲栗姬,死活不同意这门亲事。

馆陶公主很没面子。

刘嫖果真傻得可爱,在皇子堆里东挑西拣,竟又盯上了尚未成年的刘彻。

傻大姐选准了目标,不顾老脸耍赖皮,硬要把女儿嫁给他。

景帝刘启很犹豫,阿娇的年龄实在大,比刘彻大了好多岁。

刘嫖并不傻呢。眼见皇上犹豫不决,心头大急,转弯抹角想方设法,非要景帝应了这门亲事。她当着刘启的面,问尚不知人事的刘彻:"你愿不愿意娶阿娇姐姐?"

刘彻童言无忌，很高兴地说："如果我能娶阿娇当老婆，一定造间大大的金屋，让她住在里面。"

汉景帝刘启，见刘彻自己都答应了，又不好拂老姐的面子，只好准允了这门婚事。

这就是"金屋藏娇"。

然有了"金屋藏娇"，刘彻还是当不了皇帝。

刘嫖精明着呢。虽为女流之辈，人前人后却很会装傻，老是一副憨模样，给人什么都不懂的印象。

景帝看走了眼，太子看走了眼。连朝中文武百官，统统看走了眼。

刘嫖不简单，很有政治头脑，谋略尤胜人一筹。

她如此煞费苦心，把女儿嫁给刘彻，若仅仅为了攀门亲事，刘嫖就不是刘嫖了。

仔细想想看，大汉帝国外戚众多，傻大姐选择女婿，为何只盯着皇子呢？

刘启准了这门亲事后，皇上的傻姐姐刘嫖，必偷偷乐得"傻"笑不止。

蓄谋已久的计划，便一步步实施。

时，汉帝国正值"文景之治"。

也不知是何缘故，抑或真被刘嫖灌了迷魂药？反正这位尚有贤名的皇帝，不仅废了刘荣储君之位，也废了栗姬皇后称号。

史书上说得含糊，故未必可信：因栗姬拒婚，刘嫖怀恨在心，常在母亲窦太后面前，百般诽谤之。说她崇信邪术，以此诅咒他人。又与后宫嫔妃不合，一心专宠……

馆陶公主天生憨相，不像说谎的人。加之言之凿凿，窦太后信以为真，恐历史重演"吕后之祸"。

遂言于刘启。

景帝听了这些话，大为惊怒。故意试探栗姬："我百年之后，后宫诸姬，皆已生子，你应善待她们。"

栗姬本不善言辞，又不知皇上何意，故半晌不发一言。

景帝大为伤心，遂废黜栗姬和太子刘荣。旋立王美人为后，刘彻为太子。

事起仓促，朝臣皆反对。

史书记载：刘彻生母王氏，槐里（今陕西兴平东南）人。原嫁丈夫金王孙，生有一女。后因王母与女婿有隙，想把女儿要回改嫁他人。金王孙气不过，报复性地把老婆献给太子刘启。谁知刘启很喜欢二婚妇，继位后封为美人，生三女一男。即平阳公主、南宫公主、隆虑公主和太子刘彻。

朝臣反对理直气壮，王美人二婚妇，又非正宫娘娘，岂可立后！

真是怪了。

那时既无朱程理学，又不兴立贞节牌坊，人家大皇帝爱喝"二锅头"，关臣子们屁事！

时间过去了两千年，景帝的宫廷里，究竟发生了怎样的变故，今人已不得而知。

在刘嫖策划和操作下，刘彻被立为太子，成了大汉帝国第一公子爷。

或为尊者讳，史籍记载此事，多语焉不详。

客观事实是，刘嫖不仅报了拒婚之耻，还把乘龙快婿刘彻从一个毫无可能继位的皇子，扶上了太子之位，最终登上大汉天子宝座。

刘嫖拼命捣鼓，所获回报丰厚，自不必赘言。

阿娇十四岁时，刘彻就娶了她，成为商周以降，至秦汉最年轻的太子妃。

汉景帝后元三年（前141）正月。

景帝刘启去世，十六岁的刘彻继位，登上了大汉帝国皇帝宝座，是为汉武帝。

阿娇又顺理成章，当上了皇后，成为母仪天下的大汉国母。

"傻大姐"刘嫖，有一个做皇后的女儿，还有一个做皇帝的女婿，她算不算一个成功的女人？

二

汉景帝后元三年（前141）农历三月二十一日。

刘彻正式登基。

刚及束发之龄，已为帝国大皇帝，荣尊四海。

然以今日标准为衡，刘彻尚未成年，还是一个毛头小伙。硬要把偌大一个国家，放在他的肩上，以他的生活阅历，毫无任何政治经验，恐无力挑起这份重担。

大汉延国至文景时，已达半个世纪。经"文景之治"后，天下承平日久，社会毒瘤渐次滋生。

帝国朝中实力人物，各自拥有小集团。相互间钩心斗角，彼此排挤打压。

这些实力派人物，大多和刘彻有关。祖母窦太皇太后，生母王太后，为最突出者。或参政议政，或垂帘干预。

婆媳斗得你死我活，不惜花费重金，大肆网罗党羽，培植自己亲信。甚至公开抵制、排斥刘彻的各项政策诏令，哪把小皇帝放在眼里！

一个祖母，一个生母，皆至亲之人。刘彻夹在二者间，实在左右为难。

虽然胸怀韬略，却因年纪尚轻，无人辅助他。如同缺了轮子的战车，想跑也跑不了，更别说跑得快了。在这种局面下，刘彻只有忍，以待时机。

作为一个政治家，忍是第一要素。

"小不忍则乱大谋"，古之圣贤语录。不可否认，但凡成功的政治人物，无不"忍"天下之难忍，"容"天下之难容，从而最终获得成功。

刘彻也能忍。

在这一点上，他有高祖刘邦之风。表面小心谨慎，对祖母窦后唯唯诺诺，对生母王后言听计从。骨子里刚烈似火，时刻记着二人的倒行逆施。

他在等待时机，一旦机会成熟，必定挣脱所有束缚，大鹏展翅般冲天而起，自由翱翔于天宇。到那个时候，谁想羁绊他，谁将死无葬身之地。

难得老天开眼，这种难堪的政治局面，并未维系太长时间。

刘彻二十四岁时，窦太皇太后病故，外戚集团顿时失势。

汉武帝舒了一口气，终于摆脱了外戚干扰，可以实施一些政治主张了。

然亲情这张大网，仍然困扰着他。

许多时候，刘彻不得不躬着身，去迎合母后的种种旨意。甚至违背心意，赐舅舅王信为盖侯，委田蚡为丞相。

"信为盖侯"，乃刘家"家事"，别人尚无闲话可说。

田蚡这个家伙，关系就扯得远了，是王太后的舅舅，乃远房外戚的外戚，怎么能担任丞相之职呢？

武帝一朝，田蚡的名头很响，是个了不得的人物。《汉书》上说他："贪，巧于文辞。"

呵呵，原来田蚡这厮，并没有多么了不得，只是个溜须拍马、曲意迎合的"鸟人"。

读者诸君，千万别小瞧了"鸟人"。他们"鹦鹉巧舌"，往往能得到主子赏识。

田蚡巧言令色，靠着阿谀奉承，王太后就十分赏识他。有了太后这座靠山，田蚡肆无忌惮，疯狂贪赃枉法，为所欲为，根本不把同僚放在眼里，甚至连刘彻都不"甩视"。嚣张气焰无以复加。

刘彻看在眼里，急在心头，却不露声色，一一记在脑中。

随着年龄增长，阅历不断丰富，政治经验亦日趋成熟。母后及外戚的胡作非为，让他越发不满。

武帝开始寻找机会，进行适当反击。

初时和风细雨，有理有节。最终强力打压，剥夺他们手中权力，形成以自己为中心、大权独揽的皇家集权统治。

史书上说得明白，刘彻能够摆脱母后约束，主要归功于一个好谋士，即大名鼎鼎的董仲舒。

《汉书·五行志》载："景武之世，董仲舒治《公羊春秋》，始推阴阳，为儒者宗。"

董仲舒为武帝时著名的思想家、哲学家、政治家、教育家。在刘彻孤独无援、极端困难之时，多次上书朝廷，献"天人三策"，为刘彻统一全民思想、治理大汉帝国，提供了理论基础和政策保障。

"天人三策"主要内容：（一）罢黜百家，独尊儒术，统一思想；（二）强调大统一，加强中央集权，提倡"君权神授"，把道家的道统，变为统治者的法统；（三）提倡儒学的仁政，废除酷吏制度。

董仲舒的"天人三策"，暗合武帝治国理念。在当时的历史条件下，具有十分积极的社会作用。刘彻"雄才大略"，作为帝国最高统帅，没有理由拒绝，也没有理由不予实施。

在武帝强力推动下，帝国全国范围内，即刻掀起了统一思想大运动。大运动的结果，成效十分显著，达到了刘彻想要的社会效应。为他加强中央集权，奠定了坚实的理论基础。

东汉著名史学家班固，著《汉书》评叙云："孝武初立，卓然罢黜百家，表章《六经》。遂畴咨海内，举其俊茂，与之立功。兴太学，修郊祀，改正朔，定历数，协音律，作诗乐，建封禅，礼百神，绍周后，号令文章，焕焉可述。后嗣得遵洪业，而有三代之风。如武帝之雄材大略，不改文景之恭俭以济斯民，虽《诗》《书》所称，何有加焉。"

舆论导向作用明显，天下人都知道了，刘彻才是帝国最高统治者。

有鉴于此，武帝抓住机会，又把手中利剑，对准了人民深恶痛绝、自己心有惮忌的国家权力机构。欲借思想整顿东风，进行政治体制改革。

刘彻深知，要实现治国安邦宏图，必须中央高度集权，真正掌握国家权力机构。解除田蚡等人权力，成了帝国当务之急。

得董仲舒鼎助，刘彻毅然下诏，废除以丞相制度为核心、皇帝似木偶的帝国权力管理模式，建立以皇帝制度为核心，以中央丞相制度、地方郡县制度为基础的中央集权制度。这种制度的建立，遭到了权贵们强烈反对。既得利益者相互勾结，设置种种障碍和阻力，欲使之胎死腹中。

刘彻没有回头路，以罕见的强硬和过人的胆识，义无反顾地坚决予以推行。不惜牺牲亲情，不惜兵戎相见。

这场战争，不见硝烟，却凶险至极。

"大导演"刘彻的表现，自始至终十分出色。他恩威并举，拉压结合，充分显示了一位政治家的高超手腕，也彰显了大汉天子的威仪雄风。最终征服了敌对者，也以实实在在的业绩，臣服了所有持观望态度的人。

史载：不论反对他的人，还是支持他的人，最终"莫不心悦诚服"。时人很难想到，刘彻年纪轻轻，居然摆平了老谋深算的田蚡等人，也摆脱了母后对他的束缚，成为大权独揽的帝国独裁者。

得董仲舒、主父偃等人辅佐，刘彻迅速成为帝国权力核心，可以随心所欲发号施令了，当然是件值得庆幸的事。

但武帝很睿智，并未得意忘形，也没有马上行动。

他看得很透彻，国家权力表面上集中了，但地方割据势力，依然不可小视。稍有不慎，大大小小的王们，就会拥兵自雄。果真出现那种局面，别说治理国家了，恐国之不国矣。

董仲舒有相国才，认为地方权势不可怕，可怕的是任其长期割据。故而建议，唯彻底铲除地方割据势力，才能真正做到全国一心。大汉帝国这艘巨舰，才会顺利扬帆远航。

主父偃亦认为，武帝担心多余。帝国当务之急，可全面实施"推恩令"，大力"削藩"。

也真是，偌大的汉帝国，还怕几个地方藩爷不成？

细思刘彻所虑，确有过人之处。看得比别人深，亦比别人远。三百年后，"桓灵之时"，武帝这种担心，就变成了事实。群雄割据，天下大乱。

当其时，帝国实行"天人三策"，触及了豪强切身利益，已引起地方势力警惕。地方各诸侯王，不仅拥有人权、财权、物权，还拥有规模庞大、建制完整的军队。俨然"国中之国"。

为了"削藩"，清除帝国"毒瘤"，刘彻下足了功夫，着实动了一番脑筋。

指导思想六个字，"安全、可靠、实效"。既要做到地方不反感，又要真正"削藩"。若无这般万全之策，无论怎样行动，也无论取得怎样的效果，都是失败。

刘彻高啊，他需要"软着陆"，即政治斗争的最高境界——"兵不血刃"。

经过深思熟虑，刘彻采纳主父偃之策，在全国范围内颁布"推恩令"，废除长期实行的分封制。

"推恩令"规定，地方各诸侯王，除长子可世袭王位外，还可推恩于其他儿子，在原封地内封侯。而新封的侯国，不再受原国王管辖，直接归各地郡县政府管理。

新的管理制度，从表面上看，给了地方更多更大权力，实际上各诸侯王国，会慢慢遭到朝廷分割，从而使之势力不断削弱，悄无声息达到"削藩"目的。

古人智慧无穷，一点不比现代人差。

当目光再次聚焦董仲舒时，人们才惊讶发现，古先贤治人的智慧，真的让人叹为观止。董仲舒为帝国计，献过"天人三策"。为武帝独断朝纲，更提出了"三纲五常"的伦理要义。

三纲者,君为臣纲,父为子纲,夫为妻纲;五常者,仁、义、礼、智、信也。

他给大皇帝说,"三纲五常"非臣所规定,乃老天爷的意志和安排,没有人能否定得了。刘彻心知肚明,听了当然高兴!

在天道之下,上下尊卑的礼节,任何人都必须遵守。否则,就必遭天谴(实乃天子之谴)。

嘿嘿,董仲舒的话,让刘彻心里酥酥地发痒。

"三纲五常"好啊。岂止武帝喜欢,后来那些"家天下"者,又有谁不喜欢呢?

虽然过去了两千年,"三纲五常"作为糟粕,早已批烂批臭。但仔细想一想,今日之社会之家庭,是否可去糟粕取精华,适时适当注重礼节呢?

"三纲五常"之于刘彻,无疑一帖济世良药,可收立竿见影之效。董仲舒更是建议,将其作为儒生必修课,列为考试内容。凡不习六艺之科、孔孟之道的儒生,都要断了晋升之路。

为深入推行这套理论,使之光大于天下,董仲舒联合朝中大员,不遗余力多次游说、上书刘彻,希望朝廷支持他的想法:由官方兴办太学,作为文教基地,以教化百姓。

"臣愿陛下兴太学,置明师,以养天下之士。"董仲舒反复强调,"太学者,贤士之所关也,教化之本源也。"

汉武帝执政以来,得董仲舒鼎力辅佐,帝国百业兴旺,蒸蒸日上。哪有不同意的道理?

于是乎,朝廷在京师长安,兴办帝国太学,开讲儒家"四书""五经",广招天下青年俊才,来这里接受教育和学习。

当时的太学院,专为国家培养领导干部。

太学隶属太常管辖。"太常"为九卿之一,取"欲令国家盛太常存"之意。太学隶属太常,期望帝国长治久盛,可谓用心良苦。

太常持重者,为祭酒(校长),负责选拔总领纲纪。董仲舒是否为祭酒,史籍记载存疑较多,不必追根溯源。但他在太学院里,名声和威望极高,被视为"太学鼻祖"。偶尔也会出面,请武帝前来训话,借以提高太学院声誉。

太学院一期学员,只有区区五十名,大多由太常选送。也有少数学员,从地方官员中遴选,增补进入太学院。学员来自全国各地,几乎覆盖各郡县。经过两年时间学习,考试合格后,朝廷举行隆重毕业典礼,授予"博士弟子"称号。"博士弟子"很骄傲,受过皇帝训话,被视为"天子门生"。身上多了一道神圣光环,无一例外被委以重任。

董仲舒笑了,刘彻也笑了。

遍布全国各地之太学生,自然成了"三纲五常"的坚定捍卫者,成了孔孟之道的忠实传播者。以至到了后来,想入太学院读书的人,越来越多。鼎盛时期,太学生多达三万余人,形成了"东京学者猥众"、"诸生横巷"的文化盛况。为进太学院,有权有势的人,千方百计拉关系走后门,挤得头破血流。目的很明确,学而优则仕。

但不管怎么说,刘彻为帝国大皇帝,要维护自己的绝对权威;董仲舒以教化为己任,要倡导和传播自己的思想。

君臣二人,一拍即合。中国历史上首所"官学",就这样诞生了。

统治者的"愚民术",在不知不觉中,渗透到了社会各阶层。刘彻在帝国范围内,开展的统一思想大行动,取得了空前成功。"独尊儒术",成为时尚。

帝国社会风气,得到了根本好转。全国万众一心、上下有序、人民安居乐业的社会秩序,已经真正形成。

汉王朝这条东方巨轮,在英明舵手操纵下,正式启程远航。直挂云帆,驶向帝国鼎盛之路。

三

中国人迷信，素有造"神"传统。每一个历史阶段，都有一尊"大神"。

在漫长历史长河中，愚弄民众之"神"，多如牛毛。然"神"虽多，人们记住的却寥寥。

笔者有位西方朋友，名符其实的汉学家。他曾对我说过，中国人很聪明，也特别能干。但真正让西方人佩服者，只有区区两位。

友人嘴里的两位"神"，一为汉武帝刘彻，另一位是成吉思汗。何也？

姑且不论西人之论，是褒（尚武）是贬（侵略），但至少万里之遥的彼岸，有人知道刘彻，汉武帝就很了不起！

刘彻能享誉世界，非他"文治"多么成功，而缘于他的盖世"武功"，惊世骇俗。

记载汉武帝的史料，可谓汗牛充栋。细心的读者会发现，记述他"文治"者，不足十分之一二，倒是南抚蛮夷、北击戎狄之事居多。

中华素称文明古国，史上也确有几个大朝代，可以拿出来炫耀。大汉王朝必居其一。

汉立国四百多年，巍然屹立不倒，与它强大国力和军事力量，有着不可分割的关系。

然自高祖创立汉王朝始，北部边疆的问题，一直悬而未决。迨至"文景之治"时，因朝廷奉行无为政治，北方匈奴人更加肆无忌惮。

匈奴为游牧民族，一直居无定所，哪里好就往哪里跑。到了战国中晚期，始盘踞漠北戈壁。他们视汉为钱口袋，痛狂掠夺汉边民财物，给帝国西北部百姓，带来了深重灾难。匈奴人强悍凶残，拥有强大的骑兵部队，已严重威胁着大汉的江山社稷。汉立国七十年，尚无办法应对匈奴。为得边疆一时安宁，不惜以"和亲"换和平。除年年送给匈奴大量钱物外，每到"狄主新立"，必送一名汉室"公主"，前去"和亲"。

谁都知道，这种"和亲"政策，其实就是变相妥协。奴颜媚骨的妥协，换得统治者苟且偷安，也换来了大汉民族的屈辱。

贪得无厌的匈奴人，一边笑纳"金钱美女"，一边将贪婪的目光，紧紧盯着南边花花世界。他们并未受"糖衣炮弹""腐蚀"，反而认为"金钱美女"，是汉示弱的表现。

匈奴人很得意。汉人供奉得越丰厚，他们享用得越津津有味，贪婪之心越变本加厉。嗜血如狼，凶残似虎，匈奴人不计繁复，不断侵扰刘汉西北各地。

刘彻执政帝国之初，受各种因素制约，并未马上取缔"和亲"政策，而是继续与之周旋，借以麻痹匈奴人。

经过长期休养生息，汉帝国的综合国力，得到了空前发展和壮大，具备了彻底歼灭匈奴人的物质基础。

得"天人三策"之功，帝国上下一心，悄然在军事斗争领域，完成了对匈奴的开战准备。

帝国乘机开动宣传工具，大张旗鼓"排匈"。一时全国军民激愤，反击匈奴的呼声，一浪高过一浪。与此同时，帝国领导集团中，也涌现出了大批"鹰派"。主张对"匈"外交政策，应由妥协改为针锋相对。甚至还有人主张，立即出兵大漠，彻底击溃匈奴人，以永绝后患。

刘彻嘴上不说，心里却乐开了花。

强硬派的主张，正是他一直以来的愿望，他当然面带微笑，予以默认。主战派皆军界大鳄，手握兵权又立功心切。他们摸准了武帝脉搏，更加起劲地鼓噪。

军心所向，民心所向，刘彻还等啥呢！

匈汉之间的矛盾，即刻上升为民族矛盾，不可避免地浮出水面。

战争一触即发。

客观地讲，汉王朝在刘彻领导下，政治相对稳定，经济迅猛发展，民众的爱国热情又空前高涨。在这种形势下，打击匈奴的事，早晚会提上帝国议事日程。强硬派产生这样的想法，也是十分自然和正常的事。

一个国家要维护尊严，只有拿起武器，向欺压自己的敌人宣战，直到取得最后胜利。唯有站着死，绝不跪着生，你才有尊严可讲。"弱国无外交"。

这是铁的定律，古今皆然。

雄才大略的刘彻，藐视天下的刘彻，早视"和亲"为奇耻大辱。在民众反匈的浪潮中，断然做出伟大战略决策，彻底歼灭匈奴人。

公元前133年。

经过四天廷议，武帝广泛听取意见，最终采纳大行令王恢建议，秘遣三十万汉军，在马邑（今山西朔州市东北）设伏。

"诱致单于，欲袭击之。"（《汉书·武帝纪》）

匈奴军臣大单于，尚蒙在鼓里，不知刘彻葫芦里装的啥药。遂亲率十万大军，前来探视虚实。

惜遭遇战前，匈奴人打下一座亭保，活捉了那里的亭尉。军臣大单于亲询，从贪生怕死的亭尉口中，得知汉军三十万设伏马邑，欲聚歼匈奴大军。连忙引军北还。

汉军首战，功亏一篑。

从此以后，汉王朝与匈奴之间，关系完全破裂。彼此高度戒严，互为生死敌国。

接下来十多年里，匈汉间战争不断，逐渐升级为各倾全国之力，拼死肉搏。

公元前129年春。

匈奴大军连犯上谷、渔阳地区，并将势力范围推至阴山、河套一带，进而侵扰帝国京畿之地——关中。对汉王朝京师长安，构成了极大威胁。

刘彻立即下令，派卫青、李息等人，率大军予以反击，务必将来犯之敌，逐出国门之外。

鉴于马邑之失，卫青、李息二位将军，经过周密演算，各自率领一支汉军，迂回到陇西一带，对河套及以南地区匈军，秘密实行合围。

卫、李二军合围既成，以迅雷不及掩耳之势，主动出击。对所困的匈奴军队，进行了前所未有的攻击性打击。

因汉军首次主动出击，一惯狂妄自大的匈军，毫无思想准备。两军刚一接战，匈奴人一触即溃。汉军取得空前胜利。

捷报传回长安，刘彻十分高兴。旋即颁诏布告天下，嘉奖全军将士。

武帝令卫青、李息乘胜追击，不给匈奴人喘息之机。在汉军强大攻击下，匈奴白羊王率领残部，没命般仓皇北逃。

汉军大捷，帝国声威大振。自秦末以降，被匈奴侵占的河套地区，得以完全收复。

此次战役胜利，激发了人民的爱国热情，抗击匈奴的激情，空前高涨。

"有司奏请置武功赏官，以宠战士。"（《汉书·武帝纪》）

甚至出现全国劳军，战斗英雄披红挂彩，巡回做报告的感人场面。

公元前124年。

车骑将军卫青，奉诏兵出朔方（今内蒙古杭锦旗北），深入漠南地区。此次出兵目的明确，歼灭匈奴右贤王部，打掉匈奴人南侵的桥头堡。

将军李息为策应，屯重兵于右北平（今内蒙古宁城西南），牵制、阻击匈奴援军。

卫青受武帝隆恩，领此重任，不敢丝毫懈怠，率领大军日夜兼程。悄悄深入塞外六七百里，以秋风扫落叶之势，迅速击败匈奴右贤王王延部。

此战战果辉煌。擒获匈奴小王十余人，俘虏敌卒一万五千人。漠南再无北敌，彻底解除了帝国京师威胁。

卫青一战成名。

匈奴人闻之，皆望风披靡。

战斗结束后，汉武帝特命使者，持大将军印到军中，拜卫青为大将军。全军数万将士，都受到了极高嘉奖。"卫家军"之名，一时威震天下。

公元前123年。

"卫家军"两次出击，在围追堵截中，又先后歼敌万余。迫使骄横的匈奴人，退到漠北一带。

卫青、李息二将军，数次北伐匈奴，取得一次又一次伟大胜利。让匈奴人胆颤心惊，惶惶不可终日。为开展河西大决战，提供了坚强保障。

秦汉之河西郡，战略位置十分显著。北控武威，南扼酒泉，西制张掖。乃中原与西域各国间，唯一的陆地通道，具有十分重要的战略意义、政治意义和经济意义。

据专家考证，河西历为中原属地。后因东周列国纷战，被大月氏人占领。

大月氏人与汉交好，为汉藩属国，历视匈奴为强敌。最迟公元前174年，大月氏王被匈奴人所杀，大月氏人被迫西迁，完全退出河西走廊。

匈奴遂占河西。

高祖立国后，匈奴人恐汉强大，于己不利，将酒泉地区封给浑邪王，武威地区封给休屠王，以此扼断汉与西域交往通道，从而达到南与羌族联合、胁迫西域各国共同反汉的目的。

公元前121年，春三月。

为占据河西要冲，打通"丝绸之路"，大汉皇帝刘彻，任命霍去病为骠骑将军，率领骑兵万人，出征河西走廊。

霍去病年十九，却英勇善战，一点不输大将军卫青。数十次南征北战，常常身先士卒，勇往直前，屡建盖世奇功。

史载：到了后来，匈奴人但闻霍去病杀到，莫不闻风丧胆、披靡而逃。

此次出征河西，在短短六天时间里，汉军长途奔袭一千余里，攻下五个匈奴藩属小国，杀掉两个匈奴小王，俘虏无数王子和相国。

霍去病班师回朝。

刘彻龙颜大悦，重酬三军将士，除给予丰厚的物资奖赏外，尤给予崇高的精神嘉奖。

霍去病之名，天下人尽皆知。

五月，霍去病再领圣旨，清剿散落河西之敌。

霍部孤军挺进，深入匈奴腹地两千余里，杀敌三万余人，俘获匈奴小王七十余人，生擒匈奴河西最高长官浑邪王。

霍去病得胜，军中大庆三日。让浑邪王单独乘着专车，到帝国皇帝行宫受降。

浑邪王被打怕了，哪敢乘机逃跑？只得乖乖率部众四万，向大汉皇帝投降。

刘彻好不得意，用来赏赐归顺匈奴者，费用高达百万之巨。

帝国为长治久安，并未解散四万"降民"，而是划出一大片土地，由国家出资建好家园，让他们去居住。

刘彻更是胸怀四海，封浑邪王为万户漯阴侯。他的三个小王，也分别被封为五千户侯。

汉武帝恩威并重之策，让浑邪王涕泗滂沱，从此一心事汉，永不言反。

河西一战，意义重大。

河西重归大汉。帝国遂析分河西，置武威、张掖、酒泉、敦煌四郡，切断了匈奴与南羌的联系，为最终打败匈奴、复通丝绸之路，奠定了坚实基础。

霍去病大战河西郡，事迹可歌可泣，在民间流传甚广。时至今日，甘肃部分地区百姓，还在述说"酒泉"的故事。

当年霍去病二战河西，生擒匈奴浑邪王，降敌四万余众。捷报传至京师,刘彻无比兴奋,特遣使臣率慰问团,携重金美酒,到前线劳军。

霍去病对使臣说:谢谢皇上奖赏,但收复河西之功,不能算在我头上,应归功全体将士。

他请使臣将大量金钱,一一散给全军将士。又将御赐美酒,抬出来犒劳部下。然酒少人多,怎么办呢?

霍去病吩咐手下,将两坛美酒启封,倾入营帐外的山泉中。

酒入泉水,神奇的事发生了。整个山谷里,即刻酒香弥漫。清冽的山泉水,变成了甘美的酒泉!

将士欢声雷动。纷纷跳进涧中,畅饮醇美的酒泉。

"酒泉"美名,流传千古。

千百年后,又与一群更加伟大的军人,紧紧联系在一起。

酒泉卫星发射基地,驰誉中外。

公元前119年。

汉武帝特命大将军卫青、骠骑将军霍去病,领骑兵十万、步兵数十万,联手远征匈奴。

此次卫、霍二将北征,大汉不惜举全国之力,务必一举灭匈,以永绝边患。

二人各领精锐,迂回北上。

卫青领汉左路大军,行程上千里。越过漠北,深入极寒之地,寻找匈奴主力决战。

侦骑四出探知,匈奴伊稚斜大单于,屯兵于翁金河。卫青遂亲率领大军,日夜兼程,悄悄杀至敌帐前。

汉军甫至,即以兵车连环为营寨,将匈奴人铁桶般团团围住。乘敌尚未知晓,卫青突出轻骑五千,前去伊稚斜大帐前挑战。

当天夜里,月黑风高。敌酋不明汉军虚实,听营帐外杀声震天,伊稚斜胆寒心裂,率众仓皇向北逃窜。

卫青岂容敌酋逃遁?亲率五千精骑,乘胜连夜追歼。一路杀到赵信城(今蒙古国杭爱山南)下,俘获、斩首匈奴大军一万九千余人。

汉左军大获全胜。

霍去病领汉右军,出塞奔袭两千余里,遭遇匈奴左贤王部顽强抵抗。

匈奴人典制,皆以左为尊。故左贤王位尊,一般由太子兼任。所统领的集团兵马,比右贤王集团兵马,要强大许多。为匈奴最精锐部队,堪称一级主力。

两军刚一交战,就开展殊死拼杀,战斗中互有胜负。经数次交战后,霍去病见匈奴大军,人人骁勇善战,整体训练有术。于是改变策略,将大军分为五个战斗序列,采用车轮战术,轮番进攻,不让敌人有喘息机会。

霍去病亲临前线,指挥兵士作战,一刻也没有休息。将士们十分感动。

汉军轮流休息作战,始终保持较强战斗力。

匈奴左贤王之师,虽然骁勇强悍,但日夜疲于拼杀,渐渐失去了抵抗。终被霍去病一举击破。

汉右军战果辉煌,一点不输左军。俘虏匈奴小王三人、将军和相国等高级官员八十多人,击毙击伤匈奴大军七千余人。

左贤王之残部,被彻底逐出了狼居胥山(今蒙古国肯特山)。

唐代大诗人李白,曾有诗赞之云:"严风吹霜海草凋,筋干精坚胡马骄。汉家战士三十万,将军兼领霍骠姚。流星白羽腰间插,剑花秋莲光出匣。天兵照雪下玉关,虏箭如沙射金甲。云龙风虎尽交回,太白入月敌可摧。敌可摧,旄头灭,履胡之肠涉胡血。悬胡青天上,埋胡紫塞傍。胡无人,汉道昌。陛下之寿三千霜。但歌大风云飞扬,安得猛士兮守四方。"

李白这首《胡无人》,豪情万丈,荡气回肠!让人千载之后,犹感霍骠姚(霍去病官封骠骑将军)虎虎威风!

惜天忌英才,一代"战神"霍去病,只活了二十四岁。

实在让人扼腕!

十年匈汉战争,以汉完胜告终。

从此以后,匈奴一蹶不振,长期游牧于漠北。甚至部分匈奴人,被迫远走欧州。

自汉武以降,其后两千多年时间里,再无一个匈奴人,敢南下作乱了。

随着匈奴灭亡,丝绸之路重新焕发新春。东西方文明交流,日渐增强。汉武帝刘彻的威名,随之传遍整个世界。

观历代史家著述,对于刘彻的"武功",都给予了极高评价。

《汉书·匈奴传》说:"以秦始皇之强,蒙恬之威,带甲四十余万,然不敢窥西河,乃筑长城以界之。""……以高祖之威灵,三十万众困于平城,士或七日不食。"

置刘彻于秦皇嬴政、高祖刘邦之上,可谓亘古之隆誉矣!

"……深惟社稷之计,规恢万载之策,乃大兴师数十万,使卫青、霍去病操兵,前后十余年。于是浮西河,绝大幕(漠),破寘颜,袭王庭,穷极其地,追奔逐北,封狼居胥山……自是之后,匈奴震怖,益求和亲,然未肯称臣也。"

刘彻有多牛?

匈奴人被他打怕了,越发迫切要求和亲,以避免被汉灭国。

大汉已胜券在握,匈奴人还在做旧时美梦,汉武帝会同意?呵呵,条件恐怕只有一个,前来俯首称臣!

以刘彻之神武,即使北狄称臣于汉,恐也不会答应!

今世之无匈奴,便是明证矣。

作为一个汉人,生活在汉武帝时代,肯定自豪无比。

两千多年后,华族尚称汉人,皆得刘彻之功。

四

刘彻活了六十八岁,在位长达五十四年。

五十四年间，帝国在他的调理下，走上了极盛之路。半个世纪的文治武功，也得到了历代史家高度赞誉。几乎众口誉词，近乎完美。

然金无赤金，人无完人。

以刘彻之文韬武略，本可当得天下一帝。惜武帝晚年，宿命思想作祟，许多不可理喻的做法，成为他人生之中，抹也抹不去的瑕疵。

评价一个人，特别是历史伟人，不仅要客观对待其功绩，也要客观对待其过失。唯有如此，历史才会延续，才会受到尊重。亦才会时时警示、告诫天下人：该做什么，不该做什么。这是每个史学家，应该具备的良心和严谨的治学态度。

刘彻一生，波澜壮阔，气吞山河。然而他是人，不是"神"，免不了走向衰老。年纪越大的人，越有宿命思想，这是人性共有的弱点。

皇帝老倌也不例外。

晚年的刘彻，举国景仰，奉若神明。

他既为"神"，难免信感神怪。

一方面，四处巡游无度，千方百计拜道访仙，寻找长生不老药，以期永享世间荣华。

另一方面，深虑去日不多，推崇及时行乐，奢靡之风日盛。

元鼎二年（前115）始，刘彻动用帝国财政，大兴土木，广置花囿宫殿。先后修了建章宫、柏梁台、明光宫、长杨宫、五柞宫和上林苑，移国内之奇花异石、各国使节进贡的奇珍异宝，一一陈列其间，供其赏玩。

为彰大汉之威，显摆帝国之富，不惜重金赏赐外国使节。甚至连通商胡人，也多有奖赏。受到赏赐的外国人，回到自己国家后，又带来更多胡人，源源不断赴汉觐见。

史载，仅赏赐使节及胡人，"岁以巨万计"。

刘彻耗资亿万，修建众多巨大工程，消耗了帝国大量财力，给大汉带来的危害,实在无法估量。

诚然,汉王朝时为世界超霸,国力空前强大,修筑苑囿宫殿,可以树威于四方。

众多史籍有载,许多外国使节,初入长安时,莫不惊为天阙!在国际社会交往中,威伏四夷作用显著。

故有专家学者,对此持欣赏态度。

或曰:以汉武时帝国之强盛,修建大汉标志性建筑,显摆显摆有何不可?

殊不知,一国之君不思节俭,任意挥霍无度,就是金国银国,也早晚消耗一空。

此风一长,举国效仿。权贵豪强相互攀比,炫富成为社会时尚。奢靡之风,席卷全国。

尤为可怕者,帝国各级官吏,亦卷入其间,"莫不以此为乐"。

寻常百姓,尚知节俭持家,家传万世。若政府"正腐",那是何等恐怖?

公元前110年。

刘彻率骑十八万,巡视北部边疆。

行程一万八千里。

"所过赏赐,用帛百余万匹,钱金以巨万计。"

据可考史料显示,武帝刘彻北巡,打着巡视边疆的旗帜,目的在于"秀肌肉",向北方各部"狄人"示威,胁迫匈奴大单于称臣!

尤骇人听闻者,刘彻在位后八年,这种大规模的巡游,见诸史籍者,多达七次!

几岁达一次,简直丧心病狂!

清代大学者赵翼,著《二十二史札记》,其中《武帝时刑罚之滥》一节,对刘彻评述颇不以为然,斥之为"独夫民贼"。

公元前108年。

刘彻借抚慰边民之名,多次巡游帝国各地。许多地方官员,因筹备供应不及,而遭到无端问责。其中两个郡守,因之自杀谢罪……

或曰，以大汉之富庶，这点钱算什么，国库有的是钱。

这话一点没错，国库里确实有钱。

可国库里的钱，也是老百姓交"皇粮"，一分一厘积攒起来的钱。哪有花"纳税人"的钱，一点不心痛的道理？！

刘彻每一次出巡，动辄上千人，行程几千里。茶馆说书人言之甚是，如蝗虫掠过大地，寸草不留。

天长日久，天下百姓，焉有不贫穷之理？

繁重的赋役、兵役和御役，再大的"骆驼"，也有拖瘦拖死的一天。

武帝一朝晚期，终于吞下"民力屈，财用竭"的苦果。

"天下虚耗，人复相食。"

以武帝之国盛，尚无法承受"面子工程"，偌大帝国终至奄奄一息。

刘彻晚年，除喜欢巡游外，受方士们诱惑，更乐于祀神求仙。

说来很可笑，一代雄主汉武帝，居然相信了大骗子栾大！

武帝听说栾大通神，炼有长生不老药，先后封为五利将军、天士将军、地士将军、大通将军、天道将军。赏黄金万两，择为乘龙快婿。

直到事情败露，栾大才得以伏诛。

刘彻震惊之余，仍坚信神、仙存在。怪手下人寻访之法不当，所以才没有找到。

史书上说，栾大"假药"事件，对汉武帝刺激很大。刘彻非但没醒悟过来，反而更加疑神疑鬼。

说来更加难以置信，汉武帝晚年时，亲自酿成的"巫蛊之祸"，起因居然因为一个梦。

受先前一帮方士蛊惑，汉武帝脑子里面，成天想的多鬼怪神仙事，难免"日有所思，夜有所梦"。

惜当时之于梦，尚无科学解释，刘彻也不懂这个道理。反而认为做噩梦，是有人诅咒他。遂堂而皇之颁诏天下，在全国范围内，调查诅咒之人。

上有所好，下必附焉。

征和二年（前91），丞相公孙贺之子公孙敬声，被人告发巫蛊诅咒武帝，且与阳石公主通奸。

公孙贺父子下狱死。诸邑公主、阳石公主、卫青之子长平侯卫伉，皆受连坐被诛。

武帝宠臣江充，奉命查巫蛊案，用酷刑、栽赃之法，迫使他人认罪。大臣百姓惊恐之下，胡乱指认他人，以求自保。

江充与太子刘据有隙，趁机加以陷害。联合案道侯韩说、宦官苏文等四人，一同诬陷太子。言其巫蛊诅咒皇上，欲早登大位。

一时间内，各郡县纷纷举报，揪出"行巫诅咒之徒"，多达数万之众。

刘彻已"走火入魔"，不管三七二十一，皆一一斩杀！

京师长安大乱。

太子刘据大惧，得皇后卫子夫相助，被迫起兵杀死江充，苏文乘乱逃脱。

刘彻闻讯，龙颜大怒。果如江充所奏，太子早有谋位之心！

遂下令围捕刘据。

壶关三老令狐茂，见帝国乱如粥糊，痛心疾首，彻夜秉笔上书，为太子鸣冤。

奏文很长，试译为白话如下：

"父亲好比天，母亲好比地，儿子好比天地间之万物。只有上天平静，大地安然，万物才能茂盛；只有父慈，母爱，儿子才能孝顺。皇太子本大汉合法继承人，将承继万世大业，执行祖宗重托，论关系乃皇上嫡长子。江充一介平民，市井奴才而已。陛下却尊显重用，使其挟至尊之命，纠集奸邪小人，对皇太子欺诈栽赃、逼迫陷害。太子进则不能面见皇上，退则被乱臣陷害困扰，独自蒙冤无处申诉，忍不住忿恨心情，起兵杀死江充。太子盗用父亲军队，不过为了救难，使自己免遭陷害罢了，臣认为并无险恶用心。《诗经》云：'绿蝇往来落篱笆，谦谦君子不信谗。否则谗言无休止，天下必然出大乱。'江充曾以谗言害死赵太子，天下无人不知。今陛下不加调查，即发雷霆之怒，征调大军追捕太子，还命丞相亲自指挥，致使智慧者不敢进言，善辩之士难以张口，臣实在感到痛惜。希望陛下放宽心怀，结束对太子的征讨，让太子早返京师！臣以一片忠心，斗胆冒犯天颜，随时准备献出短暂性命，待罪于建章宫外。"

奏章递进建章宫，汉武帝见到后，深受感动。

然对于太子，并未公开赦免。

刘据败出京城，向东逃到湖县，隐藏在泉鸠里。

主人家境贫寒，经常织卖草鞋，奉养太子。

刘据有位旧识，住在湖县，家里很富有。太子听说后，派人与之联络。消息由是泄露，地方官领兵围捕。

太子自知难逃，上吊自缢而死。

征和三年（前90），经多方调查发现，所谓"巫蛊之祸"，没有一例坐实。

汉武帝始知，太子刘据起兵，皆因江充所逼，实非谋位之举。

时郎官田千秋，守卫汉高祖祭庙。再上紧急奏章，为太子叫屈："太子擅用陛下军队，缘起自卫，其罪当鞭，何致死罪！臣夜梦白发老翁，教臣上此奏章。"

梦中白发老翁，田千秋自言为高祖。

汉武帝早有悔意，遂顺水推舟，立刻召见田千秋。

"朕父子之事，外人难以插言。爱卿守卫高祖祭庙，得高祖皇帝神灵示谕，当为辅佐大臣。"

即命田千秋为大鸿胪，下令将江充满门抄斩，将苏文烧死横桥上。泉鸠里围捕太子者，最初嘉奖为北地太守，后也遭满门抄斩。

武帝怜太子无辜遇害，特修一座思子宫。又在湖县泉鸠里，建了一座归来望思台。

天下百姓闻之，都很悲伤。

刘彻因一场噩梦，酿成帝国之噩梦。

高压之力，居然无中生有，硬生生查出"巫蛊诅咒者"，多达数万人之众！

多么恐怖的"人祸"，怎能轻易饶恕！

然世上哪有后悔药？

丞相刘屈氂遭诬陷，已被杀了头；太子刘据被迫造反，也兵败自杀；将军李广利，投降了匈奴……

"巫蛊之祸"，让刘彻清醒了许多。他开始自我检讨，反思过失。

公元前89年，春三月。

在泰山明堂祭天时，六十七岁高龄的刘彻，对天立下誓言，要爱民如子，祈求祷告上苍，保佑大汉江山永固。

"朕即位以来，所为狂悖，使天下愁苦，不可追悔。自今事有伤害百姓、糜费天下者，悉罢之。"（《汉书·西域传》）

回到京师后，刘彻即下令，遣散所有方士。并下"罪己诏"，宣布"当今务在禁苛暴，止擅赋，力本农"。

启用田千秋为相，封为"福民侯"。任命赵过为搜粟都尉，推广"代田法"。

经拨乱反正，武帝声誉再起。帝国统治集团，让偏离航向的大汉巨轮，重新驶上正确航道。为之后的"昭宣中兴"，铺垫了坚实的政治基础。

刘彻能以六十七岁高龄，深刻反思自己，历代封建帝王中，并不多见。

"所为狂悖，使天下愁苦，不可追悔。"

武帝以一国之尊，肯承认因自己"狂悖"，而伤害了天下百姓，带坏了天下风气。

这等广博襟怀，君王虽多，几人能及！

君不见世上贪官污吏，但凡做了亏心事，总是千方百计掩掩藏藏，甚至不惜嫁祸于人，始终不肯承认自己有错。

殊不知，越是高高在上、糊弄百姓的人，越是卑鄙渺小；越平易近人者，越显得崇高伟大！

肉食者尸位素餐，对百姓不屑一顾，一旦不在其位了，恐怕连个陪喝茶的人，都很难得找到。

汉武帝很了不起。

敢于公开批评自己，承认过失和不足；敢于直面天下，对帝国江山社稷负责；敢于直面人民，对黎民百姓负责！

拿老百姓的话说，是一响当当的伟丈夫，有责任心的好男人！

北宋大史家司马光，著《资治通鉴》评述云："然秦以之亡，汉以之兴者，孝武能尊先王之道，知所统守，受忠直之言，恶人欺蔽，好贤不倦，诛赏严明，晚而改过，顾托得人，此其所以有亡秦之失而免亡秦之祸乎！"

又班固著《汉书》，赞之曰："如武帝之雄材（才）大略，不改文、景之恭俭以济斯民，虽《诗》《书》所称，何有加焉！"

功盖三皇五帝，没人超过他的成就，如此高的评价，汉武帝可担当得起？

答案是肯定的。

两千多年过去了，中华民族依然屹立世界，大汉雄风依然普天劲吹。

生为中国人，不论何时何地，总有一种骄傲，在胸中涌动；总有一股浩然正气，在胸中回荡。

它时常激励国人，昂起中华民族高傲的头，雄视天下！

功名盖世知谁是

一

大幕启开,锣鼓铿锵。

三国大戏开演,曹操急匆匆踱到台前,猛然转身亮相,活脱脱一个"奸雄"。白脸、恶眼、阔口,声似虎啸狼嚎,一副凶神恶煞模样。

千百年来,曹操的形象,就这样恶霸霸地呈现在世人面前。每一个中国人心中,就有了"坏人"的标准:弑友、霸人妻、祸乱朝纲!犹如他脸上的油彩,怎么洗也洗不掉。

好端端一出三国戏,却因为某些个说不清道不明的原因,演绎成为区分忠臣与奸臣、好人与坏人的教科书,历朝历代屡演不衰,大有愈演愈烈之势。

当朝者要树他为反面教材,因为他"挟天子以令诸侯",不是乱臣贼子是什么?

正人君子要骂他没有礼数,无情无义,既夺人命又霸人妻。

想想看,曹操在卫道士眼里,何等重要!如果没有他的反衬,还有"正人君子"么?

君不见戏台之上,因为有了他,智者孔明更加智慧,仁者刘备更加仁慈。连本不怎么的孙权,都挣得一个"爱民如子"的贤名。

天啦,是不是别有用心,我不敢肯定。至少可以这么说,所谓的"正人君子",在曹操面前,未必就比曹操更"君子"。

魏、蜀、吴合演的三国故事,在史家众说纷纭的乱象中,早已失去了本来面目。

取而代之的是混淆视听，或颠倒黑白的偏见与愚弄。

偏见是肯定的，对曹操而言，除笔者的老乡郭沫若说过几句公道话外，历史上鲜有杂音。众口一词斥之为"汉贼"，实在有失公允。

天下是谁人的天下？

当然是人民的天下，可那些高高在上的皇天后土们，偏说是家天下。

家天下是自己的，岂容外人染指？

曹操身为汉臣，不一心辅助汉天子，反而"挟天子以令诸侯"，不是汉贼是什么？

既为汉贼，人人皆可诛讨之。

愚弄又是怎么一回事呢？

愚弄的对象，当然是咱老百姓，就是"天下"的主人翁！

专政是为执政者服务的，舆论也是为执政者服务的，愚弄起来毫不费劲，不知不觉就让老百姓信以为真了。

曹操这个人，有思想，有个性，有才干，那就是"贼"，窥视"天下"的"贼"。顶多承认他能干，那也是"奸雄"！

平庸老百姓他管你干吗，顶齐天了，就偷摸点钱物。属管教问题，连管治都谈不上。

执政者煞费苦心，搞这番愚民教育，自然是叫老百姓不要有"非分之想"，老老实实做良民，大家共享太平。

如果真是这样，那也是咱百姓的福分。

可事实偏不是这样，你本本分分过日子吧，他又不让你安生，不是横征暴敛，就是战祸连连，哪有一天清闲日子过？

于是乎，愿像曹操一样"遗臭万年"的人，总是大有人在。本来没有别的想法，你逼咱当猴，不要思想，不要个性，甚至连尊严都不要，只要有果子吃，咱当猴也认了。

偏偏连饱肚的果子也没有，自然免不了要出几只泼猴，像齐天大圣孙猴子一样，闹一闹，甚至大闹天宫，闹得天翻地覆，那也是说不定的。

这么说来，真是枉费了当朝者一番良苦用心。

三国戏精彩纷呈，人人都爱看。只可惜，委屈了曹操一个人。

曹操，字孟德，小名阿瞒，不喜欢他的人，都叫他曹阿瞒，沛国谯县（今安徽亳州市）人。

史书上说，曹操血统高贵，出生在一个世代显赫的官宦之家。

其实曹操原本是否姓曹，至今还是一个谜，何来高贵之说？

仅从现有史料看，他的生父曹嵩，只是曹腾的养子。曹腾和曹嵩，二人并无血缘关系。

曹操的身世，就有些不明不白了。

有人以此推断，曹操不姓曹，且斥责陈寿在《三国志》中胡扯，那也不是严谨的治学态度。

即使曹嵩与曹腾无直接血缘，难保曹嵩不是曹腾叔伯堂兄家的人！现今乡下，还多有家族间相互过继之事。

"专家"可能不服气，那么就拿出史料佐证，曹嵩原本不姓曹！

曹操身世不明不白，为他坎坷的政治生涯埋下了伏笔。在那个年代，十分看重一个人的出身。

刘备是中山靖王之后，走到哪里都受人吹捧。办起事情来，自然比曹操容易得多。

袁绍四世三公，生得仪表堂堂，很是唬人。然而谋而不决，是个"马屎皮面光"的绣花枕头。在讨伐董卓的勤王斗争中，却以绝对压倒优势推为盟主。如果不是出身好，绝没有这种可能！

关于此论，治史严谨的陈寿，在《三国志》中都时有流露。

《三国志》虽以曹魏为正统，却多"扬刘抑曹"之词，何况小说家罗贯中所著《三国演义》乎？

官方意见代表国家法权，自然左右民间看法。老百姓由此认定，曹操是个十恶不赦的"坏人"。

曹操一出世，就已经注定，只能当一个"坏人"了。

他所处的年代不好,甚至可以用黑暗来形容。

史籍上记载明白,曹操生于桓帝永寿元年(155),灵帝熹平三年(174)入仕。

这一时期,是汉王朝四百年间,最黑暗最混乱的年代。昏君执政,奸臣当朝,军阀混战,百姓遭殃,是这一时期的代名词。

任何有头脑有思想的人,生活在那个乱糟糟的世道中,都是一种悲哀。不要说做一个好人,做人都十分困难。要么被人陷害,要么窝窝囊囊。好在那时礼教约束还少,真正有本事的人,可以想干什么就干什么。

强者永远是时代的宠儿。

在豪强林立、诸侯争霸的大地上,只有英雄豪杰的舞台,没有懦夫好人的市场。

虎与豹的精神,是那个时代里,英雄们崇拜敬仰的精神。

没有别的选择,智慧过人又豪强能干的曹操,肯定不会去做好人,更不会去做懦夫。

唯一的选择,做拯救天下的"坏人"。

二

桓灵之时,汉王朝大厦已倾,只剩下几条朽木支撑。里里外外,散发着腐尸之臭。

自王莽篡位以来,汉帝国江河日下。

外戚擅权,宦官专政,军阀割据,民不聊生,是当时社会生活的真实写照。

朝廷的昏庸,直接影响到社会各个方面。政治腐败,滋生贪官污吏;道德沦丧,繁衍恶棍小人。

时,民间有谚:"举秀才,不识书。举孝廉,父别居。""直如弦,死道边。曲如钩,反封侯。"

少廉寡耻,阳奉阴违,口是心非,已成为社会时尚。

不读书的人，可以挂个秀才名分，当个小官小吏后，可以不要父母双亲。

你坚持正义么？搞不好被人害死路边，还不知道歹徒是谁。

如果你阿谀奉承，说不定就封侯拜相。

当一个王朝和它的制度，已容不下正人君子的时候，投机钻营阴险狡诈之辈，必定多如牛毛。大家各怀鬼胎，不敢说真话。彼此间往来，必脸带微笑口说假话心想害人了。

想来真是可笑，人人鬼鬼祟祟偷偷摸摸，畏畏缩缩战战兢兢，想出头而不敢出头，怕出头而当摇头摆尾的哈巴狗。

是什么在作祟？

上梁不正下梁歪，社会风气使然耳！

翻开史书，凡是权力横行物欲泛滥的年代，必是人性严重扭曲的时代。人人贪生怕死，个个变节求荣，哪有一丝英雄气概？哪有堂堂正正做人的高贵气质？！

在这个遍地乌龟的大地上，突然跑来一头高贵的老虎和豹子，乌龟们怎么看？必定视为不吉之物。疯狂的狗们（当权者），平庸的羊们（御用文人），势必群起而攻之。当然不是正面进攻，他们没这个胆。只好口诛笔伐，造谣中伤。

当假话说上一千遍时，高贵的豹子，就变成了大怪物。

曹操成为白脸奸相，大抵应该如此。

史书上说曹操，少年时很不安分，大概属于问题儿童。

"好飞鹰走狗，游荡无度。"

他有一位远房叔叔，很有学问和教养。见到曹操小小年纪，竟如此游手好闲，私下告诫曹嵩，要好好管教，不能放任自流。

曹嵩果然拿起家法，狠狠教训了他。

曹操从大人的闲谈中，知道了事情的缘由。便时常琢磨，如何让讨厌的叔叔吃些苦头。

终于有一天，曹操又见到了他，马上歪着嘴装成中风的样子，倒在地上颤抖不止。

曹操的叔叔见了，飞快跑去告诉曹嵩。

待曹嵩匆匆赶来时，曹操又一点事都没有了。

当着众街坊邻居的面，曹操理直气壮地说："我哪里中风了？明明是叔叔不喜欢我，才故意说我的坏话！"

曹嵩听了，扭头便走。

从此以后，不论别人说曹操什么，曹嵩都一律不予理会。

"既无三徙教，不闻过庭语。"

任曹操上天入地，大闹天宫。

曹操少时胡作非为，胆大而有权谋，他的哥们儿袁绍、张邈都非常服气他，经常在一起打斗，时不时就惹出许多麻烦来，让大人们很是没面子。街坊邻居都很讨厌他，没有谁认为他将来有出息。

唯太尉桥玄，十分看好曹操，认为他是一个济世之才。他常对人说，曹操虽然刁顽，不守规矩，但他不像其他官宦子弟，不学无术。而是博阅群书，才武过人，将来平定天下者，非此人莫属。

桥玄能看中曹操，确实眼光独到。他不仅将妻子托付给曹操照看，还将他推荐给人才鉴赏家许劭。

许劭这个人，识人很有一套，在上流社会声望极高。很多朝廷里的重臣，都请他鉴定过自己的子女。

许劭在当时的地位，如同今日一言九鼎的艺术品鉴赏大师，不论哪种艺术品，只要经他一鉴定，必定身价倍增。

汉魏之际，有关人才鉴赏，是件了不起的大事。要想走入上层社会，找个人才评论专家鉴定，十分重要，也十分必要。那时人们要走入仕途，不可能像今天一样，层层推荐层层选拔上去。只有得到权威评论家的鉴定，才有可能出人头地。

许劭在汉末，就是人才鉴赏的最高权威。

桥玄把曹操推荐给他，委实用心良苦。

曹操本一无名小卒，虽有桥玄推荐，许劭也未必将他放在眼里。果然，很长一段时间，许劭并不待见他，也没有只言片语的评价。

时人有许多猜疑，或言曹操雄才伟略，偏偏性格奸诈多变，许劭实难给他定位。又抑或许劭看出曹操是个人物，怕日后惹祸上身，而不肯随意评说。

曹操见许劭总是躲着他，心急如焚，想了许多法子，许劭就是不开口。直到有一天，许劭饮醉了酒，才冒出一句："治世之能臣，乱世之奸雄。"

谁也没有想到，许劭一句酒话，竟活生生将"奸雄"曹操，定格在历史舞台上，永远没有了翻身之日。

曹操何曾不想做能臣？

十九岁举孝廉，向仕途迈出了第一步。被任命为洛阳北部尉，负责洛阳北部的治安。这个差使官不大，俸禄不过四百石，类似于今天派出所所长一职。麻烦事却不少，成天跟泼皮无赖打交道。

洛阳乃京畿重地。天子脚下，权贵众多，龙蛇混杂。稍不留意，就可能得罪某王公大臣，让你吃不了兜着走。

曹操欣然就任，丝毫未想到有啥难处，完全是一位热血青年。

国家公职人员恪尽职守，是最起码的工作态度。何况曹操志向不小，志在当"治世能臣"。

甫一到任，就把衙门装修一新，造五色大棒悬挂衙门两旁。告示曰："有犯禁者，不避豪强，皆棒杀之。"

灵帝宠臣蹇硕的叔叔，仗着侄儿的权势，不把曹操禁令放在眼里，违禁夜行。曹操令用五色大棒，将其活活打死。

此事在京城中，掀起一阵波澜。叫好者有之，中伤者有之。

曹操置若罔闻，依然我行我素。就任年余，愣是把一个乱糟糟的京师，治理得"劣行绝迹，莫敢犯者"。

由是名声大噪。

当时主流舆论，对曹操的行为，褒贬不一。

欣赏者大加褒扬,称赞其敢作敢为,乃国家栋梁之才。怀恨者妒之,谓之草菅人命,犯上作乱。

真是没有想到,曹操入仕干的第一件事,竟然就为他后来的政治生涯,定下了基调。

自公元174年入仕,至公元189年起兵,到最终独揽大权,曹操的人生经历,真如许劭所言,由想当"治世之能臣",演变成了"乱世之奸雄"。

在这十多年里,他历任洛阳北部尉、济南相、典军校尉等职。其间,一次被免,两次辞官,三次征召议郎,每两年就有一次风波。

宦海沉浮,曹操睁着一双贼亮的眼,把朝廷和官场,看了个清清楚楚明明白白。东汉王朝已不可救药,天下大乱已不可逆转。腐败的官场,昏庸的朝廷,哪需要什么"治世之能臣"!

他曾上书朝廷,力陈时弊,却泥牛入海;他执法如山,打击豪强,却遭人诽谤;他肃清吏治,整顿纲纪,却遭权贵打压。

曹操所做的一切努力,对于江河日下的东汉王朝,无异于杯水车薪。

幸哉!

环境如此险恶,尚未被异己除去性命,完全因有曹嵩这个大后台,有形无形中保护了他。

眼见东汉王朝风雨飘摇,各地诸侯风起云涌,素有大志的曹操,做不了"治世之能臣",那么,他应该做什么呢?

三

曹操终于下定决心,要去当"奸雄"了。

"不流芳百世,也要遗臭万年。"

他甚至认为,当奸雄比当能臣更痛快,也更加过瘾,少受许多窝囊气。

当能臣首先要忠，忠而无能，谓之庸；其次要能，能而不忠，谓之奸。

在东汉末年那样的乱世，二者都成不了"治世之能臣"。

千万别傻冒地认为，有了"忠"和"能"，就可以成为能臣。

你能，别人嫉妒你，自然要泼你脏水。你忠，殚精竭智，为皇帝老儿办事，人家仍会怀疑你忠诚度是否百分百。

纵观历史，能臣的人生结局，都很悲惨。不是生前遭贬，就是死后挨骂。生前身后皆荣者，只有与曹操同时代的诸葛亮了。

做能臣真的好累，诸葛亮不是累死的么？

自从刘备托孤以来，诸葛亮既要整饬内务，又要抵御外侮，还要北伐中原，匡扶汉室。最后的结果，累死五丈原了事。

诸葛亮是能臣，是刘备三顾茅庐请来的能臣，历视为忠臣贤相，依然要遭刘备猜忌。

二人交心的深度，远不如"桃园结义"之关张二人。直到临死时，刘备都不放心诸葛亮。

白帝城托什么孤？简直就是在打预防针！

"若嗣子可辅，辅之；如其不才，君可自取。"

谁不知道刘禅昏庸无能？

刘备一席话，说得冠冕堂皇。其实是将诸葛亮的军，转弯抹角告诫他，"我死后，你不要乱来！"

以曹操的雄才大略，和对时局敏锐的洞察力，他自然十分清楚，这能臣是万万做不得的了。

既然这样，做皇帝不好么？为何偏要去做奸雄？

纵观汉末魏初，最有条件最有实力当皇帝者，唯曹操一人耳。

但他没做这个皇帝。

曹操何许人也？

英雄，枭雄，奸雄！

天下环强林立，窥视王位者不在少数，如果贸然行事，必定惹火烧身。不如退其次，"挟天子以令诸侯"。

这一招高明啊。

曹操作为一个政治家，尤显得成熟老到，高瞻远瞩。

袁术出身四世三公之事，很有些牛皮哄哄。在大家都想当皇帝，又不敢冒头的时候，迫不及待地当了出头鸟。别人劝他，说当不当得上皇帝，与出身无关。如果德高望重，天下拥戴，就算是一介草民，也可以成就王道霸业。

他不信，自恃血统高贵，又不知哪儿弄到一块传国玉玺，便自以为是天子了。甚至错误地认为，只要抢先占了上风，以朝廷的无能，是没有办法拿他怎么样的。

殊不知，头才冒出来，天下一片讨伐之声。

此时的曹操，已把献帝捏在手上，当了个"镇邪"的傀儡。哪容得袁术这个小丑，跑出来跳梁？

于是高举汉室大旗，兴"正义之师"，讨伐逆贼。

几经交战，袁术一败再败。这个狂妄自大的家伙，最终的结局，竟是病中咽气，一病不起，呜呼哀哉。

反观曹操，举着个傀儡牌牌，实际大权独揽。

公元213年，献帝下诏，册封曹操为魏公，赐河东十郡为封地，并加九锡。

当年七月，曹操在邺城，建立魏国社稷宗庙。

同年十一月，魏国设立尚书、侍中和六卿。

此时的曹操，俨然已为公国国君。

215年，献帝授曹操分封诸侯、任命太守和国相之权。

216年，献帝晋封曹操为魏王，设天子旌旗，出入称警跸，享有了天子才能享用的礼仪。

到这个时候，曹操已与汉天子平起平坐，只是少一个皇帝称呼罢了。

皇帝这顶帽子，曹操想不想要？

他当然想要。

但他始终没有戴上，因为他比谁都明白，能有今天的局面，完全是举对了汉室这杆旗。如果没有了这杆旗，会是什么样子？

袁术丢了这杆旗，就丢掉了性命。

袁绍旗举了一半，又放下了，结果是失败告终。

吕布、刘表没有举这杆旗，连小气候都没有形成。

刘备仗着汉室宗亲，高高地举着这杆旗，从无到有，以至有了三分天下。

曹操是政治家，他知道旗帜的重要性。汉室这杆旗，他要死死抱在怀中，高高举在手上。他要让天下人知道，这天下还是汉天下，不是他曹操的天下。

只有这样，才顺乎天理民意。也只有这样，才师出有名，政令畅通。如其不然，在大家势力相当的情况下，曹操凭什么南征北战，并取得节节胜利？

曹操"挟天子以令诸侯"，占尽了便利，捞尽了好处，自然有人不会放过他。

史家在记录这段历史时，旗帜鲜明地给他扣了一顶"篡汉"的帽子，绘了一副"奸雄"的脸谱。

曹操冤不冤？

如果地下有知，他必定大叫，早知如此，何苦当初！硬要那一块遮羞布干吗？不如直接就当了皇帝！

说不定拍马屁的史官，还会称他为"圣天德仁大皇帝"呢。

其实，任何人都有奸诈一面，唯有小奸与大奸之分。小奸易察，人人得而恨之。大奸似忠，凡夫俗子实难窥入室之径。

至于千古第一奸雄，除了曹阿瞒，恐真没人担当得起！

四

奸雄之名，冠于曹操，冤枉。

千百年来，所有人都骂他。骂得有条有理，骂得狗血淋头。

从现存仅有的史料看，曹操确有该骂之处。但不应该骂他是

"乱世之奸雄",更不该骂他是"汉贼"。

试想,如果没有曹操,汉家的天下,不早就亡了么?

诚如曹操所言,如果没有他,真不知"当几人称帝,几人称王"。

故拥汉的正统人士,应该衷心感谢他才是。曹操没有篡位,更没有改变国号,难道不是么?

客观地看曹操,这个生于乱世的人物,身上的优点和缺点,都十分突出。

他大气、深沉、豁达、豪爽、洒脱、机敏、随和、诡谲、狡诈、冷酷、残忍,实在是一个内涵丰富、个性鲜明、天生的戏剧人物。

曹操是一个活生生的人,不是政治玩偶,更不是妖魔。

他爱憎分明,敢爱敢恨敢发泄,行为做事不拘礼数,不是那种整天阴沉着脸、一门心思整人害人的"烂尸"!

曹操惜才又妒才。

起事之初,他深知背景、资历、地位、实力,不如袁绍、刘表之流,需要人来帮助他,尤其需要有才能、有声望、有地位的人,来支持或与他合作。为了事业,曹操放低身段,真正做到了唯才是举、唯才是用、礼贤下士。一时间内,曹操身边,谋士风涌,武将云集。

曹操惜才,郭嘉英年早逝,他哭得死去活来,是真心痛哭,没有丝毫虚情假意。

曹操妒才,杨修聪慧,每每猜中他的心思,就想方设法杀了他。

有人认为杨修是小聪明,曹操杀他是应该的。那么曹操考察杨修,打的各种肚皮官司,就是大聪明了?

既然是大聪明,杨修总能窥透曹操心思,岂不更具有大智慧?

其实曹操杀杨修,还是恼羞成怒。任何一个正常人,都不会承认自己比别人笨,更何况一代枭雄曹操!

杀杨修,曹操犯了常人通病——"忌妒"。

曹操仁爱又残忍。

曹孟德行事,自诩以苍天为己任,大丈夫不拘小节,一副马踏千军横扫天下的气概。

现实中的曹操,骨子里却很"软弱",时时事事渗透出"仁爱"。

曹操杀了孔融,孔融许多生前好友,都不敢去凭吊他。

京兆人脂习去了,抚尸恸哭。其情让曹操感动,说他是慷慨多情的人,赏给他一座新居和很多钱物。

陈宫曾是曹操好朋友,因曹操诛杀边让,二人分道扬镳。陈宫投奔吕布,并死心塌地助他攻打曹操。

下邳一战,吕布全军覆灭。陈宫被俘,却死也不肯降曹。

曹操说你死不要紧,你老妈怎么办?

陈宫回答他,以孝治天下者,不害人之亲。

曹操又说,你老婆孩子怎么办?

陈宫又答道说,施仁政于天下者,不绝人之后。

曹操流着泪为他送行,并赡养了他的老母,收留了他的妻儿。对陈宫一家人,比当初是朋友时还要好。

曹操残忍,比起他的仁爱来,一点也不逊色。

公元193年秋,为报杀父之仇,曹操亲率大军攻打徐州。

徐州牧陶谦抵挡不住,躲进郯城,坚据不出。

曹操打不下郯城,就拿徐州百姓出气,前后杀了数十万人。仅在泗水河畔,一次就坑杀了数万口,简直丧心病狂至极。

曹操率真又奸诈。

曹操一生,有格调和品味,更有率真和大气。读他的诗文,莫不被一种英雄气概所感染。很多词句,似信手拈来,嬉怒笑骂间,却有一种磅礴大气,无丝毫低级粗俗。

君不见曹操面对滔滔长江,横槊赋诗时,踉跄的步履?

君不见曹公赤壁大败,狼狈溃逃中,那三声仰天大笑?

如此率真的曹操，委实可爱之极。

其天真可笑，一点不像千军万马之统帅，更不像一位成熟稳重的政治家。

曹操奸诈，面对复杂的政治斗争，权谋并重，花招迭出。

诓吕布，骗袁绍，欺刘表，拉拢刘备孙策，孤立袁术马腾，莫不得心应手。

这就是政治斗争，换了任何一个政治家，都会这么做，怨不得曹操。

曹操一生，波澜壮阔，丰富多彩。

可是，谁也不喜欢他。

皇帝不喜欢他，因为皇帝是他手里的傀儡。

官僚们不喜欢他，谁都害怕摊上这么个上司或下级。

史家们不喜欢他，怪他乱了规矩，杀了很多文化人。

老百姓不喜欢他，说他坑害了许多无辜，涂炭生灵。

曹操冤枉啊。

他妒才，委屈了一些人。

他残忍，滥杀过无辜。

他奸诈，愚弄过政治上的敌人。

刘备、孙权之流，不妒才吗？他们就没杀过人？

谁都知道，二人之奸诈，尤甚曹操！

历史也会涂脂抹粉，更会"看人点菜"。不仅没将他们写成奸雄，还花团锦簇一通猛夸。一个是仁爱君主，一个爱民如子，简直好得不得了。

只有曹操，谁都讨厌他，谁都骂他。

原因很简单啊，统治者要维护正统，同僚们要维持规矩，老百姓要同情弱者……如狼似虎的曹操，敢于藐视王法的曹操，不守官场纪律的曹操，活该就成了遗臭万年的"奸雄"。

这就是历史，你不能做勇猛的虎和高贵的豹，只能做忠厚的狗和温顺的羊。否则，你必遭人骂！

纵观曹操一生,他委实是一个有血有肉、有情有义的大英雄,至少也是一个有几分率真、几分任性、几分狂傲的活生生的人。

这样生活过的人,值!

阳光普照在大唐温暖的土地上

一

"以铜为镜，可以正衣冠；以古为镜，可以知兴替；以人为镜，可以明得失。"

站在8世纪大唐雍容的风中，一代雄主李世民意气风华，说出这番自信满满的话语时，不仅显示出了这位帝国统帅博大的襟怀，更显示出了唐帝国邦交万国、融通天下的大国气度和风范。

千百年来，"三镜明天下"的至理名言，让无数英雄豪杰诚服折腰，并时时以此反省自己，无不受益多多。

史称李世民为"千古一帝"，浩如烟海的各种史料典籍里，评价他的溢美之词，比比皆是。连后世帝王君主们，也多以之为楷模，奉为"真命天子"。

李世民是中国历史上，少有的贤君。不论是正统的官方，还是闲散的民间，对其总是赞不绝口，少有贬损之词。

纵观五千年中华文明史，人们有太多的理由，喜欢李唐王朝，喜欢这个强大帝国最杰出的统治者。

李世民和他领导的帝国，为后世树立了一个光辉榜样：富甲天下又胸怀四海！

时人和世人对他的评价，少有的高度一致：有经天纬地之才；有济世安邦之志；有果敢决断之心；有容忍纳贤之德；有知人善任之术；有闻过则喜之量……

对于历史人物，尤其是封建王朝统治者，这么高的评价，并非易事。

观古知今,"隆声炽誉",用在李世民身上,丝毫不显矫情,也没有粉饰之嫌。

李世民以完美的人生,成为一代明君,受到世人推崇,乃实至名归。

作为帝国统治者,李世民有这样的德行,是百姓之福,是大唐之幸。他创造的"贞观之治",将唐帝国推到了前所未有的高度,为大中华文明史,增添了辉煌灿烂的一页,理应受到人们尊重。

史籍记载明白,李世民是唐高祖李渊次子。

史书上说,李世民出生时,"有二龙戏于馆门之外,三日乃去"。暗示李世民天生龙种,自然应该坐天下。

又传言,李世民四岁那年,有位书生善相面,过李宅见之。惊异之余,大加赞赏:"这个孩子有龙凤之姿,天日之表,到了二十岁时,一定可以济世安民。"

李渊听到后,心里十分高兴。恐相面书生泄露天机,或到处乱讲,以招祸事,密遣武士,暗杀书生。

谁知相面者,却像风吹过一般,消失得无影无踪。

李渊惊为仙人,便纳"济世安民"之意,给儿子取名"世民"。

李世民出生世家,却丝毫没有纨绔之气,这与他的家庭环境和家庭教育有关。

生母窦氏,乃隋神武公窦毅之女。不仅仅容端庄美丽,还是位出色的才女。李世民牙牙学语时,母亲常揽怀中,给他讲先贤"礼"的故事。教导他举止要文雅,礼仪要端正,待人接物,不可失了大家礼数。

父亲李渊,凉武昭王李皓后裔,隋文帝独孤皇后亲姨侄儿。官居太原留守,地位十分显赫,乃隋王朝栋梁。

作为将门皇亲之后,李世民身居豪门,接触的人与事,多上层贵族生活。耳闻目染间,必透出自身独有、他人绝无的雍容华贵,和临危不乱的大家气度。

李世民从小随父习武,十二三岁时,就已弓马娴熟,能百步之外,"射洞门阖"(《酉阳杂俎》卷一)。

家庭的熏陶,加上自己勤奋努力,少年时代的李世民,已充分显示出卓绝的军事才干和卓越的领袖才能。史载:闲暇时,"与父对策兵略",讲解行兵布阵之道。战时,随父冲锋陷阵,表现十分勇敢。

"渊深喜之。"

李世民与诸兄弟相较,性格上有很大不同:李建成端肃有余,果敢决断能力不够;李元吉性情又略显浮躁,做事鲁莽易冲动,常常不计后果,将事情搞砸。

唯李世民胸怀大志,有胆略,沉毅机智。从不在鸡毛蒜皮小事上,作无谓纠缠。

史书上称赞他,"临机果断,不拘小节。"(《旧唐书·太宗纪上》)

时值隋末,天下大乱。独裁者杨广,残暴不仁。所统治的隋王朝,已如一叶扁舟,漂浮在惊涛骇浪之中,随时都有倾覆的危险。

帝国内部野心家们,认为有机可乘,纷纷起兵割据。

公元613年,礼部尚书杨玄感,在督运军粮途中,突起兵黎阳,正式树起反隋大旗。

公元616—617年间,罗艺、徐圆朗、梁师都、刘武周、薛举等一大批官僚和豪强地主,先后起兵,割据自重。

一时间内,中原大地上,干戈四起,烽火连天,老百姓流离失所。

太原留守李渊,手握雄兵数万。对割据称王称霸事,似乎一点兴趣也没有。常常独自一人,在留守府里饮酒作乐。

朋友们不明白,面对如此乱世,别人都在"浑水摸鱼",李渊为何不动心呢?

朋友们干着急了。

李渊是谁？他当然想有所作为！

按兵不动者，城府深得很呢。

李渊是三晋最高统帅，一点不假。只要他登高一呼，三晋必望风披靡，这也一点不假。

他比谁都更明白，隋炀帝假亲戚之谊，委之以太原留守重任，却对他并不放心。生性多疑的杨广，肯定在他身边，安插了耳目和奸细。

这些人是谁？不知道。

但李渊知道，此时此刻，奸细们必睁大双眼，紧紧盯着自己的一举一动。设若此时强行出头，朝廷几十万大军，很快就会将矛头对准他，毫不留情地将他消灭掉！

李渊似乎铁了心，成天在府上喝酒吃肉，对天下事不闻不问。他究竟在等什么呢？

他当然在等，也当然希望，各地豪强与朝廷两败俱伤。真到了那个时候，再出来收拾残局，岂不更妙？

于是乎，太原留守李渊，只好"纵酒纳贿"，装出一副与世无争的样子，以为"自安之计"。

李世民时年二十岁，与父亲想法略有出入。窃以为当今天下，各种政治势力已粉墨登场，正是起兵反隋绝佳时期。

故建议父亲，立即起兵太原，正式树起反隋大旗。

李渊听了建议，同意起兵反隋，但反对立即起兵。特意吩咐诸子，不可盲动。只能暗地招兵买马，积极筹措粮草，蓄集反隋力量，做好随时起兵的准备。

李世民经父亲点拨，心里豁然开朗。奉李渊之命，"密招豪友"。

长孙顺德亡命晋阳（今太原），刘弘基落泊平城（今大同），皆奇能异士。李世民屈尊，百般优礼二士。经过亲密接触，二人遂成"世民门下客"。

刘文静时任晋阳令，满腹经纶，更是他无话不谈的密友。

"太宗潜图义举，每折节下士，推财养客，群盗大侠，莫不愿效死力。"（《旧唐书·太宗纪上》）

在刘文静等人引荐下，短短半年时间里，李世民身边，已聚集了大批漂泊江湖、亡命天涯的能人义士。

众江湖豪客，为后来晋阳兵变，做了大量谍报工作，亦成了兵变的骨干力量。

隋大业十三年五月。

李渊晋阳举兵，采纳刘文静建议："废皇帝而立代王，兴义兵以檄郡县，改旗帜以示突厥。"（《大唐创业起居注》卷二）

好一个刘文静！

他的一番建议，让李渊起兵，在政治上占得了先机，或者说立于了不败之地。

首先，是缓称帝。

表面上打着"志在尊隋"（《资治通鉴》卷一八四）的旗帜，实质上却干着颠覆隋朝的勾当。刚一举事，唐军为混淆视听，便立十三岁代王杨侑为帝，学曹操"挟天子以令诸侯"，占尽了天时，使唐军师出有名。

其次，明白告知天下，李氏起兵乃"义兵"，意在铲除"暴君杨广"，没有改朝换代的异心。

千万别小看这一着棋，它的政治意义，实不亚于三国时，刘备"尊汉"之举。

李渊起兵，举的仍然是大隋"义旗"，而不是李密、窦建德之流的"反旗"。天下皆"隋民"，虽然痛恨暴君杨广，但他们还深爱着自己的国家——"大隋"。

君不见，天下爱国之隋民，应李渊父子号召，"远近响应"。

再者，"改旗帜以示突厥"。"欲举义兵，远迎主上"。（《资治通鉴》）奉突厥为"主"，虽有失民族气节，但鉴于当时实际情况，利用一切可利用的力量，也无可厚非。事实证明，这一步棋走得绝妙,得突厥人鼎力相助,加速了隋王朝灭亡。内有民众拥戴,外有异族相帮,自然万众一心,天下"人和"了。

再者兵起太原,据三晋之险,扼住了隋朝大后方死穴,占尽地利。

由于打好了三张牌,李渊父子刚一起兵,就风雷震动,天下归心。唐军各路兵马,四面出击,掠城夺池,迅速拥有了三晋及黄河以东广大疆土。

形势一片大好。

在残酷的反隋斗争中,李世民虽年纪轻轻,却扮演了极为重要的角色。"敦煌公(李世民),右领军大都督,指挥右三军",南下霍邑,围困河东,攻克京师……立下盖世功勋。

公元618年,李世民在浅水原(今陕西长武县东北),大败薛仁杲之军,并将其残部,消灭在折摭地区(今甘肃泾川东北)。

619年,李世民挂帅亲征,按既定方针"平殄武周,克复汾、晋",巩固了大唐西北地区。

620年,李世民挥师东进洛阳,与王世充、窦建德进行生死大决战。虎牢一役,窦建德全军覆灭,王世充不战自缚。

初唐的统一战争,取得了决定性胜利。

622年,李世民再度出兵关东,打败刘黑闼部。刘黑闼逃往突厥。最后一个割据势力,被彻底清除。

唐王朝实现了全国统一。

二

史载:唐高祖李渊,共有二十二个儿子。

皇后窦氏,生育四子。

长子李建成,为皇太子,宽厚有干才,辅助李渊处理政务。在高祖外出行军作战时,一般由他留守大后方,调拨帝国军需物资,支援前线作战,从未出过差错。

次子李世民，封秦王。天纵英才，经常统领兵马出征，战功卓绝。

三子李玄霸，即传奇人物李元霸，英年早逝，史料记载甚略。其人其事，多为小说家言，不足为信。武德元年，追赠卫王。

四子李元吉，封齐王。虽骁勇善战，文治武功较二位兄长，相差甚远，且有恶名。"常共窦诞游猎，蹂践谷稼，放纵亲昵。"（《旧唐书·巢王元吉传》）其言其行，典型公子哥儿做派。

兄弟仨（玄霸早逝）一块儿长大，关系一直很好，可以说亲密无间。

随着隋朝土崩瓦解，唐王朝正式建立，特别是李世民威望不断提高，兄弟间的摩擦逐渐多起来，关系也变得有些微妙了。

太子李建成，虽为皇储，却时常感到不安。一股若隐若现的压力，正来自不远处的秦王府。

起初他并未在意，甚至简单地认为，论才干和功劳，二弟远在自己之上，别人的眼神有点异样，实属正常。后来才慢慢明白，众人眼神中的"深情"。秦王李世民，功勋显著，随时可能夺取太子之位。

太子府与秦王府，养有众多幕宾。这帮无聊的家伙，尤为可恶。不断煽风点火，挑拨和唆使。李建成和李世民之间的矛盾，便日复一日地加深加剧。

在这场手足争斗中，齐王李元吉，始终站在太子一边。他自己没本事，偏偏看不惯二哥，这也行那也能。

从现存各种史料看，李世民未必有野心，非要谋夺太子之位。只不过风头太盛，盖过了李建成而已。连太子詹事李纲，都规劝过李建成。"不宜听受邪言，妄生猜忌。"（《旧唐书·李纲传》）

而李建成呢，心存猜疑是必然的。

原因很简单。在建立唐朝的战争中，李世民常随父皇出征，战功卓著，风光无限。自己作为后勤总管，长期留守大后方，虽然劳苦但不功高。不论从哪方面讲，二弟都占着上风。

从依功封官晋爵看，父皇喜欢二弟更多一些。

李世民官居尚书令，拜右武侯大将军，受封秦国公，旋即晋升为秦王。在唐帝国初期，李世民确已为"一人之下，万人之人"，风头盖过了太子李建成。

仅以此断定，李世民有夺太子位的野心，或李渊有换太子之嫌，那也未必。

李建成有这些想法，可以理解。后人史家有此猜度，则没这个必要了。

李渊英武神明，"素怀济世之略，有经纶天下之心"。把留守大后方的重任，交付给李建成，是对他稳重性格的肯定，也是对他统筹全局能力的肯定。

李渊欲经纶天下，不可能不知道，一个稳固的大后方，乃取天下的根本保证。李渊如此安排，委实用心良苦。早早让李建成独挡一面，目的只有一个，锻炼他独自运筹帷幄、洞察全局的领袖才能。可以这么说，在接班人的问题上，李渊始终看好李建成。

虽然李世民战功卓越，有"济世安邦"之才，李渊也十分喜欢他。然李渊正溯思想顽固，李建成既为长子，理应是太子，而不宜有他！何况兄弟二人间，综合素质和能力，又无太大差距。李渊之于太子位，实无废建成而立世民的道理。

李建成却不这么想。

刘黑闼再度起兵时，幕僚魏徵都说："秦王勋业克隆，威震四海，人心所向，殿下何以自安？"（《旧唐书·隐太子建成传》）

魏徵之意很明白，让他去讨伐刘黑闼，以图建立功业，顺便"因结山东英俊"，在天下人面前，挣得一些好名声。

听了魏徵建议，李建成认为很有道理，跑到父皇面前去请战。

李渊知道长子心思。决意让他去战场，接受战争锻炼和考验，为他将来君临天下做些铺垫。即刻颁诏，授李建成唐军统帅印，顶替李元吉出征山东。

李建成在魏徵帮助下，艰难剿灭了刘黑闼部，风风光光班师回朝，受到李渊大力赞扬和奖赏。这原本是一件大好事，太子集团却喜昏了头，将它变成一副枷锁，牢牢套在自己身上。

不仅李建成认为，秦王能带兵打仗，我也能领兵出征，李世民没啥了不起，太子府的人，更是欢天喜地，认为太子带兵打了胜仗，秦王府算哪根葱？再不用看草莽武夫的脸色了。

从此以后，太子府的人，在秦王府人的面前，更加地趾高气扬。道上相见，不是说东道西，就是怒骂呵斥，处处显示着太子府的优越。

一时间内，小小太子府，成了皇城政治中心。势利小人趋之若鹜，连李渊身边的人，也要让他们三分。朝廷上下，议论纷纷，谤声四起。

太子府的人，却不以为然。在他们眼里，太子是未来的皇上，太子府理所当然，就该比其他王公大臣府邸高贵。

为显示太子府与众不同，借保护太子安全（实则另有他意）为名，征得李建成同意后，私募二千骁勇善斗之士，屯守在东宫（太子府）左后长林门，号称"长林兵"，日夜巡护太子府。

太子洗马魏徵，太子府第一幕僚，足智多谋。在他眼里，"长林兵"乃皮毛，既不能为太子壮势，也不足以慑服秦王。私上向李建成献计，要太子利用一切关系，用金钱相诱，拉拢高祖宠妃张婕妤和尹德妃，让她们在李渊面前，大肆吹捧太子，诋毁秦王。

李建成知魏徵之能，不仅一一采纳，私下还多次与齐王密谋，欲暗中致秦王于死地。终因李世民警觉，未能得逞。

李世民呢？

本不想手足相残，但他的手下，却不依不饶。

太子府咄咄逼人，秦王府磨刀霍霍。

尉迟敬德一干武将，纷纷叫嚷，太子府欺人太甚！

李世民也深感忧虑，"不为兄弟所容，实有功高不赏之惧"（《贞观政要》卷五）。

秦王表面不露声色，心里有了另一层想法。"秦王恃有大勋，不服居太子之下。"（《旧唐书·隐太子建成传》）

这是事实，非史家妄测之辞。

秦王与太子间的矛盾，到这个时候，已完全公开化了。

这场手足之争，因李建成为失败者，人们一边倒地同情他，甚至不分青红皂白，刻意丑化李世民。

后世史家，更是昧天地良心，把李建成捧为"直率，宽简，仁厚，才干卓绝"，甚至妄言："若无玄武门之变，太子必承大统，将大唐建成全新升平盛世。"

我呸！

历史岂容假设！

李世民之"贞观之治"，乃中国封建史上，最开明、最繁盛时代。何来猪狗辈胡言乱语："太子必承大统，将大唐建成全新升平盛世"？！

二人争斗初始，李建成并非弱者，也非被动者。"玄武门之变"，至少应担一半之责。

身为太子，舆论上占据绝对优势，政治上占据绝对优势。即使与秦王之间，到了水火不容的地步，李渊都不管谁是谁非，一概信任支持李建成，有时甚至刻意袒护他。

武德七年六月，李渊避暑仁智宫（今陕西宜君西南）。

李建成心怀叵测，竟乘留守京师之机，密令庆州总管杨文干，"募健儿送京师，欲以为变"（《旧唐书·隐太子建成传》）。

他要干啥子？

叛国未遂，罪必当诛！

李渊虽十分震怒，仍网开一面。始终认为太子宽厚，不可能有谋逆之心。之所以铸此大错，乃身边幕僚唆使所为。

事实是杨文干真的反了，事涉太子李建成。史家们眼都瞎了，看不到事实真相。"文干叛，太子初不知情，幕客相谋之。"

太子不是才干卓绝吗？岂能受幕僚唆使，又怎可能不知情！

史家之脸，被抽打得"啪啪"直响，不知疼否。

李渊倒是真神武，看得一清二楚。一边命令秦王府举兵，讨伐反叛之贼杨文干，一边痛心疾首对李世民说："文干事连建成，恐应之者众，汝宜自行。还，立汝为太子。吾不能效隋文帝诛杀骨肉，废建成作蜀王，地既僻小易制，若不能事汝，亦易取耳。"

谋逆之罪，乃"十恶不赦"，历代皆然。李渊只降太子为"蜀王"，足见对他"喜爱有加"。

任谁也想不到，就是这种"轻罚"，居然都没有兑现，李元吉百般斡旋，诸妃多方游说，事情发生惊天逆转。李渊改变主意，不仅保留李建成太子位，还把他谋逆之事，混淆为"兄弟不睦"，归罪于东宫和秦王府之间，"臣僚互谗"。将太子府幕宾韦挺、杜淹等人，流放边地了事。

李建成逃过一劫，本该痛改前非。谁知却不思悔过，认为父皇虽饶恕了自己，肯定不会再信任他了。眼见秦王李世民，平叛杨文干有功，父皇又大肆嘉奖于他，心里越发忌恨。

心态不平衡的人，思路必定狭隘，行为一定偏激！

李建成经此一劫，更加变本加厉迫害李世民，必欲除之而后快。有一次夜宴，假惺惺请秦王到东宫饮酒，说是想叙叙兄弟情义。李世民不知有诈，欣然前往。

李建成暗中指使心腹，在酒里下毒。秦王饮后返回住处，心腹绞痛难忍。"吐血数升"，差点丢了小命。

高祖李渊闻讯后，急忙赶往秦王府。

见李世民已缓过气来，十分感慨地说："发迹晋阳，本是汝计；克平宇内，是汝大功。欲升储位，汝固让不受，以成汝美志。建成自居东宫,多历年所,今夏不忍夺之","以致酿成今日之祸"。

又说你兄弟二人,终归不能和睦相处,一起住在京城,肯定还会心生恶意,进而互相残杀。不如"汝还行台,居于洛阳,自陕以东,悉宜主之。仍令汝建天子旌旗,如梁孝王故事"。

李世民闻言,内心大为感动。泪流满面地对父皇说道:"今日之授,实非所愿,不能远离膝下。"

太子与齐王闻讯,大为惊恐。二人私下度之,李世民若效"梁孝王",远居洛阳,等于龙入大海。一旦成了气候,谁还制得了他?

兄弟俩不谋而合,千方百计加以阻挠。又是上书谏止,又是派人对高祖陈述利害。说秦王身边多关东之士,今去洛阳,定会一去不复返。久而久之,必生变意。

李渊闻听此言,良久不语。默认此话有理,便作罢此议。

李建成得报,听上奏人言及父皇神态,认为皇上最终没让秦王去洛阳,可能已有立他为太子之意。内心越发惶恐。

殊不知李渊作罢此议,正是听了李建成谗言,害怕秦王东去洛阳,起反叛之心。那样的话,朝中真就没人能控制他了。

李建成会错了意,急得像热锅上的蚂蚁。一天之内,三次邀请四弟李元吉,到东宫密谋。

太子真乱了方寸。派人频频向皇上进言,诋毁李世民,千方百计把水搅浑,让李渊不辨真伪。又派人四出活动,分化瓦解秦王集团。

房玄龄、杜如晦等名士,相继遭到诽谤,被逐出了秦王府。连跟随秦王多年的死士,如尉迟敬德、段志玄等人,都成了东宫收买对象。

到了这个时候,李世民感到害怕了。他不知道太子李建成,究竟要干什么,自己又该如何应对。

秦王所以还在犹豫,原因有二:一方面,太子与齐王本同胞兄弟，他狠不下诛杀心；另一方面，就算诛杀二凶成功，父皇怪罪下来，怎么交代？

秦王府的人，却没有这些顾虑。杀了太子和齐王，逼高祖李渊让位，是他们早想好的策略。

见秦王迟迟下不了决心，众人无不焦急万分。

长孙无忌和尉迟敬德二人，日夜规劝李世民，不能再犹豫了，否则就来不及了。

史上许多重大事件，究其发生原因，有偶然也有必然。李世民最终下决心，诛杀太子与齐王，就缘于突发的外敌入侵事件。

武德九年五月下旬，突厥人大举入侵，横掠唐帝国北方各郡。

接到边戍警报后，早有预谋的李建成，极力举荐李元吉领兵北征，得到了皇上的认可。

"元吉请尉迟敬德、程知节、段志玄及秦府三统军秦叔宝等与之偕行，简阅秦王帐下精锐之士以益元吉军。"（《资治通鉴》卷一九一）

李世民得到密报，太子将在饯行之日，密谋加害自己，并坑杀随同齐王出征之秦王府诸将。在这千钧一发之际，李世民为了自保，不得不采纳众人建议，诛杀太子与齐王。

为求行动万无一失，房玄龄等人密谋，制订了周密的行事方案。一边派人密奏李渊，言李建成、李元吉二人，"淫乱"后宫。并称"臣于兄弟无丝毫所负，今欲杀臣，似为世充、建德报仇。臣今枉死，永违君亲，魂归地下，实亦耻见诸贼"。一边准备军事行动，力保诛杀成功。同时发动政变，以逼李渊禅让退位。

武德九年六月四日。

李世民、长孙无忌等十二人，率众预先埋伏在玄武门，只等李建成、李元吉自投罗网。

当日上早朝时,太子与齐王并骑,乘马来到玄武门。刚近临湖殿,二人情知有变,欲驰马返回东宫。见二人拨转马头,策马开溜,李世民知事已败露,从埋伏之处纵身跃出,大声呼唤二人名字。

李建成闷不作声,将胯下战马催得更疾。

李元吉则在马上,悄悄张弓搭箭,欲乱中射杀秦王。惜心慌意乱,竟连发三矢,皆未中的。

李世民原存慈念,非要二人性命。见元吉不念手足之情,亦狠下心来,拾起四弟射落之箭,张弓瞄准太子背心,李建成"应弦而毙",李元吉"中流矢而走,尉迟敬德杀之"。

东宫及齐王府,闻听兵变,急集精兵二千,前来攻打玄武门。秦王府数百骑兵,也前来增援。双方相持一小时后,"建成等兵遂败散"。

"玄武门之变",震惊朝野。

三

兵变六天后。

武德九年六月十日,李世民立为皇太子。原秦王府一干人马,移驻东宫。

武德九年八月癸亥,高祖李渊禅位。

李世民登基,继位于东宫显德殿,是为唐太宗。

玄武门兵变,虽诛杀了建成和元吉,但原东宫集团余党,纷纷外逃匿藏,暗地里互相串联,企图卷土重来。

李世民继位后,这些残渣余孽,成了当时社会不安定的主要因素。

有鉴于此,唐太宗两次颁诏,大赦天下。

"凶逆之罪,止于建成、元吉,自余党与,一无所问。"(《资治通鉴》卷一九三)

李世民确有雄才大略，"喋血玄武门"后，留下的社会问题，处置有策略而巧妙。

太宗得刘文静谏议，对原东宫集团主要骨干，毫无歧视，一律加以任用和提拔。

原东宫骁将薛万彻，曾带两千精兵，攻打过玄武门和秦王府。失败后，逃到终南山躲藏。李世民不计前嫌，多次请他出山。

"以其忠于所事，不之罪也。"（《旧唐书·薛万彻传》）

薛万彻为人忠厚，感念太宗一片真诚，心悦诚服归顺李世民，死心塌地为新主效劳。

贞观四年春二月，薛万彻随李靖北征，击败突厥颉利可汗。以卓绝战功受赏，被授予统军职务，晋爵郡公。

魏徵乃原东宫主谋，唆使建成与世民之争，起了很坏的作用。若无他的出谋划策，东宫不可能在短时间内，形成那么强大的势力。他曾多次策划，阴谋刺杀李世民，但都未被李建成采纳。

"玄武门事变"后，魏徵捶胸顿足："皇太子若从徵言，必无今日之祸！"

像他这样的"重犯"，可谓罪大恶极，理当处以极刑。

李世民惜才，知魏徵是个人物。便用海一样的胸怀，去感召、接纳、包容甚至重用他。

昔日太子洗马，先被封为詹事主簿，后又直升谏议大夫，最后位居宰相。

仅此而论，李世民的大度和气魄，确非李建成所能比拟。若非如此，哪有一代名相魏徵，"敢于直言极谏"，而流芳百代？！

李世民出身行伍，却雅好文学，深知人才乃国家永固之本。

即位之前，就广罗文武贤才。

即位之初，这位圣明君主，即诏令天下："为政之要，惟在得人"。要求右仆射封德彝，举荐天下贤能。

史载：封德彝曾为秦王府属官，又暗与太子府交好，时人谓之"封老二"。意其脚踏两只船。

李世民佯装不知，"惟重彝之清誉"。继位大统后，任命为帝国"组织部长"。

当太宗颁诏荐贤令后，封德彝竟久无所荐，理由是"于今未有奇才"。

太宗听后，满脸不高兴，当着满朝文武的面，毫不客气地数落他："君子用人如器，各取所长。古之致治者，岂借才于异代乎？正患己不能知，安可诬一世之人。"

没有想到，一个千年前的封建帝王，对人才的研究和认识，竟有如此深刻的见解。

李世民说得好啊。人才无时无地不有，你没有识人的"慧眼"，反倒说世人皆蠢才，这是什么话！难道古之治理天下者，要到其他朝代借人才吗？！

李世民选拔朝廷官员，从来"不问亲疏，不论贵贱，不分畛域，不求完美"。只要有真才实学，一定会得到重用。

他的近臣中，有出身卑微的马周、戴胄；有曾经的敌人屈突通、程知节；有出身名门望族的萧瑀、陈叔达；有积怨甚深的魏徵、韦挺；有脾气暴躁的尉迟敬德、性情高傲的秦叔宝……

各色人才，应有尽有。

史家因此赞誉："拔人物则不私于党，负志业则咸尽其才。"

李世民不拘一格，广罗英才。贞观一朝，可谓天下英雄汇聚。

为更好发挥人才作用，太宗需详细了解他们，知晓其优缺点，以便因才施用。

王珪"识鉴精通"，李世民请教他，对朝臣们逐一点评。

史载：王珪恢宏大器有"直声"，素为李世民赏识。

王珪被召入宫，当面对太宗说："孜孜奉国，知无不为，臣不如玄龄。才兼文武，出将入相，臣不如李靖。敷奏详明，出纳惟允，臣不如温彦博。处繁治剧，众务毕举，臣不如戴胄。耻君不及尧舜，以谏争为己任，臣不如魏徵。至于激浊扬清，嫉恶好善，臣于数子，亦有微长。"（《资治通鉴》卷一九三）

王珪的点评，相当精彩，亦十分中肯。千年前的封建帝国里，能有如此政治风气，忍不住要唱个"肥诺"，大大地点个赞。

贞观一朝，唐帝国在李世民领导下，政治经济文化诸多方面，出现了前所未有的兴旺和繁荣，史称"贞观之治"。

唐太宗于身边之人，尤其朝中重臣的情况，了解得比谁都透彻。他知道手下之人，在各级政府机构中，能干什么，不能干什么。

仅此一点，就让人佩服不已。

作为帝国统治者，若非他求贤爱才，为江山社稷着想。李世民吃饱了撑的？非要了解臣工的长处和短处？

甚至连他们的隐私，都要知道得一清二楚！

"长孙无忌善避嫌疑，应物敏速，决断事理，古人不过；而总兵攻战，非其所长。高士廉涉猎古今，心术明达，临难不变节，当官无朋党；所乏者骨鲠规谏耳。唐俭言辞辩捷，善和解人；事朕三十年，遂无言及于献替。杨师道性行纯和，自无愆违；而情实怯懦，缓急不可得力。岑文本性质敦厚，文章华赡；而持论恒据经远，自当不负于物。刘洎性最坚贞，有利益；然其意尚然诺，私于朋友。马周见事敏速，性甚贞正，论量人物，直道而言，朕比任使，多能称意。褚遂良学问稍长，性亦坚正，每写忠诚，亲附于朕，譬如飞鸟依人，人自怜之。"（《资治通鉴》卷一九七）

此番点评，有根有据，委实难能可贵。

太宗之于臣工，知人善任，前无古人，后无来者。

通古鉴今，从中获益，乃读史之乐。

我们不得而知，司马光著《资治通鉴》时，带有多少个人感情色彩。

因司马氏所处年代，北宋王朝由盛及衰。他本人也因种种原因，累遭贬谪和弃用。心中难免委屈，有"珠遗草丛"的感怀。他称颂唐太宗，知人善任。是否暗喻当朝者，"鱼目混珠"？或希望逢着明君,像李世民一样,赏识自己呢?

司马氏于此段记载后,并未像先前一样,写下"臣光曰"的评论。故不得而知,司马氏心里所想。

此乃笔者"小人之心",乱度司马光大人"君子之腹",切莫当真。

太宗对文臣们的优缺点,心如明镜。对武将们的情况,更是了如指掌。

"于今名将,惟世勣、道宗、万彻三人而已。世勣、道宗不能大胜,亦不大败,万彻非大胜而大败。"

李世民不知"人力资源"学,但他懂得真情换真心的道理。

他了解臣工,并非为了控制。而是为了合理使用他们,扬长避短,以期人尽其才。

人无完人,皆有"短板"。唐帝国众文臣武将,也概莫例外。

但他们有个好主子。

李世民虚怀若谷,对臣工从来都赞赏有加,很少批评指责,显示了海一般的容人襟怀。

士为知己者死!

唐太宗拥有全天下的"死士",还愁什么事情干不成?

纵观贞观一朝,"文治"天下太平,"武功"四夷臣服。

那才是真正的太平盛世啊!

四

唐太宗知人善任,更有勇于纳谏的美名。他认为,一个人不论多么能干,只能干一个人的事。要干天下事,必须依靠天下人。

司马氏在《资治通鉴》里,对此论大加赞誉,认为"德比尧舜"。

作为帝国最高统治者,李世民深知,如果得不到臣民真心拥戴,他就是一个聋子,什么也听不到。一个瞎子,什么也看不见。一个政治白痴,什么都干不成。

隋朝之所以灭亡,实因隋炀帝好大喜功,护短拒谏。结果没人敢说真话,所报所奏所闻,全是粉饰太平、歌功颂德的阿谀之词。杨广不仅成了聋子瞎子,还成了真正的"孤家寡人"。

李世民不愿当"寡人",更不想当"白痴"。他鼓励大臣们,"事有不利于人,必须极言规谏"。

又言:"人欲自照,必须明镜;主欲知过,必借忠臣。主若自贤,臣不匡正,欲不危败,岂可得乎?"

在太宗反复倡导下,贞观一朝,人人敢说话,个个说真话。畅所欲言,成为开明而时尚的社会风气,涌现出许多直言极谏的大臣。

魏徵,就是其中最杰出代表。

小时候,魏氏生活很殷实,衣食无忧。六岁那年父亲去世,家道由此败落。十五六岁时,为生活所迫,曾出家当了道士,以此游历过不少地方。

魏徵家境贫寒,维持生计都十分困难,偏偏他又不喜劳作。家里人嫌弃他,视为吃闲饭的败家子。然其胸怀大志,对读书很有心得。诸子百家,一览即可成颂。

做道士云游天下时,一边广交江湖朋友,一边大量涉猎经史,以增长学识和才干。

武德元年。

魏徵怀匡政天下之志,投奔李密。但混了很长一段时间,却没人赏识他。

武德二年,李密被王世充击败。魏徵随李密一道降唐,也没得到特别重用。

魏徵十分苦闷。

时,李渊李世民父子,正率军攻打黎阳。

魏徵打探得知,据守黎阳的守将,乃李密旧将李勣。二人在李密军中时,关系非常好。

为引起李渊父子注意,魏徵自告奋勇,前去黎阳劝降。

恰在此时,窦建德也领兵攻打黎阳。魏徵在前往劝降途中,被窦氏所俘。

武德四年,李世民大败窦建德,魏徵再次归唐。

李建成久闻魏徵大名,加上新晋太子,急需贤能之士辅助。就在父皇面前,极力引荐魏徵,让他当了自己的"洗马"。

魏徵从无人赏识,一下荐为"太子洗马",心中感激李建成,自然不言而喻。也正因为如此,成为东宫座上宾后,魏徵便竭尽所能,为李建成出谋划策,一心辅助他成就帝业。

"玄武门兵变",给了魏徵当头一棒,让他一下子找不着北。好在李世民宽厚,不计前嫌,授詹事主簿,旋又拜为尚书左丞。

魏徵"喜逢知己之主,思竭其用,知无不言"。他的才干和刚正不阿,很快得到新主认可和器重。

在中国历史上,魏徵敢于谏诤,留下许多佳话。

《贞观政要》一书,乃贞观朝大事纪实录。其载:魏徵向太宗面陈谏议五十次,呈送奏折十一件。一生谏诤,多达"数十余万言"。

每次谏言,必言之凿凿,据理力争,常和太宗争得面红耳赤。

其上谏次数之多,涉及范围之广,言辞之激烈,态度之坚决,皆为历史罕见。

魏徵的谏诤,一针见血,切中时弊,从不文过饰非。

贞观初,帝国百废待兴。他规谏李世民:让百姓休养生息;政府须革除隋朝奢靡之风;反对大规模营造宫室;反对对外穷兵黩武。

为维系社会安定,他规谏李世民:废除前朝严刑峻法,代之以宽和的刑律。

为使朝廷政令畅通,他规谏李世民:用人要德才兼备,不分亲疏。

为保证政治清明,他规谏李世民:严惩贪赃罔法之徒,不论贵贱,王法面前人人平等。

他还经常规谏李世民,要兼听广纳,认为"兼听则明,偏信则暗"。

应以"亡隋为戒",居安思危。

对于太宗工作失误,魏徵也敢直言批评,从不给皇上留情面。

贞观八年。

陕县丞皇甫德参,上书谏议:修建洛阳宫,实属劳民伤财,又言国家所收地租,实在太多,老百姓承受不了。

李世民看了奏折,非常气愤,以皇甫德参讪谤朝廷为名,降罪处以极刑。

满朝文武大臣,见太宗动了真怒,个个心惊胆颤,大气都不敢出。这个时候,魏徵勇敢站了出来,不急不缓地劝谏道:"自古上书,都是言辞激切,不这样就不能引起皇帝警觉。故激切不是讪谤,请皇上三思。"

李世民闻言,遂冷静下来,顺着他的话,对群臣说道:"朕初责此人,若责之,则谁敢言之?"(《魏郑公谏录》)

魏徵的直言极谏,或当廷抬杠,会让太宗很没面子。

有次早朝后,余怒未消的唐太宗,对长孙皇后抱怨道:"总有一天,我要杀了魏徵这个乡巴佬!"

长孙皇后有贤德,笑着规劝李世民:"魏徵不是你的镜子吗?打碎了你会后悔的。"

李世民不仅私下抱怨,当着满朝文武的面,也说过这样的话:"魏徵每次廷议都要羞辱我,真是欺人太甚!"

魏徵作为臣子,惹得皇上三番五次生怒,足见他有着异于常人的胆识。

一般的人,遇到主子生气时,都会避一避,不会也不敢再责之不是了。

偏偏魏徵不是一般人,他是太宗正衣冠的镜子。

皇上衣冠不整,他依然要"照"出来,而且毫不留情。

唯有大唐帝国,唯有李世民,才有这样的气度。

也唯有魏徵,才有这样的名臣风范,才有这样的浩然正气和铮铮铁骨。

尽管有时候,太宗对魏徵的尖锐批评,一时难以接受。但他始终认为,魏徵忠心奉国,绝无私欲。他的直言冒犯,有利于自己时刻保持清醒。

李世民为此感叹:人人都责怪魏徵,举止轻慢无礼,言语尖酸刻薄。但我却觉得,他的行为,美妙无比,他的语言,悦耳动听!

史家述唐太宗,誉为"从谏如流"千古明君,与魏徵犯颜直谏分不开。

二人互为君臣,相得益彰。

贞观十七年,魏徵因病去世。

李世民闻讯后,大哭不止:"人以铜为镜,可以正衣冠;以古为镜,可以知兴替;以人为镜,可以明得失。朕常保此三镜,以防己过。今魏徵病逝,遂亡一镜矣。"

纵观贞观一朝,敢于大胆直言者,远不止魏徵一人。他只是这些"谏臣"中,比较杰出的一个代表。

帝国统治者从善如流,大胆纳谏,从而造就了贞观一朝政治清明,为当时经济社会发展,营造了十分宽松的政治氛围。

太宗以海纳百川的胸怀,推动这种开明"诤谏"之风,在朝野上下盛行,委实功不可没。

时人张鷟著《朝野佥载》,载云:吏部尚书唐俭与太宗棋,争道。上大怒,出为潭州。蓄怒未泄,谓尉迟敬德曰:"唐俭轻我,我欲杀之,卿为我证验有怨言指斥。"敬德唯唯。明日对仗云,敬德顿首曰:"臣实不闻。"频问,确定不移。上怒,碎玉珽于地,奋衣入。良久索食,引三品以上皆入宴,上曰:"敬德今日利益者各有三:唐俭免枉死,朕免枉杀,敬德免曲从,三利也;朕有怒过之美,俭有再生之幸,敬德有忠直之誉,三益也。"赏敬德一千段,群臣皆称万岁。

岂止唐俭有幸?

有"怒过之美"的太宗执政,是千千万万大唐子民的大幸!

五

"贞观之治"之于中国,乃少有的太平盛世。

20世纪90年代,陕西咸阳东北,掘出唐贞观年间储仓遗址,规模之大,世人叹为观止。据专家推测,仅此一处存粮,就够今日陕西全省人吃上六年!

又有资料显示,唐帝国首都长安,乃当时世界上唯一超霸,人口过百万,面积五倍于今日西安城。

何等的辉煌壮阔?!

就是放在今天,也可名列世界大城前茅。要知道唐都长安,可是1400年前的城市啊!

大唐经济之繁荣,千百年后之今日,仍可说空前绝后。放眼当今世界,唯一超霸美国,也难望其项背。

唐贞观年间,帝国的经济总量,超过当时世界经济总量60%!

今之美利坚,在世界上称王称霸。占世界经济总量比例,又是多少呢?

还不到30%!

我一直在想,唐帝国的民众,会是怎样的感觉?

幸福?骄傲?还有一点点霸权主义?

要是美国人,尾巴早翘上了天!

然大唐帝国,没当世界警察,也没侵扰邻国,更没有霸占世界。它海纳百川,包容天下,与近邻远邦,和平共处。

美国人拿着枪炮,到处扬威耀武,非要别人接受它认为了不起的民主。无非老大当习惯了,总想着别人顺从他,哈巴狗一样,听其使唤。结果呢?世界一片讨厌之声。

唐帝国则不同。

不管是谁，也不论居于何方，是何种族，只要真心友善，彼此间定能和平相处。决不会恃强凌弱，指手画足，非要把东方文明强加给你。

这是一种气度，一种无比自信的气度！

在这种气度感召下，四夷臣伏，万国来仪。

美国佬是老大，却没有老大风范，惯用胡萝卜加大棒。

你乖，给你胡萝卜；你不听话，给你一大棒。又或胡萝卜大棒并用，让你又爱又怕，终归心里不服。

在这一点上，还想称霸百年的美国人，可要好好学学我们老祖宗，如何邦交万国。

唐帝国外交政策，肯定值得研究。

在对待国内少数民族问题上，所采取的政策和策略，更应让有严重种族歧视的美国人，去认真领悟和借鉴了。

中国历为多民族国家，在五千年历史长河中，真正做到各民族大融合，除今日共产党执政期外，唐王朝算是做得最好的了。

贞观初年，因兵燹连连，各地少数民族，对朝廷多有不满。个别地方，甚至发生小股农民起义。

李世民纳魏徵之谏，一改前朝清剿弹压政策。对骚乱地区民众，实行怀柔安抚策略。

"降则抚之，叛则讨之。"

不论何种族，只要拥护中央政府，不公开与大唐为敌，或不威胁唐王朝安危，一律实施优抚。以各部落酋长，为一方都督或刺史，实行民族自治。甚至不改变风俗习惯，也不变更族权制度。

谁若胆敢藐视中央，擅自称王或拥兵自重，甚至威胁大唐安全。唐帝国也会不遗余力，予以坚决镇压清剿。直到臣服归顺为止。

颁布实施上述政策，显示了唐中央大国的领袖风范，让人不得不佩服。

唐初,帝国边境上,有两个可怕对手。一是北方突厥人,一是西部吐谷浑。

高祖起兵晋阳时,为取得突厥支持,一度向颉利可汗称臣。

帝国统一后,突厥人念念不忘此事。认为自己有功于唐,借机索取高额回报。唐王朝为息事宁人,做出巨大让步,与突厥人达成互不侵犯协议,短暂相安无事。

武德九年八月初九,李世民登基继位。

颉利可汗认为,唐内乱初定,必有机可乘。

八月二十八日。

颉利亲率大军,兵临渭河便桥,直逼长安。想让年轻的唐太宗,继续臣服于他,以延旧好。

突厥人不讲信誉,违背盟约之举,让李世民十分气愤。决定御驾前往便桥,向突厥人问罪。

此次行动,李世民未带一兵一卒,领高士廉、房玄龄等六骑,慨然来到渭水边。

"与颉利隔水而语,责以负约。"

颉利自感理亏,遣人前往唐营"请和"。

八月三十日。

在渭河便桥上,"刑白马设盟",双方罢兵。

颉利可汗领军北还,将沿途边民财物,大肆掠劫一空。

突厥人无端兴兵,让李世民心生警惕,也看清了颉利的狼子野心。他暗下决心,彻底剿灭东突厥人,以消除整个北方游牧民族对大唐王朝的威胁。

为加强北方军备,提高大唐国防能力,唐太宗做的第一件事,将极具军事才干的李靖,由刑部尚书转为兵部尚书,拜为大唐三军统帅!并下旨颁诏,令李靖在全国范围内,选拔优秀军事人才,举办军队干部培训班。

太宗本人,每天亲临显德殿,观摩教官教习,观看军官演练。

对学习优异者，赏以弓刀、布帛。受训青年军官，来自全国各地，个个热血飞扬，皆有报效国家之志。当李世民亲赐奖品时，莫不以拥有为荣。受训毕，"……皆为精锐"。

与此同时，李世民纳房玄龄谏议，着力整顿府兵制度，改天下军府为折冲府。时帝国在全国各地，共设置军府634处，拱卫京师长安之关中，就多达261处。

李世民决定，"举关中之众以临四方"。

经过长期准备，唐不论在军事实力上，还是在综合国力上，已远超北方突厥汗国。

此时，突厥汗国又在干什么呢？

史书上说颉利可汗，"纵欲逞暴，诛忠良，暱奸佞。"

他的倒行逆施，激化了各部族间的矛盾。加上北方天寒地冻，军需粮草十分匮乏。为唐王朝打击突厥人，提供了最有利时机。

贞观三年十一月。

唐太宗颁诏任命：兵部尚书李靖，为定襄道行军总管；并州都督李勣，为通汉道行军总管；华州刺史柴绍，为金河道行军总管；灵州大都督薛万彻，为畅武道行军总管。四人共统兵马十万，大军分为五路，突然出击突厥。

李靖从马邑出恶阳岭，大破颉利于定襄。

颉利率领残部，仓皇北逃。在白道，又遭李勣大军伏击，几乎全军覆灭。

尔后，五路十万大军，合兵一处。在李靖统帅下，乘胜向西向北，追歼突厥残部。

颉利在逃亡大漠途中，被唐军俘获。

东突厥汗国，终被唐帝国所灭。

北方各游牧部落，原隶属东突厥。颉利可汗灭亡后，全都归降大唐。共尊唐太宗，呼为"天可汗"。

唐帝国建立初始，还有一个主要敌国，即生活在今青藏间的吐谷浑。

吐谷浑素与唐友好。后在吐蕃唆使下，吐谷浑人昏了头，多次沿湟水和洮河流域，入侵唐之河西走廊，骚扰武威、凉州地区。

河西走廊，乃"丝路"必经之道。因吐谷浑人侵扰，已严重阻碍了唐与西域各国间正常的贸易交往。

贞观九年。

李世民再次任命李靖为西海道行军大总管，领兵进击吐谷浑。

两军相遇库山。

经三昼夜恶战，唐军大败吐谷浑精锐。迫使"吐谷浑王"伏允率数百残兵，逃入大漠戈壁。

为永绝西部边患，唐军在李靖统领下，不顾艰难险阻，深入茫茫戈壁。克服缺氧缺水种种困难，行军上千里，前锋直抵柏海。在唐帝国军队紧紧追逼下，走头无路的伏允，为部将所杀。子慕容顺，率部归降大唐。

中唐大诗人王昌龄，曾有诗赞曰："大漠风尘日色昏，红旗半卷出辕门。前军夜战洮河北，已报生擒吐谷浑。"

王昌龄写作此诗，已是唐开元年间的事了。

由此可以想象，当年李靖大战吐谷浑，战况何等的惨烈，影响何等的深远！

当然，王诗"生擒吐谷浑"，应泛指俘获敌人，不必泥解。以防以讹传讹，贻笑方家。

李世民在位期间，还先后用兵高昌、焉耆、龟兹等国。

这些西域小国，原本不值唐出兵。但他们不服王化，像墙上的狗尾巴草，在吐蕃、大唐和突厥间，始终摇摆不定。

为确保唐与西域间经济文化正常交流，帝国只得对上述地区用兵。并将安西都护府由高昌西移至龟兹，用以震慑西域诸国。

唐帝国初年，太宗李世民，以亘古未见之雄才大略，东征高丽，西和吐蕃，南结百越，北抚契丹，采取切实可行的民族政策，和国际外交手段，取得了空前胜利。

"自古帝王虽平定中原，不能服戎狄"，关键在于"自古皆贵中华，贱夷、狄，朕独爱如一，故其种落皆依朕如父母"（《资治通鉴》卷一九八）。

对待少数民族，只要不分贵贱亲疏，真正当成自己子民，就一定会得到他们拥戴。

贞观一朝，各兄弟民族，欢聚一堂。

文成公主"和亲"吐蕃，遣唐使云集长安……

"四夷大小君长争遣使入献见，道路不绝，每元正朝贺，常数百千人。"

陕西省博物馆中，至今存有唐人阎立本所绘《步辇图》。

太宗皇帝气度雍容，举止神情，尽现泱泱大国领袖风范。被接见的各国使节、汗王，无不毕恭毕敬。

六

李世民乃封建君王，思想难免良莠杂陈，然确有许多可贵之处。

他常告诫自己："舟，所以比人君；水，所以比黎庶。水能载舟，亦能覆舟。"

这个道理浅显，并不深奥，谁都能够理解。但古往今来，又有几个统治者，真正做到了"风平浪静、安全行舟"呢？

想来想去，不敢说太宗唯一，至少他做得最好！

政治上，李世民倡导清明，惩治邪恶。

"深恶官吏贪浊，有枉法受财者，必无赦免。在京流外有犯赃者，皆遣执奏，随其所犯，置以重法。由是官吏多自清谨。制驭王公、妃主之家，大姓豪猾之伍，皆畏威屏迹，无敢侵欺细人。"

于是，言路广开，人才广进。帝国上下，政通人和。

文化上，李世民尊崇儒学，爱惜人才。

儒学"可以正君臣、明贵贱、美教化、移风俗"。

上行下必效。

李世民领导的国家，自然成为礼仪之邦、文明之邦、和谐之邦。

人人心平气和，个个儒雅自信，处处显示出泱泱帝国气度。

"商旅野次，无复盗贼，囹圄常空，马牛布野，外户不闭。"

哪里用得着"管好自己的人，看好自己的门"？！

经济上，李世民爱民惠民，商通万国。

继位之初，纳魏徵谏议，即推行"偃革兴文"之策。

"静之则安，动之则乱，人皆知之，非隐而难见也，非微而难察也。"

在位23年，太宗6次下诏：轻徭薄赋，布德施惠。

安宁的社会环境，优厚的经济政策，短短几年时间里，唐帝国就从百废待兴中，迎来了太平盛世。

"频致丰稔，米斗三四钱，行旅自京师至于岭表，自山东至于沧海，皆不赍粮，取给于路。入山东村落，行客经过者，必厚加供待，或发时有赠遗。"

史家称赞贞观盛世，"古昔未有"。更有近代学者，誉为"古今中外没有"。客观地说，应无人反对。

李世民一生，从善如流，千载可颂；贞观之风，至今犹歌。

李世民作为历史人物，尤其是封建帝王，任人评说十分正常。

若硬要鸡蛋里挑骨头，也有悖公允。

后世诸史家，为显"博学多才"，一边赞李世民完美无缺，一边说着"屁话"，以示"公允"。

"大咖"们各显其能，政治上找不到把柄，便去探秘别人私生活，掀开兜裆底裤，看里面有无流脓恶臭的"杨梅疮"。

明明是残酷政治斗争，偏把玄武门事件，说成不念手足之情，"自相残杀"。

明明是李治无能，被武则天篡了皇位，偏要说李世民教子无方，以致"儿娶老娘"，乱了伦理道德。

……

司马光自诩公允，著《资治通鉴》堪称完满。

涉及李世民时，亦捂着双眼，昧着天地良心，评其私德仍有不足："失爱于昆弟，失教于诸子。"

也许，他对不起同胞兄弟，但他对得起千千万万大唐子民！也许，他没教育好子女，但他教会了千千万万中华儿女，如何做中国人！

史家鸡蛋里挑骨头，怎么看怎么不舒服。

每一个中国百姓，每一个中华子孙，断不会因李世民诛杀长兄四弟，而咒他"自残手足"。更不会因其儿子不争气，就说他私德有问题。

至少，愚人是这么想的。

我们需要的是公德，希望每一个当政者，都像他一样是个好皇帝。

我们不需要李世民成为关门教子的家主。我们需要的"李世民"是心怀天下的国主！

贞观之治，承平宇内。

唯李世民，"千载可称，一人而已"。

大漠草枯鹰眼疾

一

中国历史漫长。

自隋唐以降,迨至宋元,诞生了一个伟大而奇特的朝代,它就是元蒙帝国。

元蒙帝国横跨欧亚,貌似强大却很不成功。入主中原后,生存了九十多年,随即消失于历史长河。留下许多诡云迷雾,让今人始终无法解开。

几百年来,史学界众说纷纭,似乎永远没有定论。

通观世界历史,元蒙帝国的称呼,就很有些不伦不类。中国史书里,称其为元朝;而西方学者们,则称为大蒙古国。

公说公有理,婆说婆有理,煞是热闹。

成吉思汗是中国人?还是蒙古人?一度成为中西学术界争论的焦点。

时至今日,仍然争论不休。

20世纪中前期,古老的中华大地上,国共两党水火不容。致使生灵涂炭,民不聊生。

叱咤风云的毛泽东,远赴重庆谈判。面对咄咄逼人的国民政府,以目空四海的万丈豪气,写下千古雄文《沁园春·雪》。

《沁园春·雪》横空出世,奠定了毛泽东"词宗"之位,也让成吉思汗的身份,有了最终定论。

争论之声,从此销声匿迹。

一代天骄成吉思汗,大元帝国创始人,真正的中国皇帝!

不过话得说回来,毕竟大元朝立国,为蒙古人所创,乃第一个入主中原、非汉族的中央集权统治。

人们说元朝那些事儿,难免戴上有色眼镜,言语中夹杂着奇谈怪论,也属正常之事。

观大元一朝,真正入主中原,建立国号为"元"的时间,不过区区九十七年。若以南宋恭帝降元算起,元朝的历史更短,仅为九十二年。

元史不足百年,为其著书立说的史书,却多达四百余部。

《元史》为明朝宋濂等人所撰,乃国家国史馆所修,历视为正史。

除此之外,时人所著尤多。

较为著名者,有元人耶律楚材的《西游录》、金人乌古孙仲的《北使记》、南宋人赵珙的《蒙鞑备录》,以及朝鲜人郑麟趾的《高丽史》……

这份殊荣难得。

在中国五千年历史长河里,尚无其他朝代,可与之比拟。

说来难以置信,元代丝毫不讨人喜欢,为何众史家这么感兴趣呢?

金人也好,朝鲜人也罢,宋人就更不用说了,记载元朝的人和事,必怀有深切的亡国之痛。元人元事元物,是烙在他们心中,挥之不去的阴影,故而传下来的文字,大都带有"恨"意。

元人记录则不同。

他们的文字里,蒙古人不可一世、高贵、剽悍、霸气。

铁木真的劲骑,无坚不摧;元蒙帝国的疆土,辽阔无垠……始终牵扯着世人的眼球,让你无法不正视它。

时间已逝几百年,今人已很难想象蒙古人的雄风和霸气了。

他们的骄纵和横蛮,始终和金戈铁马联系在一起,和残忍、血腥、野蛮联系在一起。

蒙古人所向披靡。滚滚而来的铁骑，是肆无忌惮的侵略、占有、掠夺和屠杀。兵锋所向，横掠天下。财富空前，疆域空前。

翻看一部《元史》，大元之疆域，名义上包括"大汗之国"，和西北各"宗藩之国"。

元建国号前，大蒙古国所行国体，除最高统帅"大汗"的国家外，所占领的广大领地上，还册封了许多宗王国。

元建国号后，汉文书籍中，不再出现大蒙古国称呼，取而代之以"元"为国号。

帝国的大皇帝，也居住在元的大都里。所有宗王封国，虽然照样存在，但都归附于"大元"。

大元一统，蒙古不复存在。

《大元一统志序》云："我元四极之远，载籍之所未闻，振古之所未属者，莫不涣其群而混于一。"

《元史·地理志·序》谓，大元之幅员，"北逾阴山，西极流沙，东尽辽左，南越海表"。

"东南所至不下汉、唐，而西北则过之，有难以里数限者矣。"

元人所绘舆图（地理图，今存故宫），也把西北各汗国，包括在"大元一统"疆域内，便是铁证。元为中国历史纪年，不由西方学者胡咧咧。

蒙古铁骑无坚不摧，帝国领土空前浩阔。

公元1206年。

成吉思汗发动四方征战，像小孩子随口胡诌，他要去看日落处。

"日头出处，是我的。日头没处，也是我的。"

这个理想很狂妄，近似天方夜谭。

成吉思汗实施起来，似乎毫不费力。

短短几十年间，他和他的子孙们，把大元统治地区，扩展为西到多瑙河、小亚细亚和两河流域，东到朝鲜半岛，南到西藏地区和南中国海，北面包括整个西伯利亚的庞大疆域。

这是怎样的帝国疆域！

茫茫宇宙间，谁拥有过这样的国家？

侵占？掠夺？杀人如麻？

仅就疆域而言，除了铁木真和他的子孙，谁也没有做到，谁也别想做到。

大元之主，几近于神。

他是蒙古战神，攻无不克？还是恐怖的暴君，让世界充满血腥？

若干年前的仲夏，应二连浩特友人之约，笔者远赴中蒙边贸城市考察。随行二十三人。其中有位蒙古商贸大臣，已忘其姓名，言谈举止颇得体，俨然中国通，尤对元蒙史研究精深。一路上，蒙古大员侃侃而谈。然论及中蒙渊源，却又碍口失羞。大意说蒙中原本一家，现在却各自为政，大大的不爽。设若谈到成吉思汗，双目必炯炯有神，情绪激昂飞扬。一股浩荡雄风，便荡漾在他原本呆板、此刻却生动无比的脸上。

笔者有感于此，夜里就着几分酒意，在宾馆还算安静的房间里，草就一则《成吉思汗》的短文，刊发在《草原》上。

回到四川后，细揣此文章句，颇多失语处。

当初写作动机不纯，有攻评他人之嫌。于成吉思汗之议，不仅有失公允，而且狂语连篇。

为弥补这一过失，十年间，但凡有丁点空闲，总会找些元蒙史料，认真读一读。随着积累增多，于元蒙帝国和成吉思汗，也从一无所知、渐次模糊，再到清楚明了。

戊子秋九月。

终于提起笔来，重写成吉思汗。

二

纵观古今历史，但凡一代伟人出世，必与当时社会背景有关。

铁木真（成吉思汗）出生时，正值12世纪60年代初期。

当时中国北方，为女真人的金朝统治。大漠南北草原上，几十个蒙古部落，大大小小散落着。彼此间互不统属，各自独立行事。

金人自诩文明，视蒙古人为野蛮鞑靼。为予以有效控制，金王朝对蒙古各部，实行"分而治之"，采取残暴的"减丁"政策，最大限度抑制蒙古族发展。

1146年。

因塔塔儿部族人出卖，金帝熙宗完颜亶，以"惩治叛部法"之名，将蒙古部落首领俺巴孩，残酷钉死在木驴之上。

俺巴孩是成吉思汗曾祖父堂兄，为泰亦赤兀惕部落首领，《元朝秘史》和《拉施特书》将其尊称为"汗"，在蒙古各部落里，具有很高威望。

统治者的暴行，激起了蒙古各部极大愤怒。蒙古人迅速行动起来，组织各部落大联盟，以前所未有的团结，共同对抗金人野蛮统治。

反抗前所未有，金人的血腥镇压，也更加残暴。大屠杀暗无天日，蒙古各部落人口，锐减了十之二三。

金人之大屠杀，史书记载甚详。

时至今日，广袤的蒙古草原上，还流传着这样的歌谣："雄鹰折了翅膀，天空没有了日光，蔑儿乞孩子不见了爹娘……"

据专家考证，歌谣说唱的内容，就是这段悲惨的史事。

铁木真不合时宜，在金人血淋淋的屠刀下，来到了这个没有温暖、没有幸福的世界。

关于铁木真的出生，各种古籍史料中，说法并不统一。

混乱原因多多，亦不难理解。铁木真乃"天之骄子"，当世溜须拍马者，岂在少数？即使后世史家，也必有好事之徒，弄出些"玄龙门阵"来，让说书者津津乐道。

另一原因，尤不可忽视。

铁木真生于动荡年代，童年甚至青少年时代，不可能有文字传世。为他树碑立传的人，最早者当属耶律楚材。

耶律楚材为金人，1218年才应召到蒙古，翌年随成吉思汗西征。其著述《西游录》，准确时间为1228年。距铁木真出生时，相隔了66年。

时间长达半个多世纪，著述《西游录》时，成吉思汗已去世，必缺少第一手资料。只得根据人们口口相传，加以整理记录。或为尊者讳，或口述者不准确，谬误在所难免。加之世界各地间，语言翻译有误，最终造成"出生说"不统一，也为情理之事。

1161年秋。

铁木真之父也速该，时为蒙古乞颜部首领，在斡难河畔打猎时，遇到铁木真的母亲诃额仑，立即被她天仙般的美貌征服了。

依照当时抢亲习俗，也速该得几位兄弟帮助，"打败"蔑儿乞人，抢来诃额仑做自己妻子。

第二年夏天，也速该率领乞颜部族，打败塔塔儿部，活捉该部首领铁木真兀格。恰好这个时候，诃额仑产下一男婴，为也速该第一个儿子。

为庆贺战争胜利，也速该为刚出生的长子，取名"铁木真"。他就是后来的成吉思汗。

在父母亲眼里，铁木真很普通，相较于其他同龄孩子，一点也没有特别之处。

九岁以前，铁木直一直跟随父母，快乐健康地成长着。整日和小伙伴一起，练习驰马、射箭、摔跤。

九岁那年秋天，父亲来到弘吉剌部，向智者德薛禅求亲，请求将其女儿孛儿帖，许配给铁木真。

谁知返回途中，随行的札邻不合，乘人不备，下毒害死了也速该。

这次毒人事件，史料记载语焉不详。

比较一致的说法，札邻不合为塔塔儿人，被乞颜部收服后，留在铁木真身边养马，为报部族之仇，寻机下毒害死也速该。

另有一传说，内蒙地区流传甚广。札邻不合是铁木真兀格之子，真实身份为部落养马人，为报父仇毒死也速该。

也速该去世后，乞颜部落众叛亲离。

泰亦赤兀惕部的塔里忽台，原本臣服于乞颜部，乘机兴风作浪，煽动归服乞颜部的其他部落，脱离乞颜部管束，各自独立门户。

一夜之间，强大的乞颜部落，四分五裂。

铁木真一家人，也从尊贵的部落盟主，跌入孤独无援的苦难深渊。

塔里忽台心狠手辣，为了永绝后患，决定斩草除根。派人将铁木真抓来，欲以铁木真的心肝，去祭奠他死去的父亲。

年幼的铁木真，被关在一间破木屋里，四周有人日夜监视。

一个九岁孩童，身陷虎穴狼窝，哪有存活之理？

然事有偶然。

泰亦赤兀惕部一家属民，见铁木真实在可怜，借着夜色掩护，帮他成功逃脱。

从此以后，九岁的铁木真，跟着母亲四处漂泊。

母子俩相依为命，不仅要为生计奔波，还必须时时躲避仇家追杀。迫于无奈，最后逃往弘吉剌部，躲到德薛禅家里避难。

这样过了好几年，铁木真成了大小伙子。凭着自身的聪明才智，十六岁的铁木真，赢得了孛儿帖的芳心。二人很快结为夫妻。

在弘吉剌部落里，铁木真生活无忧无虑。但他心里的痛，父仇未报，族仇难消！

惜其孤掌难鸣。

要想抵抗泰亦赤兀惕部，必须寻求更大的靠山。

铁木真暗下决心，带着妻子随母亲一道，前去投靠父亲的

"安答"（义兄弟）——克烈部首领脱里。尊脱里为父，表示臣属。

脱里的克烈部，拥有广袤的草原。他看在也速该分上，收留了铁木真一家人。并划出一大片草原，让他们自己经营。

铁木真得脱里庇护，拥有了自己的家园，便慢慢积聚力量。他四出联络，收集失散的乞颜部人，以图重振乞颜部雄风。

公元1180年。

铁木真年满十八岁，已为乞颜部新一代领袖。

正欲大展宏图之际，三姓蔑儿乞人，突然偷袭乞颜部，抢走了他的妻子和家人。

血气方刚的铁木真，怎咽得下这口恶气？

他求义父脱里相助，请札只剌部贵族札木合帮助，公开宣战蔑儿乞人。以迅雷不及掩耳之势，打败了蔑儿乞人。

铁木真初次征战，即大获全胜。不仅夺回了妻子和家人，占领了蔑儿乞大片草原，还掳得大批财物和奴隶。

战争结束后，铁木真受到部众爱戴，被推举为蒙古乞颜部可汗。

铁木真既为可汗，立即组建自己的武装。在建立卫队的同时，任命亲信那可儿博尔术、弟合撒儿、别里古台等一干人为长，组成了一支精悍的骑兵部队。

铁木真受部众拥戴，称乞颜部可汗，乃顺理成章之事。却万万没有想到，结拜兄弟札木合，对此强烈不满。

札木合属札只剌部，虽为小部落首领，却一直雄心勃勃，早有称汗之心。铁木真占先称汗，札木合很不服气。但他知道在乞颜部落里，铁木真已成气候，自己人少势微，一时半会儿拿他没法。

史载：札木合智勇双全。

但他利欲熏心，背着义兄铁木真，悄悄来到泰亦赤兀惕部，心怀叵测地从中挑唆。

世人皆知，泰亦赤兀惕部族，为铁木真最大仇家。

时，泰亦赤兀惕部很强大，部落贵族"地广民众，号为最强"（《元史·太祖本纪》）。

在札木合怂恿下，泰亦赤兀惕部人深感忧虑，恐乞颜部重新崛起，于己不利。遂起兵三万，暗助札木合，进攻乞颜部。

铁木真没有想到，义弟札木合会起兵反叛。更没有想到，还勾结自己仇家，一起来攻打乞颜部。

故而异常气愤。

不管妻子孛儿帖反对，也不顾敌我实力悬殊，倾乞颜部族组成十三翼，起兵迎战泰亦赤兀惕大军。

两军战于桑沽儿河。因敌势凶猛，乞颜部以少敌多，渐渐不支。铁木真战不利，渐渐冷静下来。只得率领部落族众，退到斡难河畔。史称"十三翼之战"。

"十三翼之战"很著名，皆因铁木真一生，经历大小六十余场战争，唯此战没有取得胜利。

公元1196年。

塔塔儿部叛金。

那年月，蒙古人受金人压迫，随时可能起兵叛金。

事发十分正常。

铁木真却很敏锐，从叛乱中窥到了天机，认为上天恩赐的机会来了。马上向脱里汗报告，力主出兵援金。

脱里的克烈部，虽然势力强大，但脱里却有勇无谋。并未允应铁木真。

铁木真大急，以"为父祖复仇"之名，征集到少量蒙古部落军队，又千方百计说服脱里（一说裹胁），出兵七万余人，浩浩荡荡出征塔塔儿部。

斡里札一战，铁木真所向披靡，塔塔儿部全军覆灭。

金朝平叛后，授脱里王号，称王罕。铁本真因力主援金，又作战勇敢，亦授"札兀惕忽里"（诸乣统领）官号。

金朝的封赏，提高了铁木真的威望和权力。从此以后，他可以用金朝任命的长官身份，统辖部众，号令其他蒙古部落贵族了。

然事有两面。

部分蒙古部族，公开骂他认贼作父，帮助金人打自己人。

随着塔塔儿部灭亡，铁木真如初升旭日，正冉冉升起。诚如他所希望的那样，威望和权力与日俱增。

才智过人的铁木真，并未因此狂妄自大，而是紧紧依附脱里，巧借王罕的力量，仅仅用时五个月，先灭乞颜部长支贵族主儿乞氏，后灭泰亦赤兀惕部。

在脱里王罕眼里，义子铁木真已成了神，对他的建议，几乎言听计从。

铁木真抓住时机，居然说动王罕，由自己亲率大军，远征呼伦贝尔大草原，一口气攻下了合答斤、散只兀、朵儿边、弘吉剌等部落。

此次远征呼伦贝尔，铁木真所率之旅，已初步形成"蒙古铁骑"雏形。兵锋所向，大肆掠夺各部族众、牲畜和财物，吞并侵占所有地盘。

铁木真以义子之名，长期臣事王罕，巧妙依靠"义父"势力，不断发展壮大自己，势力已不可小觑。

公元1203年。

铁木真势力范围，覆盖了整个蒙古东北。王罕之子亦剌合鲜昆，怀疑铁木真有野心。脱里亦有所警觉。

札木合、按弹等蒙古贵族，或受铁木真打压，或受其排挤，也心有不甘，纷纷进言，力劝王罕乘早除掉他，以免后患无穷。

脱里和铁木真之间，惨烈的势力争夺战，不可避免地发生了。

铁木真为人实在，对义父也很忠诚，根本没有料到，脱里会突然袭己。

双方甫一交手，铁木真只得节节败退。当退到哈拉河畔时，所率精锐骑兵部队，只剩下了四千六百骑。

铁木真心痛啊。好不容易积攒起来的家当，怎么说没就没了呢？

铁木真心痛归心痛，却丝毫没有慌乱。

如今的铁木真，早为乞颜部汗，不再是睚眦必报的毛头小伙了。

四千六百个那可儿（伴当）们，始终不弃不离，让铁木真十分感动。他仰天长啸，发出撕裂云天般的笑声。

铁木真始终坚信，自己一定能够成功！

遂当众宣誓，对着滔滔河水，许下诺言："使我克定大业，当与诸人同甘苦。苟渝此言，有如河水。"（《元史·扎八儿火者传》）

后来诸史家，即将"同饮河水"之誓，作为铁木真艰苦创业的佳话，载入了史册。

脱里获胜后，自认为蒙古草原上再也没有了敌手，性情变得愈发骄横。对部族乃至有功之人，动辄漫骂殴打，甚至随心所欲杀戮。引起部众强烈不满。

强大的克烈部落，滑向了众叛亲离的边缘，已逐渐式微。

草原蒙古贵族们，各自心怀鬼胎。在札木合怂恿下，时常秘密聚会，准备谋杀王罕。

阴谋败露后，札木合被迫潜逃，远走西方乃蛮部落。

札木合叛逃乃蛮，极大削弱了王罕力量。铁木真瞅准机会，以其人之道，还其人之身。乘机率领轻骑兵，偷袭王罕金帐。

经三天三夜激烈战斗，铁木真击溃脱里主力，并很快控制了局势。慌乱之中，王罕化装西逃。被乃蛮部人擒获，当成奸细砍死荒郊野外。

可怜脱里英雄一世，竟落得如此下场。

脱里王罕死后，克烈部落地盘及族众，全部被铁木真占为己有。至此，东起大兴安岭、西至杭爱山间，所有草原部落，已被铁木真——征服。

克烈部灭亡后,千里蒙古大草原上,只剩下西方乃蛮部落,尚有力量与之抗衡。

被铁木真打败的贵族们,先后投奔乃蛮部。欲借助太阳汗的力量,夺回自己的牛羊和牧场。

乃蛮部太阳汗,名头虽然不小,却是个能力平平的昏庸之辈。在众人唆使下,竟自不量力发兵东进,欲与铁木真一较高下。

铁木真收拾脱里后,原打算养息一段时间,再择机西进,灭掉乃蛮部。哪知太阳汗不请自来,只得尽遣大军迎战。

双方对峙纳忽崖。

铁木真亲率骑兵,旋风般一阵冲杀。乃蛮人一触即溃,太阳汗全军覆灭。乃蛮部遭致灭顶之灾,地盘归了铁木真,部众被斩十之六七。

铁木真乘机北伐,攻打三姓蔑儿乞部。经过十五日疯狂追杀,草原最后一个异己部落,也最终被灭掉了。

1206年春天。

铁木真在斡难河源头,举行盛大而隆重聚会,建九斿白旗,正式即帝位。号成吉思汗,国号"大蒙古国"。

三

"成吉思"啥意思?

古今中外学者,各说不一。

铁木真即位时,巫师阔阔出上言说:"如今大地上称为古儿罕的各国君主,都被你征服了,他们的领土和族众,也全都归你统治了。因此你应该有普天下之汗的尊号。上天旨意,你的称号就是成吉思汗。"

阔阔出的话,说得很明白。成吉思汗者,天下之汗也。

然众多历史学家,怎会相信巫师的话?

南宋学者赵珙,就持有不同观点。

他认为"'成吉思'乃译语天赐二字也"(《蒙鞑备录》)。故而成吉思汗,不是天下之汗,而是仿汉人"天子"之意,应为"天赐之汗"。

波斯(伊朗)人拉施都丁,著《史集》则言,"成吉思"者,蒙古语"坚强有力"之意也,和天下之汗、天赐之汗,根本搭不上边。

意大利人马可·波罗,又认为"成吉思",应为突厥语"大海"的意思,"成吉思汗意即像海一样广大的皇帝"(《马可·波罗行记注》)。

现在也有研究者,认为"成吉思",源于古突厥语,意为"可怕的、强健的"意思。

综上所述,大概有四种意见,较为集中:曰广大,曰天赐,曰可怕,曰强健。

在一般人眼里,"成吉思汗"无他,即"一代天骄"。

"天赐的普天下之汗",应该更接近本意。

成吉思汗是历史人物,各自评说不一,再正常不过了。

有别于"广大""天赐""强健",唯独这"可怕"二字,着实让人费思量。

如果拘泥历史,史作者大多"扬汉抑夷",必受其影响;设若抛开历史,妄议成吉思汗,又会犯想当然之"经验主义"错误。

历史迷雾重重。

评价成吉思汗,要做到理性、客观、公允,谈何容易?

铁木真身世如谜,应是诠释问题之关键。

少年时代的铁木真,生存环境险恶。蒙人除遭受金人残酷压迫外,草原各部落间,更是互相倾轧,战祸连连。

铁木真九岁那年,父亲不幸遇害。

也速该临终前,要求乞颜部每一个部众,将来为他报仇时,凡高过车轮的塔塔儿人,都要统统杀掉。

遗言骇人听闻。

铁木真幼小心灵里，因之埋下了仇恨种子，也形成了日后疯狂杀戮的残忍性格。

父亲去世后，铁木真一家人，几近绝境。

母亲诃额仑，带着丈夫遗愿，四处颠沛流离。目的只有一个，保护铁木真兄弟，不受仇家伤害，健康地长大成人。诃额仑很坚强，从不在人前掉眼泪。她把家族振兴的希望，寄托在长子铁木真身上。希望他能像父亲也速该一样，成为乞颜部首领。

得益于母亲言传身教，铁木真从小敢于担当，无形中养成了勇挑重担的性格，和深藏不露的气质。

蜀地俗语云："从小看到大。"意即一个人，小时候的所作所为，决定了成人后的品质。

铁木真有个弟弟，同父异母所生，名叫别克帖儿。

别克帖儿很调皮，从小喜欢和他作对，不断挑战兄长权威。

铁木真时年十三岁，装作啥都不知道，一直对别克帖儿很好。有好吃的给他留着，有好玩的邀他一道玩。

突然有一天，兄弟间偶发"抢鱼"事件，铁木真竟合谋几个弟弟，将别克帖儿乱箭射杀！

这是怎样的心机？！

或曰，铁木真所受苦难，实在太过沉重，心里已不可能存在亲情和良知，有的只能是仇恨和杀戮！

这种观点很绝对，却得到了史学界普遍认同。

不过话说回来，铁木真既为伟人，性格显然比普通人复杂得多。形成的原因和过程，也不会这么简单。

诚然，每个人性格的形成，与其身世皆密不可分。

但真正的前因后果，却十分复杂和微妙。除了本人外，他人怎可能探根究底？

说到铁木真，人们往往紧紧盯着他凶残嗜血的一面，却忽视了他的善良。

关于铁木真的善良，不得不提到一个女人，她既是铁木真恩人、也是初恋情人合答安。

认识合答安时，铁木真正濒临绝境。

部落首领塔里忽台，一心置铁木真于死地。本以为铁木真一家人无依无靠，不被饿死也会冻死。谁知寡妇诃额仑，竟领着几个孩子，艰难熬了过来。

更让人惊奇者，铁木真长身挺拔，居然成了部落人见人夸的少年英雄，大有复苏也速该雄风之势。

塔里忽台心里有鬼，突然害怕了。借口铁木真射杀别克帖儿这件事，便以长辈的名义，要用铁木真的人头，祭天祭山。

生死攸关之际，铁木真巧遇合答安。

合答安容貌美丽，心地善良。父亲锁儿罕失剌，为塔里忽台捅马乳奴隶，做工地点毗邻"囚"房。

合答安冒着生命危险，搭救了铁木真。二人在羊毛堆里，产生了一段难忘的情缘。

铁木真感激合答安，深情地对她发誓：如果能活着逃出去，将来一定娶她为妻。

合答安一点也不在意铁木真对她发的誓言。因为她早就知道，铁木真订了亲，女方是弘吉剌部贵族女儿孛儿帖。她也知道，以自己低贱的身份，怎可高攀铁木真？

但善良的合答安，还是舍身搭救了他。

她心里唯有一愿，将来铁木真出息了，自己给他当奴隶，侍候他一辈子！

灭掉塔塔儿部后，合答安带着丈夫傻骆驼，来投奔铁木真。

两个人还未见面，铁木真的部将，就杀死了傻骆驼，因为他暗助塔里忽台。

铁木真闻讯，没有责怪杀死傻骆驼的人，但非常内疚，无言以对合答安。

没有合答安，哪有今日的铁木真？他忘不了救命之恩，也忘不了刻骨的初恋情缘。

合答安很平静。

虽已年过四十，早为他人之妇。但在她心里，一刻也没有忘记铁木真，时常为之平安祈祷，为他的每一次成功喜悦。反倒对傻骆驼无所谓爱，甚至厌恶其跟随塔里忽台和铁木真为敌。

铁木真很感激，决定践行当初诺言，欲纳合答安为侧妃。

合答安用情很专，一直深爱着铁木真。

合答安当然明白，以自己卑微之躯，来做铁木真侧妃，势必引来贵族王公嘲笑，从而影响铁木真声望和威信。故而未答应铁木真，而是坚持实践自己心愿，以"侍者"的特殊身份，成了铁木真家庭一员。

铁木真大为感动。

为了报答她的恩德，终身视其为妻（无夫妻之实）。严令大蒙古国内，任何人不得歧视合答安！

合答安在王宫里，处处受到人们尊重。但在王妃孛儿帖面前，却始终惶恐不安。

铁木真看在眼里，私下告诫孛儿帖，要像尊敬亲姐姐一样，尊敬合答安。

孛儿帖不敢有违，二人果亲如姐妹。

合答安得铁木真呵护，愉快地生活在王宫里。直到去世时，也没有离开过。

这是一个奇迹，发生在铁木真身上的奇迹。

这个奇迹很伟大，被中外学者所赞誉，可比肩铁木真鞭指亚欧大陆。

成吉思汗一生，征战无数。每战胜一个部落或敌国，都要拥有一个女人。

据相关资料显示，现今地球之上，拥有成吉思汗血缘的人，多达一千七百万！

而他对合答安，始终彬彬有礼。在其拒绝册立侧妃后，更视为姐妹，始终不越雷池半步。

这难道不是奇迹吗？

成吉思汗表面残酷，实则内心丰富多彩。之于恩人情人合答安，尤难掩诚实守信风骨。

铁木真最终纵横四海，建立横跨欧亚之帝国伟业，是否与此有关？

四

公元1206年。

在蒙古根本之地——斡难河源头，举行库里台选汗大会。

铁木真不负众望，被推荐为成吉思汗。在中国乃至世界史上，都是惊天动地的大事件。

大蒙古国成立了！

一个曾经弱小的民族，一个曾经四分五裂的民族，在雄鹰铁木真手里，变得空前团结，空前强大。

蒙古铁骑的马蹄声，已扑面而来。像秋风刮过广袤的原野，横扫着亚欧大陆。

全世界为之侧目，全世界为之颤抖！

成吉思汗西征，有太多的故事可说。

他为何西征？

有人说他生性好战，统一了蒙古高原后，已无敌手可战，于是他要西征。

或曰他从小深受苦难，当上蒙古大汗后，害怕天黑。他要去寻找太阳落在了什么地方，于是他要西征。

更有人胡诌，铁木真生性好淫，发誓每战胜一个部落，必选一女侍候他。现在蒙古各部统一了，没有机会再选女人了，生活得十分无趣，于是他要西征。

无稽之谈多多，已无兴趣一一列举。

古今中外，但凡两国交兵，一定是二者间利益发生了根本冲突。或一方不顾国际准则，肆意践踏他国利益，才可能兵戎相见。

大蒙古国西征，它的前因后果，复杂而深邃。岂是现今之编剧，可以随意杜撰出来？

成吉思汗挥兵西进，第一个目标——花剌子模国。

花剌子模国历史悠久，地处阿姆河下游，在当时穆斯林世界里，势力最为强大。史载其国富民强，早有东扩野心。

公元1215年。

花剌子模国王摩诃末，派遣使团来到蒙古。名为通商，实则刺探虚实。

成吉思汗未作他想，友好接见了使团，愿意和花剌子模国，互通友好商贸。

之后不久，大蒙古国应约，派出四百人的庞大商队，前往花剌子模国，进行经济贸易。

现代军事专家认为，蒙古派出的贸易商队，同样带有刺探他国政治、军事的目的。

此说虽无史料佐证，但殊为可信。

成吉思汗儿孙众多，数十年南征北战，千方百计征占领地。目的只有一个，让所有的子孙们，都拥有各自的领地。

统占蒙古高原后，他还要继续扩大疆土，便把目光盯向了遥远的西方。

公元1218年。

蒙古商队抵达讹答剌。

边城讹答剌，位于花剌子模国东北。

守城长官哈只儿只兰，贪图商队财物，诬陷蒙古商队为间谍，秘密擒杀全部蒙商。

一名骆驼夫，幸免于难。逃回大蒙古国，报告了这件事。

成吉思汗闻讯，愤怒至极，发誓为死者报仇。遂派以巴合剌（西域人）为首的三名使者，前往花子剌模索取肇事者。

巴合剌晋见摩诃末,转达成吉思汗原话:"君前与我约,保不虐待此国任何商人。今遽违约,枉为一国之主。若讹答剌虐杀商人之事,果非君命,则请以守将付我,听我惩罚,否则即备战。"(《多桑蒙古史》)

摩诃末牛皮哄哄,对此置若罔闻。不仅杀害了巴合剌,两位副使也遭剃须之辱,被驱出国境。

事情到了这步田地,两国之间的战争,不可避免地发生了。

公元1219年,夏。

成吉思汗亲自挂帅,统二十万蒙古精锐铁骑,浩浩荡荡越过阿勒台(泰)山,兵分四路大举攻入花剌子模国。

时,花剌子模在中亚地区,很像今天的伊朗。国力说不上强大,但国王摩诃末,却号称世界征服者。相邻诸国,十分惧怕他。

花剌子模地处欧亚腹地,摩诃末对东方知之甚少,周邻各国大都实力不济,因而养成了目空一切的骄横心态。除自己母亲外,什么西辽人、乃蛮人甚至蒙古人,全不放在眼里。

史载:蒙古商队被害事,摩诃末并不知情。

当蒙古大军压境时,这个不可一世的魔王,十分震怒。

黄皮肤的东方人,大老远跑来干什么,不是来捋虎须么?!

在他的印象中,东方人都是异教徒,骑着像兔子一样矮小的马,哪堪一击?

呵呵,真是无知者无畏啊!

摩诃末遇到的主,哪是神话里的东方人,而是一群比狮雄壮、比虎凶猛的蒙古人。

在西辽边境,摩诃末率领的军队,遭遇了小股蒙古部队,欲一口吃掉敌军。

谁知蒙古名将者别,根本没给他张嘴的机会。

两军甫一交战,摩诃末大吃一惊,知道了啥是蒙古铁骑,也知道了啥叫无坚不摧!

两万花剌子模军，对三千蒙古军，居然像老鼠遇到了猫，连逃跑的勇气，都泄得一干二净了，哪还敢奋起抗争？！呼啦啦抱头鼠窜。

摩诃末也吓个半死。他放弃了抵抗，放弃了首都，甚至放弃了百姓。只顾率领军队，没日没夜向西逃跑。

成吉思汗下令，不论摩诃末逃到哪里，都不让他有任何喘息之机。

者别、速不台二人，忠实执行大汗之令，像猎犬一样，死死咬住猎物不放。

公元1220年，腊月。

摩诃末逃到里海，驻南岸附近小岛上。惊恐万状中，病死。

临终前，将国王之位，传给儿子札兰丁。

札兰丁虽无乃父威名，却深谙军事谋略。接手花剌子模国后，迅速纠集残部，采取稳扎稳打的策略，巧妙地与蒙古人周旋。

时，蒙古铁骑风头正劲。

成吉思汗和拖雷挥师南下，先后攻占黑沙（今乌兹别克长儿施）、忒耳迷（今乌兹别克贴尔美兹）和巴里黑（今阿富汗北部的巴尔赫）。

拖雷领精锐一万，由巴里黑出发，向呼罗珊诸州（今阿姆河以南，兴都库什山脉以北地区，包括巴里黑、马鲁、也里、你沙不儿）进军。

成吉思汗统领蒙军，转攻塔里寒（今阿富汗东北塔利甘）。七月不下。直到拖雷率军增援，塔里寒始被攻下。

正当蒙军扫荡呼罗珊诸州时，札兰丁已集十万大军，抢先进驻八鲁湾（今阿富汗喀布尔北）。遭遇蒙将贴格千人先锋队，伺机予以歼灭。

成吉思汗闻讯，急遣大断事官失吉忽都忽，率三万骑兵攻打札兰丁。

双方战于八鲁湾。

蒙军处于劣势，兵力不足敌之三分之一。大断事官失吉忽都忽，让每位骑兵在马背上，绑一个毡子作假人，以迷惑敌军。

札兰丁军士不知底细，以为蒙人援军已到，便想逃跑。

札兰丁大喝："敌人步骑（毡人）六万，我军十万之师，何惧之有？！"亲率大军奋勇冲出，欲将蒙军包围。

失吉忽都忽挥兵抵抗，眼见敌军合围在即，只好撤出阵地。

然地面凹凸不平，加之蒙军列阵于峡谷，兵力无法展开。敌军疾箭如雨，三万蒙古铁骑纷纷中箭，仅余数百骑逃脱。

"八鲁湾之战"之于中国历史，算不得特别大的战役。但名头很响，乃蒙古人横扫欧亚、一统大元战争中，唯一一次战争失利。

八鲁湾大捷，让札兰丁信心大增。亲统大军严阵以待，欲报父仇复国。

成吉思汗得报后，异常震怒。火速传令各路大军，原地待命不稍动。

为避开敌精锐之师，他亲率蒙军主力，悄悄越过大雪山（兴都库什山），突然从八鲁湾侧翼，进攻札兰丁大军阵地。

蒙军似神兵天降，打乱了札兰丁军事布署，迅速扭转了不利局面。

公元1221年，11月。

成吉思汗在申河（印度河）北岸，一举击溃札兰丁部。花剌子模人全军覆灭，札兰丁只身逃往印度。

花剌子模国宣告灭亡。

此次西征，历时七年。

蒙古铁骑所向披靡，踏平了花剌子模国，乘机横扫了钦察草原，也席卷了斡罗思地区。使大蒙古国疆域，达到了里海和黑海地区。

时，西夏立国已逾百年，与蒙金三足而鼎。

他们北窥已久,乘成吉思汗西征未回之际,私下与金密约,共谋偷袭大蒙古国。

当年远征花剌子模,成吉思汗曾遣使入西夏,请求一同出兵西征。遭到了西夏拒绝,心里早憋了一肚子气。今西夏胆敢与金相谋,欲偷袭蒙古,越发让成吉思汗怒不可遏。

世人皆知,金为蒙古宿敌,西夏与之结盟,让蒙古人找到了出兵借口。

公元1226年,秋。

成吉思汗不顾六十四岁高龄,统兵御驾亲征,攻打西夏王国。

连下黑水城、肃州、甘州、西凉府后,蒙军直逼西夏国都中兴府。

蒙古人气势汹汹,西夏哪有还手之力?

中兴府内,谣言四起。

百姓久闻鞑靼人野蛮,杀人如割草芥,纷纷落荒而逃。甚至连守城士兵,也混迹其间。

夏献宗李德旺,日夜忧心忡忡,竟惊惧而亡。

成吉思汗听说后,不由哈哈大笑。

本以为李德旺长期北窥,有多么了不起,原来"厌包"一个,啥用莫得!

成吉思汗放心了。留下大部分蒙军,攻打西夏国都中兴府。自己则率领小股蒙军精锐,向南进入金国地界,攻陷临洮府等城池,以此试探金人反应。

成吉思汗南侵金境,旨在打探虚实,为蒙古人南进灭金、继而进兵中原,做些前期功课。达到目的后,成吉思汗率领部队,悠哉游哉离开金境,撤回西夏境内。前往六盘山围猎。

谁也没有想到,西夏之六盘山,竟成了"天可汗"殒落之地。

是年冬。

成吉思汗围猎时,不幸坠马受伤。原本强壮如狮的铁木真,竟一"伤"不起。

不知是何原因，小小一处跌伤，伴随而来的高烧，始终退不下来。随军御医，束手无策。

公元1227年，夏七月，六盘山。

成吉思汗病逝，终年六十五岁。

今人恐不明白，成吉思汗受伤大半年，为何一直未离开六盘山？

五

成吉思汗之死因，七百多年过去了，始终争论不休。

历史教科书说，成吉思汗病死，诚不可信也。

"秋七月壬午，不豫。己丑，崩于萨里川哈老徒之行宫。"（《元史·太祖本纪》）

此为元正史，实看不出病死之意。

相反，"不豫"似在隐藏什么，或死因存疑，或暗示非正常死亡。

现已有资料证实，成吉思汗确非正常死亡。只不过死因各说不一，迄今尚无定论。

唯死于六盘山，毫无疑义。

一代天骄铁木真，曾让欧亚人闻之色变，不论死于何种说法，似乎都与西夏有关。

对元史稍有涉猎者，必留意铁木真母亲之死，并非"寿终正寝"，而是怄气身亡。

在中国人眼里，铁木真惹恼母亲之举，实属忤逆不孝。

史载，铁木真气壮如虎，却特别害怕打雷。如果此条属实，应与他母亲怄死有关。

成吉思汗病逝时间，为公元1227年夏。

六盘山属多雷暴地区，不排除误入雷区，遭雷击身亡的可能。

今之内蒙及西北各省，仍有民间传闻，说铁木真不孝母亲，遭雷劈而死。为尊者讳，避不孝之名，将雷击隐为坠马，不是没有可能。

否则小小一处跌伤，为何久治不愈？

但凡英雄人物，必有美女相映成趣。或生死离别，或缠绵悱恻，或刀光剑影。

成吉思汗一生，王妃多达五百名。俗话说"三个女人一台戏"，这么多妃子共侍一夫，自然会生出许多故事来。

清·蒙古族萨囊彻辰，撰《蒙古源流》言：公元1227年，成吉思汗进攻西夏，俘获一位西夏王妃，在宠幸她时，这位王妃忍辱相迎，却乘成吉思汗事后熟睡之机，用刀割下了他的生殖器，然后投河自尽。

成吉思汗遭此重创，心情坏到极点，加上酷暑炎热，导致伤口感染，军中医疗条件又差，竟不治身亡。

另有史料记载，1227年初，成吉思汗征西夏，左膝中了毒箭，最终箭毒发作，军中无药可解而亡。

《圣武亲征录》记载，成吉思汗一生之中，受箭伤有三次：1202年阔奕坛之战、1212年攻西京之战、1226年攻西夏之战。

若成吉思汗真死于箭伤，必为最后一次膝部中箭所致。

意大利人马可·波罗，在他的著述里，同样记录成吉思汗死于箭伤。

《世界侵略者传略》《史集》《元史译文》《纲目译文》等中外书籍，都说"汗病八日死"，皆采信了中毒箭而亡。

最正统之死因，知晓者亦众多，还是《元史》之"坠马说"。

明人宋濂之"坠马说"，追根溯源，来自《元朝秘史》。

《元朝秘史》又名《蒙古秘史》，乃13世纪时，蒙古国官修史书。

书中记载："成吉思既住过冬，欲征唐兀。从新整点军马，至狗儿年秋，去征唐兀，以夫人也遂从行。冬间，于阿儿不合地面围猎,成吉思骑一匹红沙马,为野马所惊,成吉思坠马跌伤,就于搠斡儿合惕地面下营。次日,也遂夫人对大王并众官人说:'皇帝今夜好生发热,您可商量。'"

"唐兀"一话,时为蒙古人称呼西夏。"狗儿年"者,宋理宗宝庆二年(1226)也。

这段文字很翔实。

公元1226年秋,成吉思携夫人也遂,前去征讨西夏。是年冬,在阿儿不合打猎,他骑的红沙马,受到野马惊吓,导致落马受伤。当天夜里高烧不止……到了次年七月,"不豫"。

按常理推断,成吉思汗体格雄健,不可能一次坠马事故,就要了他的命。

《元朝秘史》这样记载:"汗失血甚多。"也遂请众官员商议,如何处理这件事。

有人建议说:"反正西夏城池都在,也不在乎非要现在拿下,不如先回国,待大汗养好伤再来攻打。"

成吉思汗争强好胜,怕回去养伤西夏人笑话,坚持不退兵。

也合该他命绝西夏。派往西夏的蒙古探子,正好听到西夏大臣阿沙敢不讥笑他:"成吉思有本事,现在就来过招。"成吉思汗听说后,立即挥兵贺兰山,将阿沙敢不灭掉了。但也因之误时,耽搁了最佳疗伤时机,使得伤情日益严重起来。

至次年农历七月十二日,终于不治身亡。

对于"坠马说",时人并无异议。然《元朝秘史》为蒙古人所写,似在有意掩饰什么。

故后世之中外学者,民间说唱艺人,就有了想象空间,整出一大堆东西来,让人雾里看花难辨真伪。

"雷击说"看似离谱,好像蒙古人演绎的故事。

其实不然。

约翰·普兰诺·加宾尼,罗马教廷使节。当年出使大蒙古国,回去后著文透露,成吉思确有可能死于雷击。

当他抵达蒙古时，正值夏天，雷电伤人频发："时有凶猛的雷击和闪电，致使很多人死亡。"

正因为这个原因，蒙古人很怕雷电。

南宋学者彭达雅，著《黑鞑事略》记载："鞑人每闻雷霆，必掩耳屈身至地，若躲避狀。"

约翰·普兰诺·加宾尼，本为葡萄牙人，后入天主教，任职罗马教廷。他出使大元（蒙）确凿时间，是公元1245—1247年，由教皇英诺森四世派遣而来。

出使回国后，向教皇提交了出使报告，题为《被我们称为鞑靼的蒙古人的历史》。

约翰·普兰诺·加宾尼出使蒙古，时距成吉思汗之死期，只有短短十八年，比马可·波罗早三十年。故他的记载，绝非空穴来风。

"中毒说"曾广播于世，很受史学界推崇。

原因很简单，源于《马可·波罗游记》。

马可·波罗，为意大利商人。公元1275年，马可·波罗到达元大都。随后在中国生活了十七年，游历了很多地方。时值忽必烈当政，距成吉思汗病逝时，不到五十年时间。

他在游记一书中，记录了铁木真之死因：在征讨西夏战争中，成吉思汗率大军围攻太津（吉州，古要塞），膝部中守军之毒箭。因箭毒猛烈，军中又无解药，结果毒发攻心，不治身亡。

马可·波罗的记录，时间、地点、事件清晰，也与历史吻合，似不容置疑。

然关于"中毒说"，另一民间版本，又早于马可·波罗。故马可·波罗之"中毒说"，似有依样画葫芦之嫌。

成吉思汗死时，民间就有传言：西夏王妃古尔伯勒津郭斡哈屯，貌美如花。成吉思汗获俘后，连续举行三天庆功宴，每宴必酩酊大醉，然后叫占尔伯勒津郭斡哈屯陪寝。这位西夏王妃，乘成吉思汗不备，在酒里下毒将其毒死。

清康熙年间,"中毒说"经过演绎,变为"中毒刺杀说"。仍与西夏王妃有关,是下毒说的又一版本,只是多了"刺杀"一道工序。

这种中毒加刺杀版本,在蒙古民间广为流传。言古尔伯勒津郭斡哈屯,被蒙古士兵俘获后,立即进献给了成吉思汗。当天夜里,西夏王妃陪寝时,先在酒里下毒,然后刺杀了成吉思汗。

刺杀一说,源于《蒙古源流》。此书撰著于清康熙元年(1662年),极为珍贵。

一百多年后(即1766年),蒙古喀尔喀部亲王成衮扎布,将此书誊本作为礼物,进献给了乾隆皇帝。

乾隆随即下令,译为满、汉两种文本,并题书名《钦定蒙古源流》,收入《四库全书》。

仅此一点,应该说成吉思汗"被刺说",就有了很高的可信度。

但就常理而言,行刺和下毒之说,很难具备相应条件,也不应该成立。

王妃古尔伯勒津郭斡哈屯,作为被俘之人,前去陪寝,必然会接受严格检查。依皇帝寝宫体例,入帐陪寝必裸体,何处匿藏凶器?又怎么携带毒药?

若非要说成吉思汗死于西夏王妃之手,那么只有一种可能——"咬掉生殖器"。

这种说法,既未见于正史,野史也无记述。倒是蒙古地区民间,流传甚广。

据传,西夏王妃献入行宫,成吉思汗即册封为妃。

古尔伯勒津郭斡哈屯表面欢喜,心里却十分愤恨。她不甘受辱,集家仇国恨于一身,在陪寝当天夜里,尽情迎合,让成吉思汗玩得十分尽兴,然后乘其不备,用嘴咬掉汗之阴茎!

成吉思汗猝不及防,裆下已血流如注。

一个长年征战四方、威风八面的帝国之君,受此重创,一时羞恨交加，暴跳如雷！极端的愤怒和羞恨，导致伤势加重，最后不治身亡。

因事涉君王隐私，谁敢大白于天下？只得对外宣称，大汗围猎坠马，受伤而致病重……

这个民间传说，堪称封建帝王风流之极品！虽然怪诞不经，却能在多种死因说上，找到它的影子。

历史真相究竟如何？唯有当事人知晓了。

姑且以正史为凭，信一回"坠马说"。要不某些个"癫人"，哪天高兴了，弄出比这更精彩的风流故事来！

后世学者，岂不癫哉！

六

公元1227年，夏七月。

成吉思汗因坠马，病死在渭河之滨，遗体运往千里之外的陵墓埋葬。

成吉思汗陵墓，在什么地方？

《元史·太祖本纪》言："葬起辇谷。"

考古今地图集，搜索起辇谷，今蒙古国肯特山一带，古地名有起辇谷者。

具体位置无考。

内蒙古境内金霍洛，近来很是热闹，逐渐成为世人关注焦点。

蒙语"金霍洛"，释意为"主人的陵园"。离鄂尔多斯市不远，在旗甘德利草原上。

这里水草丰美，牛羊成群。蓝天白云间，三座蒙古包式大殿，肃然伫立。明黄的墙壁，朱红的门窗，琉璃宝顶辉煌夺目……无不显示出天可汗的威严。

陵园区很大，占地五万多平方米。主体建筑由三座大殿组成，各殿间有廊房相连。园区分为正殿、寝宫、东殿、西殿、东廊、西廊六大部分，构思精致巧妙，似展翅欲飞的巨大雄鹰！

铁木真戎马一生，战无不胜，是蒙古人膜拜的"天可汗"，喻为草原雄鹰，实在当之无愧。

德国人卡尔·海因里希·马克思，在谈到成吉思汗时，曾经这样说道："……成吉思汗戎马倥偬，征战终生，统一了蒙古，为中国统一而战，祖孙三代鏖战六七十年，其后征服民族多至720部。"

有学者称赞："成吉思汗是后人难以比肩的战争奇才，他逢敌必战、战必胜的神奇，将人类军事天赋穷尽到了极点。他麾下的铁骑，势如破竹，在广袤的欧亚大陆，成吉思汗已经成了战无不胜的神，对手无不闻风丧胆，屈服脚下。什么人才称得上战神？唯有成吉思汗！"

也有西方学者认为，铁木真在世时，南方的宋朝尚存。尽管今日之中国，乃多民族国家，但就那个时代看，宋才是中华一脉相承的"中国"。

铁木真出生蒙古，从未涉足中原，也没有统一中国，死后葬在蒙古，血统上跟中国无关。从个人思想上看，铁木真不会有亲汉思想，对汉文化也没有认同感。他的功绩是蒙古人的空前绝后，跟中国人无关！

甚至认为，元只是大蒙古国疆域内，一个小宗藩国。那一段"中国历史"，应纳入蒙古史，因当时中国已亡，不存在"中国"这个国家概念。

更有学者认为，成吉思汗主要功绩，在于统一和征服。但带来的不是和平，而是永无休止的恐怖。不仅未促进经济繁荣，还斩断了文化交流。以落后的游牧生活方式，肆意摧残先进的农耕文明。

欧洲征服者亚历山大，虽然疯狂侵占和掠夺，却受到人们广泛尊重。因为他所到之处，带去的是先进文化，和亚历山大城堡和港口。

成吉思汗呢？所到之处，除了涂炭生灵，就是遍地花剌子模般的废墟!

真是让人无语了。

成吉思汗是中国人,抑或是蒙古人,和他的功过是非有关吗?

难道他是中国人,就是一代天骄?他是蒙古人,就是杀人不眨眼的魔头?

《元史·太祖本纪》赞誉:"帝深沉有大略,用兵如神,故能灭国四十……其奇勋伟迹甚众。"

他戎马倥偬一生,缔造的人类历史奇迹,必前无古人,后无来者。

诚如印度开国总理尼赫鲁所说:"成吉思汗即使不是世界上唯一的、最伟大的统帅,无疑也是世界上最伟大的统帅之一。"

成吉思汗西征,具有不可诋毁的积极意义。

大蒙帝国的建立,使得亚欧大陆正式沟通,东西方使节往来不断,极大促进了世界各国经济、文化的交流和发展。

关于这一点,时人多有评述。

"蒙古西侵,乃将昔日阻塞未通之道途,尽开辟之,而使一切民族种姓,聚首相见。"

今之专家学者,更是高度赞誉。

"由于有了蒙古人,人类才第一次拥有了世界史……网络还未出现的七百年以前的蒙古人,却打通了世界各国的关系,建立了国际往来关系。"

世人皆言家乡好,然不可过度粉饰。人人都说孩子乖,切不可一味护短。

成吉思汗征伐四方,最初皆以复仇开始,但进而讨伐过甚,无情地毁灭一切,实为野蛮,残暴,毫无人性。

征讨南高加索,横扫里海草原……面对家园守护者的顽强抵抗,蒙古人野蛮地滥杀无辜,给各国人民带来了深重无比的灾难。

成吉思汗功过皆巨,影响深远。誉可赞之"盖世英雄",谤则诋毁为"乱世屠夫"。

毛泽东有词云:"……一代天骄,成吉思汗,只识弯弓射大雕。俱往矣,数风流人物,还看今朝!"

风流总被雨打风吹去。

俱往矣,诚可信也!

凤阳花鼓，戏文中的平民调儿

一

"说凤阳，道凤阳，凤阳本是好地方，自从出了朱元璋，十年倒有九年荒。"

这一曲花鼓戏文，不知传唱了多少代。

每当听到它时，总百思不得其解。凤阳那个地方，出了个朱大皇帝，凤阳人应该自豪才对哈。怎么编起戏文，骂这个叫化皇帝呢？

君不见时下风尚，许多地方为沾名人光，不惜花费大价钱，请人杜撰某某出生吾乡，吾乡就是"某故里"么？

甚至为争名份，打得头破血流。西门庆故里，孙悟空老家，"偷情"之乡，纷纷出笼面世。

好不热闹！

早年求学私塾，听长辫子先生说，朱元璋很了不起，是个难得的好皇帝。他的许多传奇，至今仍在民间流传。

仅此而言，老百姓喜欢他，想来是个不错的皇帝。

作为大明开国之君，朱元璋能以布衣起事，而最终成就帝业，历史上唯汉高祖刘邦，可与之相提并论。

当然，评价皇帝好与坏，出身贵贱并不重要。

出身卑微的人，掌管天下后，仍然可能胡作非为、骄奢淫逸。出身高贵的人，也未必就无法无天、涂炭生灵。

刘邦和朱元璋，皆出身贫民。

前者马上得天下,又以《诗》《书》安天下,而闻名于世。

朱元璋不同于刘邦,在他马上打天下时,就已经重视教化,发挥儒家学者作用了。

"明太祖起布衣,定天下。当干戈抢攘之时,所至征召耆儒,讲论道德,修明治术,兴起教化,焕乎成一代之宏规。虽天亶英姿,而诸儒之功不为无助也。"(《明史·儒林传序》)

朱元璋出身田亩,少时没上过学,属于白丁范畴无疑。戎马征战一生,偏偏与儒士文人,有着解不开的缘分。

残酷的战争年代,他启用了不少大儒,虚心听取意见,为自己平定天下,起到了至关重要的作用。

当他坐上龙椅后,又开始疑忌儒者,甚至杀了不少读书人。

《明史·文苑传》言,朱皇帝杀害知识分子,乃历代罕见。

以当时社会环境论,应该基本符合事实。

朱元璋对于儒者,"既尊又忌"。针对这一奇特人格现象,有学者做了如下阐释,并言之铁定。

一是"蜕化变质"论。

朱元璋杀害知识分子(包括有功之臣),是小农意识的堕落,也是农民义军领袖的蜕化变质。

二是"政治需要"论。

朱元璋晚年时期,推行的一系列暴政,是在玩弄帝王术,是政治斗争的需要,也是政治斗争的必然产物。

诚然,这两种解释,都有一定道理。各种史籍文献里,也能找到佐证。然而,有一个重要事实,却始终无法解释。

朱元璋疯了么?为何杀掉这些功臣和儒者?

更加不可思议者,被杀之人成百上千,为何没有人鸣冤叫屈?!

由此看来,朱元璋残害功臣和儒者,不应该只是简单的杀人问题了。

思考的重心应该是,这些功臣和儒者,究竟该杀还是不该杀。

如此这般一推敲，前述"学者们"的论断，就暴露出论据不足，论证也不充分了。

所谓铁定"论断"，完全脱离当时历史背景。很大程度上，乃个人主观臆断。

平心而论，朱元璋一生，并非"残暴不仁"。他杀了不少人，甚至杀过有功之臣。

问题在于，以《大明律》论，他没错杀一人！就是以当今法律衡量，所杀之人，也是罪有应得。

为了大明江山，他需要这么做。

凡触犯死刑条律者，不论贵贱亲疏，坚持王子犯法与庶民同罪，一律毫不留情，统统杀掉。

正因为如此，时人并不觉得，朱元璋有多么残暴，反而颂扬"圣明有作为"。

二

朱元璋（1328—1398），濠州钟离（今安徽凤阳）人，字国瑞，幼名重八。

出身赤贫农家。

很小的时候，给大户人家放牛为生，过着吃不饱穿不暖的生活。

1344年，春夏之际。淮北发生旱灾，百年不遇。瘟疫随之流行。

在这场灾难中，父母和长兄，先后病死或饿死。

朱元璋时年十六岁，靠乡邻帮助，草草埋葬了亲人。无依无靠的他，只得到附近皇觉寺，当了一个打杂小和尚。

后来灾情越发严重，庙里的和尚们，也不得不外出化缘，以维持生计。

入寺不久的朱元璋，自然成了游方和尚。

"朱和尚"没有剃度过，对化缘一窍不通。他漫无目的，四处流浪。为吃上一口饭，到处乞讨形同叫化子。

关于这段特殊经历，许多文艺作品，都进行了大肆渲染，称他"和尚皇帝"或"乞丐皇帝"。

真正理论起来，朱元璋未剃度，算不得和尚，乞丐就更谈不上了。

倒是他自己，对这一段生活，记忆深刻。

传朱元璋当皇帝后，常常忆起乞讨时，吃过的一道美味——"珍珠翡翠白玉汤"。

宫中的御厨们，抠烂了脑壳，也做不出他要的那个味道。

迫不得已，只得密派大内御厨，暗访当年挂单的寺庙，以求"珍珠翡翠白玉汤"秘法。

"珍珠翡翡白玉汤"？

长老听后，哈哈大笑。

当年朱元璋所食，皆讨来的剩米饭，外加青菜白萝卜，一锅大杂烩熬成的汤汤水水！

御厨们得了"秘籍"，连忙依照此法，将三种食物烩一块儿呈上。朱元璋闻了闻，摇着头连称不正宗。

好在大脚马皇后，最了解自己老公。密命御厨扮作力夫，到京城各大饭馆，收集客人吃剩的残汤剩水，用木桶装好置于厕内。待搁出馊味后，和了米饭青菜白萝卜，熬成一锅大杂烩。

朱元璋闻了又闻，居然龙颜大悦，称有些"珍珠翡翡白玉汤"的味道。用大龙纹碗盛了，如食甘饴。

幼时听人摆这个龙门阵，觉得朱元璋很怪，像隔壁捡破烂的朱幺爸。

朱幺爸也是个怪人。

每每从垃圾堆里捡些动物骨头，放在锅里与青菜萝卜一块儿煮，也不管馊臭不馊臭，一样吃得津津有味。

朱元璋青少年时代，正值元朝末年。

社会经济停滞不前，政治腐化堕落，阶级矛盾和民族矛盾十分尖锐,已到了无法调和的程度。

处于最底层的民众,不堪忍受统治者的剥削、压迫和歧视,纷纷拿起武器,揭竿而起。

1351年初夏。

韩山童、刘福通在颍州(今安徽阜阳)上,领导农民大起义。

史称"红巾军"。

因民众积怨已久,大起义的烽火,迅速燃遍大江南北。

朱元璋闻讯后,心里有了莫名的冲动。

时年二十三岁的他,还算"安分守己"。虽有反抗暴元之心,却无改朝换代之志。最终走上反元之路,纯属形势逼迫所至。

1352年。

朱元璋二十四岁。

云游回到家乡后,受乡党汤和怂恿,暗中加入濠州红巾军。

濠州红巾军,为郭子兴率领,是义军中势力最强的一股。

朱元璋见多识广,胆量过人,加之作战勇敢,不久即被提拔为亲兵九夫长。

九夫长官职不大,却是"侍卫长",最贴近领导层。他很快成了郭子兴亲信,并娶其义女马氏为妻。

这位马姓姑娘,可不简单。虽为郭子兴义女,却有勇有谋,巾帼不让须眉。

她就是后来的大明国母,"大脚马娘娘"。

1355年,郭子兴病逝。

朱元璋以左副元帅之职,成为濠州红巾军实际领袖。被奉为大元帅,继而称吴国公。

与此同时,北方韩山童红巾军,取得了空前发展。

韩山童死后,刘福通立韩子韩林儿为帝,称小明王。

韩山童生前,自称宋徽宗之后。故韩林儿建立的政权,国号"大宋",年号龙凤。

"大宋"政权的建立,极大震动了元统治集团。

元帝国调集重兵,对"大宋"红巾军,实施了空前围剿。

战况日久,历时五年。元军主力,深陷其间,不能自拔。

时,朱元璋势弱。既无像样的根据地,又四面受敌。

东有张士诚、方国珍虎视眈眈,西有徐寿辉、陈友谅豺狼当道,南有陈友定、元军大将八思尔不花鹰视豺环。

夹缝生存,万分不易。

不过朱元璋向来滑头,和历史上许多成大事者一样,善于分析形势,和把握形势。

他曾听人说,"金陵帝王之州,据其可窥天下"。

乘着元"宋"交战之际,悄悄率濠州红巾军,南下金陵。

一举攻破集庆路(南京),招降守将康茂才,获得大批军民。

遂改集庆路为应天府,并以此为据点,向四周拓展。

占据集庆路,标志着朱元璋已得势,从此有了坚强的根据地,具备了与群雄争锋的基础。

"大宋"韩林儿,虽为"国主",却无实权。

"林儿徒拥虚名,事皆决于福通。"(《国初群雄事略·卷一·宋小明王》)

为减轻"大宋"压力,刘福通迫韩林儿颁诏,正式任命朱元璋为江南行中书省平章,管辖当地军政要务,担负与南方元军作战任务,以此牵制元军北上。

朱元璋得到任命后,心头暗喜。

濠州红巾军,本属"大宋"管辖。自己擅自出兵集庆路,非但未被问责,反而加官晋爵,让他做了江南最高行政长官。

朱元璋还算义气,占据集庆后,即果断统领濠州军,向东南元军防守薄弱之区,发起猛烈进击。

在一定程度上,确实牵制了元军北上。

天时地利人和。

"朱家军"势不可挡,接连打败南方元军,不断取得军事上的胜利。势力一天天壮大起来。

而北方韩林儿,却深陷元军重围,苦苦挣扎。几次命江南红巾军,北上"宋都"汴梁解围,都被朱元璋谋士谏阻,以种种理由拒绝了。

朱元璋不援韩林儿,乃帝王权术,然仍让人心寒。

韩氏君臣抗元,居功至伟,历为史家所赞。

"元之不能以匹马、只轮临江左者,以有宋为捍蔽也。韩氏君臣非特有功于中国,其亦大有功于我明也乎!"(《国初群雄事略·引·李文凤论》)

"元之末季,群雄蜂起。……林儿横据中原,纵兵蹂躏,蔽遮江、淮十有余年。太祖得以从容缔造者,藉其力焉。帝王之兴,必有先驱者资之以成其业,夫岂偶然哉!"(《明史·韩林儿传》)

1357年。

朱元璋率领大军,打下江淮重镇徽州,队伍发展至二十万众,规模空前。

部队个别高级将领,有了骄傲自满情绪,思想上飘飘然起来,纷纷游说朱元璋,摆脱行将灭亡的韩林儿,自立为王。

朱元璋听了,心里难免荡起涟漪。但他基于韩林儿称帝,招至元军大兵压境之鉴,并未附和众人鼓噪。

而依儒士朱升建议,"高筑墙,广积粮,缓称王"。

命令部队军垦。

兴修水利,生产粮食,自给自足。

极大减轻了百姓负担,深受辖内民众拥戴。

时至今日,徽州民间,还流传着"虎皮毛豆腐"的故事。

传朱元璋幼时,因家景贫寒,给财主家放牛混口饭吃。白天放完牛后,夜里和长工一道磨豆腐。他年纪虽小,但做事麻利勤快,颇得长工喜欢。但凡重活粗活,都不让他干。

财主知道后,认为他只吃饭不干活,把他逐出了家门。

朱元璋断了生计,时常到皇觉寺前,和小乞丐们混在一起,无奈地打发日子。

长工们可怜他，偷出饭菜和新鲜豆腐，藏在寺旁干草堆里，让他和小伙伴食用。

之后不久，父母相继亡故，朱元璋更加孤苦无助，便到庙里当了和尚。

因特别爱吃豆腐，初入庙时，长工照样偷出鲜豆腐，藏在草堆里让他食用。

某年春天，接连三天大庙会。庙会结束后，朱元璋前去取豆腐时，发现上面长了一层白毛。他舍不得扔掉，用菜油煎炸成金黄色，味道居然鲜香无比。

从此以后，朱元璋常用此法，做油煎毛豆腐食用。

打下徽州时，心里特别高兴，一下想到了油煎豆腐。便下令随军伙夫，按此法炮制豆腐宴，犒劳三军。

据说此次宴会，豆腐香飘十里，百姓纷纷讨食。

定都应天府后，朱元璋做了大明皇帝，犹体恤民间疾苦，始终不肯重税农业。徽州百姓感念恩德，将这种油煎豆腐，誉为"虎皮毛豆腐"。

朱元璋打下徽州后，形势发生了根本变化。

全国各地，反元势力风起云涌。元已如波涛中的一只破船，随时都有沉没的危险。

元帝国垂死挣扎，与北方义军殊死角力，无暇顾及江南半壁。

朱元璋又将目光，瞄上了江浙一带，先后出兵南征。

江浙历来富庶，为大元经贸中心。

朱元璋举义师，得百姓鼎力支持。孤立的元军据点，一个个被消灭；广袤的国土，一片片被占有。

至正二十三年（1363）。

鄱阳湖一战，南方最大割据势力陈友谅，被"朱家军"彻底歼灭。

朱元璋随即称吴国公，不久又僭位吴王。

此时的朱元璋，已控制江南半壁，大半个中国在握。但他一刻也没怠慢，部队稍事休整后，立即挥师中原。

"朱家军"北伐，非解韩林儿之围（北方红巾军已遭元扑灭），而是乘机问鼎中原。

1367年。

朱元璋顺应历史，响亮提出"驱逐胡虏，恢复中华"（孙中山借用过此口号），统兵大举北进。

北伐战争伊始，谋士朱升再次谏议，及时提出"立纲陈纪、救济斯民"的纲领。

这一政治纲领，对深受统治者压迫的民众，具有巨大的号召力。

反抗民族压迫，成了当时社会主潮流。

中华五千年历史，没有任何统治阶级像元蒙一般野蛮，将中国人分为四等，蒙古人为一等，色目人（西域胡人）为二等，北人（北方汉人）为三等，南人（南方汉人）为四等。

"南北人"皆为汉人，痛恨当政者，自不必说。

"朱家军"一到，无不纷纷响应。

朱元璋在山东、河北、陕西等地，先后大败扩廓帖木儿、李思齐、张良弼率领的元军。

朱氏势力范围，基本控制了整个中国。

至正二十八年（1368），正月。

四十岁的朱元璋，在金陵奉天殿，举行隆重登基大典，正式称帝。

是为明太祖，国号大明，年号洪武。

三

大明王朝建立后，朱元璋并未轻松，担子反而更加沉重。

战争摧残了的社会经济，亟须恢复；尖锐的社会矛盾，亟待缓和；退居塞北的残元势力，时时企图卷土重来；朝中骄臣悍将,争权夺利……

封建帝王开国之初,所遇到的问题,他都一一遇到了。

朱元璋计从宋濂,起用刘伯温。大刀阔斧整顿和改革,全面加强中央集权,借以巩固大明统治。

政治上,废除元朝行省制度,在全国范围内,设置十三个承宣布政使司。同时在中央高层,设置布政使司、都指挥使司和提刑按审使司,分别管理行政、军事和司法。三部门合称"三司",由中央直管。

洪武十三年,朱元璋假借胡惟庸案,对中央机构进行了更加彻底的改革。废除中书省和丞相一职,设置"六部",分别管理帝国政务。"六部"即吏、户、礼、兵、刑、工,直接由他本人指挥。

这样一来,明帝国中央集权,在朱元璋的直接导演下,一步一步得以实现。

军事上,为防止军权旁落,或过于集中某人手上,从而对帝国构成威胁,朱元璋登基伊始,即在全国范围内,采取分权制衡法,改大都督府为五军都督府,最大限度削弱军队领导人兵权。五军都督府以下,另设"卫所"制度。

"卫所"遍布全国。职能类似今天的纪检,或者审计部门。负责定期对当地驻军,进行督察和审计。从而形成上下监控、由上而下的帝国军事指挥系统,和军队权力监控系统。

司法上,设立大理寺、都审院和刑部。合称三法司,主管刑狱之事。

三法司秉皇帝旨意,联合制定律令,颁布了十分严厉的"大明律",借以整饬吏治,打击贪官污吏和地方豪强。"大明律"的颁布,有利于巩固帝国统治,极大维护了国家根本利益,保护了百姓的合法权益。民众衷心拥护。

然个别官吏和豪强,因新的法律条令,触及自身既得利益。在实施过程中,设置重重障碍,甚至公然激烈反对。

经济上，吸取前朝亡国之痛，倡导休养生息，恢复和发展生产。多次下诏，减免各地赋税。在全国范围内，大力推行垦荒和屯田。凡垦荒事农者，一律免征三年赋税。

这些利国利民政策，加快了经济恢复步伐。

明开国前十五年，新垦田土1.8亿亩，占当时全国可耕地的50%。

朱元璋既重视"垦荒屯田"，也重视农业基础设施，尤注重水利工程的整治和兴修。洪武朝前十年，全国水利大会战，就多达四次。这么高密度地兴修水利，在中国历史上，并不多见。四次大会战，共修筑陂渠堤岸5000多处，疏浚河道4100多条，开挖堰塘40900余口。

朱元璋执政，长达三十一年。

三十一年间，全国户籍人口，增长了近十倍。农业耕种面积，扩大了四倍。

农业、手工业和商贸业，有了很大发展，出现了少有的繁荣景象。

据史书记载，朱元璋一生，最痛恨蒙古人和贪官污吏，对二者的打击，始终不遗余力。

在位三十一年间，北蒙残元势力，始终不敢越雷池一步。国内贪官污吏，也基本绝迹。

大明洪武朝，政清人和，百业兴旺。

朱元璋一生，勤于政事，事必躬亲。是中国封建社会里，少有的杰出君主。

时人和世人，都给予了很高评价。

"帝天授智勇，统一方夏，纬武经文，为汉、唐、宋诸君所未及。"（《明史·太祖本纪》）

不知为什么，到了近现代，史学界突有了"倒朱"思潮。言"朱"必骂"暴君"，说"明"定蔑"无道"。

理由么，倒也简直。朱元璋滥杀功臣和文人，是十恶不赦的

"偏执狂"!

事实果真如此吗?

四

大明立国之初。

许多政府官员,被胜利冲昏了头。不顾国家刚刚经历战争创伤,也不顾百姓饥寒交迫。蹈袭元朝"暴政",擅权枉法,贪赃受贿,蠹政害民。

朱元璋出身贫贱,虽身居庙堂,可心系民间。他看在眼里,急在心头。曾在东角门告诫群臣,表达了整饬吏治的决心。

"以前朕在民间之时,每见州县官吏不恤于民,往往贪财好色,饮酒废事,凡民疾苦,视之漠然,心里恨透了。如今要严立法禁,凡遇官吏贪污坑害百姓者,决不宽恕。"

朱元璋说到做到。终其一生,始终把肃清吏治,放在执政首位。

"此弊不革,欲成善政,终不可得。"

为达整饬目的,朱元璋纳刘基之谏,建立了严密的官吏考核和监督制度,尤用重典打击贪官污吏。

执政帝国初始,出于休养生息需要,朱元璋纳宋濂之言,下诏颁布"洪武七年律"。该律令量刑较轻,为明初发展经济,起到过十分重要的积极作用。

洪武朝中后期,相继发生了"空印案""胡党案"和"郭桓案"。南方个别地方,还发生了小型农民暴动。

朱元璋坐不住了,认为是乱世前兆,必须重典整治。下令对"奸顽刁诈、贪赃之徒",实行法外加刑。

全国进入"严打"期。

朱皇帝亲自动手,汇集大批法外加刑案例,加上自己的训话,陆续颁布《大诰》《大诰续编》《大诰三编》和《大诰武臣》。由中央派出"讲师团",在全国范围内,进行巡回警示演讲。

洪武二十六年。

朱元璋再次下令,重修《大明律》,加重了对谋逆、强盗、官吏贪赃的惩处力度。

"蓝玉党案"后,朱元璋认为肃清贪污工作,已取得成效。采纳皇太孙朱允炆建议,逐步减轻刑罚,着重修改了"畸重者七十三条"。他对朱允炆所言,尤令人深省。

"吾治乱世,刑不得不重,汝治平世,刑自当轻,所谓刑罚世轻世重也。"

听其言观其行,朱元璋并非毫无节制、随心所欲的暴君,而是一位深明大义、嫉恶如仇、爱憎分明的明君。

他始终认为,乱世须重典,平世施仁政。

洪武执政前期,天下形势初定,国际国内情势复杂多变,非严律重典,不足以治理国家。

朱元璋雄才大略,当然深知其中奥妙。故对贪官污吏的惩处,绝不敢心慈手软。哪怕皇亲国戚,犯了国法,也绝不容情予以严惩。

修改后的《大明律》,条令尤为严厉。

"受对枉法者,一贯以下杖七十,每增五贯加一等,至八十贯绞⋯⋯监守自盗仓库钱、粮、物,不分首从,并赃论罪,在右小臂上刺'盗官钱(粮、物)'三个字,一贯以下杖八十,至四十贯斩。"

法律条令严,对知法犯法的监察官员,朱皇帝处刑更重。

凡执法官员违法,不论情节轻重,也不论职位高低,一律免职,直至斩首!

"官吏宿娼,罪亚杀人一等,虽遇赦,终身弗叙。"

官员嫖宿的罪名,仅次于杀人罪,如此重的量刑,在中国历史上,确也少见。

谁敢作奸犯科?

说朱元璋圣明,肯定有人不服气。但他一点不糊涂,是个明白帝君，总该认同吧！

他深知制度再好，也是一纸空文。

关键在于执行者。

上梁不正，下梁肯定歪斜！

朱皇帝惩治腐败，首先从自己抓起。

当年击败陈友谅时，缴获一架镂金床，大家都劝他留着享用。朱元璋想也没想，毫不犹豫将其砸毁。说此床无异昏君孟昶七宝溺器，用则丧志。

"处富贵者正当抑奢侈，弘俭约……覆车之辙，不可蹈也。"（《明太祖实录》）

朱元璋立国之初，即郑重宣布，宫中不再设置女乐。诏令宋濂等人，将古代无道昏君劣迹，编撰印刷成册，供他阅读。

"知其丧乱之由，以为戒耳。"（《明太祖实录》）

每逢遭受天灾时，朱元璋必与皇家人，吃一餐野菜和麦饭，以示与民同甘共苦。

然现代竟有"评论家"，枉顾事实，讥为"政治作秀"，"山猪吃不来细糠"，典型的老农民意识。

朱元璋处决贪官污吏，是不得好死的"暴君"。体恤民间疾苦，又是政治"作秀"。

他这个皇帝，真是难当得很哈。

好在清者自清。

本来嘛，历史自有公道，岂是几个"专家"说了算？

老百姓喜欢朱皇帝。

作为大明开国之君，为维护法律尊严，他不仅杀过有功的贪官，也杀过犯法的皇亲。

"法律面前，人人平等。"

是否中国帝王第一人，笔者不敢妄言。但他能做到这一点，仍让人敬佩不已！

亲侄儿朱文正，立有赫赫战功，官拜大都督。任期间，却贪恋声色，骄侈荒淫。朱元璋接到举报后，进行了认真核查，确定犯罪事实无误后，毫不犹豫先免其职，然后依法斩杀。

晋王朱㭎不法，匿藏大批出土文物，不依法上报国家，擅自据为己有。并大修别墅宫殿，蓄藏民女淫乐。朱元璋将他逮到京城，依照老朱的脾气，本来要处之以极刑。因众人求情，加之《大明律》量刑，其"罪不致死"。为警示天下，仍将其软禁，终生不得外出。

驸马都尉欧阳伦，大肆收受贿赂。偷运私茶到边境贩卖，从中谋取暴利。属下亦狗仗人势，多次凌辱地方官吏。朱元璋得报后，二话没说，就将其处死。

洪武施霹雳手段，严厉打压贪官豪强，一时全国震动，百姓拍手称快。

然帝国上层集团，总有不怀好意的人，乘机散布流言蜚语，有意无意加以传播。

其心叵测，其情不容。

朱元璋严惩贪官污吏，也大力表彰清正廉洁、忠于职守的官员，以此树立正气。

福建按察使陶后仲，坚决贯彻中央政策，严厉打击贪赃枉法之徒。民众颂声一片。

朱元璋得报后，诏令褒奖他。号召全国各级官员，大张旗鼓向他学习。

河南按察司佥事王平，素有清誉。任上，将向他行贿之人，抓起来送审。

朱元璋不仅嘉奖他，还直接擢升其职，任为都察院左佥都御史。

对善始善终的循吏，朱元璋除了重奖外，还为他们修建府第，作为告老还乡之用。寿终正寝时，亲自撰写祭文，以彰显其德。诏令礼吏部，将他们的事迹，列入《彰善榜》和《圣政记》中，天下传颂。

大明洪武一朝，因朱元璋倡廉惩贪，官场风气发生了巨大变化。

"一时守令畏法。洁己爱民，以当上指，吏治涣然丕变矣。下逮仁、宣，抚循休息，民人安乐，吏治澄清者百余年。"（《明史·循吏传》）

著名清官海瑞，亦给予了高度赞扬。

"我太祖视民如伤，执《周书》'如保赤子'之义，毫发侵渔者加惨刑。数十年民得安生乐业，千载一时之盛也。"

能得数十年安居乐业，实乃明人之福！

朱元璋爱民如子，难得的好皇帝。

为何"有色眼镜"者，总挑鼻子挑眼睛，对他横加指责呢？

归根到底，朱元璋杀了人。

他们认为，这些人有功，不应该杀。

或曰：这些人有才，也不该杀。

五

朱元璋确实杀了人。

但他杀的人，都是该杀之人。

为了江山社稷，为了黎民苍生。朱元璋立律条在前，"功臣们"犯罪在后，他不杀何以平民愤！他不杀何以正朝纲！！他不杀何以服天下！！！

如果仅仅因为他是有功之臣，如果仅仅因为他是有才之人，犯了法该杀而不杀，大明王朝能有二百多年的基业吗？

古今中外有这个理吗？

国家还要法律干什么呢？

再想一想，如果没有法律，如果犯法而不依法追究责任，国家还像个国家吗？

果真如此，家无可家，国将不国，老百姓得不到好处，任谁也别想安生！

先说李善长被诛事。

李善长伏诛,或曰"谋反罪"证据不足。

然而人们忘了一点,整个帝国的《大明律》,都由他主持,奉旨撰写而制定。天下谁人不知,左丞相李善长,是《大明律》总撰官?

李善长之于帝国典律,没有比他更清楚的人了。

《大明律》律条,对各级官员职权、职务、恪守的事项,都做了详细规定。对违法乱纪行为,也定出了具体罚处办法。

然开国大功臣,李善长既知典律,又受皇恩,他守法了吗?

大明建国后,李善长因功封宣国公。史书记载,很耐人寻味,说他"受爵不让"。

什么意思?

凭自己的功劳,封为宣国公,那是理所当然。可能在他心里,还嫌爵位低了呢。

其实,李善长这个人,外表宽和,内心却很刻薄。对于不喜欢的人,稍有丁点差错,必按罪奏请朝廷,依律罢免、流放,甚至杀头。对于亲信党朋,则千方百计提携,甚至无原则地包庇。仗着老乡这层关系,百般讨好朱皇帝,得了不少好处。

朱元璋也不避嫌,曾对身边人说,李善长虽无汗马功劳,但长期和我患难与共。

这又是啥意思?

大臣们心知肚明,二人私交不错噻。

封官赏爵时,朱元璋极尽照顾之能事,连战功赫赫的徐达,都位居李善长之下。

于是,这位淮西人,既富且贵,骄横专擅。凭借手中权势,颐指气使,将自己凌驾于百官之上,动辄训斥、辱骂下属同僚。

告老还乡后,仍"耄不检下"。视皇帝赐修的府第,"敝陋狭小",甚至大兴土木,重新修建府第。并从信国公汤和处,借兵丁三百人,以护卫家院。

李善长所作所为，无法无天。果真按大明典律理论，其罪当斩！

朱皇帝却法外开恩，百般宠庇他。

大明建国之初，立有功臣免死规矩。李善长位居左丞相，最多可免死两次。

朱元璋肃清吏治，素称铁面无情。却为"功臣"李善长，不惜徇情枉法，四次免除他的死罪。可谓用心良苦，做到了仁至义尽。

"胡党案"发后，还是牵涉到他。胡惟庸亦同乡，且由他一手栽培。明知胡惟庸"通倭""通蒙"，居然"匿不以闻"，隐瞒实情不报。

性质就彻底变了。

当时的日本和蒙古，乃大明两个主要敌国。不论"通倭""通蒙"，皆"通敌叛国"死罪。依大明典律论，谁也无权赦免。

你说，朱元璋该如何处置，不杀李善长行吗？

另一"功臣"蓝玉，亦遭朱元璋诛杀。

蓝玉之死，历来争议更大一些。

"贬朱"派认为，朱元璋为芝麻小事，杀了一代名将蓝玉，于法于理都说不过去。

诚然，蓝玉劳苦功高，乃洪武朝后期，帝国中流砥柱。一生南征北战，东讨西伐，将四方残元势力，一一歼灭殆尽。为明最终统一中国，做出了卓绝贡献。

朱元璋很喜欢他，夸为大明卫青、李靖。

官封凉国公，声威显赫一时。

然这位"大功臣"，虽然功盖天下，却性情骄纵，不思检点。征讨云南梁王时，便滥用手中权力，搞出大批盐引（食盐运销专利凭证），悄悄派人到云南贩盐，从中牟取暴利。

食盐为国家专控，私自贩卖者，历朝历代皆死罪。

大明朝也不例外。

洪武二十一年（1388）。

蓝玉打败元主脱古思帖木儿，不仅私吞大量战利品，还将元妃占为己有。

班师途经喜峰关时，已是深夜时分。关兵依规盘问，开关稍迟。蓝玉勃然大怒，纵兵破关而入。

朱元璋知道后，很不高兴。

"玉无礼如此，岂大将军所为哉。"

蓝玉确实能打仗。

但独断专横，说一不二。经常不分青红皂白，莫名其妙升降将校官职。

很多时候，连皇帝诏令也不听，甚至违诏出师。

更为恶劣者，私蓄庄奴、养子数千人。众恶徒仗着蓝府权势，横行乡里，大势强占民田民宅，鱼肉百姓。

蓝玉一手遮天。

老百姓状告无门，或家破人亡，或流浪他方。

朝中御史官，欲依法弹劾。蓝玉知道后，竟将御史上奏文本，撕碎并将其暴打一顿。威胁不准入朝上奏。

蓝玉胡作非为，按大明律论，杀他十次也不为过。

何冤之有？

朱元璋乃帝国统帅，为维护国家利益，杀了个别居功自傲、不守王法的混账家伙，实在大快人心！

朱元璋有错吗？

当然有。

不该把事态扩大化，殃及无辜官员。

仅此而已。

六

朱元璋杀过文人否？

杀过。

个别"史家",罔顾历史实情,大肆渲染朱元璋残忍,言其不喜文化,骨子里反感文化人。

简直一派胡言。

朱元璋所杀几个文人,谁不该杀?

当初为争天下,只要是文化人,朱元璋无不恭敬有加,千方百计邀请出山,共创大明伟业。

而实际上呢?

这些人伪作清高,表面声言不入仕,拒绝与他合作。暗地却跑到敌人那里,邀官请爵,出谋划策,与之作对。

也有的读书人,本元朝旧臣,顽冥不化。

元正中进士蔡子英,官累至大元行省参政。被明军俘获后,不仅不接受朱元璋所授官职,而且上书公然申明,誓死不降大明之志。

其节可嘉,其行不恕。

"贵溪儒士夏伯启叔侄断指不仕,苏州人才姚润、王谟被征不仕,皆诛而籍其家。"(《明史·卷九四·刑法志二》)

旧文人鄙视新朝,拒绝合作,甚至与之为敌。

作为新朝天子,用严刑峻法,予以制裁,甚至不惜诛杀。只能说政治斗争残酷性使然,绝无丝毫个人成见。

君不见,凡是与之合作者,哪一个不是飞黄腾达?

时至今日,尚有文人"冒酸水",设若生于元末明初,说不定能封侯拜相呢。

看这话说的,酸里带甜,有多么向往。

朱元璋起事初,深知文化之重要。

攻占徽州后,老儒士朱升献策,"高筑墙,广积粮,缓称王"。

让他茅塞顿开。

千方百计四下张罗,招揽吸纳各方人才。甚至连敌营儒士,也以礼相待。愿意投效者,一律委以重任。

朱元璋读书少,自诩大老粗。但受幕僚影响,逐渐提高认识,看到了读书的好处。

先人成功、失败的经验,都写在书里,不读怎么知道呢?

"每临经笥,辄废寝忘食,犹不耻下问……"(《明太祖实录》)

在倥偬的战争年代,朱元璋每到一处,做的第一件事,必拜访当地儒士。若遇饱学鸿儒,便使出当年化缘的种种手段,软硬兼施,得之而后快。

徽州婺源,乃朱熹故里,为全国著名理学中心。

元至正十七年(1357)七月。

朱元璋为统一江南,发动徽州战役,旋即攻下婺源。

一来到这里,即邀当地十三位著名学者,为他讲经(书)论史。

大儒宋濂,也在受邀之列。

宋濂幼时,家境贫寒。没有钱买书,就借别人的书来抄。冬天衣服穿得少,手指头长满冻疮。誊写文章时,钻心裂肺地痛。为求得知识,大冷的冬天,穿一双破鞋,在冰天雪地里,走上十几里山路,到学堂去求学。脚趾头经常冻坏,"麻木不可知"。经过"十年寒窗",宋濂学问精进,成了远近闻名大儒士。元顺帝慕其名,聘为翰林院编修。

宋濂痛恨蒙人残暴,不愿入仕为官。躲进龙门山中,埋头著书立说。

朱元璋到婺源,诚心礼聘他,才肯出山做了谋士。

"恒侍左右,备顾问。"(《明史·宋濂传》)

宋濂以渊博的学识,高尚的品行,赢得了朱元璋尊重和信任,迅速成为朱氏集团,最重要的领导人之一。

也有一些文人,认为朱元璋出身卑微,大字不识一箩,顶多算个草莽英雄,成不了大事。很是瞧不起他,也不愿为之服务。

浙东名士刘基,尤为典型。

刘基这个人,确有济世才干。世人崇尚英雄,将之比拟诸葛孔明。"前朝军师诸葛亮,后世军师刘伯温。"

刘伯温就是刘基。

民间关于他的传说，比诸葛孔明还神奇。

清·赵吉士著《寄园寄所寄》，记述刘基奇遇甚详。

……山忽开石门，进之，见石壁有字，曰：山为基开。取石击之，石门又开，进入，内有道士枕书卧，乃兵书也。曰：明日能熟之，吾当授汝。明日果熟，遂授以兵法。少时读书寺中，僧房有一异人，每出神去，锁门或一月半月，偶有北来使客，无房可宿，见此空房，击开之，曰：此人死矣，可速焚瘗，我住之。僧不能禁，遂焚之。其人神返，无可复生，每夜啼呼曰："我在何处？"基开窗应曰："我在此！"神即附之。聪明增前数倍，天文、兵法，一览洞悟。

明代大学者杨慎，深信不疑。

《升庵集》所叙，与赵吉士如出一辙。只不过道士变成了术士，神僧变成了奇丐。

历史上的刘基，非神奇之士，唯满肚皮学问，常人难以企及。

他是元统元年进士，做过江西高安县丞，为人正直，惠爱百姓。因不满时政，多次公开发表时评，抨击元朝统治者。

著名的《卖柑者言》，即为先生议政文章。

刘基在这篇文章里，巧妙地借柑说事，称元朝统治者，"金玉其外，败絮其中"。

又说"民困而不知救……坐糜廪粟而不知耻"。

不适时宜的议论，当然没得官做了。

谁让你妄议国是？

刘基丢了官帽，一点也不在乎。常闲居家中，与友人叶琛、章溢，一起探讨学问。

"博通经史，于书无不窥，尤精象纬之学。"（《诚意伯刘公行状》，《诚意伯文集》卷首）

1360年，朱元璋打下浙东。

刘基三人躲进山里，不肯出来。

朱元璋素闻刘基大名，与宋濂、叶琛、章溢，并称浙东四先生。即委派处州总制孙炎，前去礼聘他们。

三人拒绝聘请，刘基态度尤坚。

朱元璋闻报，求贤之心愈烈。尔等不出山，我非要收为己用。

时，天下形势，基本明朗。

元朝气数将尽，大明一统天下，已不可逆转。

在这种情况下，刘基恃才傲物，犹不理朱元璋。

任三番五次相邀，刘基死活不肯出山。

朱元璋没有办法，令孙炎写了一封长信，洋洋数千言，转辗带给刘基。反复陈述厉害，软硬兼施，威逼利诱。

总之一句话，不出来不行！

宋濂乃刘基至交，也去信相约。甚至专程动员刘母，前去山中规劝。

"自古衰乱之世，不辅真主，哪能获得万全之计呢？"（《诚意伯刘公行状》，《诚意伯文集》卷首）

刘基执拗不过，或为朱元璋诚意打动。便答应出山，最终来到应天府，成为朱氏最有力助手。

朱元璋得了刘基，自然如鱼得水，高兴得不得了。特意盖了座礼贤馆，作为贤士们下榻之所。

刘基所得恩宠尤隆，被朱元璋尊为"老先生"，终生奉为师尊。

写到这里，突然迷惑了。

刘皇叔三顾茅庐，得孔明于危难之际，就是礼贤下士、尊重人才，而成千古美谈。

朱元璋聘请名士，诚意不输于刘备，其言其行其事，却为何遭致无端指责呢？

"朱元璋礼贤下士，全是伪装的，完全是为了朱氏小集团利益。"

"一个大土包子,怎会喜欢读书人?完全是利用他们。如不能为其所用,则必杀之。"

刘备三顾茅庐,为了谁的利益?

当时的刘皇叔,好不可怜!正如丧家之犬,连个立足处都没有。

涎着脸去请诸葛亮,自然想得到他的辅佐。为何一帮狗屁"专家",不骂他"为了个人利益"?

莫非他是皇亲,又长了一对大耳,天生讨人喜欢?

"不为其所用,则必杀之。"

如此谬论,也说得出口。

按此逻辑推理,刘基三番五载拒绝应聘,怕是早被剁成了肉酱!

朱元璋为何没杀他?

好端端请到应天府,先人一般供着。

"留帷幄,预机密谋议。"(《诚意伯刘公行状》,《诚意伯文集》卷首)

七

朱元璋出身卑微。

为尊者讳。当了皇帝后,必有许多禁忌。

朱元璋却是例外。

他当过和尚,伸手要过饭,偏偏不以为耻。任由他人说去。

历代开国皇帝,为证明血统高贵,多扯上古之同姓名人,做自己祖先。

朱氏世代务农。

父亲乃至祖父,皆租种佃农,外祖父尤为端公(巫师)。在当时社会里,皆等而下之的人,没有一点值得夸耀的地方。

文臣们奉旨,撰修朱元璋家谱时,打算扯上著名理学家朱熹,来做他的祖先。

恰巧这个时候，一朱姓典吏，从徽州来朝见。

朱元璋见他姓朱，顺便问道："你是朱文公（朱熹）后人吗？"

见皇上问得蹊跷，典吏怕撒谎惹祸，就直说不是。

朱元璋心想，区区一个小吏，尚不肯冒认别人做祖宗，我堂堂大明国君，难道不如一介小吏？

若真攀上朱熹，莫明其妙当了他人子孙，一旦被人知道，岂不遗臭万年？

有鉴于此，朱元璋不再自卑，打消了攀附念头。

从此以后，不论啥场合，皆言自己没有根基。大明一统天下，非靠祖宗荫护。

"起自田亩"，"出身寒微"。

就是正式公文，开头亦必写上，"朕本淮右布衣"，或"江左布衣"。

这样一来，心态放平和了，反而显得特自尊，也特自信。

满朝文武大臣，见皇上如此自信，谁敢笑话他？

朱皇帝田亩起家，深知江山得之不易，很注重自己言行。

在历代君王中，最严于律己者。

他勤于政事，不敢有丝毫怠慢。常常天不亮就起来办公，一直工作到深夜。没有假期，没有娱乐。

典型的工作狂。

朱皇帝主要工作，批阅公文"奏折"。因文化程度不高，特别讨厌大肆铺垫、卖弄学问、空泛冗长的文章。

史载：刑部主事茹太素，上万言书。读了六千多字，还没涉及主题。

朱元璋大发脾气，令廷杖茹太素。

杖后再读。

至一万六千五百字，才知建议了五件事，四件事情可行。

朱皇帝"准奏"。

立即口谕，令相关部门执行。

同时告诉茹太素,五百字就能讲清楚。为何啰里啰唆,用了一万七千字?痛斥为"繁文之过"!

随即诏令全国,公文必须简明扼要,严禁浮夸虚饰。

一时间里,全国文风陡变。所有奏章奏折,无不简约而清爽。

朱元璋出身贫寒,深知底层百姓苦楚。做了大明皇帝后,依旧不改平民本色。

他的骨子里,朴素思想根深蒂固:勤扒苦做,乃做人本分;游手好闲,必兹生刁民奸徒。

时人沈德符,著《野获编补遗》载,洪武二十二年圣旨,可以佐证。

"学唱的割了舌头,下棋打双陆的断手,蹴圆者卸脚。"

龙凤十二年,帝国营造宫殿。朱元璋严把图纸关。凡雕琢考究的部分,一一用笔删去。宫殿建成后,空白部分上百处。大臣们窃窃私议。朱皇帝却自有主张。

令工匠于空白处,补画许多图案,皆奢侈亡国的历史故事。又令翰林院学士,镌刻历代儒臣的《大学衍义》。

因壁画和文字,属于后期补白,与皇宫大殿极不相称,怪模怪样令人发笑。朱元璋却心安理得。每日朝议前,总要带着朝臣去观摩,接受廉政教育。

久而久之,知道了皇上良苦用心,朝臣们也视壁画文字,为大明国宝了。

朱元璋贵为天子,却从不讲排场。他的车舆、衣着,以及日用器皿,一概节约从简。该用金饰的,全部用铜代替。

"陛下贵为天子之尊,所用饰物器皿当以金制,以示尊贵,况且也不须费多少金子。"(《明太祖实录》)

朱元璋却不这样认为。

"朕富有四海,岂是吝惜这点黄金?但是,提倡俭约,非身先之,何以率天下?况且,大凡奢侈的开始都是从小到大,其必酿贪得之弊。"(《明太祖实录》)

朱皇帝不仅自己节俭,也要求大小老婆(皇后、妃子)节约。对身边大臣,要求尤严。

他责骂过,穿新靴雨天泥地行走的官员。也怒斥过,为显摆而衣着千金的富家子弟。

他的御书房里,除了一张书案外,唯一架大理石屏风。

石屏风上,刻唐人李山甫《上元怀古》一诗,乃朱元璋亲书。

"南朝天子爱风流,尽守江山不到头。总是战争收拾得,却因歌舞破除休。尧行道德终无敌,秦把金汤可自由。试问繁华何处有?雨苔烟草古城秋。"

在文士眼里,诗写得实在一般。文字浅白,毫无诗味。

朱元璋却如获至宝,题写在自己书房里。朝夕吟诵,为的是时时提醒自己,不要忘本变质。

这样一位勤勉皇帝,却被现今的"专家"们,斥之为"偏执"。

"自己劳累,还要天下人跟着劳累。自己不懂享受,还让天下人跟着喝菜汤。"

甚至说他执政后,"蜕化变质"。

这样的怪腔怪调,也可信口开河。

岂不让人齿冷!

朱元璋苦心孤诣,惨淡经营几十年,使明初"吏治肃清"。

以一介布衣为帝,却以天下为己任。爱民亲民护民,深得臣民拥戴。

明帝国历时276年,始终实施"平民"政策,乃少有没被百姓骂为"暴政"的朝代。

作为开国之君,朱元璋居功甚伟。

八

"马渡沙头苜蓿香,片云片雨过潇湘,东风吹醒英雄梦,不

是咸阳是洛阳。"(《东征至潇湘》)

战争年代的朱元璋,很有些文人味道。如果不知诗作者,人们很难想象,没上过学的朱皇帝,能写出如此高水平的诗来。

"百僚已睡朕未睡,百僚未起朕先起。不如江南富足翁,日高一丈犹披背。"

当了皇帝的朱元璋,又是一个劳碌人。起早贪黑,不辞辛劳。

他出身卑微,却不以为耻,始终不忘平民本色;他戎马一生,却不甘于草莽之名,勤奋好学,孜孜不倦;他贵为天子,却崇尚节俭,反对奢侈,并率先垂范;他高坐龙廷,却居安思危,勤奋工作,不敢有丝毫懈怠。

他一生勤政为民,力戒空谈国是。善于吸取前人成败经验,虽是一介"布衣",却把大明治理得"政治清明"、"闾阎充实"。

朱元璋评价自己,十分谦虚。

"朕膺天命三十一年,忧危积心,日勤不息,务有益于民。奈起自寒微,无古人之博知,好善恶恶,不及远矣。"

这是他的遗嘱。

至死都说自己文化少,没有古贤的渊博知识和真知灼见。惩恶扬善,也没有古之明君把握得准。

这是何等胸襟!

较之今日"圣贤",品格高下,何止百千!

朱元璋是好皇帝,难得的平民天子。

老百姓很喜欢他。

记忆中，明黄色的龙旗迎风飘扬

一

很早以前，萌生过写一篇康熙的文字。

但真正提笔时，又犹豫起来。

原因众所周知。

几十年受的教育，根深蒂固。

第一次鸦片战争后，中英战争、中日战争、八国联军入侵中国，接踵而至的《南京条约》《辛丑条约》《北京条约》，清王朝无不与黑暗、昏庸相关联。

丧权辱国，割地赔款，民不聊生……成了清朝的代名词。

但凡说起清政府，没有人不骂它，丢尽了中国人的脸，丧尽了中华民族的格。

且汉人自视正朔，多有"鄙夷"心理。伟大如孙中山者，都免不了视清人为"鞑虏"。

这等蔑称，虽为政治斗争需要，但终究起来，仍有贬损之嫌。

在下愚钝，如果唐突写了康熙，岂不触到霉头上么？

国庆大假，与友人相约，去川北大山里走了一遭。

偶遇一位九旬老者，甚是健谈。满口之乎者也，很有些村学究味道。

自言山村野夫，不问世事，唯一日三餐，果腹足矣。

闲聊起来，恍如桃花源中人。

问及天下事，果不知魏晋。张口闭口康熙爷，令在下大吃一惊。

谁想几百年前的人，在他的心目中，竟像昨日故友一般。

这玄烨真是了得，他若地下有知，当不知是何感想！

真如某电视剧所言？让他"再活五百年"？

翻开一部中国史，可以清楚地看到，满族不是劣等民族，而是一个了不起的民族。

从前毫不起眼的女真人，经过上千年努力，后来统治了中国。其间的发奋崛起，不仅对中华民族大家庭，做出过伟大贡献，也对世界文明史的发展，做出过杰出贡献。

除去晚期几十年，清朝在中国历史上，算得上成功的大朝代。

立国之初，几个皇帝都很有本事。

尤其康熙玄烨，在位时间长达六十一年。随之载入史册者，更是他显赫的文治武功。

除鳌拜、平三藩、统一台湾、稳定西藏……奠定了今日中国版图。

对沙俄的几次战争，亦取得了胜利。尤以《尼布楚条约》为重，更是以胜利者的姿态，划定了中俄东部边界线，确保国家一百五十年的和平与安定。

在位六十一年间，玄烨励精图治，治理黄河，减轻赋税，实行科举，提倡满汉平等。这些措施的实施，促进了社会稳定繁荣。

在守成中开拓，在开拓中进取，康乾盛世"富甲天下"。

顺治十一年三月十八日。

紫禁城景仁宫。

世祖福临妃子佟佳氏，生下一个男婴，他就是爱新觉罗·玄烨。

世祖生有八子。

玄烨排行老三，虽非正宫娘娘所生，又非福临长子，却深得皇上喜欢。

那个时候的人，很害怕天花，视为不治之症。高贵为皇亲国戚，也束手无策。

恐玄烨染上此症，世祖特意颁旨，委托忠诚可靠的奶妈，带到紫禁城外独自哺养。

时人不知天花为何物，有理由相信，只要孩子出生即单独生活，阻隔了传染源，便不会被传染。

这些奇谈怪论，今人觉得好笑，那时却信以为真。

现代科学发展了，人们才知道，不论人躲在哪里，天花终归要出。唯体质差异，早出晚出罢了。

大人们的愚昧，却让幼小的玄烨，吃尽了苦头。小小年纪，被人为地与世隔离开来。整个幼年时代，玄烨待在郊外，竟未得父母一日欢爱。

多少年后，对臣工们谈及此事，玄烨"犹抱憾不已"。（《清圣祖实录》）

童年没有父母疼爱，非常不幸。

玄烨五岁时，开始读书识字，很快显露出学习天赋。

没人疼爱的玄烨，像蜜蜂恋上花儿一样，一头扎进书堆里，贪婪地采撷起来。

"学庸训诂，询之左右，求得大意而后愉快。日所读者，必使字字成诵，从来不肯自欺。及四子之书既已通贯，乃读尚书，于典谟训诂之中，体会古帝王孜孜求治意。"

这是玄烨执政后，对臣工们说的话。

旨在号召大家，多读书学习，不断丰富知识，好为国出力。

玄烨这样说，有无自夸之嫌？

史书上说他，从小酷爱学习，"乐此不疲"，"好学不倦"。常因读书太过刻苦，导致咯血不止，犹不肯罢休。

《清圣祖实录》载："帝王政治，圣贤心学，六经要旨，无不融会贯通。"

玄烨喜欢学习，当是不假的了。难怪他知识渊博，通古知今。

一生写诗近万首，为史上写诗最多之人。很多诗集选本，都有他的诗作。

玄烨在紫禁城外，过着与世隔绝的生活，顺利出了天花。

十分幸运的是，脸上只留有几颗小麻点。

这种芝麻小事，于今人看来，简直不值一提。那个时候，却是件了不起的大事，为他后来继承帝位，创造了有利条件。

玄烨出天花后，有了终生免疫能力，自然回到了紫禁城。

然生母已经失宠，世祖也因父子长期分离，而不再喜欢他。

一个五六岁的孩子，虽然还不清楚人情冷暖，但没了父母关爱，整日在一群阿哥中生活，看到其他兄弟姐妹，都能得到父亲宠爱，唯独自己受冷落，心里难免郁郁寡欢。

值得庆幸的是，祖母孝庄文皇后，给了他母子无微不至的关怀。专派自己侍女苏麻喇姑，照顾玄烨起居，担负起养育之责。

孝庄文皇后，乃大清国史上，最娴淑国后。她时常教育玄烨，如何做人，怎样为政。

小玄烨得祖母关爱，感到十分温暖，一生受益不尽。可以毫不夸张地说，若无孝庄文皇后，就没有名垂青史的康熙大帝。

许多年后，玄烨还十分感动。

"朕自幼会学步能言时，即奉圣祖母慈训。"

祖母慈爱备至，也严格要求。凡饮食、起居，乃至一言一行，都必须按规矩和礼仪行事。稍有疏失，就会受到严厉处罚。

《啸亭杂录》载：玄烨在位六十一年，"凡一切起居饮食，自有常度，未尝更改"。

应归功于孝庄。

康熙二十六年腊月，孝庄皇后病危。

玄烨以一帝之尊，日夜侍药看护。深情忆起祖母养育之恩："忆自弱龄，早失怙恃，趋承祖母膝下三十余年，鞠养教诲，以至有成。设无祖母太皇太后，断不能致有今日成立。罔极之恩，毕生难报。"

谁说皇宫无亲情？

玄烨对祖母的深情厚谊,不仅感动了当朝臣工,时至今日,依然让人十分感动。

玄烨得祖母谆谆教诲,在阿哥中卓尔不群。

尽管孝庄文皇后,一心想让玄烨做太子。然福临不允,仍立四子(董鄂妃之子)为储君。

董鄂妃之子乃四子,因福临宠幸其母,偏称为"朕第一子"(《爱新觉罗宗谱》)。

惜四子不带帝王之福,刚出生一百零六天,就短命死了。连个名都没有,死后追封为荣亲王。

在这种情况下,孝庄再次力荐玄烨。

玄烨虽为六龄童,言行举止,却显露出与年纪不称的沉稳气度。

有年过春节,福临问众阿哥,将来有何志向?

老二福全说:"我将来愿做个贤王。"

老五常宁才三岁,不懂父皇意思,什么话也没有说。

玄烨则朗声答道:"待长而效法皇父。"(《清史稿·圣祖本纪》)

一个六岁孩子,出语不凡,惊骇天下。

福临不胜惊讶。

从此以后,顺治帝留了心,认真观察起这个被自己长期冷落的儿子来。

顺治十八年正月。

清世祖福临,突然病逝,时年二十四岁。

玄烨还差二个月,年满八岁。

福临在位时,正值青春盛年,根本没有考虑身后立嗣之事。

事出突然,福临病重时,做出让次子福全继位的决定。

孝庄皇后坚决反对,坚持主张玄烨为帝。

福临拿不定主意,又不敢违抗母亲意旨,派人征询汤若望意见。

汤若望,德国人,乃清初著名传教士。因懂"西洋历法",受到大清国皇室尊重。

孝庄皇后性尚儒家，素不喜西洋人。然汤若望擅西医，治好了侄女孝惠皇后瘟病（重感冒），而心存感激。

顺治皇帝呢？

屡召这位传教士进宫，为他讲授自然科学。二人间感情很深，超越了寻常的君臣关系。

在这个关键时刻，汤若望这个德国人，竟成了主宰玄烨政治生命的判官。

那时的中国人，谁也不会想到，一个外国传教士，能够左右中国历史走向。

当顺治派人说明情况后，汤若望认为，玄烨已出过天花，继承帝位最合适。

福临听了汤若望之言，不再坚持己见。写下遗诏，立三子玄烨为皇太子。

顺治十八年正月初九。

在孝庄皇太后主持下，玄烨正式登基，改年号康熙。

二

玄烨以八岁幼龄，登上大清国皇位。

可他还是个孩童，什么都不懂，更没能力处理国家政务。

虽然登基时，他曾对祖母说："惟愿天下乂安，生民乐业，共享太平之福而已。"

然幼主面临的路，不是一条坦途。祖上留下的国度，也不是锦绣江山。

史书上说，康熙初年，国内"有可耕之田，而无耕田之民"。历来富庶的江南，亦"所在萧条"，人少而"地亦荒"。

康熙即位之际，国内战争已近尾声。

随着南明政权覆灭，农民义军的失败，迅速崛起的吴三桂、尚可喜、耿精忠"三藩"，已对大清国中央政权，构成了严重威胁。

国际形势更不容乐观。

早在清兵入关时，沙俄殖民主义势力，已不断向亚洲扩张。越过乌拉尔山，侵入黑龙江流域，占领大片帝国土地。

大清国南方尤险。

西方殖民强盗，纷沓而至。葡萄牙、荷兰凭着坚炮利舰，先后占领澳门和台湾赤嵌城。

大清之国内外形势，潜伏着种种危机。如处理不当，随时都可能爆发。

历史的使命，已无法推卸。

玄烨稚嫩的肩臂，能否扛得起？

康熙当政之日，遵照顺治遗命，由索尼、苏克萨哈、遏必隆、鳌拜辅政。

四人受命之初，曾立下誓言，"誓协忠诚，共生死，辅佐政务。""若复各为身谋，有讳斯誓，上天亟罚，夺算凶诛。"（《清圣祖实录》）

辅政开头几年，尚遵循誓言，颇能同舟共济。对帝国政权的巩固，发挥了积极作用。

军事上，继续扫荡南明残余势力，追杀农民义军余部，完成了全国的统一。

经济上，通令各地安插流民，提倡垦荒。实行赈济蠲免，以纾民力。

"府库充溢，年谷屡登，人物繁荣。"（《清圣祖实录》）

政治上，遵照顺治遗嘱，裁撤十三衙门，以重建内务府代之，消除了阉宦乱朝的可能性。

尤值得一书者，四大臣整顿吏治，严格考核，严厉奖惩，极大提高了官员办事效率。

所有这一切政绩，皆四大臣之功。远非清宫剧描写的那样，一开始就争权夺利，钩心斗角。

四大臣皆强梁。

随着时间推移,四人彼此之间,难免不出现矛盾。

鳌拜尤其专横,视玄烨如小儿,根本不放在眼里。

既便是苏克萨哈,虽同为辅臣,也极尽排挤打压之能事。

康熙六年六月。

首辅大臣索尼,因病去世。

玄烨已满十四岁。

七月。

遵大清祖制,举行亲政大典。

鳌拜却违背当初誓言,不愿还政皇帝,企图继续把持朝政。

玄烨既已亲政,势必走上前台,自然不甘心再当傀儡。

两个大清国男人,皆虎狼之辈,又雄心勃勃。发生正面冲突,已不可避免。

康熙帝从十四岁起,正式执掌国政,开始了波澜壮阔的政治生涯。

执政初期,玄烨虽然年幼,却颇有智慧,时刻关注朝政和朝中局势。每天按例上朝,与四大臣一起听政,却总能提出自己不同意见。

自亲政之日起,玄烨便暗下决心,摆脱鳌拜控制。

一方面,天天亲政理事,设若遇事,直召分管大臣商讨。

另一方面,密谋策划除掉鳌拜集团。

玄烨假弈棋之名,召亲信侍卫索额图,入内宫密谋。

二人密谋策划后,康熙便颁诏下令,选一批身强力壮的少年,进宫做"布库之戏"(类似摔跤擒拿的游戏),陪他娱乐戏玩。

谁也想不到,此乃玄烨擒杀鳌拜之计。

康熙八年五月二十六日。

玄烨召集众少年,朗声问道:"汝等皆朕股肱耆旧,然别畏君欤,抑畏拜也?"

众少年同声回答:"独畏皇上!"

玄烨听了,热血沸腾,宣誓擒拿鳌拜。

义愤填膺公布，鳌拜欺君犯上，罪恶滔天！

众少年见皇上虽年幼，此刻却神圣不可犯。无不跃跃欲试。

康熙帝即召鳌拜，进宫同观"布库之戏"。

鳌拜不知是计，一点思想防备都没有。不就几个小毛孩，玩玩扑击摔跤嘛。有何惧哉？

仍像往常一样，大大咧咧入了宫。

在索额图指挥下，诸少年翻挪腾越，将鳌拜团团围在中间。

形同儿戏一般，身经百战的"巴图鲁"鳌拜，便遭擒获。

康熙圣谕：将鳌拜及其党羽三十大罪，即日诏告天下，并处以极刑。

鳌拜实在没有想到，以己之能，怎会失手？

尤可笑者，对手乳臭未干！

为了活命，强横一世的鳌拜，不得不低下头，乞求见皇上一面。

玄烨准请。

鳌拜撩开袍襟，露出搭救太宗御驾时，身上留下的伤疤，乞求免死。

玄烨生性仁慈，念鳌拜诸多功劳。遂动了恻隐之心，改死刑为革职拘禁。

不久，鳌拜死于囚所。

玄烨执政以来，干的第一件大事，居然扳倒了鳌拜。虽形同儿戏，却干得十分漂亮。

一战而除"国贼"，尤有敲山震虎之功。

从前倚老卖老的大臣们，无不收敛锋芒，纷纷投效表忠。生怕哪天皇上不高兴了，又出什么花招，拿自己开刀。

天佑大清国。

玄烨年纪轻轻，已把国家权柄，牢牢握在了自己手中。

三

写早年康熙，势必牵涉到吴三桂。

吴三桂，字长伯，辽东人。

其父吴襄，前明天启二年武进士。先后任都指挥使、都督同知、总兵、中军府都督等军职。

吴三桂出身军人世家，自幼精通弓马骑射，中过武举人。后以父荫，被任命为都督指挥，官至宁远总兵。

历史上写吴三桂者，多如牛毛。其中最为著名的文字，当属吴梅村（吴伟业）所著《圆圆曲》。

"鼎湖当日弃人间，破敌收京下玉关。恸哭六军俱缟素，冲冠一怒为红颜。"

一部《圆圆曲》，通篇七十八句，凡五百四十六字，道尽了吴三桂献关降清、拥兵叛清、数度变节求荣的丑恶人生。

诗中红颜是谁？

苏州名妓，陈圆圆是也。

陈圆圆之貌美，江湖传言甚广，尤为市井津津乐道。

史载：陈圆圆本苏州歌妓，声色冠绝天下。

明崇祯末年，宁远总兵吴三桂慕名，欲用千金聘之为妾。不想崇祯礼妃之父，田畹捷足先登。

田畹乃耄耋老朽，虽得妙人儿，却不解风情。让如花似玉的陈圆圆，怏怏落寞。

甲申春，李自成兵临京师。

崇祯日夜忧虑。

礼妃田氏，恳请于父，献圆圆以解帝忧。

然崇祯正为社稷心烦，哪有心思沉湎女色？

田畹自讨没趣，又把陈圆圆接回府上。

时天下大乱，眼看大明江山不保。

田畹老奸巨猾，动了另找靠山的心思。手握重兵的吴三桂，就成了不二人选。

吴三桂远在关外,垂涎陈圆圆日久,自然满心欢喜。

田畹专设家宴,邀吴三桂共饮。

三桂遂得陈圆圆。

从此英雄美女,好不快活。

吴三桂乃枭雄,既爱江山,又舍不得美人。

身为大明总兵,他当然明白国家法度。既不能久留京师,也不可将圆圆带在身边。回宁远时,只好将其留在京师家中。

时,明朝即将灭亡。

吴三桂拥有重兵,与明王朝、农民军、关外满清人,四足鼎立天下。

李自成兵临京师,崇祯朱由检手无抓拿。朝臣建议撤宁远之兵,以卫京师。

崇祯别无他法,加封吴三桂为平西伯,飞檄急调吴三桂,率师回京保卫都城。

时,宁远也十分险恶。中后所、中前所、前屯卫,三城已失守。

宁远已成孤城。

为保自家性命,吴三桂早有弃宁远之意。得勤王檄文后,将宁远兵民五十万众,撤至山海关。

马上挥师西进,入关进京。

兵抵永平时,李自成已破京师,明王朝灭亡。

吴三桂失去了倚靠,心里立即打起小九九,为保住特权位子,决定向李自成投降。

李自成招降人员,刚到吴军大帐。吴三桂马上表态,"决意归李"。

并统大军六万,继续向西而行。

所到之处,大张告示。宣称进京"朝见新主……知天命永在,回面革心"(《国榷》)。

吴三桂降李自成,历来众说纷纭。

其实非他立场发生了变化,而是在敌我形势悬殊且于己不利时,玩的投机把戏。

吴三桂性狡诈,反复无常。

他希望投降后,能换取更多荣华富贵。至少能保全已有特权,以及京师家小平安。

谁知李自成进京后,所采取的一系列措施,使吴三桂的幻想,顿时化成了泡影。

农民军入北京,军纪涣散,形同草寇。所俘明廷在京官员,一一拷夹追赃。

吴襄也在拷夹之列。

这一过激行动,触犯了官僚地主切身利益。

诋毁、攻击农民军的流言,瘟疫一样从京师传往各地。

吴三桂被流言所惑,下令停兵不前。多次遣派细作,潜往北京侦探消息。

时人陆次云,著《圆圆传》载:

> 而一侦者至,询之曰:"吾家无恙耶?"曰:"为闯籍矣。"曰:"吾至当自还也。"
>
> 又一侦者至,曰:"吾父无恙也?"曰:"为闯拘絷矣。"曰:"吾至当即释也。"
>
> 又一侦者至,曰:"陈夫人无恙耶?"曰:"为闯得之矣!"
>
> 三桂拔剑砍案曰:"果有是,吾岂从若耶!"

这段文字记载,十分清楚也十分精彩。家产被李自成没收了,没有啥。父亲被闯王关押了,也没有啥。唯有陈圆圆,被人得了去,让吴三柱忍无可忍。

"冲冠一怒为红颜"!

作者文章写得精彩，可惜诬蔑了好人。抢陈圆圆者，非李自成实刘宗敏矣。

后世史学家，对吴三桂首次变节，又反悔的原因，始终争论不休。

20世纪中叶，调门特别高：吴三桂"降李反李又降清"，是大势所趋，是历史必然。

丝毫不考虑吴三桂，作为男人的真实感受。

一个手握重兵的枭雄，连自己心爱的女人，都保护不了，算什么英雄好汉？拿老百姓的话说，他丢不起这个人！

当然历史如何发展，归结到一个妇人身上，确实有失公允。

但谁能否认，刘宗敏掳陈圆圆，对吴三桂反李降清所起的巨大作用？

吴三桂为红颜一怒，与李自成公开决裂后，面临着背腹受敌的局势。

前有闯王百万雄师进逼，后有宿敌多尔衮大军压境。到了这个时候，吴三桂投靠清廷，是谁也挡不住的事了。

这段历史很复杂，大致线索如下。

李自成进京后，曾多次招降吴三桂。得知刘宗敏抢了陈圆圆，也规劝将其归还给吴。

吴三桂回撤山海关时，李自成仍派人追赶，极力劝降。

李自成亦枭雄，横行中原数十年，自然明白吴三桂的作用。降己则天下大定，降清则形势难料。

闻听吴三桂降清后，李自成惊怒万分。立斩吴父及家眷数十人。亲率十万大军，赴山海关征讨。

果如他所料。

山海关之战，吴三桂联合清军，将大顺军打得大败。

史载："（一片石）积尸相枕，弥满大野。"

第二次变节后，吴三桂得清廷赏识，很快得到了想要的东西。

清摄政王多尔衮，晋爵吴三桂为平西王。

自女真人立国始，吴三桂何其有幸，成了清廷首个为王的汉人。

南明小朝廷，也因吴三桂击败"闯贼"，封其为蓟国公。派专使北上，携银犒军。

一时间内，这个政治上投机取巧、反复无常的小人，竟成了"纯忠极孝、报国复仇、裂土分藩"的"世间伟人"！（《辛巳丛编·吴三桂纪略》）

清人也好，南明也罢，其所作所为，皆为了各自利益，玩的愚民把戏。

吴三桂二次变节，事涉民族大义，遭到了无数中原汉人的唾骂，历为士林所不齿。

吴三桂却乐此不倦，成了清廷一条狗，发狂似的扑向南明政权和农民军。很快助清军统一中国，志得意满地在云南当起王爷来，成了权重一时的"藩王"。

吴三桂屏藩云南，这下该满意了吧？

答案却是否定的。

人的欲望，永无止境。

有人以此论断，人无欲望，社会不可能进步。

惜吴三桂的欲望，不是去创造世界，推动社会进步。

他这次心大得很，要当"中国的真主"了（《明清史料》）。

清廷意在撤藩，吴三桂岂肯就范？

他打着"复明"旗号，第三次变节。

悍然叛清称帝。

只可惜他错了，这次的对手，乃雄才大略的康熙玄烨。

吴三桂专制滇中，长达十四年，反叛蓄谋已久。

叛乱初，吴军连下黔湘二省。仿佛"真龙天子"的梦想，就要成真了。

可惜，真龙天子只有一个，只能是康熙大帝。

大清有康熙，是社稷之幸，百姓之福。

康熙虽然年轻，却有着杰出的政治才干。得知吴三桂反叛后，镇定自若，措置十分妥当。

他诏告天下，继续保留尚、耿二藩称号，在政治上孤立吴三桂。大张旗鼓处死吴应熊，以打击吴三桂嚣张气焰。

走出这两着妙棋后，康熙又立即宣布，各省任职的吴三桂部下亲属，概不追究株连。

此招尤为厉害。

吴三桂的统一战线，本来就不巩固，很快土崩瓦解。

政治上，康熙已立于不败。

剩下的军事问题，更是小菜一碟。大清举全国之力，区区几十万吴军，既不得民心，又没有巩固大后方。有何难哉？

康熙十七年三月。

吴三桂撕下"复明"伪装，在湖南衡州，上演了一出称帝丑剧。

同年八月。

吴三桂病死衡州。

时人顾炎武，著《西阳杂笔》载：桂藩（吴三桂）体肥重，舆夫须十人乃举。有别院十二区，每区集女乐百二十人。癸未之变，孔全斌副将步兵先于衡城外劫典铺，桂藩即集诸女乐及宫女共二千余人，聚而燔之，号呼震天，并宫殿俱付一炬。

什么狗屁东西？

本该卧薪尝胆之时，而有女乐宫女二千余人，"聚而燔之"。

平时的荒淫，可想而知！

不败焉有天理？！

史载：康熙得知吴三桂死讯，一点也不激动。他告诉朝臣，凡吴三桂之事，一律不得再奏，也不得再提及。

呵呵。

在康熙心中，吴三桂一堆臭狗屎，提他干啥？

四

台湾自秦汉以降,即为中国神圣领土。

此时此刻,康熙的目光,已从西南边陲移开,瞄上了孤悬海外的台湾。

台湾在他心中,已重如千钧。

明末清初。

郑成功跨海远征,驱逐了荷兰殖民者,收复了台湾。成为中华民族英雄,享有崇高声誉。

明天启四年七月十四日。

郑成功出生于日本肥前国平户港千里滨(今长崎县松浦郡),一个渔民兼小商贩之家。

父亲郑芝龙,于明天启元年,潜往中国粤东香山澳一带,以贩当地土特产到日本平户销售为生。

明天启三年,郑芝龙与田川氏(中国姓氏为翁氏)结婚。次年生下郑成功,取名"福松"。

明天启四年,郑芝龙被荷兰东印度公司,接纳为通事。乘船离开日本,前往台湾。后又离开东印度公司,加入李旦海盗集团。

李旦死后,郑芝龙霸占了李旦财产,做了海盗首领。

号"飞黄将军"。

经常率领海盗(多为倭寇),进扰金门、厦门一带,屡败大明官兵,逐渐成为东海一带海上霸王。

"海舶不得郑氏令旗,不能往来,每一舶例入三千金,岁入千万计,芝龙以此富可敌国。"(《南江逸史·郑芝龙传》)

明崇祯三年九月。

郑芝龙将七岁的儿子福松(郑成功),接到中国。

时,郑芝龙已接受南明弘光政权招抚,封为南安伯。

清顺治二年,弘光政权灭亡。

郑芝龙依靠雄厚财力和强大的军事力量,又成为南明隆武政权核心成员。

"族戚、部将封侯伯者十余人,其挂印腰金、侍御卿校,盈列朝内,内外大权,尽归芝龙"。(《南江逸史·郑芝龙传》)

当隆武得识福松时,福松已二十一岁。

帝见其英毅竣拔,赡视不凡,认为此人必是大明救星。

"惜无一女配卿,卿当尽忠吾家,无相忘也!"

遂赐姓朱,赠名成功,官封御营中军都督。

自此时起,中外人氏皆称之为"国姓爷"。

郑成功感隆武之恩,一生誓死效忠大明王朝。

清顺治三年八月,隆武政权灭亡,郑芝龙投靠清廷。

面对山河破碎,父亲降清,忠贞不贰的郑成功,悲歌慷慨,毅然走上了揭旗创业之路。

称"忠孝伯招讨大军罪臣朱成功",以明其志。

然天下大势已定,强大的清王朝,已容不下有任何不贰之人。

郑成功在大陆,已无立足之地。只得背水一战,强取荷兰殖民者盘踞的台湾。

康熙元年二月一日。

郑成功率师渡海,一举收复台湾。结束了荷兰侵略者,对台湾三十八年的殖民统治。

郑成功占据台湾后,始终高举大明旗帜,是他忠贞不贰的表现,也得到了中华民族的认同。

大明虽已亡国,毕竟为中华之大明。

郑成功成为中华民族英雄,便一点也不奇怪了。

康熙元年(1622)六月二十三日。

郑成功突然病逝,时年三十八岁。

台湾局势风云突变,随之发生深刻变化。

郑经继位后,推行抗清政策,封锁海疆,人为中断两岸往来。

面对"台独"分裂行径,玄烨深明大义,自登基至康熙二十年，多次招抚台湾。

身为一国之君，康熙不愿同胞兵戎相见。他甚至为郑成功迁葬内地，写过一副挽联。

"四镇多二心，两岛屯师，敢向东南争半壁；诸王无寸土，一隅抗志，方知海外有孤忠。"

隆誉郑成功，旌表其民族气节，赞赏他忠贞不贰的赤诚之心。

这虽是一种策略，仍然不可否认，康熙具有博大的政治襟怀。

惜郑氏后人，在大清一统之后，仍不服王化，顽固坚持分裂国家之立场，公然提出台湾"如琉球，朝鲜例"。

谁都知道，当时的朝鲜、琉球，虽为大清属国，却是主权独立国家，并不属于中国版图。

郑经集团提出的要求，显然在搞"两个中国"，性质已变为分裂国家，意在"台独"了！

招抚十八年，殷切而漫长。失败后，康熙大帝即下令，武力收复台湾！

康熙二十二年（1683）六月，清军攻占澎湖三十六岛。

同年七月，郑氏集团降清。

台湾正式回到祖国怀抱。

康熙之于台湾，可谓第一人！

第一个将台湾真正纳入中国版图，第一个按中央意志管理。所设行政管理机构，一直沿袭到日本人侵占台湾，才被废除。

五

康熙一朝，乃当时少有的强大帝国。

玄烨更可称为伟大君主。

同时代的世界伟人，有俄国的彼得大帝，法国的路易十四。

但史学界观点，罕见一致。康熙较之二人，略胜一筹。

玄烨领导的大清国，是世界上人口最多、经济最富有、文化最繁荣、疆域最辽阔、国力最强盛的国家。

帝国疆域辽阔,东起大海,西到葱岭,南极曾母暗沙,北跨外兴安岭,西北到巴尔喀什湖,东北到库页岛。

总面积近1300万平方公里。

嘿嘿,比之现今中国,整整多出一个四川省!

玄烨一生,就个人素质而言,确实有别于其他封建帝王。

他的幼年时代,虽生于帝王家,却十分不幸。八岁丧父,十岁丧母。两年间父母双亡,对于年仅数龄的孩童来说,心灵的创伤可想而知。

幼年的忧患生活,对他后来的成长,有没有影响呢?

人们常说:生于忧患,死于安乐。绝不仅仅指生理上的"生死",主要指精神上的"兴亡"。

玄烨少年老成,以及后来的精神世界,毫无疑问与不幸的童年有关。

康熙幼年不幸,身世尤为复杂。有着不同的血统、不同的文化、不同的品格。父亲是满族人,祖母是蒙古人,母亲是汉人。这种"杂交",产出必是"优良品种"。

康熙大帝身上,独具许多优良秉性,正是这种"杂交"的结果。

崇尚天赋,是不懂科学。不承认天赋,也是伪科学!

在家里,祖母教他蒙语,歌草原英雄史诗;满语老师教他满语,习驰马张弓;汉语老师教他汉语,授"四书""五经"。

不同文化教育,对他世界观的形成,影响巨大而深远。

康熙敏锐的洞察力,临危不乱的领袖风范,一准缘于此。

自身的优良秉性,良好的家庭熏陶,后天的刻苦好学。成就了玄烨,成就了康熙王朝!

史载:玄烨幼时敏而好学,无论寒暑,从不间断。有时累得吐血,仍然坚持学习。

老师规定,每日习文须背诵一百二十遍,他会一字不漏地照背无误。以致几十年后,康熙对四书五经,任意指出其中一段,犹能背诵如流。

康熙国学功底深厚,对于自然科学,同样有着浓厚的兴趣。

时,西学东进。

西洋历法简明,中国传统历法玄妙,二者之争愈演愈烈。

每当朝议时,康熙如听天书。

他曾对大臣们说,我不懂天文、历法和数学,怎能辨明是非呢?

故潜下心来,学习自然科学。于天文、数学、历法、物理、化学、生物、医学,甚至解剖学,都有涉猎。

康熙热衷西学,其中一个重要的原因,西药治好过他的病。

玄烨曾得疟疾。太医院御医们,想了许多办法,也没能治好。一个叫洪若翰的耶稣会士,用西药奎宁给治好了。

他很高兴,把这种西药,介绍给曹雪芹先祖曹寅。

曹寅吃了此药,疟疾也好了。

康熙始信西医。

为推广西方医学,甚至拿自家子女"开刀"。

那个时候的天花,是不治之症。谁得了它,只好听天由命。

康熙之父顺治皇帝,就死于天花。

传教士会种"牛痘",可根治"天花"。结果国人不信,诬为"瘟神种痘"。

玄烨不信邪,拿自己子女做试验,效果很好。

一下子推广开来。

设若没有康熙的开明,没有他敢为天下先,种痘疗法传入中国,不知要晚多少时间?

康熙亲手解剖过熊,也在御花园种过水稻。拿现在的话说,算得上典型的学习型皇帝。

研究其为君之道,总是收益多多。

笔者认为,康熙功盖千秋,在于他终生孜孜不倦地学习。不断地充实自己,不断地完善自己,真正做到了活到老学到老,从而在知识的海洋里,不断得到新的动力,推动他永不停步地前进。

"天视天听,视于民生,后人自有公论。如果自己夸耀自己的功德,以取一时的虚名,大非朕意,不必敷陈。"

康熙用这样的语言,来拒绝臣子对他的奉承。

他是一个务实的皇帝,也是一个勤勉的皇帝。一生勤于学习,勤于理政,勤勉节约。

付出总有回报。

时至今日,一提起康熙,人们都会夸赞他,难得的好皇帝。

不论是封建社会,还是当今时代,也不论汉人,还是少数民族,能够做个被百姓拥戴的领导,几百年后还被人颂扬,那么,他肯定是成功的。

康熙大帝,就是这样一位成功的领导人。